Bodensee

Ingrid Nowel

Reise-Taschenbuch

Inhalt

Unterwegs am Bodensee

Inhalt

Auf Entdeckungstour

Karten und Pläne

▶ Dieses Symbol im Buch verweist auf die
Extra-Reisekarte Bodensee

Das Klima im Blick

atmosfair

Reisen verbindet Menschen und Kulturen. Wer reist, erzeugt auch CO_2. Der Flugverkehr trägt mit bis zu 10 % zur globalen Erwärmung bei. Wer das Klima schützen will, sollte sich – wenn möglich – für eine schonendere Reiseform entscheiden. Oder Projekte von *atmosfair* unterstützen: Flugpassagiere spenden einen kilometerabhängigen Beitrag für die von ihnen verursachten Emissionen und finanzieren damit Projekte zur Verringerung des CO_2-Ausstoßes in Entwicklungsländern *(www.atmosfair.de)*. Auch der DuMont Reiseverlag fliegt mit *atmosfair!*

Schnellüberblick

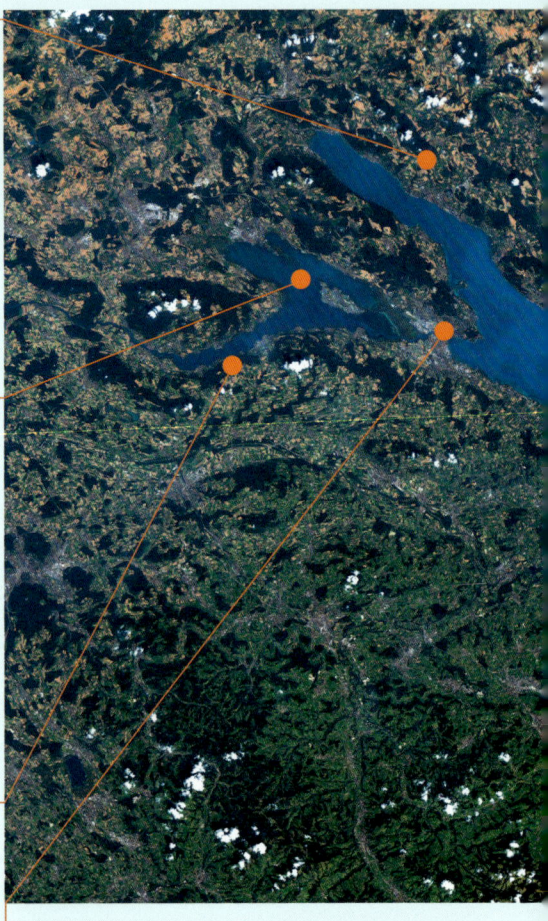

Überlinger Seeufer und Linzgau
Überlingen ist eine der schönsten Städte am Bodensee, mit reicher Kultur und einer tollen Promenade. Im Hinterland Linzgau liegen das berühmte Schloss Salem sowie hübsche Dörfchen in hügeliger Landschaft. In Unteruhldingen ist das Pfahlbaumuseum unbedingt einen Besuch wert. S. 72

Höri, Bodanrück und Insel Reichenau
Die Halbinsel Höri gilt als Geheimtipp: In Gaienhofen und Hemmenhofen warten die Wirkungsstätten von Hermann Hesse und Otto Dix auf die Besucher. Radolfzell ist das Zentrum der Region, im Untersee liegt die Insel Reichenau mit ihren romanischen Klosterkirchen und der Bodanrück beeindruckt mit der Marienschlucht. S. 252

Schweizer Untersee und Hochrhein
Die Orte am Untersee sind kleine, beschauliche Idyllen. Im Seerücken liegt das zauberhafte Schloss Arenenberg mit seinen Gärten. Winterthur mit seinen exzellenten Museen ist einen Tagesabstecher wert. Eindrucksvoll ist eine Schifffahrt auf dem Hochrhein nach Schaffhausen mit dem Rheinfall. S. 230

Konstanz und die Insel Mainau
Konstanz ist die pulsierende heimliche Hauptstadt des Bodensees mit geschäftigem Hafen, schöner Altstadt und großem historischem Erbe. Eine Schifffahrt von hier zur Insel Mainau ist Pflicht für jeden Besucher. Sie begeistert als mediterranes Blumen- und Pflanzenparadies, mit dem Schloss und vielen weiteren Besucherattraktionen. S. 208

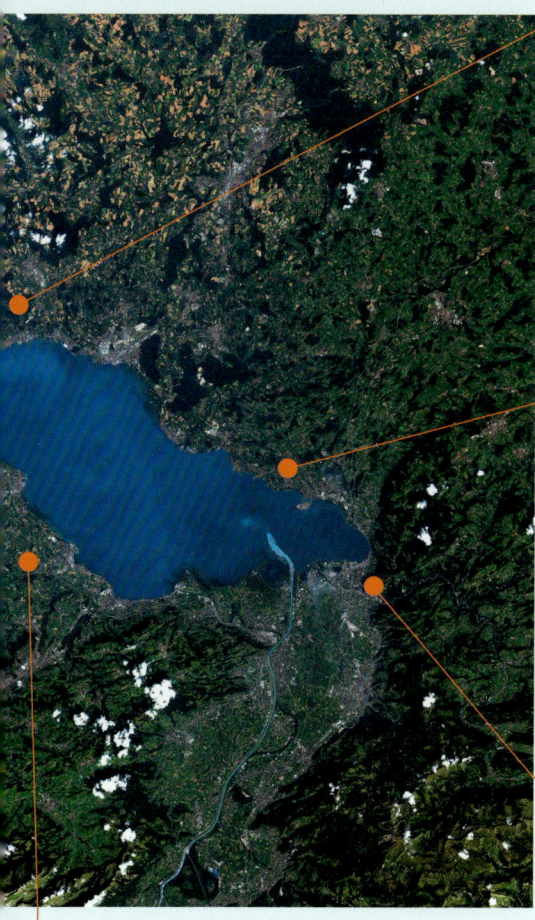

Mittleres Nordufer und Hinterland

Der Uferabschnitt zwischen Meersburg und Friedrichshafen ist der wohl bekannteste: Meersburg ist Romantik pur, Friedrichshafen mit dem Zeppelinmuseum besitzt vitales Flair; dazwischen liegen kleine Wein- und Fischerdörfer. Im Hinterland lohnen Ravensburg und Weingarten eine Erkundung. S. 96

Bayerisches Ufer und Umgebung

Langenargen, Kressbronn, Nonnenhorn und Wasserburg sind charaktervolle ›Sommerfrischen‹ mit vielen Hafen- und Wassersportaktivitäten und idyllischen Winkeln. Die Altstadtinsel von Lindau ist mit ihrer eleganten Promenade und der Hafenmole eines der beliebtesten Urlaubsziele am See. S. 132

Österreichisches Ufer und Hinterland

Der österreichische Teil des Bodensees ist der kleinste, aber Bregenz gilt als Kulturhauptstadt: das Kunsthaus und die Seefestspiele, Theater und Museen zeichnen die Vorarlberger Metropole aus. Als Kontrast bietet der Bregenzerwald beschauliche Ruhe, und das Rheindelta ist das zweitgrößte Deltagebiet in Europa. S. 154

Östliches Schweizer Ufer und Hinterland

Rorschach und Romanshorn mit ihren Häfen sind sehr geschäftig; St. Gallen bietet viel Atmosphäre in der schönen Altstadt, das Kloster mit Stiftskirche und weltberühmter bacrocker Bibliothek sind UNESCO-Welterbe. Im Hinterland bezaubert Appenzell mit schweizerischen Traditionen. Kreuzlingen besitzt den wohl schönsten naturbelassenen Seepark. S. 176

Mit Ingrid Nowel unterwegs
Ingrid Nowel ist Reise- und Kulturjournalistin und eigentlich überzeugte Großstädterin. Sie lebte überwiegend in London und Berlin und schrieb und schreibt darüber mit Leidenschaft. Seit sie nach Stuttgart zog, hat sie ihre neue süddeutsche Heimat kennen- und schätzen gelernt. Was ihr am Bodensee so gefällt? Die Welt- und Weitläufigkeit, die die drei Länder rund um den See bieten; die völlig unterschiedlichen Landschaftsregionen; die attraktiven Uferpromenaden, die Kulturangebote, die Alpenkulisse, das Nebeneinander von Trubel und Stille. Und ganz besonders die Vielfalt der kulinarischen Angebote.

Unterwegs am ›Schwäbischen Meer‹

In den Sommermonaten ist er mediterran heiß und heiter: Boote bilden bunte Farbtupfer auf dem weiten, glitzernden Wasserspiegel und in den Strandbädern herrscht fröhliches Getümmel. Im Winter ist er still, bäuerlich und von strenger, nebliger Schönheit. Jede Jahreszeit hat am Bodensee ihren ganz eigenen Reiz. Und dank seiner Lage zwischen Deutschland, Österreich und der Schweiz – umgeben von sanften Hügeln mit fruchtbaren Obstwiesen, malerischen Rebhängen und schneebedeckten Bergen –, hat der See viele Gesichter. Dieses Nebeneinander von mitteleuropäischem Charme und südlichem Flair, dieser Reichtum der Unterschiede ist es, der den Bodensee so attraktiv macht.

Die kleinen Städte wie Überlingen, Radolfzell, Lindau, Arbon oder Stein am Rhein besitzen schöne Altstadtkerne und ganz verschiedene Ufergestaltungen, Häfen und Promenaden.

Die winzigen einstigen Fischerorte wie Hagnau, Gottlieben, Gaienhofen und Wasserburg betören durch ihre gepflegte Muße in den hübschen Gassen und an den romantischen Seeufern; hier wechseln Obstgärten, Rebhänge, Campingplätze, Freibäder, Hotels und Wirtshäuser einander ab. In den ›Großstädten‹ Konstanz, St. Gallen, Bregenz und Ravensburg gibt es viel zu entdecken – Kunst, Kultur, Museen, Musik. Die Insel Mainau ragt wie ein tropisches Eiland aus dem See: Das üppige Blumen- und Pflanzenparadies ist eine der Hauptattraktionen der ganzen Region; und die Insel Reichenau schließlich – ein uraltes Kulturland – bietet herrliche romanische Kirchen neben fruchtbaren Salat- und Gemüsefeldern.

Region für Genießer und Aktive
Weithin bekannt ist der Bodensee für seine kulinarischen Qualitäten – treffen hier doch gleich mehrere Landes-

küchen aufeinander. Landgasthöfe und traditionsreiche Wirtschaften mit regionalem Angebot wechseln ab mit feinen Restaurants oder Hotels mit herausragender Gourmetküche. Die Umgebung und der See liefern dafür beste Rohstoffe.

Dass Genuss am Bodensee auch gesund ist, liegt nicht nur an der Bioqualität vieler Bauernhöfe, sondern am Spektrum der Sport- und Outdooraktivitäten. Den größten Reiz hat dabei der See selbst: Vom Planschen in den Strandbädern bis zum professionellen Tauchkurs, von der gemütlichen Bootsfahrt bis zum anspruchsvollen Segelturn ist alles möglich.

Und dann die Fahrradwege: Sie führen rund um den ganzen See und bis weit hinein in die Region. Mit dem Rad ist der Bodensee wunderbar zu entdecken – besonders im Frühling und im Herbst ein Hochgenuss! Dem Wanderer bieten sich vom beschaulichen Uferweg über das sanfte Hinterland bis hin zu ordentlichen Bergtouren ebenfalls alle Schwierigkeitsgrade. Und wer es etwas progressiver liebt, nutzt eine der vielen Inlineskaterstre-

cken, insbesondere am Südufer des Sees. Am Abend oder Wochenende kann man dann in einem der vielen Wellnessparadiese wunderbar entspannen – besonders zu empfehlen: die großen, modernen Thermen mit Saunalandschaften und Seezugang in Überlingen, Meersburg und Konstanz.

Perfekte Sommerfrische

Der Bodensee als Sommerfrische wurde vor rund 100 Jahren entdeckt. Heute ist die Region für den Urlauber hervorragend erschlossen. Die Bahnstrecken führen rund um den See, und nahezu jeder Ort ist an das Streckennetz angeschlossen, wo nicht, stehen Busse zur Verfügung. Auch ins Umland kommt man schnell und zuverlässig. Am schönsten aber ist die Erkundung mit dem Schiff – kreuz und quer von einem Ufer zum anderen.

Die Bodenseeregion ist so vielfältig, dass sie in der Tat für jeden köstliche Urlaubsvergnügen bereithält. Und auch abgeschiedene Winkel ohne Trubel finden sich nach wie vor überall. Es gibt viel zu entdecken: Packen Sie's an; Sie werden sich freuen!

Über dem See schweben – Terrasse des
Hotels Rebmannshof in Maurach, S. 88

Reizvoller Ortskern – Dorfplatz in
Schwarzenberg, S. 164

Lieblingsorte!

Am Hafen – Marmorsaal auf der
Promenade in Lindau, S. 150

Die Reichenau im Blick – Picknick auf
einer Blumenwiese in Ermatingen, S. 238

**Gemütlich mit Charme – ›Erststock-Beizli‹
Weinstube zum Bäumli, St. Gallen, S. 192**

**Mediterran und bunt – Wochenmarkt in
Radolfzell, S. 264**

Über den Bodensee schauen, die lebhaften Promenaden an den Häfen genießen oder gut essen und trinken vor schöner Kulisse – das mag unsere Autorin. Im Laufe der Zeit hat sie ihre ganz persönlichen Lieblingsorte dafür entdeckt. Mal liegen diese mitten im Treiben wie etwa ein trendiges Szenelokal mit unverstelltem Blick auf das Hafengetümmel. Dann ist es wieder eine einsame Wiese mit Blick auf den See, weit entfernt vom touristischen Mainstream. Oder ein ruhevoller Dorfplatz, auf dem es sich wunderbar entspannen lässt. Echte Wohlfühlorte jedenfalls, die man immer wieder gerne aufsucht.

**Kleines Kloster – Insel Werd bei Stein am
Rhein, S. 242**

**Aussicht von weit oben – Gutsschenke
Staatsweingut Meersburg, S. 106**

Reiseinfos, Adressen, Websites

Segelboote gleiten über die glitzernde Fläche des Bodensees

Informationsquellen

Infos im Internet

www.bodensee.eu, www.der-boden see.de: Die offiziellen Seiten der Internationalen Bodensee Tourismus GmbH. Alle Regionen um den See werden vorgestellt mit Links zu den Ortschaften. Erste Tipps und Tourenvorschläge, Kulturelles, Gastronomie und Wellnessangebote. Unterkünfte mit Online-Buchung. Prospektbestellung.

www.bodenseeferien.de: Auftritt der Mediengruppe Südkurier mit allgemeinen Infos, Verkehrsnetzen, Kurzporträts der Regionen, Tourenvorschlägen, Tipps und Ferienwohnungen.

www.bodensee-info.com: Gute Infos zu allen Bereichen des Tourismus wie Anreisemöglichkeiten, Übernachtungsmöglichkeiten mit Online-Buchung, Pauschalangebote, Verkehrsmittel, Sehenswürdigkeiten, Wassersport, Orte von A bis Z.

www.tourismus-untersee.de: Deutschschweizerisches Portal mit einführenden Infos rund um den Untersee bis Stein am Rhein. Schwerpunkt Halbinsel Höri. Tourenvorschläge, Gastronomie, Kultur, Geschichte, Events, Wassersport, Wandern, Radeln, Unterkünfte mit Online-Buchung. Prospektbestellung.

www.bodensee-radweg.com: Das Portal eines Fahrradreiseunternehmens ist für alle geeignet. Es stellt zahlreiche Reiseangebote mit Gepäcktransport und Übernachtungen vor; die Streckenbeschreibungen in Tagesabschnitten sind gute Vorschläge. Tipps und Kurzinfos zu Orten, Freizeit- und Übernachtungsmöglichkeiten.

Deutschland

www.bodenseeteam.de: Zusammenschluss von acht Orten am nördlichen Bodenseeufer zwischen Bodman-Ludwigshafen und Immenstaad. Mit Übernachtangebot, Vorschlägen zu Sport und Freizeit, Kultur und Genuss.

Österreich

www.bodensee-vorarlberg.com: Mit Schwerpunkt Bregenz. Allgemeine Infos zur Region, Events, Wandern, Kultur, Unterkünfte mit Online-Buchung, Gastronomie, Tourenvorschläge.

www.bregenzerwald.at: Überblicksinformationen zur Region mit allen Orten; Gastronomie, Unterkünfte mit Online-Buchung, Pauschalarrangements, Events, Kultur, Tourenvorschläge. Auch Broschürenversand.

www.vorarlberg.travel, www.vorarlberg.at: Überblick über die Region Bregenz, Dornbirn, Hohenems ohne Bregenzerwald. Themenschwerpunkte, Tourenvorschläge, Events, Kultur, Unterkünfte mit Online-Buchung.

Schweiz

www.st.gallen-bodensee.ch: Offizielles Portal des Kantons St. Gallen. Ausflugstipps, Stadtgeschichte, Gastronomie. Unterkünfte mit Online-Buchung, Broschürenbestellung. Kulturadressen, Eventkalender, Verkehrsmittel.

www.appenzell.ch: Offizielles Portal des Kantons Appenzell; Infos zu Erlebnis, Sport, Natur und Kultur. Online-Buchungen für Unterkünfte sind möglich; auch Broschüren-Download.

www.thurgau-tourismus.ch: Offizielles Urlaubs- und Ferienportal des Kantons Thurgau und des Schweizer See-rückens bis zum Schaffhauserland. Kurzporträts der Region und der Orte, viele Vorschläge zum Wandern, Skaten und Radeln. Verkehrsverbindungen, Kultur, Events. Unterkünfte über On-line-Buchung.

www.schaffhauserland.ch: Offizielle Webseite des Schaffhauserland-Touris-mus. Kultur, Events, Porträts von Stein am Rhein und Schaffhausen und wei-teren Orten im Inland; Wander-, Velo- und Skate-Routen; Ausflüge, Über-nachtungen über Online-Buchung.

Fremdenverkehrsämter

… am Bodensee allgemein
Jeder Ort am See hat eine **Tourist-In-formation** oder ein **Kuramt.** Gastge-berverzeichnisse und Broschüren der Region werden auch gegen eine frei-willige Gebühr verschickt. Die Tourist-Infos sind im Reiseteil vermerkt.

… in Deutschland
Internat. Bodensee Tourismus GmbH
Hafenstr. 6, 78462 Konstanz
Tel. 07531 90 94 90, Fax 07531 90 94 94
www.bodensee.eu

Tourismus Untersee e. V.
Im Kohlgarten 2, 78343 Gaienhofen
Tel. 07735 91 90 55, Fax 07735 91 90 56
www.tourismus-untersee.eu

… in Österreich
Bodensee-Vorarlberg Tourismus
Römerstr. 2, 6901 Bregenz
Tel. 05574 43 44 30, Fax 05574 43 44 34
www.bodensee-vorarlberg.com

Bregenzerwald Tourismus
Impulszentrum 1135, 6863 Egg
Tel. 05512 23 65, Fax 05512 30 10
www.bregenzerwald.at

Vorarlberg Tourismus
Bahnhofstr. 14, 6901 Bregenz
Tel. 05574 42 52 50, Fax 05574 42 52 55
www.vorarlberg-tourism.at

… in der Schweiz
St. Gallen-Bodensee-Tourismus
Bahnhofsplatz 1a, 9001 St. Gallen
Tel. 071 227 37 37, Fax 071 227 37 67
www.st.gallen-bodensee.ch

Appenzellerland Tourismus
Hauptgasse 4, 9050 Appenzell
Tel. 071 788 96 41, Fax 071 788 96 49
www.appenzell.ch

Thurgau Tourismus
Egelmoosstr. 1, 8580 Amriswil
Tel. 071 414 11 44, Fax 071 414 11 45
www.thurgau-tourismus.ch

Schaffhauserland Tourismus
Herrenacker 15, 8201 Schaffhausen
Tel. 052 632 40 20, Fax 052 632 40 30
www.schaffhauserland.ch

Lesetipps

Bodenseeliteratur gibt es in Hülle und Fülle. Bildbände, Sachbücher zu Geo-logie, Archäologie, Geschichte, Sozial-geschichte, Bücher zur kulinarischen Region, Anthologien, Wander- und Radführer. Und seit geraumer Zeit auch eine wachsende Zahl an Seero-manen und -krimis von Autoren, die am See leben und/oder die Region als Tatort im Visier haben.

Elmar Bereuter: Felders Traum. Mün-chen 2008. Roman zum Leben des Bau-ern, Dichters und Sozialreformers Franz Michael Felder (1839–1869) aus dem Bregenzerwald.
Bodensee Küche. Regionale Küche mit Tradition. Frankfurt am Main 2007.
Grieshaber/Kopitzki: Gefährliche Nach-barn. 22 Kurzkrimis aus dem deutsch-

Übersichtskarte
ADAC FreizeitKarte Bodensee, Allgäu, Oberschwaben, Maßstab 1 : 100 000.

schweizerischen Grenzgebiet. Meßkirch 2009.

Anja Jonuleit: Das Wasser so kalt. Bodensee Krimi. Köln 2008.

Jochen Kelter und Hermann Kinder: Bodensee-Geschichten. Tübingen 2009. Alle ›Klassiker‹ sind drin; Schwerpunkt der Anthologie jedoch sind Schriftsteller des 20. Jh. und der Gegenwart.

Alexander Kluy: Spaziergänge rund um den Bodensee der Literaten und Künstler. Zürich/Hamburg 2008.

Eva Moser: Kunst-Reiseführer Bodensee. MAIRDUMONT, Ostfildern 2009. Drei Länder – Kultur und Landschaft zwischen Stein am Rhein, Konstanz und Bregenz.

Peter Renz: Friedrichshafen. Eine deutsche Stadt am See. Tübingen 2008. Spannend erzählte, dramatische Stadtgeschichte in Episodenform.

Ders.: Bodensee. Frankfurt am Main 2010.

Martin Walser: Ein fliehendes Pferd. Frankfurt am Main 2008. Die Novelle des bedeutenden Nachkriegsschriftstellers, der in Überlingen lebt, stammt aus dem Jahr 1978; sie spielt am Bodensee und wurde mit Ulrich Noethen und Katja Riemann auch verfilmt.

Wetter und Reisezeit

Klima

Am Bodensee herrscht ein mildes Klima: Der See wirkt wie ein Wärmekraftwerk und beeinflusst auch das Hinterland. Drückende Hitze gibt es kaum, weil immer eine leichte Brise über den See streicht. Im hügeligen, auch bergigen Umland sind die Temperaturen im Durchschnitt immer etwas höher. So liegen z. B. in Meersburg die Sonnentage mit Temperaturen von 25 °C bei 25 pro Jahr im langjährigen Mittel; in Ravensburg sind es 38. Der Uferabschnitt zwischen Meersburg und Immenstaad ist der wärmste.

Für einen Badeurlaub sind Juli und August mit hohen Luft- und Wassertemperaturen am günstigsten. Diese beiden Monate sind allerdings auch regen- und gewitterreich: starke Böen, ordentlicher Seegang, auch Blitz und Donner kommen am häufigsten zwischen 16 und 18 Uhr sowie zwischen 20 und 22 Uhr vor. Ein Drittel aller Niederschläge fällt in diesen beiden Monaten. Generell werden in Konstanz und auf der Reichenau die geringsten Niederschlagsmengen registriert; in Lindau, Bregenz und Rorschach sind sie doppelt so hoch. Die Alpenrandlage bringt Föhnwetterlagen mit sich; das wiederum verursacht oft Frühnebel über dem See und in Ufernähe, der sich im Lauf des Vormittags verflüchtigt. Und weil der See ein Wärmespeicher ist, wird die Abkühlung der Luft im Herbst verzögert. Für Wander- und Radurlauber sind Frühling und Herbst die schönste Zeit: Die Baumblüte beginnt früh im Jahr, im Herbst werden das Obst und der Wein geerntet.

Reisezeit

Frühjahr

Der Frühling kommt früh am Bodensee. In den Obstanbaugebieten rund um die Ufer beginnt die Baumblüte gegen Ende April und taucht die Uferlandschaft in ein weißes und rosafarbenes Blütenmeer. Dann ist ein Wander- und Radurlaub am schönsten. Die Weiße Flotte der Bodenseeschifffahrt nimmt ihren Kursbetrieb ab Ostern auf, sodass dann auch das ›Uferhüpfen‹ mit dem Schiff variantenreich möglich ist. Mai und Juni sind bei steigenden Temperaturen überwiegend sehr schön und stabil. Bei Sommertemperaturen sind dann die Uferpromenaden schon bevölkert, und alles blüht. Auf der Mainau ist die Rhododendren- und Rosenblüte auf ihrem Höhepunkt.

Sommer

Für einen Badeurlaub sind Juli und August natürlich die besten Monate. In der Hauptferienzeit – das gilt auch für Österreich und die Schweiz – sind die meisten Hotels, Pensionen und Ferienwohnungen ausgebucht; rechtzeitiges Reservieren ist unbedingt notwendig. Auf der B 31 jagt eine Staumeldung die andere, und auf dem Bodensee-Radweg muss man dann auch mal in der Schlange fahren. Weniger schön sind die Föhnwetterlagen: Der Südosten am Alpenrand ist besonders betroffen. Dann baut sich hoher Wellengang auf, und der See ist für alle Wassersportler gefährlich und unberechenbar. Ein Frühwarnsystem wird von allen Anrainerländern gemeinsam betrieben.

Herbst

An den Hängen der Bodenseeufer werden Obst und Wein geerntet – überwiegend bei milden Temperaturen, denn der See als Wärmespeicher verzögert die Abkühlung im Herbst. In der farbenfrohen Landschaft sind dann Wanderungen und Radtouren besonders reizvoll. Die Nebel nehmen zu und hüllen See und Land bis zum Mittag in Watte.

Winter

Der Winter ist mit weit unter 100 Frosttagen angenehm mild, und die ›Seegfrörne‹ werden wir in den Zeiten der Klimaerwärmung wohl nicht mehr erleben: Zuletzt war der Bodensee im Winter 1962/63 komplett zugefroren. Der Untersee zwischen Merkelfingen und Mettnau friert öfter zu. Die Weiße Flotte stellt Mitte/Ende Oktober ihren Dienst ein, und nur der Katamaran und die Fähren ziehen weiterhin über den See. In den Ferienorten ist Winterschlaf angesagt: Viele Hotels, Pensionen und Restaurants, auch kleinere Museen und Sehenswürdigkeiten sind bis zum Frühjahr geschlossen, und die Nebel hüllen jetzt auch tageweise See und Uferlandschaft ein.

Sturmwarndienst

Ein Frühwarnsystem für Sturm wird von allen Anrainerländern gemeinsam betrieben, um Schifffahrt und Wassersportler zu warnen. An über 40 Stellen

Klimatabelle Bodensee (Konstanz)

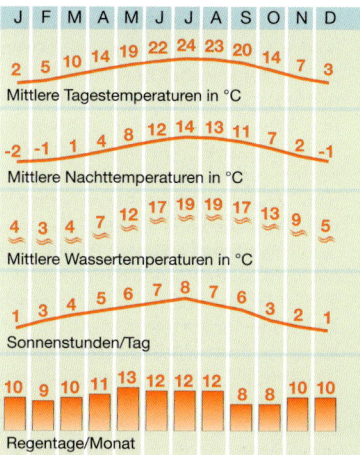

J	F	M	A	M	J	J	A	S	O	N	D
2	5	10	14	19	22	24	23	20	14	7	3

Mittlere Tagestemperaturen in °C

| -2 | -1 | 1 | 4 | 8 | 12 | 14 | 13 | 11 | 7 | 2 | -1 |

Mittlere Nachttemperaturen in °C

| 4 | 3 | 4 | 7 | 12 | 17 | 19 | 19 | 17 | 13 | 9 | 5 |

Mittlere Wassertemperaturen in °C

| 1 | 3 | 4 | 5 | 6 | 7 | 8 | 7 | 6 | 3 | 2 | 1 |

Sonnenstunden/Tag

| 10 | 9 | 10 | 11 | 13 | 12 | 12 | 12 | 8 | 8 | 10 | 10 |

Regentage/Monat

am See sind Blinkanlagen eingerichtet. Als **Vorsichtsmeldungen** blinken die orangefarbenen Leuchten 40 Mal in der Minute, wenn der Wind mehr als 25 Knoten (= 47 km/h) erreicht. Bei **Sturmwarnung** blinken die Leuchten 90 Mal pro Minute: Dann sollen Boote sofort den nächsten Hafen ansteuern.

Kleidung und Ausrüstung

Auch im Sommer sollte man immer Anorak und Fleecejacke oder einen Wollpulli dabeihaben: Sitzt man abends draußen, kann es kühl werden, und auch bei Schiffs- und Bootsfahrten sind Windschutz und etwas Wärmendes notwendig. Zum Laufen und Wandern, besonders in den Bergregionen, sind neben dem Anorak auch ordentliche Wanderschuhe/-stiefel ein Muss. Da überall der See lockt, sollte man auf Wander- und Radtouren die Badebekleidung nicht vergessen. Und auf jeden Fall eine Sonnenschutzcreme einstecken, denn die großen Wasserflächen wirken wie ein Brennspiegel.

Rundreisen planen

Höhepunkte auf deutscher Seite per Schiff (1 Tag)

Strecke: Friedrichshafen, Meersburg, Abstecher Insel Mainau, Konstanz und zurück; reine Fahrtzeit von Friedrichshafen bis Konstanz: 2¼ Std.
Auskünfte: Bodensee-Schiffsbetriebe BSB, Tel. 07531 364 03 89, www.bsb-online.com, www.der-katamaran.de

Die deutsche Bodenseeseite muss man mit dem Schiff erleben; die Häfen sind im Sommer das Herzstück der Ferienorte. Die Schiffe gehen stündlich, und überall kann man unterbrechen, sich umschauen, bummeln und das nächste Schiff zur Weiterfahrt nehmen. Nach **Friedrichshafen** erreicht man **Immenstaad,** danach das reizende Weindorf **Hagnau. Meersburg** mit dem bunten Menschengewimmel auf der Promenade zieht sich malerisch den Hang hinauf bis zum Alten und Neuen Schloss hoch über dem See. Von hier geht's zur Insel **Mainau** mit ihrem Pflanzen- und Blumenparadies, anschließend zurück nach Meersburg, um von dort nach **Konstanz** überzu-

setzen. Prachtvoll ist die Uferkulisse mit dem Häusergewirr, den Turmspitzen der Altstadt und der machtvollen Imperia auf der Hafenmole. Dann wartet noch ein weiteres Erlebnis: die Fahrt zurück nach **Friedrichshafen** mit dem stündlich verkehrenden schnittigen und schnellen Katamaran.

Bergwelt zwischen Bregenz und St. Gallen (3 Tage)

Strecke: Mit dem Auto in drei Etappen von Bregenz in den Bregenzerwald, ins Appenzellerland und nach St. Gallen, Rückfahrt schnell und seenah bis Bregenz (insg. ca. 300 km)

Wenn man mit dem Auto an den Bodensee gereist ist, sollte man auch die wunderschönen Bergwelten erleben – mit weiten Tälern, grünen Hügelwellen, alten Bauernhäusern, Alpwiesen, Sennereien und Kuhgebimmel.

1. Tag: Von **Bregenz** der Ausschilderung Richtung **Langen/Bregenzerwald** folgen; ab Langen windet sich eine herrliche Panoramastraße in lang gezogenen Serpentinen hinauf nach **Do-**

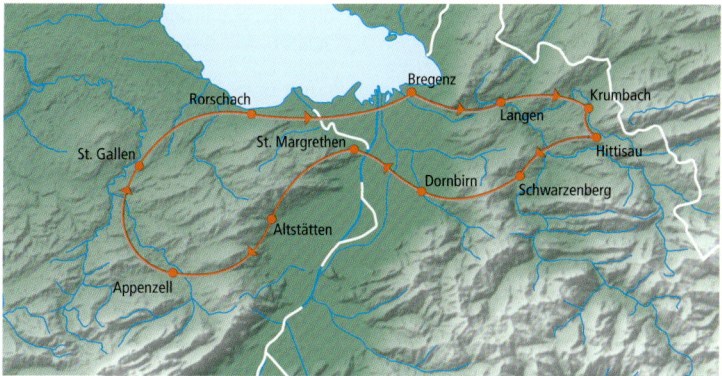

Bergwelt zwischen Bregenz und St. Gallen

ren und über **Krumbach** nach **Hittisau.** Hier und in den Dörfern ringsum besticht das Nebeneinander von alten Wälderhäusern und neuer Holzarchitektur. In den Wirtshäusern gibt es deftige Regionalküche; Spezialität sind die zahlreichen Käsesorten. Besonders schön ist der Ort **Schwarzenberg;** der Dorfkern ist komplett denkmalgeschützt.

2. Tag: Von Schwarzenberg geht es über **Dornbirn** wieder hinunter ins Rheintal, um auf der Schweizer Seite von **St. Margrethen** und **Altstätten** hinauf ins **Appenzellerland** zu fahren.

Auch hier Alpenländisches in schönster Ausprägung; **Appenzell** mit seinen bemalten Häusern und den beiden modernen Museen ist eine längere Erkundung wert. Für die Zeit- und Streckenplanung ist es günstig, wenn man am zweiten Tag bis **St. Gallen** fährt und dort übernachtet, um den nächsten Tag frei zu halten für die vielen Sehenswürdigkeiten der Stadt.

3. Tag: Besichtigung von St. Gallen und des einmaligen Klosterbezirks. In **Rorschach** kommt man wieder an den Bodensee und ist von hier aus innerhalb von einer Stunde in Bregenz.

Anreise und Verkehrsmittel

Einreise

Für die Schweiz brauchen EU-Bürger einen gültigen Personalausweis oder Reisepass, der an den Grenzübertritten auch meistens kontrolliert wird. Umgekehrt brauchen Schweizer ihren Pass/Personalausweis für Deutschland und Österreich. An der deutsch-österreichischen Grenze gibt es keine Kon-

trollen. Wenn man mit Schiff oder Rad am Bodensee unterwegs ist, am besten immer den Ausweis dabeihaben.

Anreise

… mit dem Flugzeug

Stuttgart und Zürich sind die nächstgelegenen großen Flughäfen. Von beiden ist das Ziel am Bodensee mit öffentlichen Verkehrsmitteln gut zu erreichen. Der Regionalflughafen Friedrichshafen wird von der Lufthansa, von Ryan Air und von Intersky angeflogen; deutsche Städteverbindungen sind Köln/Bonn, Berlin, Frankfurt am Main, Dresden und Münster.

… mit der Bahn

Kommt man aus Richtung Ruhrgebiet oder Frankfurt/Main mit Ziel Konstanz, kann man über Stuttgart und Singen oder mit der Schwarzwaldbahn über Offenburg fahren. Von der Schnittstelle Singen geht es über Radolfzell nach Konstanz oder am nördlichen Seeufer entlang bis Friedrichshafen und Lindau. Von München, Nürnberg, Leipzig und Salzburg kommt man mit der Allgäubahn in Lindau an, oder es geht über Ulm nach Friedrichshafen.

In **Österreich** führt von Innsbruck aus die Arlbergbahn nach Bregenz. In der **Schweiz** führen Bahnverbindungen von Bern, Luzern und Zürich nach Schaffhausen, Romanshorn und Konstanz. Rund um den See ist das Streckennetz sehr gut ausgebaut (s. S. 21).

… mit dem Auto

Der gesamte Bodensee ist von einem Bundes- und Schnellstraßenring umgeben, der aus allen Himmelsrichtungen gut anzufahren ist. Aus Richtung Stuttgart etwa über die A 81 bis Kreuz Hegau/Singen. Die B 33 führt dann über Allensbach bis Konstanz (ca. 180 km). Die B 31 führt dafür ab Kreuz Stockach am nördlichen Bodensee entlang bis Friedrichshafen. Aus Oberschwaben, von Ravensburg/Weingarten kommend, stößt die B 33 auf Friedrichshafen, die B 30 auf Meersburg. Autobahn und Bundesstraßen aus dem Allgäu bzw. aus Bayern führen nach Lindau.

Kommt man aus **Österreich,** aus Richtung Landeck/Innsbruck, geht es über Arlbergpass oder -tunnel, Bludenz, Feldkirch und Dornbirn auf der A 14 nach Bregenz. In der Schweiz führt die N 1 nach St. Gallen und Rorschach; die N 7 stößt über Winterthur auf Kreuzlingen/Konstanz.

Ein gut ausgebautes öffentliches Schiffsverkehrsnetz verbindet die Orte am See

Verkehrsmittel am See

Autofahren und Verkehrsregeln

Wer in der näheren und weiteren Umgebung des Bodensees Touren unternehmen möchte und immer mobil sein will, der wird mit dem Auto unterwegs sein. Staus und Behinderungen sind in der Hauptsaison und an Wochenenden aber einzuplanen, und in allen größeren Ferienorten mit beruhigten Kernzonen rings um den See ist das Parken mit einer entsprechenden Suche verbunden. Die Parkhäuser oder -zonen liegen am Rand oder außerhalb. In den größeren Städten wie Konstanz, Friedrichshafen oder St. Gallen mit ihren Einbahnstraßensystemen empfiehlt es sich sowieso, entweder mit der Bahn anzureisen oder das Auto im Parkhaus abzustellen.

Deutschland: Auf der Autobahn gibt es keine allg. Geschwindigkeitsbegrenzung; auf Bundes- und Landstraßen dürfen 100 km/h nicht überschritten werden, in Ortschaften 50 km/h.

Österreich: Höchstgeschwindigkeit auf Autobahnen: 130 km/h; auf Schnell- und Landstraßen sind 100 km/h vorgeschrieben. Auto- und Motorradfahrer müssen tagsüber überall mit Abblendlicht fahren. In Österreich herrscht für Autobahnen **Vignettenpflicht;** das gilt auch für kürzeste Strecken. Es gibt das ›Pickerl‹ für 10 Tage (8 €), 2 Monate (22,90 €) oder ein Jahr (76,20 €) bei den Automobilclubs, an Tankstellen und an den alten Zollstellen.

Schweiz: Als Höchstgeschwindigkeit auf Autobahnen (Nationalstraßen) gelten 120 km/h; auf Landstraßen darf man 80 km/h nicht überschreiten, innerorts 50 km/h. Außerhalb von Ortschaften sollte tagsüber das Abblendlicht eingeschaltet sein. **Die Beschilderung auf und für Autobahnen ist grün mit weißer Schrift.** Für die Autobahnen und autobahnähnlichen Straßen

muss eine Gebühr entrichtet werden – sie wird ähnlich wie in Österreich mit der **Vignette** bezahlt. Sie gilt ein ganzes Jahr und ist bei ADAC-Geschäftsstellen, an allen Grenzübergängen sowie an Tankstellen erhältlich. Für Pkwund Motorradfahrer kostet sie 40 CHF (rund 27,50 €).

Die **Vignette** muss in beiden Ländern gut sichtbar an der Frontscheibe angeklebt werden. Die Strafen bei Nichteinhaltung sind hoch – und auch ›verleihen‹ ist nicht ratsam: es wird kontrolliert!

Bahn

Das Streckennetz der Bahnen ist rund um den See sehr gut ausgebaut. Auf der Nordseite verkehrt die Bodenseegürtelbahn zwischen Radolfzell und Lindau in stündlichem Takt. Halbstündlich fährt der »Seehas« von Konstanz über Allensbach nach Singen und Engen. Auf Schweizer Seite verbindet die Seerheinlinie »Thurbo« Rorschach mit Schaffhausen. Der öffentliche Nahverkehr ist auf Radler eingestellt; im Hochsommer kommt es allerdings auch zu Engpässen, sodass frühzeitiges Erscheinen am Bahnhof empfehlenswert ist. Wer sich im Urlaub überwiegend an den Bodenseeufern aufhalten möchte (evtl. mit Rad) und nur ein, zwei Tagestrips in die Umgebung plant, kann auf das Auto gut verzichten und Bahn, Bus und Schiff nutzen.

Bus

Die lokalen und regionalen Busverbindungen um den Bodensee sind gut vernetzt und werden weiter ausgebaut, sodass auch Orte und Städte im Hinterland überwiegend gut zu erreichen sind. Alle Orte am deutschen Bodenseeufer sind durch die Südbadenbus GmbH und den kombinierten ZugBus Regionalverkehr Alb-Bodensee GmbH RAB abgedeckt. Für den Bereich Uhldingen gibt es einen Erlebnisbus, der eine Rundstrecke fährt, die bis nach Salem führt (s. S. 74). Sehr gut ist die Buslinie 7935, die sogenannte Seelinie, entlang dem Oberseeufer, die alle Orte zwischen Überlingen und Friedrichshafen bedient. Zudem gibt es eine Schnellbusverbindung zwischen Konstanz und Friedrichshafen.

Schiff

Die Bodenseeschifffahrt bietet gemeinsam mit Bahn und Bus ein hervorragend ausgebautes Streckennetz am See. Ganzjährig sind die beiden Autofähren Meersburg-Konstanz (Ortsteil Staad) und Friedrichshafen-Romanshorn in Betrieb – in beiden Fällen spart

Tageskarte Euregio

Stark vergünstigt sind die **Kombitickets für Bahn, Bus und Schiff** für unterschiedliche Landzonen rund um den Bodensee, mit und ohne Schiffsfahrten für 1 Tag. Zusätzlich gibt es ermäßigte Eintritte bei vielen Museen und Erlebnisparks. Einzel- und Kleingruppentickets sind erhältlich an allen bedienten Bahn- und Schiffsverkaufsstellen, vielen Ticketautomaten und teilweise auch im Bus, www.euregiokarte.com.

Infos zu Bahn-, Bus- und Schiffsverbindungen im Internet

Auf folgenden Websites finden sich Suchmasken zur Recherche von Verbindungen an und auf dem See:
Bodensee allgemein: www.bahn.de, www.bahn.de/rab, www.bodo.de, www.vsu-online.info
Baden-Württemberg: www.efa-bw.de
Österreich: www.oebb.at, www.vmobil.at
Schweiz: www.sbb.ch, www.thurbo.ch, www.thurgaumobil.ch, www.postauto.ch

der Autofahrer ca. 70 km. Auch der Katamaran (www.der-katamaran.de, Tel. 07531 363 93 20) auf der Strecke Konstanz-Friedrichshafen verkehrt ganzjährig. Von Ostern bis Mitte/Ende Oktober ist außerdem die Weiße Flotte unterwegs: Neben den deutschen Bodensee-Schiffsbetrieben (BSB) bieten die Vorarlberg Lines und die Schweizerische Bodensee Schifffahrt (SBS) – oft im Zickzackkurs – Verbindungen zwischen allen Seeteilen. **BSB Bodensee Schiffsbetriebe**, Konstanz, Hafenstr. 6, Tel. 07531 364 03 89, www.bsb-online.com, **Vorarlberg Lines – Bodenseeschifffahrt,** Bregenz, Tel. 05574 428 68, www.vorarlberg-lines.at, **SBS Schifffahrt AG,** Romanshorn, Tel. 071 466 78 88, www.bodenseeschiffe.ch. Zwischen Kreuzlingen, Stein am Rhein und Schaffhausen verkehrt die **Schweizerische Schiffahrtsgesellschaft Untersee und Rhein,** Schaffhausen, Tel. 052 634 08 88, www.urh.ch. Auf lokaler Ebene kommen Einzelangebote rund um den See hinzu. Neben den festen Kursverbindungen gibt es zahllose Unterhaltungsangebote: Partyschiffe, Charterschiffe für Veranstaltungen und thematische Feste an Bord. Die Gesamtfahrpläne sind an jeder Schiffsanlege und in den Tourist-Infos erhältlich.

Fahrrad

Die Bahnen rund um den See bieten viel Stauraum für Fahrräder an; an Wochenenden oder zur Hauptferienzeit ist die Nachfrage groß. Reservierungen sind nicht möglich, sodass man früh auf dem Bahnsteig sein sollte. Auch auf zahlreichen Busstrecken ist eine begrenzte Fahrradmitnahme möglich. In nahezu allen Orten gibt es Fahrradstationen, die Räder aller Art verleihen; meist muss man das Rad an den Ausgangspunkt zurückbringen. In der Schweiz ist der Verleih von Elektrorädern weit verbreitet (s. auch S. 27).

Übernachten

Hotels, Pensionen und Privatzimmer

Das Angebot an Unterkünften am Bodensee ist überwältigend vielfältig. Es reicht vom 5-Sterne-Tempel mit Strand, Park- und Gartenanlagen, beheiztem Pool und üppig ausgestatteter Wellness-Landschaft über schöne Mittelklassehäuser bis hin zu heimeligen oder einfachen Pensionen und Privatzimmern. Die Preise liegen zwischen 60 und 300 € pro Doppelzimmer. Viele Hoteliers und Vermieter bieten eigene Programme, Führungen, Kinderbetreuung oder Abholdienste an. Es lohnt sich immer, eine Unterkunft für mehrere Tage zu buchen, denn die Preise sind meistens nach Aufenthaltsdauer gestaffelt, bieten Halbpension und enthalten bei mindestens dreitägigem Aufenthalt Pauschalen, Sonderrabatte und Extraleistungen. Bei einigen hochpreisigen Hotels sind Garten und Restaurant ausschließlich den Übernachtungsgästen vorbehalten, um die Unruhe des Tagestourismus zu vermeiden.

Bei der Buchung ist es wichtig, sich zu informieren, ob die Zimmer zur Seeseite liegen (meist teurer als Zimmer mit Seitenseeblick). Generell gilt, dass die Übernachtungsmöglichkeiten in den größeren Städten wie Konstanz, Bregenz oder Friedrichshafen stark auf Geschäftsreisende und Messebesucher ausgerichtet sind; in Konstanz gibt es überhaupt zu wenig Mittelklassehotels. Da ist es dann doch erholsamer, sich irgendwo im Umland einzunisten.

Eine Gesamtbroschüre mit Übernachtungsangeboten rund um den See existiert nicht; eine Auswahl an Unterkünften bietet **Bodensee-Hotels,** www.bodenseehotels.de. Die Tourist-Infos halten Gastgeberverzeichnisse ihres Ortes bereit, die man vorab bestellen kann, und schnüren auf Wunsch auch eigene Pauschalpakete mit zahlreichen Extras wie Besichtigungen, Ausfahrten etc. Alle Übernachtungsbetriebe sind auch auf Radler eingestellt; die meisten darunter bieten abschließbare Radunterstellplätze. Auf einigen Campingplätzen wie z. B. in Allensbach gibt es preiswerte moderne Radlerunterkünfte. Besonders fahrradfreundliche Hotelbetriebe sind in den Radkarten oder auf den Webseiten www.radweg-hotels.com und www.bettundbike.com aufgeführt.

Ferienwohnungen und -häuser

Auch das Angebot an Apartments, an Ferienwohnungen und -häusern ist sehr groß. Sie sind ebenfalls in den Gastgeberverzeichnissen der Tourist-Infos enthalten. Von der Dachgeschosswohnung mit Küchenzeile bis hin zum weinumrankten Haus mit Garten, vom durchgestylten Apartmenthaus direkt am See bis zum verwunschenen Holzhaus an einem Weiher im Hinterland ist alles vorhanden. Auf die Bedürfnisse von Kindern wird speziell eingegangen: Häufig ist im Garten ein Spielplatz o. Ä. angelegt. Die Gastgeber stellen sich auch zunehmend auf kurze Individualaufenthalte ein. Man muss also nicht mehr zwangsläufig von Samstag bis Samstag buchen, Vermietungen von zwei bis drei Tagen sind außer zu Schulferienzeiten immer öfter möglich.

Die Krone in Gottlieben ist eine der vielen guten Adressen in der Dreiländerregion

Bauernhöfe, Heuherbergen

Viele **Bauernhöfe** rund um den Bodensee haben sich auf Feriengäste eingestellt und bieten abgeschlossene Wohneinheiten in einstigen Nebengebäuden oder in neu errichteten kleinen Häusern auf dem Hofgelände. Und weil Gästeunterkünfte und der Hofladen eine wichtige finanzielle Rolle spielen, sind die Angebote für die Gäste sehr oft vielfältig und interessant. So werden Erkundungen auf dem Hof angeboten, Beteiligung der Kinder beim Tierefüttern, Traktorfahrten oder Mitarbeit bei der Wein-, Obst- und Gemüseernte.

Ein beliebter Spaß sind die **Übernachtungen im Heu.** In den blitzsauberen Scheunen mit weicher Strohpolsterung liegt man zu mehreren in eigenen, mitgebrachten Schlafsäcken.

Meistens gibt es noch einen Aufenthalts- und Frühstücksraum. Die qualitätsgeprüften Anbieter sind in den Gastgeberbroschüren der Tourist-Infos und unter www.bodensee-heuhotels.de aufgeführt.

Jugendherbergen und Campingplätze

Rund um den See gibt es 13 **Jugendherbergen.** In den Sommermonaten ist eine Voranmeldung unbedingt notwendig. Die Ausstattung ist unterschiedlich; oftmals ist der Komfort schon beträchtlich – etwa in Form von Familien- und Paarräumen.

Die Häuser liegen überwiegend in Seenähe, die Preise sind bei rund 16 € pro Bett im Mehrbettzimmer angesiedelt; das gilt auch für die Schweiz und Österreich. Infos unter: www.djh.de (Deutschland), www.youthhostel.ch

(Schweiz) und www.oejv.or.at (Österreich).

Knapp 80 **Campingplätze** stehen rund um den See zur Verfügung – vom winzigen Privatcampingplatz bis hin zum komplett durchorganisierten Areal mit hochmodernen Serviceanlagen. Sie reihen sich in relativ kurzem Abstand aneinander und sind meist zwischen April und Oktober geöffnet.

Spielplätze, Bootsanlege, Wassersportangebote, Seebadeanstalt und Bistro/Wirtschaft sind mit dem Platz oft zu einer weitläufigen Erholungslandschaft verbunden.

Zahlreiche Plätze werden nach ökologischen Gesichtspunkten bewirtschaftet. Auskünfte und Adressen: www.bodensee.eu und www.ecocamping.net.

Essen und Trinken

Sterneparadies

Die Bodenseeregion ist für ihre hervorragende Küche bekannt. Die Gastronomie der Region kann aus dem Vollen schöpfen, und die Besonderheiten der verschiedenen Landesküchen rund um den See haben eine große Vielfalt hervorgebracht, die in den letzten Jahren von kreativen Gastronomen wiederentdeckt und aufs Schönste weiterentwickelt wurde. So dürfen sich die Gäste auf badisch-schwäbische, bayerische, österreichische und schweizerische Spezialitäten freuen, die von den Küchenchefs mit innovativer Könnerschaft verfeinert und mit mediterranem Flair kredenzt werden – nicht umsonst gilt die Bodenseeregion als Sterne- und Haubenparadies (s. auch S. 55).

Im **Linzgau** haben sich einige hervorragende Köche zusammengetan, die ihre schönen Gasthöfe und ihre Küchenkunst gemeinsam vorstellen. Infos: www.linzgau-koeche.com.

Darüber hinaus gibt es in der deutschen Bodenseeregion einige Hoteliers, die in gepflegter Umgebung besonderen Wert auf ein reiches **Frühstück** und üppige **Brunch-Angebote** mit frischen lokalen Produkten legen. Infos: www.bodensee-fruehstueck.de.

Frische Lebensmittel aus der Umgebung

In der überwiegend intakten Natur produzieren Obstbauern und Landwirte hochwertige Lebensmittel. Der Obst- und Gemüseanbau am Bodensee beliefert ganz Deutschland und bietet hier vor Ort frischeste Waren ohne lange Transportwege. Auf diese üppige, farbenfrohe Vielfalt stoßen Sie auch auf den schönen Wochenmärkten. Der Bodensee hat Trinkwasserqualität, und die Bodenseefische wie Felchen, Barsch, Hecht und Zander landen fangfrisch oder warm geräuchert in den Küchen der Gastronomiebetriebe. Aus dem Hinterland kommen Fleisch und Geflügel, sehr oft aus artgerechter Haltung. Im Allgäu, im Bregenzerwald und im Kanton Appenzell sind Milch, Milchprodukte und Käse der Stolz der Region; sie werden mit großer Sorgfalt und oftmals auf traditionelle Weise produziert und veredelt. Infos und Adressen zu Produkten vom Bauern- und Obsthof, zu Hofläden und Hofcafés in der deutschen Bodenseeregion (Linzgau, Bodensee-Oberschwaben, Hegau und Höri) bietet der **Verein bäuerliche Anbietergemeinschaft e. V.,** Bamberger Str. 8,

88662 Überlingen-Lippertsreute, Tel. 07553 72 11, www.bodenseebauer.de.

Weine, Säfte und Brände

Die Küchengenüsse werden durch die Weine wunderbar ergänzt. In den sonnenreichen Weinbergen an den Südhängen im Raum Meersburg und Hagnau, im schweizerischen Thurgau und rund um den Hohentwiel bei Singen gedeihen hervorragende Weine. Auch Obstbrände und feine Destillate sind am Bodensee zu Hause und werden überall von den Produzenten vor Ort angeboten. Das Gleiche gilt für die oft naturbelassenen Moste und Säfte.

Mehr Infos zu Weinen und Bränden gibt es beim **Verein Bodenseewein e. V.,** dem Zusammenschluss der Winzer, Weingüter, Winzervereine und -genossenschaften der deutsche Bodenseeregion. Adresse: c/o Staatsweingut Meersburg, Seminarstr. 6, 88709 Meersburg, Tel. 07532 446 70, www. bodenseewein.de (mit Adressen und kleinem Weinglossar; s. auch S. 58).

Aktivurlaub, Sport und Wellness

Angeln und Fischen

Da aus dem Bodensee das Trinkwasser für rund 5 Mio. Menschen kommt, der Fischfang professionell betrieben wird und viele Bereiche naturgeschützt sind, sind die Bestimmungen und Erlaubnisscheine zum Angeln und Fischen im See und den einmündenden Flüssen sehr detailliert. Die Länder Baden-Württemberg, Bayern, Österreich und die Schweiz handhaben die Genehmigungen jeweils unterschiedlich. In der Schweiz benötigt man im Uferbereich (150 m) keine Erlaubnis. Ansonsten haben beispielsweise Untersee und Hochrhein, der Konstanzer Trichter und die Insel Mainau jeweils eigene Bestimmungen. Tourist-Infos oder ortsansässige Sportgeschäfte erteilen Auskünfte für ihren Seebereich und vermitteln die Erlaubnis (Tages-/Monatskarten).

Baden

Das Baden ist eines der größten Vergnügen am Bodensee. Jede Gemeinde besitzt eine Badeanstalt, sei es ein naturbelassener Strandstreifen mit Wiese oder eine Badeanstalt am See mit Umkleiden, Liegewiesen und Kiosk/Imbiss. Oftmals liegt ein Erlebnisbad mit unterschiedlichen Schwimmbecken und Spaßangeboten direkt am See.

Für FKK-Anhänger ist die Strandlandschaft in Hard (Rheindelta, Österreich) die größte am Bodensee. Die Badesaison wird Mitte Mai eröffnet und endet Mitte/Ende September. Ist das Wetter schlecht, empfehlen sich die drei wunderschönen, luxuriösen Thermen in Überlingen, Meersburg und Konstanz (s. S. 29).

Golfen

Über ein Dutzend Golfclubs gibt es rund um den Bodensee; weitet man den Radius ins Hinterland aus, sind es etwa 20 Plätze. Die meisten bieten Schnupperkurse an und verleihen auch das Sportgerät. Einen Überblick über Plätze und Preisangebote bieten die Webseiten www.bodensee.eu oder www.bodensee-info.com/golf_am_bo densee mit Links zu den Vereinen; für die Schweiz: www.golfswitzerland.ch;

für Österreich: www.golf-brengenzer wald.com.

von Überlingen zur Promenade in Unteruhldingen.

Inlineskaten

Das Inlineskaten ist ein Trendsport am Bodensee, besonders in der Schweiz. Da es wenig Steigungen gibt und das Netz asphaltierter Uferstraßen und Radwege groß ist, gibt es zahlreiche Strecken, auf denen Inlineskater ordentlich loslegen können. In Deutschland teilen sie sich das Routennetz mit den Fahrradfahrern; in der Schweiz sind die Strecken für Radler und Skater oftmals getrennt.

Der Kanton Thurgau ist das Mekka der Skater – hier ist das Streckennetz weit ins Hinterland ausgebaut, die Ausschilderung ist optimal, und es gibt zahllose Tourenvorschläge, die man im Internet abrufen kann oder als Broschüre in den Tourist-Infos erhält (s. auch S. 203). Sehr beliebt sind auch der Rundparcours auf der Insel Reichenau (13 km), die Strecke von Konstanz-Hafen über Kreuzlingen nach Romanshorn (21 km) und die 10-km-Strecke

Radfahren

Der Bodensee-Radweg ist der beliebteste Deutschlands (s. auch S. 110); kein Wunder, denn die Streckenabschnitte lassen sich wunderbar variieren. Man kann zwischendurch mit der Bahn oder dem Schiff fahren und die herrliche Region genießen, dabei Pausen einlegen, wie man will, ohne auf einen festgelegten Zielort am Abend angewiesen zu sein, denn der nächste Ort mit einem Bett ist immer nah. Überhaupt ist das Rad das adäquate Verkehrsmittel für die Seeregion; man fährt bis auf die Promenade, bis ins Strandbad, vor die Haustür der Museen und Sehenswürdigkeiten, ohne im Stau zu stehen oder sich um Parkplätze kümmern zu müssen. In jedem Ort, in vielen Hotels, kann man Fahrräder, immer mehr auch Elektroräder, ausleihen. Auf der Schweizer Seite ist das Velo, das Elektrorad, überall eingeführt, und von Rorschach und Romanshorn kann man

Bodensee-Radweg

Infomaterial zum Bodensee-Radweg gibt es im Buchhandel; die Tourist-Infos bieten zudem handliche Pocket Guides mit allem Wissenswerten an. Und im Internet hilft das Portal **www.bodensee.eu** weiter. Dort gibt es unter »Tourenvorschläge« ausgearbeitete Tages- oder Mehrtagestouren, mit dem Navigationspunkt »Tourenplaner« erstellt man seine individuelle Route zum Ausdrucken. Wer auf Leistung aus ist, schafft die 273 km See-Umrundung an zwei, drei Tagen – es gibt aber so viel Reizvolles zu sehen, dass sich ein einwöchiges gemächliches Radeln mit Sightseeing- und Badestopps anbietet. Beginnen kann man überall. Empfohlen wird eine Umrundung im Uhrzeigersinn, dann hat man den See stets ohne die Straße im Blick. Von Ende April bis Ende Sept. kann ein **Gepäckservice** gebucht werden, der das Gepäck morgens vom Hotel oder der Pension abholt und bis 18 Uhr an den Zielort bringt (Infos und Buchung Tel. 07531 819 93 53, www.bodensee-radweg.com). Hotels, Pensionen und andere Übernachtungsbetriebe sind auf Radler eingestellt; eine **Zimmerreservierung** ist im Juli und August unbedingt ratsam (s. auch S. 110).

Rad- und Wanderkarten

ADAC RadTourenKarte (1 : 75 000), **Kompass Bodensee West & Ost** (je 1 : 50 000) sowie **Kompass Bodensee Gesamtgebiet** (1 : 75 000). Zu Wanderwegen im Bregenzerwald s. auch **www.vorarlberg.at/wanderwege.**

mit dem Velo bis nach St. Gallen fahren und das Rad dort abgeben (s. S. 204). Diesen Service der frei gewählten Rückgabe gibt es in Deutschland bei der Bahn mit ihrem Bahn-und-Bike-Service. www.bahn.de/services. Über die Fahrradmitnahme in der Deutschen Bahn informiert die Radfahrer-Hotline Tel. 01805 15 14 15.

Reiten

Reiterferien und Reiterausbildung für Kinder und Erwachsene bieten Hofgüter und Pferdehöfe im Hinterland der deutschen Bodenseeregion, z. B. im Hegau, Linzgau oder im Deggenhauser Tal. Adressen und Auskünfte über www.bodensee.eu und www.bodensee-info.com/reiten_am_bodensee.

Wandern

Am Bodensee gibt es unendliche Wandermöglichkeiten, die vom Spaziergang am Ufer über gemütliche Wanderwege durchs Hinterland bis hin zu zünftigen Bergwanderungen im Bregenzerwald oder im Appenzell reichen. Jeder Ferienort bietet ein Netz aus Spazier- und Wanderwegen sowie ausgearbeitete Routen mit Info- und Kartenmaterial an. Auf den Webportalen der Regionen (s. S. 14) liegen darüber hinaus zahlreiche Routenvorschläge zum Ausdrucken bereit. Bei Wanderungen in den Alpen bitte unbedingt auf zweckmäßige Ausrüstung mit ordentlichen Wanderstiefeln und Anorak achten. Wanderkarten sind in den Tourist-Infos erhältlich.

Wassersport

Segeln, Surfen, Tauchen, Motorboot-, Kanu- und Bötchenfahren gehören zu den schönsten Urlaubsvergnügen am Bodensee – schließlich ist das ›Schwäbische Meer‹ ein Mekka für alle Wassersportler. Aufgrund der Fallwinde aus den Alpen kann der See jedoch in Windeseile sehr stürmisch werden, mit hohem, kabbeligem Wellengang und starken Böen, sodass gerade beim Segeln und bei anderen Wassersportarten solide Kenntnisse erforderlich sind. Fast jeder Ort hat zur Vermittlung derselben eigene Segel-, Tauch- und Surfschulen sowie einen Bootsverleih (es gibt rund 40 Segel- und Wassersportschulen rund um den See).

Für ernsthafte **Segler** sind die Jachthäfen, Segelschulen und Clubs in Langenargen und Kressbronn eine sehr gute Adresse. Fürs Segeln und Motorbootfahren auf dem Bodensee sind eigene **Patente** erforderlich; für Inhaber anderer Patente gibt es befristete Erlaubnisscheine. Auskünfte und Unterweisung erteilen alle Segelschulen; Details zu den Segelscheinen und Segelschulen bietet www.bodensee-info.com/segeln_am_bodensee. Zum **Surfen** ist der Bodensee ideal. An den Naturstränden und flachen Ufern ist der Einstieg mit dem Brett einfach. Will man den spannenden Sport erlernen, stehen rund 20 Surfschulen zur Verfügung – mit Service und Brettverleih.

Für das **Kanu- und Kajakfahren** auf dem Bodensee ist La Canoa in Konstanz (www.LaCanoa.com) die zentrale Adresse. Die 19 Kanustationen rund um den See bieten geführte Halb- oder Tagesausflüge in die Naturschutzzonen und zu Sehenswürdigkeiten an, auch komplette Ferienangebote und Bootsverleih.

Auch zum **Tauchen** eignet sich der Bodensee gut. Vor allem der Überlinger See mit seinen Steilwänden unter Wasser hat Spannung zu bieten. Rund zehn Tauchschulen bieten Kurse und Service für Taucher an. Einen Überblick gibt es unter www.bodensee-info.com/tauchen_am_bodensee.

Wellness

Die Wellness-Angebote rund um den Bodensee sind überwältigend vielfältig. In den Kurorten wie Radolfzell mit der Mettnau, in Überlingen oder Konstanz gibt es zahlreiche Angebote, die jeder Besucher wahrnehmen kann – Kneipp-Gänge, Yoga im Stadtpark, Strand- und Wassergymnastik oder Tai Chi auf der Wiese. Da jeder Ort sein Freibad hat und viele Hallen- und Erlebnisbäder vorhanden sind, sind auch damit immer Wellness-Angebote verbunden. Die 4- oder 5-Sterne-Hotels, auch viele aus der 3-Sterne-Kategorie, haben großzügige und gepflegte Wellness- und Spa-Bereiche mit eigenem Angebot – von der Beauty-Behandlung über beheizte Außenpools bis zu verschiedenen Saunen. Herausragend sind vier luxuriöse Wellness-Tempel, in denen man jeweils in herrlicher Umgebung halbe oder ganze Tage vertrödeln kann: die Bora-Saunen in Radolfzell und die eleganten Wellness-Tempel mit innen- und außenliegenden Becken, Ruhezonen und Saunalandschaften direkt am See in Überlingen, Meersburg und Konstanz. Die drei Letzteren bieten auch ein vergünstigtes Kombiticket an (Adressen und Infos unter den jeweiligen Orten). Einen Überblick bieten www.boden see.eu und www.bodensee-info.com.

Inlineskaten ist am Bodensee Kult – es gibt zahlreiche ausgewiesene Strecken

Feste und Unterhaltung

Christliche Traditionen

Gefeiert wird viel und überall rund um den See. Da die Tradition fast ausschließlich vom katholischen Glauben geprägt ist (mit Ausnahme des protestantischen Thurgau und der hälftig gemischten Bevölkerung St. Gallens), werden immer noch zahlreiche Feste mit christlichen Wurzeln gefeiert. In Städten und Gemeinden zählen die großen **katholischen Prozessionen** zu den Höhepunkten im Gemeinschaftsleben – sei es zu Pferd wie in Weingarten oder mit Schiffen übers Wasser wie von Moos nach Radolfzell und von Allensbach auf die Klosterinsel Reichenau. Dort gibt es zudem spezielle Inselfeiertage, die in der Geschichte des Klosters gründen und bis heute das Kalenderjahr prägen.

Feste mit historischem Hintergrund wie die Schwedenprozessionen zu Ehren der Muttergottes in Überlingen gehören ebenfalls zum lebendigen Brauchtum; Trachten werden getragen, Tiere geschmückt, lokale Musikkapellen ziehen durch die Straßen, und oftmals werden historische Begebenheiten nachgestellt.

Auch mit **Weihnachtsmärkten** putzen sich manche Orte sehr schön und festlich heraus, etwa Lindau, Überlingen, Meersburg oder – groß und prächtig – St. Gallen und Bregenz.

Lebendiges Brauchtum

Heimatfeste werden in jedem Ort gefeiert. Im Frühling locken die zahlreichen **Blütenfeste** die Besucherscharen an, im Herbst sind die Weinfeste mit ihren **Rädle-, Buschen- und Besenwirtschaften** ein großer Anziehungspunkt.

Auch **Erntedankfeste** werden rund um den See begangen. In der Alpenregion, im Allgäu, im Bregenzerwald und in Appenzell sind der **Viehauf- und -abtrieb** prächtige, bunte Festtage, mit denen die Natur, ihre Gaben und die Arbeit von Mensch und Tier mit Gottesdiensten, alten Bräuchen, Trachten und Musik gewürdigt werden.

Fasnacht, Fasnet

Ist das neue Jahr eingeläutet, beginnen die Vorbereitungen für die ›fünfte Jahreszeit‹, die im Gegensatz zum rheinischen Karneval charaktervoller, ursprünglicher und weniger kommerziell ausgerichtet ist. Von Gründonnerstag bis Aschermittwoch regiert die schwäbisch-alemannische Fasnacht oder ›Fasnet‹ die Seeregion.

Bunt und wild sind die Kostüme, die sich in verschiedene Gruppen aufteilen lassen: Die größte Gruppe sind Wilde Männer und Hexen mit grob geschnitzten Masken, die tatsächlich furchterregend und düster aussehen und mit Trommelmusik und wilden Sprüngen durch die Straßen ziehen. Zum anderen gibt es die Flecklesnarren in bunten Fleckenkostümen, die schuppenförmig auf die Leinwand genäht sind. Die Gesichter sind hinter gleichartigen Masken (oft aus Holz) versteckt. Die Narren gehen in die Zuschauermengen hinein, knallen mit sogenannten Karbatschen wild durch die Luft und machen ein wüstes Spektakel, das durchaus heidnisch und grotesk anmutet.

Überlingen ist eine der Fasnachtshochburgen am See; in Oberschwaben sind es Bad Waldsee, Aulendorf und Weingarten; aber auch in St. Gallen und Appenzell und in zahlreichen anderen Orten am See wird die Narrenfreiheit mit Masken, Kostümen, Umzügen und Musik gefeiert.

Unterhaltung, Kultur und Sportliches am See

Im Sommer bietet jeder Ferienort rund um den Bodensee **Hafen- und Seefeste** mit kulinarischem Angebot, musikalischen Veranstaltungen, Kindervergnügungen, auch Flohmärkten und sportlichen Veranstaltungen – etwa Segelregatten für Profis wie in Langenargen oder die Internationale Bodenseewoche Anfang Juli in Konstanz. Überall gibt es Marathonläufe, wassersportliche Wettbewerbe und abschließende Feuerwerke. Die bekanntesten und schönsten Sommerfeste mit Riesenfeuerwerk finden in Konstanz, Langenargen, Arbon und Schaffhausen statt.

Wunderschön ist auch die große **Sternfahrt** zu einem Überraschungsziel, mit der die Weiße Flotte der Bodenseeschifffahrt Ende April ihren sommerlichen Fahrbetrieb aufnimmt.

Der Bodensee als Festivalregion

Neben den großen Museen, Kunsthäusern, Galerien und Theatern, die rund um den See zu Hause sind, begeistern die zahlreichen Musik-, Literatur- und Kulturfestivals, die die Bodenseeregion zwischen April und Oktober mit weltläufigem Flair und starken Erlebnissen auftanken.

Geigen, Chöre, E-Gitarren

Schon seit über 20 Jahren erfreut das **Internationale Bodensee-Festival** jährlich den ganzen Mai hindurch seine Besucher: mit großen Sinfonieorchestern, Kammermusik, Chor- und Orgelwerken sowie Theater und Ballett unter einem übergreifenden Motto. Gespielt wird in nahezu allen Städten und größeren Gemeinden rund um den See wie Meersburg, der Birnau, Friedrichshafen, Lindau, Ravensburg, St. Gallen und Konstanz.

Einzigartig ist auch die **Schubertiade:** Das weltweit größte Schubert-Festival findet, sich ergänzend, in zwei reizvollen österreichischen Orten statt, im Mai und Oktober in Hohenems und im Juni und September in Schwarzenberg im Bregenzerwald. Die Atmosphäre ist intim, die Säle sind wunderschön, Künstler wie Publikum schwelgen gleichermaßen in der Musik Schuberts.

Absoluter Höhepunkt aller Festivalaktivitäten sind dann ab Ende Juli für vier Wochen die **Bregenzer Festspiele:** große Oper, alle zwei Jahre in neuer spektakulärer Inszenierung auf die Seebühne gebracht; aufregend modern, zugleich wird ein breites und interessantes musikalisches Rahmenpro-

Klassikfestivals im Internet
www.bodensee-festival.de
www.schubertiade.at
www.bregenzerfestspiele.com

Rock- u. Popfestivals im Internet
www.openairsg.ch
www.rock-am-see.de
www.hohentwielfestival.de

Literaturfestivals im Internet
www.wortmenue.de
www.meersburg.de (Droste-Literaturtage Meersburg)
www.ibc-konstanz.de (LiteraTour, Konstanz, Droste-Literaturtage Meersburg)
www.gaienhofen.de (Hermann-Hesse-Tage)

gramm geboten. Ein unvergessliches Erlebnis. Auch bei der Schifffahrt und Hotellerie rund um den See gibt es zahllose Angebote, die auf die Spielzeiten abgestimmt sind.

Für die Fans von Folk, Rock und Pop gibt es ebenfalls einige feste Pilgerziele am Bodensee: In **St. Gallen** ist es das **Open-Air-Festival** mit berühmten Rockbands, das jährlich mit neuen Höhepunkten aufwarten kann; in **Konstanz** findet **Rock am See** Ende August

Tausende begeisterter Zuhörer. Und das **Hohentwiel Festival** bei Singen ist über Süddeutschland hinaus ein Begriff: Das Burgfestival fesselt mit einem 90-stündigen Programm, mit Folk, Klassik und Rock.

Literatur, mit Menü und auf dem Schiff

In der zweiten Aprilhälfte geht's in Überlingen rund: Das **Überlinger Wortmenü** hat eine große Anhängerschar

Festkalender

Februar
Fasnacht: insbesondere in Überlingen, Oberschwaben, St. Gallen, Appenzell.

April
Sternfahrt Weiße Flotte: Sa Ende April zum Saisonbeginn. Musik und Events auf den Schiffen, Flottentreffen.
Überlinger Wortmenü: 2. Aprilhälfte. Literarisch-kulinarisches Festival in Gasthöfen, Buchhandlungen, auf dem Schiff.
Inselfeiertag Markusfest: 25. April, Reichenau. Fest des Inselheiligen. Mit Bürgerwehrparade, Festgottesdienst im Münster und Prozession.

Mai
Bodenseefestival: Mai. Hochkarätige Konzerte, Theater- und Literaturrahmenprogramm u. a. in Konstanz, Ravensburg, Meersburg, Friedrichshafen, Feldkirch, Weingarten und St. Gallen.
Schubertiade: Erste Maiwochen, Mitte–Ende Juni, erste Sept.-wochen, Okt., Hohenems und Schwarzenberg. Weltweit größtes Schubertfestival mit 50 hochkarätigen Kammerkonzerten.
Droste-Literaturtage: 1. Maiwoche, Meersburg. Lesungen, Konzerte.

Blutfreitag in Weingarten: Fr nach Christi Himmelfahrt. Hoher kirchlicher Feiertag mit Gottesdienst in der Basilika, Pferdeprozession.
Reichenauer Blutfest: 1. Mo nach Pfingstmontag. Wichtiger kirchlicher Feiertag mit langer Tradition.
Gräfliches Inselfest: Letztes Maiwochenende, Mainau. Großes Frühlingsfest zum Bummeln, Einkaufen, Essen, Trinken, mit Gartenmarkt und Musik.
Internationale Bodenseewoche: Vier Tage Ende Mai, Konstanz. Festliche Events, Segelregatta, Wassersport aller Art.

Juni
Alpauftrieb: Anfang Juni, Allgäu, Bregenzerwald und Appenzell.
Match Race Germany: Juni, Langenargen. Internationale Segelregatta.
Seenachtsfest Arbon: Wochenende Mitte Juni. Mit Großfeuerwerk am So.
Open Air St. Gallen: Ende Juni/Anfang Juli. Wichtiges Pop- und Rockfestival.
St. Gallener Festspiele: Ende Juni–Mitte Juli. Klassische Musik und Oper auf dem Klosterplatz in der Altstadt.
Flohmarkt rund um die Uhr: Sa Ende

gewonnen. Das literarisch-kulinarische Festival findet in Restaurants, Cafés und Landgasthöfen statt und bietet Lesungen live mit Schriftstellern, die sich dem Thema Essen und Trinken gewidmet haben. Gleichzeitig tun die Gäste eben genau das, sie essen und trinken in kleinem Rahmen. Eine wunderschöne Idee, auf die die Einheimischen und ihre Gäste total ›abfahren‹ – die Karten sind sehr schnell ausverkauft!

In **Meersburg** sind dann am ersten Maiwochenende die **Droste-Literaturtage** angesagt. Vorträge, Lesungen, Konzerte u. a. im Alten Schloss und im Fürstenhäusle der Dichterin bieten authentisches Flair. Die Literaturtage finden jährlich seit 1948 statt, dem 100. Todesjahr von Annette von Droste-Hülshoff, und jedes dritte Jahr wird der renommierte Droste-Literaturpreis an eine deutschsprachige Autorin verliehen.

Juni. Riesiger 24-Std.-Flohmarkt in Konstanz und Kreuzlingen.

Juli
Winzerfest Meersburg: 1. Juliwochenende. Größtes Weinfest am See.
Stadtfest Lindau: Sa, 1. Julihälfte. Musik- und Theaterfest.
Hausherrenfest und Mooser Wasserprozession: 3. So im Juli. Großes kirchliches und historisches Stadtfest mit Prozession in Radolfzell; am Mo Wasserprozession von Moos nach Radolfzell.
Bregenzer Festspiele: Mitte Juli–Mitte Aug. Opernfestspiele auf der Seebühne und Rahmenveranstaltungen.
Promenadenfest Überlingen: Letztes Juliwochenende. Festival mit Musik, Tanz und Töpfermarkt.

August
Nationalfeiertag Schweiz: 1. Aug. Vereins- und Musikfeste in allen Schweizer Orten; Feuerwerk am Rheinfall.
Sandskulpturenfestival: 2. Aug.-Woche, Rorschach. Internationale Teilnehmer bauen Skulpturen aus Sand.
Seenachtfest Konstanz: 2. Wochenende im Aug. Das wohl größte Fest am See, mit Seefeuerwerk.
Rutenfest: Letztes Wochenende vor den Sommerferien, Ravensburg. Historisches Stadtfest mit Festumzügen, Adler- und Bogenschießen.
Stadtfest Bregenz: Ende Aug. Viertägiges Musikfest mit Klangfeuerwerk in den Seeanlagen.

September
Alpabtrieb: Anfang–Mitte Sept. im Allgäu, Bregenzerwald und Appenzell.

Oktober
Bülle-Fest: 1. Wochenende im Okt. Moos und Umgebung. Fest zu Ehren der roten Zwiebel, mit Kulinarischem, Handwerklichem, Marktständen und Musik.
Mittelaltermarkt Meersburg: Wochenende Anfang Okt. Musik, Handwerk, Kulinarisches und Wein in mittelalterlichem Gewand.

Dezember
Weihnachtsmärkte: Schön und festlich geschmückt, z. B. in Überlingen, Meersburg, Lindau, Konstanz und St. Gallen.

Mitte September geht die Literatur aufs Wasser: Von **Konstanz** legt das Schiff Graf Zeppelin zur **LiteraTour** ab; an Bord sind Literaturliebhaber, die sich an Deck über Lesungen, ein musikalisches Programm, Diskussionen und eine milde, sommerliche Stimmung auf dem See freuen.

Weithin bekannt sind auch die **Hermann-Hesse-Tage** in **Gaienhofen**. Mit ihnen klingt der Kultursommer aus: Sie finden Ende Oktober statt und bieten besonders ausführliche Führungen durch alle Hesse-Stätten, Vorträge, Lesungen und ein musikalisches Programm. Das winzige Gaienhofen hat sich auf die Hesse-Fans und diejenigen, die es werden wollen, eingestellt: Pauschalangebote mit Übernachtungen machen es den Gästen leicht, das große Hesse-Werk an ›Originalschauplätzen‹ kennenzulernen.

Mehrtägige Wort-, Bild- und Musikfestivals, besonders auch mit Jazz, finden zudem an anderen Orten rund um den See statt, so in **Allensbach,** auf **Schloss Salem,** auf der **Mainau** und am **Rheinfall:** Kultur allerorten, vor herrlicher Seekulisse, was kann der Mensch noch mehr wollen?

Reiseinfos von A bis Z

Apotheken

Bei den Öffnungszeiten der Apotheken gelten die allgemeinen Geschäftszeiten in den drei Ländern. Nacht- und Wochenenddienste sind in der Presse und an den Apotheken vermerkt.

Ärztliche Versorgung

Die Region ist mit Praxen und Krankenhäusern gut versorgt. Falls keine Zusatzversicherung für Auslandsaufenthalte vorhanden ist, sollte man sich als **deutscher Staatsbürger** vor der Reise von seiner Krankenkasse die europäische Krankenversicherungskarte ausstellen lassen: Sie gilt für Österreich und wird auch in der Schweiz akzeptiert. Ohne die Karte müssen in beiden Nachbarländern alle Leistungen vor Ort bezahlt und die Rechnungen zur Rückerstattung der Kasse vorgelegt werden.

Schweizer Bürger in Österreich oder Deutschland können sich überall ärztlich gegen Bezahlung behandeln lassen; die Erstattung erfolgt je nach eigenem Versicherungsabschluss.

Österreicher sind in Deutschland bei Vorlage ihrer Versicherungskarte mitversorgt; in der Schweiz müssen Leistungen bezahlt und der Kasse zur Rückerstattung vorgelegt werden.

Diplomatische Vertretungen

Deutsche Botschaft
… in Österreich
Metternichgasse 3, 1030 Wien
Tel. 01 71 15 40
www.wien.diplo.de

… in der Schweiz
Willadingweg 83, 3006 Bern
Tel. 031 359 41 11
www.bern.diplo.de

Österreichische Botschaft
… in Deutschland
Stauffenbergstraße 1, 10785 Berlin
Tel. 030 20 28 70
www.oesterreichische-botschaft.de

… in der Schweiz
Kirchenfeldstrasse 77–79, 3005 Bern
Tel. 031 356 52 82
www.aussenministerium.at/bern

Schweizerische Botschaft
… in Deutschland
Otto-v.-Bismarck-Allee 4, 10557 Berlin
Tel. 030 390 40 00
www.eda.admin.ch

… in Österreich
Prinz-Eugen-Straße 7, 1030 Wien
Tel. 01 795 05
www.eda.admin.ch/wien

Schweizerisches Konsulat
… in Österreich
Arlbergstraße 111A, 6900 Bregenz
Tel. 0557 47 36 24
www.eda.admin.ch/österreich

Elektrizität

Die Schweiz hat andere Steckdosen als Deutschland und Österreich: Die Steckdosen dort können zwar die flachen, zweipoligen Eurostecker aufnehmen, nicht jedoch die dicken, runden Konturenstecker; für sie braucht man einen Adapter. Die Schweizer müssen mit Adapter reisen. Überall gelten 220 V.

Feiertage

1. Jan.: Neujahr
6. Jan.: Dreikönigstag (Baden-Württemberg, Bayern, Österreich)
19. März: Josephitag (Landesfeiertag in Vorarlberg)
Ostern: Karfreitag, Ostermontag
25. April: Markusfest (Reichenau)
1. Mai: Tag der Arbeit
Pfingsten: Pfingstmontag
Heilig-Blut-Fest: Am Mo eine Woche nach Pfingstmontag (Reichenau)

Fronleichnam (Baden-Württemberg, Bayern, Österreich)
Christi Himmelfahrt
1. Aug.: Nationalfeiertag (Schweiz)
15. Aug.: Mariä Himmelfahrt (Bayern, Österreich)
3. So. im Sept.: Eidgenössischer Bettag (Schweiz)
3. Okt.: Tag der deutschen Einheit (Deutschland)
26. Okt.: Nationalfeiertag (Österreich)
Allerheiligen (Baden- Württemberg, Bayern, Österreich)
8. Dez.: Mariä Empfängnis (Österreich)
25./26. Dez.: Weihnachten

FKK

Das einzige große FFK-Areal rund um den Bodensee befindet sich in Hard im Rheindelta. Allgemein stört sich in den Strandbädern in Deutschland niemand daran, wenn oben ohne gebadet wird.

Geld

Banken und Sparkassen gibt es flächendeckend; in ganz kleinen Orten gibt es zumindest einen **Geldautomaten.** Die meisten größeren Geschäfte, Hotels und Restaurants akzeptieren eine EC/Maestro-Card oder andere **Kreditkarten.** In kleinen Pensionen und Privatquartieren wird hin und wieder noch Bargeld verlangt. Alle Kreditkarten werden auch in der Schweiz und in Österreich von den Banken/Automaten, von größeren Hotels und Restaurants akzeptiert.

Die **Schweizer Währung** (Franken/CHF und Rappen) unterliegt dem Wechselkurs mit dem Euro. Im Februar 2010 entsprach 1 € etwa 1,47 CHF. Vielfach sind die Preise auch in Euro angegeben. In grenznahen Orten und Tankstellen kann auch in Euro bezahlt werden; Wechselgeld gibt es in CHF.

Ob paddeln oder baden – für Kinder ist der Bodensee ein Paradies

Kinder

Der Bodensee ist ein Paradies für Kinder. Auf dem und am Wasser gibt es vielfältige Freizeitmöglichkeiten: flache Strände und Kinderkurse in den Wassersportarten. Fast alle Freibäder und alle Erlebnisbäder sowie die großen Thermen haben attraktive Kinderangebote. Skateanlagen, Klettergärten, Freizeitparks – in allen drei Ländern ist das Angebot groß und attraktiv. Fast alle Ferienorte bieten spezielle Kinderprogramme in den Sommermonaten. Viele Unterkünfte sind kinderfreundlich gestaltet und bieten Eltern-Kind-Vergünstigungen. Und natürlich sind die Bauernhöfe und Ferienwohnungen auf dem Land (ohne Verkehr) für Kinder großartig.

Kurtaxe/Gästekarten

In Deutschland und der Schweiz muss bei einer Übernachtung Kurtaxe bezahlt werden, im Regelfall zwischen 1 und 2,50 €. Der Betrag kommt der jeweiligen Stadt oder Gemeinde und deren Leistungsangebot zugute. In Österreich ist die Kurtaxe im Übernachtungspreis enthalten. Im Gegenzug: Es gibt überall entweder **örtliche oder regionale Gästekarten,** die zu unterschiedlichsten **Vergünstigungen** berechtigen, z. B. freie Nutzung der Stadt-

oder Regionalbusse, vergünstigte Eintritte für Schwimmbäder, Museen etc.

Medien

Zeitungen

Der »Südkurier« ist die größte Tageszeitung für Bodensee und Hochrhein. Auch die »Schwäbische Zeitung« und der »Westallgäuer« werden viel gelesen. In Österreich ist es die »Vorarlberger Tageszeitung«, in der Schweiz die »Appenzeller Zeitung« und das »St. Galler Tagblatt«. Daneben gibt es einige kleinere Lokalzeitungen.

Infomagazine zur Region

Jedes Frühjahr erscheint das »Bodensee Magazin« mit Beiträgen und Informationen zu Kultur, Kunst, Freizeit, Schifffahrt und Sport und mit großem Eventkalender. www.bodensee-magazin.de. Unübersichtlich, aber höchst informativ ist das jährlich erscheinende Magazin »Seezunge« für Genießer und Feinschmecker mit Hunderten von Tipps und Adressen rund um den See. www.seezunge.de.

Naturschutzgebiete

Rund um den Bodensee gibt es zahlreiche Uferzonen, die als ökologisch besonders wertvoll eingestuft sind und unter speziellem Schutz stehen. Gekennzeichnete Gebiete dürfen nur auf den aufgewiesenen Pfaden und Wegen begangen werden; Beobachtungstürme bieten Überblick, und mit Informationstafeln und Naturschutzführern erschließt sich das geheime Leben der Tiere und Pflanzen. Zur Brutzeit der Vögel sind viele Bereiche überhaupt nicht zugänglich, nur auf geführten Kanutouren lassen sich dann Beobachtungen machen.

Es gibt folgende Naturschutzgebiete am Bodensee: Im Hinterland von Radolfzell liegt der **Mindelsee,** der zum länderübergreifenden Schutzprogramm Natura 2000 der EU gehört (Führungen nur nach tel. Anmeldung, Tel. 07732 150 70, www.bund.net/bawue). Die **Halbinsel Mettnau** (s. S. 266) bei Radolfzell untersteht seit 1926 dem Naturschutz. Durch das rund 500 ha große **Eriskircher Ried** (s. S. 120) mit seinen Sumpfwiesen, dichten Schilf- und Weidenbeständen nahe Friedrichshafen führen zwei Naturlehrpfade (www.naz.eriskirch.de). Das **Rheindelta** (s. S. 171) auf österreichischem und schweizerischem Gebiet ist mit 2000 ha das größte Naturschutzgebiet der Bodenseeregion und nach dem Donaudelta das größte Süßwasserdelta Europas. Das **Wollmatinger Ried** südlich von Allensbach am Untersee hat mehrere internationale Auszeichnungen für vorbildliche Naturschutzarbeit und als Lebensraum für gefährdete Tier- und Pflanzenarten erhalten. Hier darf man nur als Mitglied einer geführten Gruppe (www.bodensee-ornis.de und www.nabu-wollmatingerried.de) unterwegs sein.

Notrufnummern

Euronotruf 112

Der Euronotruf 112 ist eine kostenlose Einrichtung für alle Länder der EU und der Schweiz. Gibt es keinen Empfang, muss das Handy ausgeschaltet werden, dann beim Wiederanschalten statt der PIN die Nummer wählen.

… in Deutschland
Polizei- und Unfallnotruf: 110

… in Österreich
Polizei: 133
Ärztenotdienst: 141

… in der Schweiz

Polizei: 117
Notarzt: 144

Pannendienste:

ADAC-Pannendienst: 0180 222 22 22
Österreich (ÖAMTC): 120
Schweiz: 140

Öffnungszeiten

Die Öffnungszeiten der **Geschäfte** in den drei Ländern entsprechen sich weitgehend. In den größeren Ferienorten und Städten am See sind sie durchgehend von 9/10 Uhr bis 18/19 Uhr geöffnet, Supermärkte meist bis 20 Uhr. In kleinen Orten und auf dem Land sind sie über Mittag geschlossen. Am Samstag sind die Geschäfte in der Schweiz und in Österreich bis 16/17 Uhr, in Deutschland in den größeren Städten bis 18 Uhr, in kleinen Orten bis 13/14 Uhr geöffnet.

Auch bei **Post** und **Banken** sind die Öffnungszeiten in Deutschland, Österreich und der Schweiz überwiegend zeitgleich (sie entsprechen den allgemeinen Geschäftszeiten).

Die **Restaurants, Bistros, Gastwirtschaften** und **Cafés** an den Seeufern und Promenaden haben ab Mai bis Ende Sept./Anfang Okt. meist durchgehend geöffnet; Cafés schließen am Abend. In den Dorf- und Stadtzentren und in kleineren Dörfern im Umland gibt es warme Küche meistens bis 14/14.30 Uhr und nach einer Ruhepause wieder von 17.30/18 Uhr bis 22/23 Uhr Uhr. Landgasthöfe haben ebenfalls meistens am Nachmittag geschlossen. In der Schweiz wird frühzeitig gegessen: um 12 Uhr und gegen 19 Uhr. Man sollte daher, außer in den touristischen Zentren, abends nicht zu spät zum Essen erscheinen.

In allen drei Ländern sind die **Museen** am Montag überwiegend geschlossen. Viele kleine Häuser haben nur Saisonbetrieb und/oder generell eingeschränkte Öffnungszeiten (z. B. nur am Wochenende, von Do–So oder nur nachmittags).

Die meisten **Kirchen,** seien sie katholisch oder protestantisch, haben ihre Türen täglich geöffnet.

Reisekasse und Preise

Die Preise in Hotels, Pensionen und Ferienwohnungen sind nach Saison gestaffelt und belaufen sich in den Ferienorten am See zwischen 60 € und 300 €; in der Nebensaison bezahlt man

---

Spartipps und Ermäßigungen

BodenseeErlebniskarte: Über 180 Attraktionen wie Museen, Schlösser, Strandbäder oder Bergbahnen rund um den Bodensee mit und ohne Kursschifffahrt sind mit der BodenseeErlebniskarte frei oder stark ermäßigt. Es gibt drei unterschiedliche Varianten: Landratten, Seebären und Sparfüchse für Erwachsene und Kinder, jeweils für 3, 7 und 14 aufeinanderfolgende Tage, erhältlich in allen Tourist-Infos; Info-Hotline: Tel. 07531 90 94 90 und www.bodensee.eu.

Tageskarte Euregio: Stark vergünstigte Kombitickets für Bahn, Bus und Schiff für unterschiedliche Landzonen rund um den Bodensee sowie ermäßigte Eintritte bei vielen Museen und Erlebnisparks; Infos: www.euregiokarte.com.

Gäste-Cards: Die meisten Orte bieten lokale Gäste-Cards, die zu zahlreichen Vergünstigungen berechtigen (s. auch S. 156).

etwa 10–20 € weniger. Für ein Doppelzimmer im mittleren Preissegment am See sollte man zwischen 60 € und 130 € einkalkulieren, auch in den großen Städten wie Konstanz, Bregenz und St. Gallen. Im Hinterland sind die Preise niedriger. Bei Aufenthalten, die länger als drei Tage dauern, werden günstigere Pauschalen angeboten, auch mit Halbpension. Für Familien mit Kindern sind Ferienwohnungen und -häuser günstig (zwei Betten 30–60 € pro Tag; auf Bauernhöfen Wohnungen ab 35 € pro Tag).

Im Restaurant liegen die Preise zwischen 7 € und 18 € pro Gericht ohne Getränke. Kleinere Speisen und Vesper gibt es ab 5–6 €. Oft werden auch günstige Mittagsmenüs angeboten. In Gasthöfen ist das Essen nicht unbedingt günstiger, weil die Regionalküche oft gehoben ist.

Diese Zirkaangaben gelten (für die Schweiz umgerechnet) für alle drei Länder.

Reisende mit Handicap

Der Service der Deutschen Bahn gibt Reiseauskünfte, Tipps für barrierefreies Reisen und plant individuelle Hilfen an Bahnhöfen. Tel. 01805 51 25 12, www.bahn.de/handicap.

In den Tourist-Infos liegt die Broschüre »Barrierefrei unterwegs in der Region Hegau-Bodensee« aus. Sie wird jedes Jahr aktualisiert. In den Gastgeberverzeichnissen der Städte und Ortschaften sind geeignete Unterkünfte meistens gekennzeichnet. Zahlreiche Ferienorte bieten eigene Informationen zu rollstuhlgeeigneten Unternehmungen. Eine Liste mit rollstuhlgeeigneten Hotels, Pensionen und Ferienwohnungen findet sich unter www.bodensee-info.com. Infos bietet auch www.rollstuhl-urlaub.de.

Europaweiten Service für Körperbehinderte offeriert der Bundesverband Selbsthilfe Körperbehinderter e. V., BSK, Alte Krautheimer Str. 20, 74238 Krautheim, Tel. 06294 42 81 50, 51 www.bsk-ev.org. Für den Reiseservice mit Unterkunftsadressen: www.reisen-ohne-barrieren.eu. In der Schweiz ist Mobility International Schweiz eine gute Adresse: www.mis-ch.ch.

Souvenirs

Kunsthandwerker, etwa Töpfer, Weber, Bildhauer, Glasbläser, Korbmacher oder Goldschmiede rund um den See, bieten in ihren Werkstätten und auf Handwerkermärkten schöne Dinge an, die man gerne mit nach Hause nimmt. In Galerien sind lokale und regionale Maler und andere bildende Künstler vertreten. Kulinarische Mitbringsel sind neben Räucherfischen geraucht Wurstwaren sowie zahlreiche Käsesorten aus dem Allgäu, dem Bregenzerwald und dem Appenzellerland. Konfiserie, Pralinen und regionaltypisches, traditionelles Gebäck gibt es in zahlreichen Ferienorten und Städten. Und auch über Weine der Region, feine Destillate und Natursäfte freuen sich alle Daheimgebliebenen.

Telefonieren

Öffentliche Telefonzellen sind rar geworden. Telefonkarten verkaufen in allen drei Ländern Postfilialen und Tabakgeschäfte. In Österreich heißen Tabakläden ›Trafiken‹. In der Schweiz heißen die Telefonkarten ›Taxcard‹.

Vorwahlen:
Deutschland: 0049
Österreich: 0043
Schweiz: 0041

Panorama – Daten, Essays, Hintergründe

Meisterwerk des Spätbarock – die Stiftsbibliothek von St. Gallen

Steckbrief Bodensee

Daten und Fakten

Lage und Fläche: Der Bodensee ist das drittgrößte Binnengewässer in Mitteleuropa. Seine Wasserfläche beträgt 536 km², die größte Seelänge 64 km. Seine Uferlänge mit 273 km teilen sich drei Länder: Deutschland mit 173 km, die Schweiz mit 72 km und Österreich mit 28 km Ufer.

Einwohner (Region): ca. 1,8 Mio.

Größte Städte: Konstanz (ca. 81 000 Einw.), **Friedrichshafen** (ca. 58 000 Einw.), **Radolfzell** (ca. 29 000 Einw.), **Bregenz** (ca. 28 000 Einw.), **Lindau** (ca. 24 000 Einw.) und **Überlingen** (ca. 21 000 Einw.)

Größter Hafen: Romanshorn (Schweiz)

Lebendiges Brauchtum: Seeprozession

Geografie und Natur

Die Nordseite des Bodensees ist umgeben vom schwäbischen und bayerischen Hügel- und Voralpenland. Auf der Südseite klettert das Umland zur Voralpenlandschaft hinauf, im Hintergrund erblickt man die Alpen und am See auf österreichischer Seite das Naturschutzgebiet des Rheindeltas.

Auf deutscher Seite grenzt der südöstliche Teil Baden-Württembergs an den See, die winzige bayerische Enklave umfasst nur 18 km Uferlänge. Der kürzeste Uferabschnitt gehört zum österreichischen Bundesland Vorarlberg mit seiner Hauptstadt Bregenz. An die Südufer des Sees stoßen die Schweizer Kantone St. Gallen, Thurgau und Schaffhausen.

Der See gliedert sich von Ost nach West in den Obersee, den Überlinger See sowie den Untersee, der in Gnadensee, Zeller See und Seerhein unterteilt ist. Die tiefste Stelle (zwischen Fischbach und Uttwil) beträgt 254 m, die breiteste Stelle (zwischen Romans-horn und Friedrichshafen) 14 km. Die durchschnittliche Tiefe des Sees liegt bei 80 m, die mittlere Wassertemperatur im Sommer bei 17–20 °C. Durch die Erdkrümmung entsteht eine Seewölbung: Zwischen Rorschach und Friedrichshafen beträgt sie 12,3 m, zwischen Bregenz und Konstanz sogar 44,25 m.

Politik und Verwaltung

Deutschland, Österreich und die Schweiz arbeiten schon lange zusammen: Als Anrainerstaaten des Bodensees bildeten sie 1959 eine Gewässerschutzkommission in St. Gallen, um gemeinsame Umweltbelange miteinander zu regeln. Seit 1972 gibt es die Internationale Bodenseekonferenz, die länderübergreifende Fragen regelt. 1976 trat eine Internationale Bodensee-Schifffahrtsordnung in Kraft.

In Deutschland gehören drei Landkreise zum Bodensee: **Konstanz** (Baden) ist der westlichste. Der Bodenseekreis (Württemberg) mit dem Verwaltungssitz Friedrichshafen bildet zusammen mit dem Landkreis Ravensburg und dem Landkreis Sigmaringen die **Region Bodensee-Oberschwaben.**

Im Osten schließt sich der bayerische Landkreis **Lindau** an.

Vorarlberg ist das westlichste Bundesland Österreichs mit den Landschaften des Rheindeltas, des Bregenzerwaldes und VorarlbergoBodnsee. Die Hauptstadt ist Bregenz, größte Stadt ist Dornbirn. Das Land ist nach Wien mit fast 400 000 Einwohnern am dichtesten besiedelt; es war immer schon ein klassisches Einwanderungsland.

Daran schließt sich westwärts der schweizerische Kanton **St. Gallen** an. Seine Einwohnerzahl (rund 461 000) wächst ständig. Der höchste Berg ist der Ringelspitz (3247 m. ü. M), der bekannteste ist der Säntis (2501 m. ü. M).

Der Kanton **Thurgau** mit rund 241 000 Einwohnern und seinem Hauptort Frauenfeld grenzt im Westen an den vom Rhein durchflossenen Kanton Schaffhausen mit gleichnamigem Hauptort und rund 74 000 Einwohnern. Er ist der nördlichste Kanton der Schweiz, der fast auschließlich von Deutschland umgeben ist.

Wirtschaft

Rund um den See sind die Haupterwerbszweige die Landwirtschaft mit Obst-, Gemüse und Weinanbau sowie der Tourismus. Dabei zielt die intensive Vermarktung der Freizeitangebote auch auf die Ballungsgebiete Stuttgart, München und Zürich, denn durch die Autobahnanbindung ist der See als Naherholungsgebiet rasch zu erreichen. Die deutsche Bodenseeregion ist eine der wirtschaftlich innovativsten Bereiche Baden-Württembergs mit Elektronik, Maschinenbau, Luft- und Raumfahrttechnik sowie Nanotechnologie. Von der einst tonangebenden Textilindustrie in Vorarlberg und der

Schweiz ist wenig geblieben; hier überwiegen Feinmechanik, Elektroindustrie sowie der Tourismus. Bildungs- und Ausbildungsangebote wie die Universitäten in Konstanz und St. Gallen und zahlreiche Fachhochschulen in den drei Ländern sind Zentren der Weiterbildung, die sich z. T. länderübergreifend zusammengeschlossen haben und eine sehr gute Forschungs- und Ausbildungsstruktur bieten. Insgesamt ist die sogenannte Euregio Bodensee ein leistungsfähiger Wirtschaftsraum, wobei besonders die Verflechtung der Regionszentren mit dem Umland durch ihre Vielfalt gekennzeichnet ist.

Religion

Auf der deutschen Seeseite und im österreichischen Vorarlberg sind über zwei Drittel der Bevölkerung römisch-katholischen Glaubens. Im Kanton St. Gallen sind über 50 % der Bevölkerung römisch-katholisch, rund 26 % evangelisch-reformiert. In den Kantonen Thurgau und Schaffhausen dominieren die Protestanten.

Sprache

In den drei Ländern rund um den See ist Deutsch die Amtssprache. In Österreich werden alemannische Dialekte als Umgangssprache gesprochen, die dem Schweizerdeutschen vergleichbar sind. In der Schweiz ist ›Hochdeutsch‹ die Amtssprache, es dominiert aber umgangssprachlich das Schweizerdeutsch. Hier wie auch im Thurgau und im Kanton Schaffhausen wurzeln die deutschen Mundarten im Hochalemannischen. Auf der deutschen Seeseite dominieren die detailreichen Varianten des Schwäbisch-Alemannischen und des Bayerischen.

Ur- und Frühgeschichte

Um 10 000 v. Chr.
Mit dem Ende der Eiszeit erfolgt die Besiedlung um den Bodensee mit Jägern und Sammlern.

Um 5 000 v. Chr.
Die eingewanderten Kelten leben in befestigten Siedlungen am See zwischen Mooren und Wäldern.

4 000 bis 800 v. Chr.
Fischer und Bauern errichten Pfahlbausiedlungen an den Seeufern; rund 100 von ihnen sind heute nachgewiesen.

Römische Geschichte und Mittelalter

1. Jh. v. Chr.
Die Römer stoßen über den Bodensee vor. Der Bodenseeraum wird in die Provinz *Raetia prima* einbezogen. *Brigantium* (Bregenz), *Arbon*, und *Constantia* (Konstanz) werden Hauptstützpunkte.

3. Jh. n. Chr.
Der Bodensee wird Nordgrenze Roms. Die Alemannen fallen in den Bodenseeraum ein und beginnen mit der Besiedlung.

496
Die Alemannen werden vom Frankenkönig Chlodwig I. unterworfen.

Um 600
Gründung des Bistums Konstanz.

Um 610
Im Auftrag des fränkischen Königs missionieren die iro-schottischen Wandermönche Columban und Gallus in der Bodenseeregion.

720–725
Gründung der Klöster St. Gallen und Reichenau. Sie bilden die politischen, wirtschaftlichen und kulturellen Zentren bis zum 12. Jh.

10.–12. Jh.
Die Herrschaft der Karolinger geht zu Ende. Kaiser Friedrich I. Barbarossa baut die Städte am See aus (Überlingen, Buchhorn, später Friedrichshafen), um die Wege zu den Alpenpässen zu kontrollieren. Ausbau und Neugründung von Arbon, Bregenz, Meersburg und Schaffhausen.

Ab 13. Jh.
Entwicklung von Landesherrschaften am Bodensee.

1219
Lindau wird Freie Reichsstadt.

Ab 1273
Nach dem Erlöschen des Stauferreichs und des schwäbischen Herzogtums fallen Teile des Bodensees als Vorderösterreich an die Habsburger; andere Teile geraten unter die Herrschaft kleiner und großer weltlicher und geistlicher Herrscher im Rahmen des Heiligen Römischen Reiches deutscher Nation.

1291	Uri, Schwyz und Unterwalden verbünden sich im Kampf gegen die Habsburger.
1296	Die Grafen von Montfort verlieren ihre Herrschaft in Vorarlberg.
Ab 1312	Beginn der Bündnispolitik der Bodenseestädte: Bund zwischen Konstanz, Zürich, St. Gallen, Schaffhausen, Lindau und Überlingen.
1353	Die Weber in St. Gallen erkämpfen eine Zunftverfassung. Das zieht die Unabhängigkeit der Stadt vom Kloster nach sich.
1380	Gründung der Großen Ravensburger Handelsgesellschaft, der auch Lindau, Konstanz und Buchhorn (Friedrichshafen) angehören. Sie wird im Fernhandel sehr mächtig.
1401–1408	›Appenzeller Krieg‹: Bündnis von Appenzell, St. Gallen und großer Teile Vorarlbergs gegen den schwäbischen Adel und die Habsburger. Niederlage und Wiedereingliederung Vorarlbergs in Österreich.
1414–1418	Konzil von Konstanz. Wahl Papst Martins V., Ende des Kirchenschismas. Der böhmische Reformator Jan Hus wird als Ketzer verbrannt.
1451–1499	Die Eidgenossenschaft wird erweitert um Stadt und Kloster St. Gallen. Mit dem Ende des ›Schwabenkriegs‹ kommt auch die Region Thurgau zur Eidgenossenschaft. Konstanz ist somit Grenzstadt.

Neuzeit

1516	Die Eidgenossenschaft, um Schaffhausen und Appenzell erweitert, erklärt ihre Neutralität.
1521	Reformation in Konstanz, wenig später in St. Gallen, Schaffhausen und anderen Reichsstädten. Ländliche Gebiete bleiben katholisch.
1524/25	Bauernkriege: Der Kampf der Aufständischen für mehr Rechte wird niedergeschlagen.
1546/47	Schmalkaldischer Krieg: Kaiser Karl V. besiegt den Bund der protestantischen Reichsstädte. Konstanz wird österreichisch und wieder katholisch.
1618–1648	Der Dreißigjährige Krieg bringt schwere Zerstörungen und eine Dezimierung der Bevölkerung in Oberschwaben; schwedische Truppen besetzen die Insel Mainau, Buchhorn und Bregenz. Wirtschaftlicher Nie-

dergang der gesamten Bodenseeregion. Bei Friedensschluss wird die Schweiz erstmalig als unabhängig anerkannt.

Ab 1660   Neue Blüte des Katholizismus. Die restaurierte Feudalordnung und die wiedererstarkte Macht der Kirche zeigen sich vor allem in der Architektur und der Kunst des Barock. Auswanderung der armen Landbevölkerung.

18. Jh.   Aufschwung der Weberei und des Textilgewerbes. Rund 40 000 Menschen rund um den See schuften an den Webstühlen.

1792–1806   Ausrufung der Helvetischen Republik nach französischem Vorbild. Auflösung der meisten Klöster im deutschen und österreichischen Bodenseeraum. Gründung des Großherzogtums Baden, der Königreiche Württemberg und Bayern mit säkularisiertem Land.

1811   Durch König Friedrich I. von Württemberg wird aus Buchhorn der neu angelegte Hafen Friedrichshafen.

1814   Vorarlberg kommt wieder zu Österreich.

Industrielle Revolution und Gründerzeit
1830   Gründung der Dampfschifffahrtsgesellschaft, die den Güterverkehr über den See beherrscht. Mit dem massiven Einsatz von Stickmaschinen beginnt das industrielle Zeitalter; St. Gallen ist führend, Vorarlberg stark. Um 1850 gilt Vorarlberg als ›Österreichs Manchester‹.

1847   Eröffnung der ersten Eisenbahnlinie Ravensburg–Friedrichshafen.

1848–1849   ›48er Revolution‹: Demokratiebewegung mit Friedrich Hecker. Der Zug nach Konstanz (›Heckerzug‹) wird blutig zerschlagen.

1848   Die Schweizerische Eidgenossenschaft wird zum Bundesstaat. Auflösung der Klöster in Thurgau.

Ab 1850   Zunehmende Industrialisierung und Ausbau der Eisenbahnlinien bringen den Aufschwung an den Bodensee.

1879   Trajektfähre, d. h. Eisenbahnfähre, Friedrichshafen–Romanshorn wird eröffnet (1976 geschl.).

1881   Erste badische Winzergenossenschaft in Hagnau gegründet.

20. und 21. Jahrhundert

1900 Der erste Zeppelin startet in Friedrichshafen.

1918 Vorarlberg wird eigenes österreichisches Bundesland.

Ab 1920 Friedrichshafen wird Zentrum der Flugzeugindustrie.

1935 Friedrichshafen wird auch Zentrum der Rüstungsindustrie. Erste Berg-bahn auf den Säntis.

1938 Mit 98 % Mehrheitsbeschluss: ›Anschluss‹ Österreichs an Deutschland.

1939–1945 Zweiter Weltkrieg: starke Zerstörung von Friedrichshafen durch alli-ierte Bombenangriffe wegen der Rüstungsindustrie. Nach Kriegsende wird die deutsche Bodenseeregion französische Besatzungszone.

1946 Initiierung der Bregenzer Festspiele.

1950 Wiederbeginn des Grenzverkehrs Deutschland–Schweiz.

1952 Gründung des Bundeslandes Baden-Württemberg.

Ab 1960 Landwirtschaft und Fremdenverkehr werden zu wichtigsten Wirt-schaftszweigen. In Friedrichshafen werden Maschinen und Fahrzeuge gebaut. Die Insel Mainau wird durch Graf Lennard Bernadotte als Blu-meninsel weithin vermarktet.

1963 ›Seegfrörne‹: Im Februar ist der Bodensee zum vorerst letzten Mal ganz zugefroren.

1966 Gründung der Universität Konstanz.

1972 Gründung der Internationalen Bodenseekonferenz.

1989 Erstes Bodensee-Festival mit Veranstaltungsorten rund um den See.

2001 Die Klosterinsel Reichenau wird UNESCO-Welterbe.

2002 Bei einem Flugzeugzusammenstoß bei Überlingen sterben 71 Menschen.

2009 Der Besitzer von Schloss Salem, der Markgraf von Baden, einigt sich mit dem Land Baden-Württemberg über eine Neuregelung der Besitz- und Verwaltungsverhältnisse.

Landschaft und Natur –
von der Sonne verwöhnt

**Am Bodensee herrscht ein fast medi-
terranes, sonnenverwöhntes Klima. Im
Hintergrund leuchten die Alpengipfel,
zwischen Hügeln und gewellten Wiesen erwartet den Gast eine Bauern-
landschaft mit Obstplantagen, Gemüsefeldern, Weinbergen und Hopfen.
Im Winter liegt oft der Nebel über
Wasser und Umland. Dann ist die
Bodenseewelt still und in sich gekehrt.**

Die Seelandschaft

Für die Lage und Ausformung des rie-
senhaften Gletschersees waren vor allem die Eiszeiten verantwortlich. Vor
ca. 40 Mio. Jahren ging die Auffaltung
der Alpen mit der Senkung des angrenzenden Landes einher, und der
mitrutschende Schutt wurde zu Sand-
stein: Alle Hügelketten und Berge
rund um den See wie der Pfänder, der
Bodanrück oder die steilen Wände bei
Überlingen/Sipplingen sind aus Sand-
stein – sie reichen tief in den See hinein. In mehreren Eiszeiten bildete sich
die Topografie des Seebeckens aus,
seine Tiefe und Form.

Nach der letzten Eiszeit (Würm) vor
etwa 15 000 Jahren erstreckte sich die
Wasserfläche im Osten und Südosten,
Österreich und der Schweiz, weit ins
Land hinein. Im Nordwesten des Um-
lands entstanden die Vulkankegel des
Hegau, auf der nördlichen Seeseite
sind die sogenannten ›Drumlinge‹ charakteristisch: über 50 m hohe, runde

Ursprüngliche Landschaft: Schilfgürtel am Bodensee

Knubbel, die aus dem welligen Land herausragen. Auf der Südwestseite des Sees schuf sich der Rheingletscher Platz, indem er sich ins flache Vorland schob. Der Seerücken auf der Südseite bildete sich wie auch auf der Nordseite vor der Alpenkette zu einer welligen Hügellandschaft aus.

Naturschutzgebiete

Dort, wo die Seeufer überwiegend oder komplett naturbelassen sind, trifft man immer noch auf Schilfgürtel, die einst für den ganzen See charakteristisch waren. Binsen, Wassergräser, Süßgrasarten und Laichkräuter durchmischen das Schilfrohr und bieten für die geschlüpfte Fischbrut versteckte Lebensräume. Auf die Schilfgürtel angewiesen sind auch die am Bodensee heimischen Vögel wie die Lachmöwen, die Stockenten, Höckerschwäne und die kleinen, schwarzgefiederten Blesshühner.

Reich an seltenen Vogelarten sind die Naturschutzgebiete rund um den See: bei Radolfzell der Mindelsee und die Halbinsel Mettnau, das Eriskircher Ried bei Friedrichshafen, das Rheindelta als größtes Schutzgebiet und das Wollmatinger Ried am Untersee. In diesen Tier- und Pflanzenparadiesen finden zur Brutzeit über 100 Singvogelarten Schutz, auch Haubentaucher und Graureiher. Besonders die zahlreichen Entenarten wie Kolben-, Schnatter-, Löffel- und Reiherenten bestimmen das Leben an den Seeufern. Bei den Kormoranen, die sich im Herbst am See niederlassen, scheiden sich die Geister. Die immer zahlreicheren Vögel dezimieren den Fischbestand deutlich (s. S. 53), was zu Streitigkeiten zwischen Fischern und Naturschützern führt.

Der ganze Tierreichtum in den Schutzgebieten lässt sich nur mit Führungen erkunden, denn neben Vögeln sind auch seltene Insekten, Reptilien, Biber und Froscharten zu finden.

Herrlich ist aber auch die Fülle seltener Pflanzen, die den großen Reiz der Naturschutzgebiete ausmacht: Orchideen oder die blau blühenden Schwertlilien sind hierbei die spektakulärsten.

Entspannung an Deck –
die Bodenseeschifffahrt

Die bunte Vielfalt der Schiffe auf dem Bodensee ist nicht nur eine sommerliche Freude für Urlauber, sondern auch ein veritabler Faktor für die Verkehrsstruktur rund um den See.

Rund 70 Schiffe der gewerblichen Schifffahrt rauschen, pflügen und gleiten über den See: Fähren, schnelle Katamarane, ein futuristisch anmutender Luxusliner und die zahlreichen Dampfer der Weißen Flotte. Hinzu kommen alte Lastensegler und kleine Solarboote. Viele der Schiffe stammen aus der Bodan-Werft in Kressbronn, so auch die neueste Autofähre, die ab Sommer 2010 Konstanz und Meersburg miteinander verbindet – ein schnittiges Gefährt mit geschwungenen gläsernen Aufbauten, mit Salon und großem Oberdeck, energiesparend und umweltfreundlich betrieben.

Leinen los!

Im Jahr 2008 hat die gesamte Flotte rund 61 000 Fahrten mit 4,3 Mio. Gästen und 1,4 Mio. Fahrzeugen unternommen. Die ganzjährig fahrenden Autofähren und Katamarane verknüpfen die wichtigsten Häfen rund um den Bodensee: Friedrichshafen mit Romanshorn, Konstanz mit Meersburg und Konstanz mit Friedrichshafen.

Die Weiße Flotte knüpft ein dichtes Netz zwischen den schönsten Ausflugszielen am Bodensee; ihre Linienschifffahrt beginnt im April und endet im Oktober. Die Saison wird mit der traditionellen internationalen Flottensternfahrt eröffnet. Zwölf auf Hochglanz gewienerte Ausflugsdampfer starten von unterschiedlichen Häfen. Vor der Rückfahrt bilden die Schiffe einen Stern auf dem Wasser.

Lastensegler und Trajektkahn

Vom 17. Jh. an haben die Lädinen, kompakte Lastensegler, den Güterverkehr über den See bestimmt. Sie transportierten auch im Winter und im dicken Nebel tonnenweise Güter über den See, so Getreide in die Schweiz und Warenströme der frühen Textilindustrie von Österreich und der Schweiz hinüber an die deutschen Ufer.

1824 wurde die württembergische »Wilhelm« zwischen Friedrichshafen und Rorschach als erstes Dampfschiff in Betrieb genommen. Im Lauf der Jahrzehnte reagierte die Schifffahrt dann auf die rasanten Entwicklungen im Landverkehr. Ab 1869 schoben sich von Romanshorn die sogenannten Trajektfähren über den See bis Lindau oder Friedrichshafen: Lastkähne mit Schienen an Deck, die mehrere Eisenbahnwaggons aufnehmen konnten. Sie bewegten sich teils mit eigenem Antrieb, teils mit Schleppbooten. Erst 1976 sind sie eingestellt worden.

Schifffahrt als Vergnügen

Mitte des 19. Jh. stiegen besonders die Spazier- und Lustfahrten an, das Angebot sonntäglicher Rundfahrten erweiterte sich, Tagesausflügler und Sommerfrischler kamen mit der Bahn und stiegen auf Vergnügungsdampfer um, die langsam den Güterverkehr verdrängten. 1848 gab es die erste Eisenbahnstrecke bis Friedrichshafen, in schneller Folge konnten dann alle größeren Häfen, auch in Österreich und der Schweiz, per Bahn erreicht werden. Ein neuer Typ Schiff wurde in den 1860ern aus der Taufe gehoben: der Salondampfer, unten Frachtraum, oben Salon und Aussichtsdeck. Das letzte Salondampfschiff wurde 1913 erbaut, die »Hohentwiel« – sie bietet heute besondere Ausflugsfahrten. Eine erste Autofähre wurde 1928 zwischen Konstanz und Meersburg in Betrieb genommen, ein Jahr später folgte die Strecke Romanshorn–Friedrichshafen.

Neben der Linienschifffahrt sind es die zahlreichen anderen Ausflugsmöglichkeiten, die den Bodensee so beliebt machen: von schwimmenden Seminaren der Umweltakademie über Piratenfahrten für Kinder, Tanzabende auf Deck bis zur winzigen Solarfähre, die lautlos in die Schilfzonen der Naturschutzgebiete hineinsteuert – sie alle tragen dazu bei, dass Besucher dem Charme und der Vielfalt des Sees verfallen. Alle Schiffsunternehmen sind unter www.bodenseeschifffahrt.de zu finden. Neben dem Kursverkehr werden hier auch alle Ausflugsfahrten und Schiffsveranstaltungen aufgeführt.

Mein Tipp

Besondere Schiffsfahrten
Ein einmaliges Erlebnis ist eine Fahrt mit dem alten Lastensegler, der **Lädine,** die in Immenstaad zu Hause ist (www.laedine-st-jodok. de) oder mit dem **Raddampfer »Hohentwiel«** (www.dampfschiff. hohentwiel.de). Wie auf dem Traumschiff geht es auf der **»Sonnenkönigin«** zu, die vom Heimathafen Bregenz aus mal hier, mal dort für besondere Events (www. sonnenkoenigin.com) eingesetzt wird.

Trinkwasser für Millionen

Für fast fünf Mio. Menschen in Baden-Württemberg, Bayern und der Schweiz bietet der Bodensee frisches Trinkwasser. Er ist somit ein schier unerschöpfliches Reservoir. Merkwürdig erscheint es schon, wenn die Urlauber aus dem Umland erst auf dem See herumschippern und dann daheim sein Wasser trinken.

Der rund 15 000 Jahre alte Bodensee, ein Erbe der letzten Eiszeit, ist das zweitgrößte natürliche Trinkwasserreservoir in Europa. Gespeist wird er von den Gletschern und Niederschlägen des alpinen Umfelds. Der Alpenrhein liefert zwei Drittel des Frischwassers, der Rest stammt von zahlreichen, auch sehr kleinen Zuflüssen. Diese Wasserzufuhr erzeugt eine dauernde sanfte Strömung, bis der Rhein den See bei Stein am Rhein wieder verlässt.

In den 1950er-Jahren griffen die an Wassermangel leidenden Städte und Gemeinden Baden-Württembergs auf das kostbare Frischwasserreservoir des Bodensees zu. 1954 wurde der Zweckverband Bodensee-Wasserversorgung gegründet, die größte Fernwasserversorgung in Deutschland. Seither bietet der See zuverlässig reines Trinkwasser, auch für die Stadt Lindau in Bayern sowie die Kantone St. Gallen und Thurgau. Das Wasser enthält schon im See wenig Schadstoffe und zeichnet sich durch einen niedrigen Nitratwert aus. Der geringe Kalkgehalt wird von allen Verbrauchern geschätzt. Trotzdem gibt es Verunreinigungen, auch von der Schifffahrt, die herausgefiltert werden müssen.

Lange Leitung

Im Überlinger See wird das Wasser über drei Leitungen entnommen und zur Aufbereitungsanlage auf den 310 m höheren Sipplinger Berg befördert (s. S. 86). Das Leitungsnetz der Bodensee-Wasserversorgung ist über 1700 km lang, es schlängelt sich durch den Mittleren Neckarraum, auf die Höhen der Schwäbischen Alb und des Schwarzwalds und über die Landeshauptstadt Stuttgart bis hinauf zum Odenwald. Rund 320 Städte und Gemeinden sind an das baden-württembergische Versorgungsnetz angeschlossen, hinzu kommt noch die Versorgung im bayerischen Bodenseeraum und der Schweizer Seeseite. Heute werden jährlich rund 125 Mio. m³ Trinkwasser entnommen; im täglichen Durchschnitt sind das rund 360 Mio. l Trinkwasser oder 100 Badewannenfüllungen pro Sekunde. Diese gewaltige Menge hat keine Auswirkungen auf den Wasserstand im Bodensee; allein die Verdunstung ist doppelt so hoch wie die durchschnittliche Entnahme. Der Wasserinhalt des Bodensees beläuft sich auf 50 Mrd. m³. Der jährliche Durchfluss an Frischwasser im Bodensee beträgt 11,5 Mrd. m³, das ist 80 Mal mehr als die Wasserentnahme.

Frisch aus dem See –
die Bodenseefischerei

Zwischen 3.30 und 6 Uhr morgens haben die Fischer auf dem Bodensee noch ihre Ruhe: In absoluter Stille, bei gutem Wetter mit rosarotem Sonnenaufgang vor dem Alpenpanorama, holen sie die am Vorabend ausgelegten Netze ein. Der einzige idyllische Moment, denn die Berufsfischer rund um den See haben es schwer.

Es gibt mehrere Gründe, warum das Geschäft der 140 Berufsfischer so mühselig geworden ist. Neben den berufsbedingten Unbillen ist es vor allem das blitzsaubere Wasser. Es ist nährstoffarm und bietet zu wenig Algen, die natürliche Nahrung der Fische. Noch in den 1970er-Jahren nahm das Algenwachstum durch Phosphate und die Verunreinigung durch Nitrate aus Überdüngung der landwirtschaftlichen Flächen ringsum rasant zu. Der Sauerstoffgehalt des Sees nahm rapide ab. Um die Qualität des Wassers für die Trinkwasserversorgung nicht zu gefährden, wurden für 2 Mrd. € Kläranlagen am See und an den Zuflüssen gebaut. Seit der Jahrtausendwende ist das Wasser nun sehr rein, für den natürlichen Fischbestand allerdings schon *zu* rein – ein Dilemma.

Um den Fischbestand im See zu erhalten, sind länderübergreifend Fischbrutanstalten eingerichtet worden, in denen heute Millionen Besatzfische herangezogen werden. Brutanstalten gibt es in Langenargen, Nonnenhorn, Hard und Rorschach. Die schwimmfähige Brut wird im April/Mai ausgesetzt. Die Fische bleiben aber klein, und die Fangerträge sinken. So wurden 2008 725 t Fisch gefangen – das sind mehr als 180 t unter dem Durchschnitt der letzten zehn Jahre.

Die ›Plagen‹

Die Internationale Bevollmächtigten-konferenz für die Bodenseefischerei (IBKF) setzt länderübergreifend die Vorgaben. Es gibt penible Vorschriften über Netzarten und Zeitfenster zum Fischen: wer wann, wo, wie auf dem Wasser tätig werden darf. Erschwerend kommen die rund 12 000 Hobby- und Sportfischer rund um den See hinzu, außerdem die Motorbootfahrer, die durch Fanggebiete rasen und dabei Netze zerstören.

Die größte neue Plage allerdings sind die Kormorane: Jeder ausgewachsene Vogel holt sich täglich ein Kilo Fisch aus dem See. Früher war der Kormoran nur im Winter am See zu finden, heute gibt es mehrere hundert Brutpaare, die sich jährlich rund 200 t Fisch schnappen. So ist zwischen den Fischereiorganisationen und den Naturschützern ein heftiger Streit entbrannt, da Kormorane nicht bejagt werden dürfen und für die Fischer die Wirtschaftslage immer schwieriger wird. Im ›Kormorankrieg‹ steht ein tragfähiger Kompromiss noch aus.

Leckereien aus dem See

Für Fischliebhaber bietet der Bodensee trotz allem eine reichliche Auswahl, wobei der ›Brot- und Butterfisch‹ des Sees der bekannte Felchen ist. Dann folgen Barsch (hier am See Kretzer genannt, in der Schweiz heißt er Egli), Seeforellen, Saiblinge, Hecht, Karpfen, Aal und Zander.

Die Auswahl auf den Tellern ist dementsprechend groß: Ein Felchen Müllerin Art konkurriert mit feinen Kretzerfilets; wunderbar sind auch Hechtklößchen oder gebratener Zander. Ein Stück geräucherter Aal im Brötchen ist ebenfalls in Genuss.

Fischverkauf am Bodensee

Viele Fischer brauchen zum Überleben ein zweites Standbein; sie betreiben Fischgeschäfte, Räuchereien oder Gasthäuser. Im Folgenden sei eine kleine Adressauswahl vorgestellt:
In der **Bürgerstube** in Radolfzell, Moosstr. 19, Tel. 07732 41 48, www.buerger stube-radolfzell.de, stammen die Fischgerichte aus der eigenen Fischerei, der Gastwirt ist auch Fischer. Im Erdgeschoss liegt die Metzgerei, im Obergeschoss die Wirtsräume (tgl. 10–23 Uhr, Mi geschl., Hauptgerichte 8–14 €).
Bodensee Fischerei **Knoblauch**, Ehbachstr. 3, Unteruhldingen, Tel. 07556 55 30, www.bodensee-fischerei-raeucherei-knoblauch.gbr.de. Eigener Fischerei- und Räuchereibetrieb, mit Laden und Imbiss. Mit Fischgeschäft und dem Bistro Löwenzunft in Überlingen auf dem Marktplatz vertreten (Hofstatt 7, Tel. 07551 94 90 25, Mo–Fr 8.30–18.30, Sa 8–14.30 Uhr, Juli–Sept. wochentags bis 20 Uhr).
Fischerei und Räucherei **Riebel** auf der Reichenau, Seestr. 13, Oberzell, kurz hinter St. Georg, Tel. 07534 76 63, www.reichenauer-fischhandlung.de. Mo, Sa 8–12; Di–Fr 8–12, 14–18 Uhr. Echter geht es nicht: frischester Fisch, eigene Räucherei, eine offene Fischküche mit einigen überdachten Tischen nah am See. Hier kann man wunderbar rasten.

Schlemmerland Bodensee

Rund um den Bodensee wird gut gekocht; die Ausgangsprodukte stammen frisch aus der Region: Obst und Gemüse gedeihen im Überfluss, aus dem See kommt der fangfrische Fisch. Baden und Württemberg, Bayern, Österreich und die Schweiz bieten bodenständige Küchentraditionen, die dem Gast eine wunderbare kulinarische Vielfalt bieten.

Eine gesegnete Landschaft

Der See liefert Felchen, Zander und Kretzer, in den Rebhängen ernten die Winzer die Trauben für süffige Weine, aus Hopfen werden heimische Biere gebraut, Tomaten, Gurken und unzäh-lige Salatsorten wachsen auf der ›Salatinsel‹ Reichenau. Auf den Feldern rings um den See gedeiht Gemüse aller Art, oftmals in Bioqualität, und ein Gürtel aus Apfel-, Birnen- und Kirsch-bäumen säumt die Seeufer. Aus den Wäldern kommt das Wild; auf den Bauernhöfen wird auf artgerechte Tierhaltung Wert gelegt, und viele Höfe sind Direktvermarkter. Zahllose Gastronomen haben ihre eigenen, persönlichen Lieferanten und Fischer, von denen sie täglich ihre Ware beziehen. Im Allgäu, in Vorarlberg und in Appenzell werden die würzigsten Käse auf den Almen produziert. Bäckereien liefern Brote und Gebäck ohne Zusatz-stoffe, und die Mostereien bieten eine große Palette an weitgehend naturbe-lassenen Säften an. Kein Wunder, dass

Fangfrischer Fisch gehört zu den Spezialitäten rund um den See

in Gasthöfen und Restaurants liebevoll bodenständig gekocht wird und sich die verfeinerte, kreative Regionalküche bis in den Sterne- und Haubenhimmel katapultiert hat.

Dinnele und Güggeli

Jede Region pflegt die eigenen Traditionen: Im Bodenseebereich Baden-Württembergs dominiert die **schwäbische und badische Küche**. *Maultaschen* und Teigwaren wie *Spätzle* oder die winzigen runden *Knöpfle*. Beide Teigvarianten werden frisch vom Brett ins Wasser ›geschabt‹ und u. a. als Spinatknöpfle oder Käsespätzle/Käsknöpfle serviert, am österreichischen und schweizerischen Seeufer mit lokalem

Käse. *Dünnele* oder *Dinnele* sollte man unbedingt probieren: ein dünner Hefeteig, z. B. belegt mit Zwiebeln, Speck und Rahm, wird im Holzofen knusprig gebacken. Diese Art Flammkuchen gibt es mit vielen Belägen, auch als süße Variante. *Schäufele* sind gepökelte und geräucherte Schulterstücke vom Schwein und sie schmecken wunderbar mit deftigem Gemüse oder Sauerkraut. Ein zarter *Rostbraten* (vom Rind) mit viel gerösteten Zwiebeln ist ebenfalls beste schwäbische Küche. Überhaupt ist die Metzgerei sehr vielfältig: geräucherte Wurstwaren, Hartwürste, unterschiedlich verarbeitetes Kalbsbrät. Rund um den See stehen übrigens auch *Innereien* wie Kutteln, Bries, Leber oder »saure Nierle« gern auf der Speisekarte; sie werden mit Sorgfalt und Fantasie zubereitet.

In **Bayern** werden natürlich *Haxen* und *Braten* sowie ordentliche *Weißwürste* in den Wirtshäusern serviert. In **Bregenz** und Umgebung gibt es neben den typischen *Wiener Schnitzeln*, dem *Tafelspitz* und dem Vorarlberger Griesgericht *Riebel* die üppigen österreichischen Torten und Mehlspeisen und die handgeschöpften Käse der Alpsennereien aus dem Bregenzerwald. In der **Schweiz** findet man überall die *Röschti*, *Güggeli* (knusprige Hähnchen), Gerichte mit Käse und Fondues und natürlich *Schoggi*, Schokolade in jeglicher Form. Unbedingt probieren sollte man eine typische regionale *Bratwurst*, die nach geheimen Rezepten aus feinstem Kalbsbrät hergestellt wird: In St. Gallen ist sie Kult.

Gasthöfe und Gourmettempel

Schöne alte Gasthöfe gibt es in großer Vielfalt in den Orten am See und vor allem im jeweiligen Umland. Zahlreiche Wirtshäuser haben sich ›aufgerüstet‹, sind umgebaut und verfügen über gut ausgestattete Zimmer. Ihre Küchenchefs, meistens die Besitzer, bieten Regionalküche mit frischesten Zutaten auf hohem Niveau, wie z. B. die **Linzgau-Köche**: ein Zusammenschluss mehrerer Gastwirte in unterschiedlichen Ortschaften, die Hervorragendes bieten und sich überregional einen Namen gemacht haben. Wunderschön sind beispielsweise auch das Gasthaus **Hirschen** in Gaienhofen-Horn, der **Löwe** in Hagnau und die traditionsreichen Wirtshäuser im Bregenzerwald. Im Bereich Oberschwaben gibt es den Zusammenschluss **Landzunge**, deren Mitglieder (Gastwirte, Hotelier, Bauern und Metzger) sich für regionale Küche und Produkte stark machen.

Wer selber einkaufen möchten, dem seien die **Wochenmärkte** empfohlen. Auf den Marktplätzen sind riesige bunte Pyramiden errichtet mit Gemüse, Obst, Kräutern, Mosten und kleinen Schleckereien, und oftmals kommt noch ein extra Markttag für die Landwirte der Region hinzu. Die **Bauern- und Obsthöfe** im Umland betreiben oft Direktvermarktung, verfügen über einen Hofladen und eventuell auch einen kleinen Haustierzoo oder einen Spielplatz für die Kinder.

Vielfältig sind auch die Gaumenfreuden der gehobenen Kategorie: In der Bodenseeregion gibt es über 200 **Gourmetrestaurants**, die mit Hauben, Michelinsternen, Gabeln oder Punkten ausgezeichnet sind! Die verschiedenen Schwerpunkte reichen von feinster Regionalküche, fantasievollen Fischkreationen bis zu exotischem Crossover. Als Beispiele seien hier nur die **Residenz am See** in Meersburg genannt, das **Hoyersberg Schlössle** in Lindau, das **Staader Fährhaus** in Konstanz, **Landhaus Malereck** in Langenargen, das **Waldhorn** in Ravensburg oder das **Deuring Schlössle** in Bregenz. Übrigens bieten die meisten Gourmetrestaurants über Mittag Tagesgerichte und kleine Menüs an, die wesentlich günstiger sind als ein Abendbesuch.

Kulinarische Tipps im Internet

In fast allen Touristeninformationen gibt es Zusammenstellungen schöner Landgasthöfe und Restaurants mit Adressen im Umkreis. Auch folgende Internetadressen bieten hilfreiche Informationen zum Thema:

www.bodenseebauer.de: Die Vereinigung Bodenseebauer (überwiegend Landkreis Konstanz) bietet Adressen und Infos zu landwirtschaftlichen Betrieben mit Direktvermarktung.

www.landzunge.de: Der Verband Landzunge fasst Gastronomen, Bauern sowie Metzgerei- und Molkereibetriebe zusammen, die für qualitätvolle Produkte einstehen und auch halbjährlich eine Zeitschrift herausgeben.

www.bodensee-linzgau-koeche.de: Die Spitzenköche der Region Linzgau stellen sich mit einer Zeitschrift (in den Touristeninformationen) und einem Webauftritt vor.

www.vorarlberg-isst.at: eine Vielzahl an guten Restaurantadressen für die Region Vorarlberg.

www.schlaraffenland-bodensee.ch: Die Schweizer Website bietet eine Vielzahl von Tipps zu kulinarischen Veranstaltungen, Restaurantadressen etc.

Der Seewein – zum Wohl!

Rund um den Bodensee werden vorzügliche Weine angebaut, denn dank des nahezu mediterranen Klimas werden die Rebhänge von der Sonne verwöhnt. Die Rebsorten Müller-Thurgau, Spätburgunder, Weiß- und Grauburgunder gedeihen in der milden Luft prächtig. Ein Winzer oder eine Weinstube am See lohnt immer einen Besuch.

Die Geschichte des Weinbaus am Bodensee ist sehr alt. Schon die Römer haben Rebstöcke über die Alpen gebracht, und um 900 n. Chr. ist die Spätburgunder-Traube zuerst im Königsgarten von Bodman angebaut worden. Auf den großen Klosterbesitzungen wurde jahrhundertelang Wein gekeltert. Im Weinbaumuseum Meersburg werden die Werkzeuge, die Riesenpressen und das prunkvolle, 50 000 l

fassende ›Zehntfass‹ als historische Zeugen der schweren Arbeit, aber auch der Genussfähigkeit der hohen Herrschaften bewahrt.

Heute reift der Wein zu 85 % in Stahltanks, in den Genossenschaften und großen Weingütern wird modernste Kellereitechnik eingesetzt. 70 % der Bodenseeweine stammen aus Genossenschaften. Die erste badische Winzergenossenschaft wurde vom Pfarrer und Sozialreformer Heinrich Hansjakob Mitte des 19. Jh. in Hagnau gegründet, um die Wirtschaftlichkeit der zahlreichen kleinen Weinbauern zu erhöhen und ihnen mehr Unabhängigkeit zu geben. In Hagnau gibt es heute noch 60 Winzerfamilien, die rund 140 Hektar Rebland bearbeiten. Das ist hier wie überall Hand- und somit Knochenarbeit, denn die Steilufer sind für Maschinen ungeeignet.

Klima und Terroir

Die riesige Wasserfläche des Bodensees wirkt als Wärmespeicher, spiegelt das Sonnenlicht und wirft es auf die Hänge. Die Sommer sind lang, die Winter mild. Auch die leichten Böden sind hervorragend für den Weinanbau. Um Überlingen und Meersburg ist es fruchtbarer Moränenschotter, im Hegau – am Hohentwiel – Vulkangestein, und zwischen Stein am Rhein und Schaffhausen überwiegt ein Sandboden, der besonders von Spätburgunderreben geschätzt wird. Rund um den See gibt es etwa 1000 Hektar Rebland; 400 davon im Thurgau, so z. B. in Ermatingen, Salenstein und Berlingen. Die 600 Hektar auf deutschem Boden verteilen sich auf zwei Anbauflächen: Das Anbaugebiet Baden erstreckt sich vom Hochrhein über den Hegau, Überlingen und Salem bis etwa Meersburg als »Bereich Bodensee« . Das Rebland um Kressbronn gehört zum »Württembergischen Bodensee« und die Region von Nonnenhorn bis Lindau ist »Bayerischer Bodensee«.

Die Rebsorten

Aus der Schweiz kommt die Traubensorte, die den Weinbau der gesamten Bodenseeregion revolutionierte: Es war ein Hermann Müller aus Tägerwilen im Thurgau, der eine Kreuzung aus Riesling und Sylvaner salonfähig machte: Als Müller-Thurgau wurde die Sorte 1925 in Deutschland zum ersten Mal angebaut. Heute ist dieser süffige, fruchtige Weiße mit 75 % Rebfläche der absolute Renner in der Seeregion. Der Spätburgunder wird als Rotwein,

Weißherbst oder Rosé ausgebaut: kräftig und voll als Roter, hellrot – weil ohne Haut vergoren – als Weißherbst und als spritzig-feiner Rosé. Der liebliche Ruländer wie auch der rassige Grauburgunder – beide aus der rosagrauen Burgundertraube und unterschiedlich ausgebaut – sind ebenfalls feine und begehrte Weine.

Auch die Sekte finden reißenden Absatz; sehr gut ist ein Pinot Brut aus Weiß- und Grauburgunder. Und nicht zu vergessen die Nebenprodukte: feinste Wein- und Sektgelees, Traubenkernöle und Probierpakete mit verschiedenen Weinen. Und wo Wein angebaut wird, sind auch Brände nicht weit: Trester, Obstler, edle Destillate.

Weingüter am Bodensee
Zentrale Vereinigung der deutschen Weinerzeuger am See ist der **Verein Bodenseewein e. V. im Staatsweingut Meersburg**, Seminarstr. 6, 88709 Meersburg, Tel. 07532 446 70, www.bodenseewein.de., www.staatsweingut-meersburg.de, Verkauf Mo–Fr 9–18, Sa 9–16 Uhr, Weinproben April–Okt. Fr ab 19 Uhr, Gruppen nach Voranmeldung.

Weitere Weingüter und Genossenschaften sind die **Winzervereine** von Meersburg, Reichenau, Hagnau, die **Weingüter** des Markgrafen von Baden mit Hauptsitz auf Schloss Salem, die **Schlosskellerei** Bodman und die **Spitalkellerei** Konstanz.

Eines der kleineren, innovativen Weingüter ist **Weingut Aufricht**, Höhenweg 8, Stetten (zwischen Meersburg und Hagnau), Tel. 07532 24 27, www.auf richt.de. Die Weißweine der Aufrichts sind international mehrfach prämiert.

Alpenländische Avantgarde – die Vorarlberger Bauschule

Vor rund 30 Jahren haben die damals wilden jungen Architekten aus Vorarlberg ihre Zunft aufgemischt. Heute sind ihre lichten, schnörkellosen und eleganten Bauten aus Holz, Glas und Beton weltweit gerühmt. Besonders eindrucksvoll in ihrem Miteinander von Alt und Neu zeigt sich die Holzbaukunst in den Gemeinden im Bregenzerwald.

Die neue Vorarlberger Architektur hat weltweit Furore gemacht, und auch am Bodensee gibt es überzeugende moderne Architektur. Neben dem Kunsthaus Bregenz vom Schweizer Stararchitekten Peter Zumthor stammt das vielgliedrige Festspielhaus von dem Vorarlberger Architekturbüro Dietrich und Untertrifaller. Das avantgardistische Clubhaus im Hafen Rohner und das farblich changierende Nordwesthaus, beide in Fußach, hat das Duo Baumschlager und Eberle gebaut; die Büros sind international renommiert. In Dornbirn setzen das Designhotel Martinspark oder die Räumlichkeiten der Inatura-Erlebniswelt kräftige Akzente.

Holzbau im Bregenzerwald

Die Liste der modernen charaktervollen Bauten ließe sich fortführen; im Bregenzerwald jedoch ist das Spiel der Architekten mit Natur und Licht, Tradition und zukunftsweisender Technik besonders auffallend; es scheint wie mit der Landschaft verwachsen. Ästhetisch anspruchsvolle zeitgenössische Bauten bis hinauf in die Berge sind allgegenwärtig, selbst in den kleinsten Dörfern. Holz und Glas dominieren, meist lichte, leichte Konstruktionen mit klaren Linien und schnörkelloser Raffinesse. Schachteln, Kisten und Kuben mit schlichten Quer- oder Längsverschalungen aus Holz, langen Glasfronten oder eingeschnittenen Fensterbändern, überdachten Galerien und Umläufen. Neben der Schönheit der Form wird bei allen Bauten auch auf energetische Nachhaltigkeit geachtet.

Das Wälderhaus – alt und neu

Seit den 1980er-Jahren blüht die ›Vorarlberger Baukunst‹: ein Zusammenspiel aus Architekten, Zimmerern, Tischlern und anderen Baubetrieben, die mit hohen Qualitätsmaßstäben auf alten Traditionen fußen und sie in die Zukunft führen. Die alten Wälderhäuser sind Fachwerkkonstruktionen mit Fassaden aus Holzschindeln, die je nach Wetterseite goldbraun oder silbergrau gealtert sind. Ihre Innenausstattung ist komplett aus Holz: Böden, Decken, Wände, Einbauten, Möbelstücke. Diese Kunst der Holzverarbeitung ist in Vorarlberg in gewandelter Form weiterhin präsent: Die Zahl der holz-

Adressen und Literatur
Vorarlberger Architekturinstitut,
Marktstr. 33, 6850 Dornbirn, Tel.
05572 511 69, www.v-a-i.at.
Ausstellungen, Veranstaltungen,
hier auch Buchung von geführten
Besichtigungstouren sowie Bro-
schüren und Kartenmaterial.

Werkraum Bregenzerwald, Impulszentrum, 6863 Egg, Tel. 0551
22 63 86, www.werkraum.at.
Zusammenschluss vom Neuen
Handwerk im Bregenzerwald.

Werkraum Depot Schwarzenberg,
Ausstellungsraum der Handwerks-
betriebe Do 17–19.30 Uhr.

Amber Sayah: Neue Architektur in
Vorarlberg, München 1997.
Florian Aicher, Renate Breuß:
eigen + sinnig. Der Werkraum Bregenzerwald, München 2005.

finden sich in jedem Ort und sind den jeweiligen Gegebenheiten angepasst. Besonders eindrucksvoll, sinnlich und ästhetisch überzeugend sind z. B. das Hotel Sonne in Mellau oder das Hotel Gams in Bezau. Ein harmonisches Miteinander von Alt und Neu bieten auch das Hotel Schiff und Hotel Gasthof Krone in Hittisau mit behaglichen, modernen Gasträumen, maßgeschneidert wie eine Holzschatulle mit eigens gefertigtem Mobiliar. Auch das Restaurant s'Schulhus und das Fußballclubhaus in Krumbach als langgestreckte hölzerne Schachtel mit wettergeschützter Tribüne repräsentieren diesen Baustil. Bei den zahlreichen Kulturbauten fällt das Gemeindehaus in Andelsbuch sofort ins Auge: ein dunkler Holzkubus auf Stelzen mit unregelmäßig über Eck platzierten Fenstereinschnitten, direkt an der Durchgangsstraße. Sehr schön, licht und frech ist in seiner Doppelfunktion ist auch das Feuerwehrhaus und Frauenmuseum in Hittisau. Oder die Juppenwerkstatt in Riefensberg, eine elegante Schauwerkstatt für die traditionellen Festtagskleider in einem entkernten Fachwerkbau. Herzerwärmend ist das kleine Angelika-Kauffmann-Museum in Schwarzenberg: Da ist das alte, wettergegerbte Wälderhaus um einen maßgeschneiderten Anbau ergänzt, der durch seine handwerkliche Perfektion besticht. Am Ortsrand führt der Angelika-Kauffmann-Festsaal (Schubertiade!) mit bodentiefen Fensterflächen und offenen Terrassen mitten in die Wiesen hinein. Und auch in Schoppernau ist das Kulturhaus mit Tourismusbüro, Bücherei und dem Michael-Felder-Museum überaus gelungen.

verarbeitenden Betriebe ist erstaunlich. Eine solch traditionsbezogene Innovationskraft kann sich nur entfalten, wenn viele Bauherren Wert legen auf die Zusammenarbeit mit lokalen Handwerkern, die regional gewachsene Materialien verarbeiten – genau das ist im Bregenzerwald der Fall. So ist die vielfach eingesetzte unbearbeitete Weißtanne »im guten Zeichen geschlägert«, d. h. nach Mondphasen gefällt und langsam getrocknet. In den Innenräumen, bei Vertäfelungen und Einbauten wird u. a. heimisches Lindenholz, Eiche und Buche verarbeitet. Hinzu kommen viel Fotovoltaik und Erdwärme-Anlagen, also Nachhaltigkeit und Energieeffizienz.

Moderne Privatbauten, Hotels und Gaststätten heimischer Architekten

Neue Vorarlberger Architektur –
das Frauenmuseum im Feuerwehr- und
Kulturhaus Hittisau

Pracht im Überfluss – die Oberschwäbische Barockstraße

Oberschwaben, der hügelige Landstrich zwischen Donau und Bodensee, ist, wie auch das angrenzende bayerische Allgäu, vom Katholizismus geprägt. So gibt es Kirchen, Klöster, Konventbauten und Schlösser in großer Fülle, die im Rausch barocker Üppigkeit schwelgen. Die Oberschwäbische Barockstraße führt von einem Juwel zum anderen.

Nach der Finsternis: Licht und Glanz

Der Dreißigjährige Krieg (1618–1648) bildete eine nachtschwarze Zäsur in der Geschichte Deutschlands und der Nachbarländer. Eine Generation lang gab es auch in Oberschwaben Tod, Zerstörung, Hunger und Elend. Erst ab der Mitte des 17. Jh. konnten Fürsten und Äbte wieder beginnen, ihre Machtansprüche mit großen Bauten zu verdeutlichen. Der gewaltige Bauboom des Barock hielt bis Mitte des 18. Jh. an. Die Fertigstellung der Bibliothek im St. Gallener Stiftsbezirk im Jahr 1767 gilt als zeitlicher Abschluss. In dem Gebiet, das in zahllose Kleinstaaten aufgesplittert war, waren die Klöster mit ihren Besitzungen Träger der regionalen Macht. Die Äbte hatten die politischen, gesellschaftlichen und kulturellen Schlüsselpositionen inne, und jedes Kloster wollte das andere übertreffen.

Basilika in Weingarten

Die neue Bauauffassung wurde auch nördlich der Alpen aus Italien übernommen. Die religiöse Kunst stand im Zeichen der Gegenreformation, spiegelte Machtanspruch sowie Repräsentationsbedürfnis wider und schwelgte zur Ehre Gottes und des Klerus in Licht, glanzvollem Dekor und herrlichen Malereien.

Bautrupps und Künstlerclans

Sei es in der Kathedrale oder der Stiftsbibliothek in St. Gallen, im Schloss Salem, in der grandiosen Basilika in Weingarten oder in der Wallfahrtskirche in Birnau: Die Auftraggeber holten sich die besten und bekanntesten Baumeister, Handwerker und Kunsthandwerker ihrer Zeit. Diese waren in Genossenschaften zusammengeschlossen. Sie zogen von Auftrag zu Auftrag durch die Lande und bauten die kriegszerstörten Kirchen und Residenzen in bisher unbekannter Pracht wieder auf. In Oberschwaben und rund um den Bodensee wirkten vor allem die herausragenden Vorarlberger Baumeister und die Wessobrunner Stuckateure. Sie reichten ihre Kunst und ihr Können in den Familienclans weiter, sodass wir immer auch Väter, Söhne und Brüder als Ausführende vorfinden: Christian und Peter Thumb; Franz Beer von Bleichten, Johann Michael Beer; Michael und Johann Georg Kuen.

Zimmerer, Stuckateure und andere Handwerker entwickelten sich zu großen Künstlern, wie etwa die Stuckateure der Familie Schmutzer oder Joseph Anton Feuchtmayer, der die Stuck-Alabaster-Technik vervollkommnete. Er lebte später bei Salem, sein Haus ist heute ein intimes, interessantes Museum (siehe Kasten).

Die Asams aus Benediktbeuern wiederum waren große Illusionsmaler, die herrliche Deckengemälde schufen: Cosmas Damian Asam und sein Bruder waren beide Maler und Architekten und begründeten die Rokokophase in der Fresken- und Altarbildmalerei. Gemeinsam lernten sie in Rom, Vorbild ihrer Arbeiten war Bernini.

Höhepunkte für Auge und Ohr

Die Merkmale der barocken Baukunst sind überall anzutreffen: gerundete Formen, überbordende Ornamentik, Stuck, Putten, Fresken in lichten, hellen Farben mit viel Weiß und Gold. Und doch sind die Bauwerke individuell und völlig unterschiedlich. So bildet die **Basilika in Weingarten** ein Extrem der barocken Kirchenbaukunst: Sie ist Deutschlands größte Barockbasilika. Gewaltig ragt die dem Petersdom in Rom nachgebildete Kuppel in den Himmel, ein Monument des Glaubens und der klerikalen Macht. Im Kirchenraum harmonisiert der lichte Stuck mit kunstvollen Fresken, die goldenen Chorgitter, Hochaltar und Chorgestühl sind eine sinnliche Pracht; der Gesamteindruck ist kühl und prächtig. Alles strebt nach oben, dem Himmel zu.

Ganz anders dagegen die kleine, anmutige **Wallfahrtskirche in Birnau**: Heiter und festlich liegt der dem menschlichen Maß angepasste pastellfarbene

Der prachtvolle Innenraum der Wallfahrtskirche Birnau

Bau in den Weinbergen hoch über dem See. Wieder andere Facetten der Baukunst und der Ausstattung finden sich u. a. im **Neuen Schloss** in **Meersburg**, das die sehr weltliche Residenz der Konstanzer Fürstbischöfe war und ein geschlossenes System absoluter Macht und Prachtentfaltung demonstriert. Wer den zahlreichen Bauwerken folgen will, dem seien die Kloster- und Schlossanlage in Salem oder auch Schloss und Kirche auf der Insel Mainau empfohlen, natürlich auch die einzigartige Klosterbibliothek St. Gallen (die Bauten sind in den jeweiligen Kapiteln dargestellt).

Die Ausgestaltung all jener Innenräume mit ihren Gemälden und Fresken erzählt immer auch ›Geschichten des Himmels und der Erde‹, verwoben mit Ereignissen und Personen, die die Betrachter – die meisten Menschen konnten nicht lesen und schreiben – aus ihrer Umgebung kannten. Zum anderen galt dem Ohr höchste Aufmerksamkeit: Die großartigen Orgeln etwa in Salem, St. Gallen und Weingarten brausten zur Ehre Gottes und erfüllten die Gemäuer mit Lobpreis, Freude und Ehrfurcht. Auch heute noch ist das Zusammenspiel von Raum und Klang überwältigend und einschüchternd zugleich.

Große Kunst am See – die Bregenzer Festspiele

Prächtige Kulissen wie bei »Aida« sind typisch für die Festspiele

Die Bregenzer Festspiele mit ihren Riesenkulissen auf der Bühnenplattform im See, die hochmodernen, aufsehenerregenden Inszenierungen und die künstlerische Qualität besitzen weltweites Renommee – auch im letzten James-Bond-Film sind sie verewigt.

Grandiose Seekulisse

Ein großartiges Erlebnis: Die Sonne sinkt, Schiffe haben ringsum angelegt, die Lichter von Lindau am gegenüberliegenden Ufer funkeln, und nach der Festfanfare setzt in der Dämmerung die Musik ein und strömt über den See. Vor den riesigen Kulissenaufbauten auf der Seeplattform beginnt der Opengenuss als grandioses, alle Sinne

ansprechendes Spektakel. In den vergangenen Jahren ist von Mitte Juli bis Mitte August u. a. »Porgy and Bess« von Götz Friedrich inszeniert worden, es hat Mozarts »Zauberflöte« gegeben, Puccinis »La Bohème«, Verdis »Nabucco«, der »Troubadour« vor einer fulminanten Hochofen-Kulisse und jüngst Verdis »Aida«. Es werden regelmäßig bedeutende Regisseure, Sänger und Orchester verpflichtet. Die Inszenierungen vom Intendanten David Pountney sind spannend und modern.

Zusätzlich gibt es internationale Theatergastspiele im Theater am Kornmarkt sowie Musicals und Konzerte in der Festspielhalle. Im weißen Riesenzelt in den Seeanlagen locken außerdem Rockmusik, Performances und Kleingruppen. Die Seefestspiele in Bregenz, auf der größten Seebühne der Welt, sind so erfolgreich, dass sie mit Bayreuth und Salzburg verglichen werden.

Rings um den See sind Hotellerie, Gastronomie und die Schifffahrt auf die Festspielzeiten eingestellt, in vielen kleinen Orten gibt es Pauschalangebote mit Schiffs- oder Bustransfer.

007 – im Auge der Toska

Anfang Mai 2008 jagte dann auch James Bond, alias Daniel Craig, durch das Riesenauge der Toska-Inszenierung. Angereist war er mit einer 200-köpfigen Filmcrew. Während mehrerer Nächte wurde die Aufführung erneut komplett auf die Beine gestellt, mit Solisten, Statisten, Orchester, Chor, Technikern und Publikum – alles für den Superagenten. Seit dem Winter 2008 geistert die Seebühne nun als eine der Schlüsselszenen im Film »Ein Quantum Trost« durch die Welt.

Vom Lastkahn zur Weltbühne

Angefangen hat alles im Jahr 1946, als die Wiener Sinfoniker zum ersten Mal verpflichtet werden konnten. Die ›Bühne im See‹ waren zwei Lastkähne, die im Gondelhafen nebeneinanderlagen: einer für das Orchester, der zweite für die Bühne. Die Zuschauer saßen auf einfachen Stühlen und Bänken, bezahlt wurden die Künstler in Naturalien. Heute genügen die Zuschauertribünen, auch mit verglasten VIP-Lobbys und neuester Medienausstattung, höchsten Ansprüchen. Seit 1980 steht das Festspielhaus mit architektonisch interessantem Anbau am Seeufer vor der Bühne im Wasser: mit Wandelhalle, mehreren Sälen und einem Café-Restaurant. Nebenan liegen das Casino und das Mercure City Hotel. Und auf dem Platz der Wiener Symphoniker herrscht reges sommerliches Treiben.

Informationen rund um die Festspiele

Die Festspielzeit mit allen Rahmenprogrammen beginnt ab der 2. Juliwoche und geht bis Ende August. Infos im Internet gibt es unter www.bregenzer festspiele.com.

Auskunft, Vorverkauf:
Ticket Center, Platz der Wiener Symphoniker 1, Tel. 05574 40 76, Okt.– Juni Mo–Fr 9–12.30, 14–17, Juli, Aug. tgl. 9–17 Uhr und an der Abendkasse eine Stunde vor Spielbeginn.

Eintrittspreise für die Seebühne: 30–260 € je nach Platz und Wochentag. Fr und Sa sind die Karten teurer als unter der Woche. Vorzeitige Bestellungen erforderlich. An der Abendkasse sind nur vereinzelt Karten zu haben.

Hinter den Kulisssen

Eine spannende Reise ins Innere des Theaterbetriebs, die Seebühne und das Festspielhaus bieten 50-minütige **Führungen**. Von Anfang Juni bis Mitte Juli Fr 16 Uhr, ab 20. Juli tgl. um 11.30, 14.30 und 15.30 Uhr. Auch James-Bond-Führungen werden angeboten.

Unterwegs am Bodensee

Überlinger See und Bodanrück – Blick von den Weinbergen bei Meersburg

Überlinger Seeufer und Linzgau

Highlights !

Wallfahrtskirche Birnau: Die festlich-heitere Wallfahrtskirche Birnau thront zwischen Weingärten und Obstwiesen über dem See. Einst zum Kloster Salem gehörig, ist sie die schönste Barockbau am Bodensee und ein Höhepunkt für jeden Besucher der Region. S. 91

Kloster und Schloss Salem: Das einst bedeutendste Zisterzienserkloster im süddeutschen Raum ist mit seinem Münster und den barocken Klosterbauten von dörflichem Charme. Das berühmte Internat Salem ist hier zu Hause, und für Besucher gibt es viel zu entdecken. S. 93

Auf Entdeckungstour

Pfahlbauten Unteruhldingen: Geschichte zum Anfassen: Im rekonstruierten Pfahlbaudorf mit 23 Bauten wird das Leben aus der Stein- und Bronzezeit (4000–850 v. Chr.) lebendig. Hier wurde auch die ARD-Serie »Steinzeit-Leben« gedreht. S. 84

Kultur & Sehenswertes

Puppenstuben: Das Städtische Museum im prächtigsten Renaissance- und Barockpalais Überlingens zeigt eine historische Puppenstubensammlung und Werke der Bodenseekunst. S. 77

Schlangenhaftes: Grüne Mambas, Riesenspinnen – alles, was kreucht, fleucht, schlängelt oder sticht, ist im Reptilienhaus in Unteruhldingen zu bestaunen. S. 87

Aktiv & Kreativ

Wellness-Tempel: Ein Hochgenuss für Körper und Seele ist die mit 5 Sternen ausgezeichnete Wellness-, Spa- und Badelandschaft Bodensee-Therme in Überlingen mit Saunapark und freiem Seezugang. S. 81

Genießen & Atmosphäre

Idyllisch speisen: Im Dorf Lippertsreute bei Überlingen bietet der Landgasthof Adler eine heimelige Postkartenidylle mit preisgekrönter badischer Landküche. S. 81

Flaniermeile: Gleich ob im Sommer, Winter, tagsüber oder am Abend: Die lebhafte, bunte und großzügige Uferpromenade mit mediterranem Charme in Überlingen ist eines der großen Flaniervergnügen am Bodensee. S. 78

Abends & Nachts

Szenetreff mit Stil: Die zurückhaltend-elegante Weinstube Weinstein mit Loungebereich ist der Treffpunkt in Überlingen. S. 82

Chic und puristisch: Japanische und andere fernöstliche Spezialitäten isst man am besten in der Sushi Bar im Zeughaus Überlingen. S. 82

Kulturlandschaft mit viel Genuss

Hier beginnt das Bodenseevergnügen. Überlingen präsentiert sich als eines der Ferienzentren des Bodensees. Mit reicher Kultur, dem großen Münster St. Nikolaus inmitten der gepflegten Altstadt und einer großen, bunten und geschäftigen Seepromenade mit Schiffsanlege. Läden, Restaurants, Cafés und kleine Kneipen, Trendiges und Gemütliches in allen Straßen, Plätzen und Gassen. Das Hinterland, der Linzgau, bietet eines der Highlights der Bodenseeregion: das Klosterareal Salem mit großer Geschichte, bedeutenden Kunstschätzen und einer sehr lebhaften Gegenwart; ringsum liegen reizende Landgasthöfe.

Uhldingen mit seinem rekonstruierten Pfahlbautendorf ist weltberühmt, und die Wallfahrtskirche Birnau – hoch über dem See gelegen – ist eine viel gerühmte Barockschönheit; sie gilt als das prächtigste barocke Juwel am Bodensee.

Infobox

Internet

www.bodensee.eu: Internetportal für den gesamten Bodensee, deckt auch den nordwestlichen Seebereich ab.
www.bodensee-linzgau.de: Portal der Orte im Linzgau wie Salem, Frickingen, Owingen u. a.
www.bodo.de: Auskünfte über Bahn-, Bus- und Schiffsverkehr (Bodensee-Oberschwaben).
www.vsu-online.info: Website der Vereinigten Schifffahrtsunternehmen.

Weiterkommen

Bahn: Die Bodenseegürtelbahn (Singen–Friedrichshafen–Lindau–Bregenz) deckt das nördliche Bodenseeufer ab: Stockach, Ludwigshafen, Sipplingen, Überlingen und Uhldingen. Ab Uhldingen führt die Strecke über Markdorf; Busse fahren von dort weiter nach Meersburg. Von Friedrichshafen bis Lindau führt die Strecke wieder nah am See entlang.
Bus: Die Seelinie Bus 7395 fährt tgl. mehrmals von Überlingen jeden Ort am nördlichen Seeufer über Meersburg nach Friedrichshafen an. Der Linzgau Freizeitbus 7379 und 7397 fährt an Wochenenden und feiertags die Strecke Überlingen, Owingen, Heiligenberg, Salem und Oberuhldingen durchgehend ab. Von Überlingen nach Sipplingen, Ludwigshafen und Stockach fährt die Linie 7389.
Erlebnisbus: Der Erlebnisbus verbindet vom 1. Mai bis 4. Okt. tgl. von 10–18 Uhr stdl. die Sehenswürdigkeiten zwischen Unteruhldingen und Salem in beide Richtungen (Haltestellen: Schulstraße, nahe Pfahlbaumuseum, Ehbachstraße beim Reptilienhaus, Oberuhldingen Marktplatz, Bahnhof Uhldingen-Mühlhofen, Affenberg, Schloss Salem, Bahnhof Salem).
Schiff: Von April bis Okt. fahren die Schiffe der Bodenseeflotte von Überlingen über Dingelsdorf, Unteruhldingen zur Insel Mainau und weiter über Meersburg nach Konstanz und zurück. Von Mai bis Okt. gibt es außerdem eine Verbindung von Bodman über Ludwigshafen, Sipplingen, Marienschlucht nach Überlingen und zurück.

Überlingen ▶ F 3

Die Kurstadt Überlingen mit ihren 21 000 Einwohnern hat alles, was sich ein Urlauber wünscht: Die dicht bebaute Uferpromenade ist die größte und schönste am See. Gepflegte ausgedehnte Park- und Gartenanlagen schmiegen sich rund um den verkehrsberuhigten Altstadtkern. Und der wiederum ist sehr vital und quirlig, besitzt prächtige Fachwerk- und Patrizierbauten, reizvolle Plätze und Gassen, Kunstschätze in Kirchen und Museen. Bummeln und Shopping, Sitzen und Schauen in mediterranem Flair sind ein Vergnügen, die Gastronomie ist interessant und vielfältig, das Freizeitangebot groß.

Charme, Lebensqualität und Sorgfalt im Umgang mit allen Ressourcen haben dazu geführt, dass Überlingen als eine von neun deutschen Städten in den Kreis der ›Slow Cities‹ aufgenommen wurde: als liebenswerter Ort, der sich in Anlehnung an die Slow-Food-Bewegung um den Erhalt der Stadt- und Kulturlandschaft, um Nachhaltigkeit in Umweltfragen und eine hochwertige Lebensmittelproduktion aus der Region einsetzt (Infos unter www. cittaslow.info).

Stadtgeschichte

Schon 770 wurde Überlingen erstmalig erwähnt, unter den Staufern, um 1180, erhielt der Ort Stadt- und Marktrechte. Er lag am Schnittpunkt dreier regionaler Handelswege, u. a. an der Handelsstraße von Ulm nach Konstanz. Bald gehörte Überlingen zu den großen Städten am See und durfte sich ab 1268 Freie Reichsstadt nennen: Zu der Zeit wurde auch der starke Befestigungsring mit Türmen und Toren er-

richtet. Mit Weinbau und Getreidehandel erhielt Überlingen seine Wirtschaftskraft. Der wöchentlich abgehaltene Kornmarkt war der bedeutendste am Überlinger See. Im Dreißigjährigen Krieg wurde die Stadt schwer verwüstet. Nach den Napoleonischen Kriegen fiel sie dann an das Großherzogtum Baden.

Im 19. Jh., mit dem Bau der Eisenbahn, entwickelte sich ein reges Kur- und Fremdenverkehrsleben, die gerade entdeckte Mineralquelle wurde zum Thermalbad ausgebaut. Ab 1956, als Überlingen ›Kneippheilbad‹ wurde, entstanden Sanatorien und Kuranlagen. Heute ist Überlingen ein renommiertes Bad mit einem breiten Angebot für medizinische Nachsorge, Kneippkuren und Heilfasten. Mit der Bodensee-Therme ist ein weiterer großzügiger gesundheitsorientierter Wellness-Tempel hinzugekommen.

Altstadt

Die Stadtanlage Überlingens macht es leicht, sich zurechtzufinden: Am Seeufer erstreckt sich die lange Seepromenade; die Bodensee-Therme und das Strandbad West sowie der einwärts geschobene Mantelhafen markieren die West- und Ostränder der Altstadt. Der historische Ortskern wird rundum eingefasst von dem heutigen Stadtgraben, mit fünf erhaltenen **Wehrtürmen** am äußeren Ring.

In Nord-Süd-Richtung läuft die Aufkircher Straße vom gleichnamigen Turm als Hauptachse auf das Franziskanertor zu; von dort zielt die Franziskaner- und als ihre Verlängerung die Marktstraße direkt auf den Landungsplatz und die Schiffsanlege. Eng beisammen bilden Münster und Rathaus das Herz der Stadt. Ringsum in den Straßen und Gassen erinnern stattliche

Überlingen

Bauten mit großen Innenhöfen, gotischen Treppengiebeln oder anmutigen Fachwerkfassaden an die historische Größe der einstigen Freien Reichsstadt.

Münster St. Nikolaus 1

tgl. 8–18 Uhr

Das Münster (1350–1586) ist der größte gotisch geprägte Kirchenbau am Bodensee. Das Wahrzeichen der Stadt erhielt, wie auch die Vorgängerbauten, den Namen des Heiligen der Seeleute und Fischer. Der hoch aufragende Turm wird von einer achteckigen Haube mit Nadelspitze gekrönt. Auffallend in der weiten fünfschiffigen Basilika ist die feierliche Raumwirkung. Hinter dem filigranen Chorgitter zieht der außergewöhnlich schöne, über 10 m hohe Hochaltar alle Blicke auf sich: Er stammt von Jörg Zürn, dem Überlinger Bildhauer, der mit Vater und Brüdern 1613–16 die Skulpturengruppen mit der Verkündigungsszene, Christi Geburt, Marienkrönung und Kreuzigung aus Lindenholz fertigte: Der Hochaltar ist eines der bedeut-

endsten Kunstwerke im süddeutschen Raum und größter Schatz der Stadt.

Rathaus 2

Mai–Sept. Mo–Do 11, 14, Fr 11, Okt.–April Di 14, Mi 11, Do 14 Uhr, Besichtigung nur mit Führung

Die wuchtigen, rustizierten Gemäuer des Rathauses liegen unmittelbar unterhalb des Münsters: Vorbild für das Rathaus aus dem 14./15. Jh. waren italienische Renaissancebauten, wobei der ältere Pfennigturm integriert wurde. Im langen Osttrakt liegt der prachtvolle holzgetäfelte Rathaussaal: Ab 1492 begann der Überlinger Schnitzer Jakob Russ mit seiner Ausgestaltung. Sie ist grandios: In einem umlaufenden Arkadenfries sind 41 Statuetten eingearbeitet, darunter jeweils vier Vertreter der Stände des Heiligen Römischen Reiches Deutscher Nation – sie versinnbildlichen die enge Verbindung der Reichsstadt mit dem Kaiser. Alle Stände sind vertreten, und der detaillierte Gesellschaftsaufbau kommt zum Ausdruck: So mussten die ge-

knechteten Bauern im Vorraum verbleiben. Noch heute finden im Großen Saal Sitzungen statt – dann ist keine Besichtigung möglich.

Städtisches Museum im Reichlin-von-Meldegg-Haus **3**

www.museum-ueberlingen.de,
Di–Sa 9–12.30, 14–17, April–Okt. auch
So und Fei 10–14 Uhr
Vom Münsterplatz zweigt die Luizengasse ab; ringsum stehen sehr gut erhaltene Patrizierhäuser; der schönste Stadtpalast ist das Reichlin-von-Meldegg-Haus, benannt nach seinem Erbauer, einem Überlinger Arzt und Humanisten, der zeitweilig päpstlicher und kaiserlicher Hofarzt war. Beim Bau des Palastes (1459–63) hatte er eine toskanische Villa der Frührenaissance vor Augen: heute der nachweislich früheste Einfluss florentinischer Renaissancearchitektur in Deutschland. Um 1700 wurde das Innere barockisiert. In dem prächtigen Bauensemble mit Treppengiebeln, grünen Läden und wunderschönem Garten wird der barocke **Museumssaal** mit Galerie und überwölbender Stuckdecke als Konzert- und Veranstaltungssaal genutzt. In dem zum Teil noch vollständig möblierten Wohnpalast ist eine der schönsten deutschen historischen **Puppenstubensammlungen** zu Hause: 55 Puppenstuben von der Renaissance bis zum Jugendstil. Spitzenklasse sind auch die Werke der **Bodenseekunst** von der Gotik bis zum Klassizismus. Anhand zahlreicher Sammlungsstücke wird zudem die Geschichte Überlingens und des Umlandes erzählt.

Nordwestlich vom Münster

Nur einen kurzen Spazierweg entfernt liegt die **Franziskanerkirche 4** (Mo–Sa 10–17 Uhr). Die Basilika stammt aus dem 14. Jh., wurde später erweitert und Mitte des 18. Jh. wie so viele Kirchen rund um den Bodensee in barocker Üppigkeit umgestaltet. Am Hoch-

Mein Tipp

Panoramablick

Vom ›hängenden‹ Garten des Städtischen Museums im Reichlin-von-Meldegg-Haus **7** (s. S. 77) hat man einen wunderbaren Ausblick auf die bewegte Dächerlandschaft, den Überlinger See und das gegenüberliegende Ufer mit dem bewaldeten Bodanrück.

altar finden sich zwei Originalskulpturen von Joseph Anton Feuchtmayer; auch die Stuckarbeiten in der ausgemalten Langhausdecke stammen von ihm. Die weiteren Altäre sind in seiner Werkstatt entstanden.

Schräg gegenüber der Kirche in der Franziskanerstraße mit den großen alten Stadthäusern hatte das Kloster Salem mit dem **Salmansweilerhof** **5** eine ›Stadtadresse‹, die mehrere kleine und große Gebäudeteile miteinander verband. Dieser städtische Hof des rund 10 km entfernten Zisterzienserklosters (einst Salmannsweiler) stammt im Wesentlichen aus dem frühen 16. Jh. In der sternenübersäten einstigen Hauskapelle ist heute ein Ladenlokal zu Hause. Angrenzend markiert das **Franziskanertor** **6** (1494) den nördlichen Bogen des ältesten Stadtteils von Überlingen. In den Straßen und Gässchen rund um die Franziskanerstraße geht es lässig und lebendig zu; in der Fußgängerzone liegen zahllose Geschäfte, Galerien, Kneipen, Cafés und Restaurants.

Immer Richtung Wasser

Die wuselige Marktstraße öffnet sich in östliche Richtung in die weite, sehr schöne Platzanlage **Hofstatt** mit dem Kaiserbrunnen – ein städtischer Treffpunkt; hier findet auch der Wochenmarkt statt, und hier lässt es sich schön sitzen und schauen.

Die Marktstraße kreuzt die lange mittelalterliche Schneise der Hafenstraße, bevor sie schnurstracks auf den **Landungsplatz** und die Seepromenade führt. Im Mittelpunkt der Platzanlage liefert der bronzene **Brunnen von Peter Lenk** **7** mit seinem skurrilen Personal endlosen Gesprächs- und Diskussionsstoff (s. auch S. 280). Zur Wasserfront hin öffnet sich die **Greth** **8** . Einst liefen hier alle Fäden der Wirtschaft zusammen: Die Greth war städtisches Handels- und Kornhaus, und auch heute noch ist das elegante, weiß leuchtende Gebäude, 1788 von Franz Anton Bagnato im klassizistischen Stil umgebaut, der Treffpunkt am See. Nach kompletter Sanierung ist sie nun **Markthalle** mit zwei Restaurants und großer Terrasse.

Städtische Galerie Fauler Pelz **9**

Landungsplatz, Seepromenade 2, www.staedtischegalerie.de, Di–Fr 14– 18, Sa, So, Fei 11–18 Uhr
In der Galerie finden ganzjährig hochkarätige Wechselausstellungen statt. Die Bandbreite reicht vom Mittelalter bis zur Gegenwart, von regionalen bis zu internationalen Künstlern.

Seepromenade und Stadtgarten

Die **Seepromenade** ist autofrei, bunt, lebendig, mediterran. Mit Palmen, Blumenrabatten, einer dicht gedrängten Abfolge von Hotels, Cafés, kleinen Geschäften, Restaurants und Eisdielen. Ein träge fließender Strom an Lustwandlern vom Mantelhafenbecken im Osten bis zur Bodensee-Therme im Westen. Dazwischen schiebt sich das Grün der **Kuranlagen** **10** mit wunderbaren alten Bäumen; der **Kursaal,** das **Badhotel** mit seiner reizenden Gartenfassade. Nördlich der Kuranlagen, jenseits der Bahnhofstraße, liegt der **Stadtgarten** 11. Das lang gestreckte Band des Gartens, eine traumhaft schöne, 3,5 ha große Anlage aus dem 19. Jh., ist berühmt ist für seine exotischen Bäume und Pflanzen und eine über 100 Jahre alte Kakteengruppe.

Goldbacher Stollen 12

Stolleneingang: Obere Bahnhofstr., www.stollen-ueberlingen.de, Führung jeden 1. Fr im Monat, 17 Uhr
Hitlers Machtergreifung war auch in Überlingen ohne Aufregung und Widerspruch hingenommen worden, und als in der Endphase des Zweiten Weltkriegs die Rüstungsfabrikation von Friedrichshafen durch alliierte Bomber schwer geschädigt war, fiel die Wahl eines Ausweichortes, die Auslagerung der Fabriken, auf Überlingen. Häftlinge aus dem KZ Dachau, die in Aufkirch in Baracken hausten, mussten von September 1944 bis April 1945 in das Molassegestein von Überlingen-Goldbach ein kilometerlanges Stollensystem sprengen, das nie fertiggestellt wurde. 300 Häftlinge sind an den Strapazen gestorben. Geräumt und zerstört wurden Stollen und Baracken, bevor die französischen Alliierten Überlingen besetzten. In den Wäldern fand man Massengräber; im April 1946 wurden die Toten geborgen und auf dem KZ-Friedhof in Birnau überführt.

Übernachten

In Überlingen und Umland gibt es eine große Auswahl an Übernachtungsmöglichkeiten über die Tourist-Info. Im Folgenden sind nur einige besonders empfehlenswerte Beispiele aufgeführt.

Mediterran – **Seehotel und Café Anna** 1 : Seepromenade 1, Tel. 07551 830 70,

634 94, www.schaepfle.de. DZ 100–130 €. Direkt an der Promenade liegt das schöne Haus mit seinen blumengeschmückten Balkonen. Die Zimmer sind großzügig und in mediterranem Stil eingerichtet. Das vorgebaute Café Anna ist eine grüne Oase unter Palmen. Hotel und Café gehören mit dem eleganten Hotel Schaepfle in der angrenzenden Seitenstraße zusammen.

Tolle Lage – **Hotel Seegarten** 2 : Seepromenade 7, Tel. 07551 91 88 90, www.seegarten-ueberlingen.de; DZ 94–150 €. Direkt an der Promenade gelegen, lässt sich von den Zimmern, überwiegend mit Balkon, das bunte Treiben beobachten. Restaurant und Terrasse unter großen Kastanien.

Mit Seezugang – **Kur- und Ferienhotel Seehof** 3 : Strandweg 6, Tel. 07551 94 79 80, www.kurhotelseehof.de; DZ 80–120 €. Am Bodensee-Radweg am östl. Ortsrand gelegene ehemalige Strandvilla aus den 1920ern. Mit großer Liegewiese und Seezugang. Komfortable Zimmer, z. T. mit Balkon.

Chic und zentral – **Das Domizil am See** 4 : Jakob-Kessenring-Str. 38, Tel. 07551 92 66 12, www.das-domizil-am-see.de. Ferienappartements (42–120 m²) ab 62–129 € pro Nacht (ab 3 Übernachtungen). Aufwendig restauriertes, schön ausgestattetes Patrizierhaus direkt am Landungsplatz mit acht geschmackvollen Apartments mit Seeblick, überwiegend mit Balkon.

An der Promenade – **Baum Jäkel** 5 : Seepromenade 15, Tel. 02642 58 79. Für 2 Pers., 52 m², 65–72 € pro Nacht. Eine komfortable Ferienwohnung im Obergeschoss eines Hauses direkt an der Promenade. Herrlicher Ausblick.

Sonnig am Hang – **Haus Irma** 6 : Nußdorf, Nußdorfer Str. 27, Tel. 07551 674 99, www.ferienwohnung-irma.de, um 65 €. Drei komfortable Ferienwohnungen mit Terrasse und Balkon für jeweils 2 Pers. in einem schneeweißen Neubau

in Südhanglage am Eingang von Nußdorf nahe dem Strandbad Ost.

Idyllisch – **Gästehaus Ritsche 7:** Nußdorf, Boardinghouse, Zur Forelle 6, Tel.
07551 620 04, DZ 60 €. Idyllisch und ruhig unter alten Bäumen gelegen. Mit
Liegewiese und eigenem Badestrand
vor der Tür. Geräumige Doppel- und
Mehrbettzimmer, z. T. mit Balkon zum
See. Ohne Frühstück.

Günstig – **Martin-Buber-Jugendher-
berge 8:** Nußdorf, Alte Nußdorfer Str.
26, Tel. 07551 42 04, www.jugendher
berge-ueberlingen.de, im Mehrbettzimmer ab 22,30 € pro Person. Großer
moderner Kasten am westl. Ortsrand
von Nußdorf mit 260 Betten, Tagungs-
räumen, eigenem Hallenbad. Das Bodenseeufer liegt 150 m entfernt. Auch
für Familien und Vereine gut geeignet.

Camping – **Campingplatz Überlingen
9:** Bahnhofstr. 57, Tel. 07551 645 83,
www.campingpark-ueberlingen.de. In
Goldbach direkt am Seeufer liegt der
4-Sterne-Platz mit gepflegter Ausstattung. Mit Restaurant, Kiosk, Kanu-, Ka-
jak- und Fahrradverleih. Auch Mietca-
ravans.

Essen & Trinken

An der Promenade reihen sich die Restaurants, Weinstuben und Cafés mit
Terrassen dicht an dicht – für jeden Geschmack ist etwas dabei. Daher hier
nur eine kleine Auswahl aus der Altstadt und der Umgebung.

Raffiniert – **Restaurant Bürgerbräu 1:**
Aufkircher Str. 20, Tel. 07551 927 40,
www.buergerbraeu-ueberlingen.com,
Hauptgericht 14–19 €. Kulinarischer
Hochgenuss in einem historischen
Fachwerkhaus; in den gemütlichen
Gasträumen wird Köstliches von länd-
lichen Delikatessen bis zu asiatischem
Raffinement serviert. Preisgekrönte
Küche.

Bürgerlich badisch – **Gasthaus zur
Krone 2:** Münsterstr. 10, Tel. 07551 91
99 33, www.krone-ueberlingen.de,
Mo–Fr ab 11.30, Sa, So, Fei ab 10 Uhr.
Hauptgericht 8–14 €, kleines Tagesmenü an Wochentagen 7,50 €. Vom
späten Frühstück bis zum letzten Bier
am Abend bietet die Krone gute, preiswerte badische Küche. Mit schönem
Hofgarten.

Gleich mehrere Strandbäder laden in Überlingen zum Baden ein

Frische Fische – **Fischhaus Löwenzunft** **3**: Hofstatt 7, Tel. 07551 94 90 25, www.knoblauch-gbr.de. Mo–Fr 8.30–18.30 (Juli, Aug. bis 20 Uhr), Sa 8–14.30 Uhr, Hauptgericht 8–14 €, Tagesgerichte ab 6 €. Im Fischhausbistro mit offener Küche oder draußen auf der Hofstatt gibt's Fisch in allen Varianten. Der Fisch aus dem See ist tagesfrisch, wird auch selbst geräuchert. Vom Fischbrötchen bis zur Austernplatte – alles super.

Qualitätvoll – **Aran Kaffeekult und Brotgenuss** **4**: Münsterstr. 15, Tel. 07551 947 12 84, www.aran.coop, Mo–Fr 9–19, Sa 9–18, So 10–18 Uhr. Der neue Kaffeehaustyp überzeugt: hausgemachte Backwaren, gutes Brot, köstliche Brotaufstriche, Kaffee-, Tee- und Eisvariationen in bester Qualität. In zeitgenössischem, schlichtem doch komfortablem Ambiente mit Loungecharakter, Zeitungen und Büchertisch.

Im Linzgau

Urgemütlich – **Landgasthof Adler** **5**: Lippertsreute (ca. 8 km nordöstl.), Hauptstr. 44, Tel. 07551 825 50, www.adler-lippertsreute.de, Fr–Di 11.45–14, 17.15–21, Mi 11.45–14 Uhr, Tagesgericht 9,50–19,50 €. Großer Landgasthof in blumengeschmücktem, stilvollem Fachwerkgemäuer. Schöne Zimmer (DZ 110–130 €), Appartements und Ferienwohnungen. In der heimeligen Gaststube und auf der Hofterrasse wird preisgekrönte badische Landküche serviert, etwa Schweinsbäckle, gefüllte Kalbsbrust oder Fisch aus dem See.

Slow-Food-Küche – **Landgasthof Keller** **6**: Lippertsreute (ca. 8 km nordöstl.), Riedweg 2, Tel. 07551 82 72 90, www.landgasthofbrauereikeller.de, Mi–So 10–14, ab 17 Uhr. Tagesgericht 8–18 €. Das hübsche Gasthaus mit Gartenterrasse bietet Ausblicke auf das Salemer Tal und Schloss Heiligenberg. Komfortable Zimmer (DZ 60–90 €), gut ausgestattete Ferienwohnungen. Der Chef

des Hauses, Markus Keller, ist Mitglied bei Slow Food, kocht viel mit Kräutern und ausgewählten Produkten der Region. Spezialität: frische Innereien.

Einkaufen

Bauernmarkt – Münsterplatz, Sa.
Wochenmarkt – Auf der Hofstatt, Mi und Sa 7–14 Uhr.
Torten – **Konditorei Popp** **1**: Hitzlerstr. 3, nahe Bahnhof Mitte, Tel. 07551 45 32, www.konditorei-popp.de. Der Familienbetrieb ist weithin bekannt für seine traumhaften Torten und das Gebäck aus besten Produkten und mit reduziertem Zuckeranteil.
Alt wie neu – **Fundus** **2**: Turmgasse/Ecke Steinhausgasse, Mo 15–18, Di–Fr 10–12.30, 14.30–18, Sa 10–14 Uhr. Sehr gepflegte Secondhand-Mode.
Edles Schönes – **Gudrun Grenz Shop** **3**: Hofstatt 2, Mobil 0171 121 06 55, www.gudrun-grenz.de. Die Kollektionen von Gudrun Grenz sind puristisch in den Umrissen, aus edlen Materialien. Alles mit einem Touch Extravaganz, lässig-elegant und tragbar.

Aktiv & Kreativ

Baden – **Strandbad West** **1**: Bahnhofstr., www.westbad.com. Großes, gepflegtes Bad mit Kiesstrand, Liegewiesen, Gastronomie. **Strandbad Ost** **2**: Strandweg Richtung Nußdorf, nahe Sportboothafen, Sand- und Kiesstrand, Liegewiesen mit altem Baumbestand, Gastronomie. **Strandbad Nußdorf** **3**: Das kleine, familiäre Strandbad liegt im Ortsteil Nußdorf. Mit Gartenrestaurant Forelle.
Wellness – **Bodensee-Therme** **4**, Bahnhofstr. 27, Tel. 07551 30 19 90, www.bodensee-therme.de. Die mit 5 Wellness-Sternen ausgezeichnete Therme

ist der große Renner. Mit Thermalbecken innen und außen, Wasserattraktionen, Eltern-Kind-Bereich und großzügiger Saunawelt. Im Saunagarten am Seeufer bieten Seesauna, Ruhehaus mit Kaminfeuer und Panoramablick schönste Entspannung. Der See ist von allen Bereichen aus frei zugänglich. Reduzierte Tickets für den Besuch der 3 Bodensee-Thermen Überlingen, Konstanz und Meersburg: www.thermentrio.de.

Segeln – **Segelschule Raschewski** : Bahnhofstr. 35, am Bahnhof Therme, Tel. 07551 32 18, 47 18; www.segelschule-ueberlingen.de. Alle Scheine, für Motorboot und Segeln; Jachtcharter.

Surfen – **Surfschule Bodensee** 6: im Strandbad Ost, Mobil 0157 72 52 23 21. Verleih von Brettern und Ausrüstung.

Kurse, Vorträge, Lesungen – **Haus am See** 7: Zugang Bahnhofstr. 19, Tel. 07551 614 14. In der wunderschönen, verwunschen wirkenden Villa im Park finden Lesungen, Vorträge und unter-

schiedlichste Kurse statt. Mit Leseraum (9–14) und Café-Betrieb (14–18 Uhr).

Tai-Chi und Qigong – **Taichi Haus** 8: Jodokstr. 17a, Tel. 07551 97 00 65, www.taichi-haus.de. Kennenlern- und Schnupperkurse für Tai-Chi und Qigong. Einstieg jederzeit möglich. Umfangreiches Programm. Stunden auch im Park am See.

Fahrradverleih – **Radsportstudio:** Hägerstr. 7 (nordöstl. vom Bhf. Mitte), Tel. 07551 32 10. **W&H Fahrräder:** Zum Degenhardt 29 (nördl. der B 31, nahe Andelshofen), Tel. 07551 94 82 55. **2-Rad-Shop-Wehrle:** Zum Hecht 4, Dorfzentrum Nußdorf, Tel. 07551 57 37.

Reiten – **Reitverein Überlingen:** Reutehöfe (Reithalle), Tel. 07551 41 82. **Hofgut Rengoldshausen:** Tel. 07551 14 33.

Golf – **Golfplatz Überlingen-Owingen:** Owingen, Hofgut Lugenhof, Tel. 07551 830 40, www.golfclub-owingen.de.

Rundflüge – **Plessing Flug:** Tel. 07551 949 97 89, www.flugundbild.de; nach Vereinbarung.

Ballonfahrten – **Bodensee-Ballöner:** Tel. 07557 84 74, www.balloener.com.

Tanzen – **Tanznachmittage im Kursaal:** Mai–Sept. So 15–17 Uhr.

Stadtführungen – **Tourist-Info:** s. u. April–Okt. Di 10 Uhr, Fr 15 Uhr. Auch geführte Fahrradtouren.

Abends & Nachts

Theater – **Theater Überlingen im Kursaal am See** 1: Christophstr. 2, Tel. 07551 99 11 34. Das Gastspielrepertoire ist anspruchsvoll und vielseitig.

Behaglich – **Weinstein** 2: Münsterstr. 10, Tel. 07551 947 11 04. Moderne, behagliche Weinstube gegenüber vom Gasthof Krone. Mo–Sa ab 17 Uhr. Angenehme Ausstattung mit viel schlichtem Holz, einem langen Tresen und gepolsterten Sitzbänken. Im OG befindet sich ein Loungebereich mit Kamin. Regionale und internationale Weine, Flammkuchen, kleine Gerichte.

Puristisch – Sushi Bar im Zeughaus **3**: Zeughausgasse 2, Tel. 07551 937 98 80, www.zeughaus-ueberlingen.de. Di–So ab 17 Uhr, Mo geschl. Sehr chic und puristisch geht es in den alten Gemäuern des Zeughauses zu. Sushi und andere japanische und fernöstliche Spezialitäten laden zum Probieren ein. Große Terrasse an der Seepromenade.

Infos & Termine

Infos
Kur und Tourist Information Überlingen: Landungsplatz 5, 88662 Überlingen, Tel. 07551 947 15 22, www.ueberlingen.de.

Verkehr
Bahn: Der Hauptbahnhof von Überlingen ist in der Altstadtmitte, Reisezentrum Bahnhof Mitte, Tel. 07551 610 82. Am Westrand der Promenade befindet sich der Bahnhof Therme. Die stdl. Züge der Bodenseebahn Richtung Radolfzell und Friedrichshafen halten an beiden Stationen; ab Bahnhof Mitte auch 2-stdl. Expresszüge nach Radolfzell/Singen und Friedrichshafen/Lindau. **Bus:** Zentraler Busbahnhof am Bahnhof Mitte: von dort 3 Stadtbuslinien sowie Regionalbusse in die Umgebung. **Schiff:** März–Okt. nach Konstanz, Mainau, Meersburg, nach Bodman über Marienschlucht, Sipplingen, Ludwigshafen. Auch viele Sonderfahrten. Bodenseeschiffsbetriebe: Tel. 07531 364 03 89, www.bsb-online.com; Überlinger Schiffsbetriebe: Tel. 07551 664 63, 604 78, www.ueberlinger-schiffsbetriebe.de.

Termine
Historische Schwedenprozession: So Mitte Mai und Mitte Juli. Prozession, die an die Abwehr schwedischer Truppen im Dreißigjährigen Krieg erinnert. **Gassenfest:** Fest der Stadtkapelle: 1. Juli-Wochenende. **Promenadenfest:** letztes Juli-Wochenende ab Fr. Größtes Stadtfest, mit Künstlermarkt. **Überlinger Orgelsommer:** Aug./Sept. Mit Konzerten im Münster. **Kunstwerktage Überlingen:** Aug. In den Werkstätten von sechs Künstlern und Kunsthandwerkern wird eine Woche lang mit Gold, Silber, Ton, Stein, Wolle oder Farbe gearbeitet (Kurse mit max. 10 Personen). Die Arbeitswoche schließt mit einem Ausstellungsfest. Anmeldung bei den einzelnen Künstlern auf der Homepage. www.kunstwerkstatt-ueberlingen.de. **Großer Töpfermarkt:** letztes Aug.-wochenende, Hofstatt.

Sipplingen ▶ E/F 2

Die kleine Gemeinde knapp 7 km westlich von Überlingen mit ihren rund 2200 Einwohnern ist eine Fachwerkidylle mit buckeligen Straßen, engen Gassen, Klosterhöfen und sehr gut restaurierten alten Bauten mit Treppengiebeln oder mächtigen Walmdächern. Besonders schön sind der fünfstöckige **Konstanzer Spitalhof** und das historische **Rathaus** mit seinem regionaltypischen Sockelgeschoss. Die **Pfarrkirche St. Martin und Georg,** um 1750 umgebaut in barockem Stil, besitzt mit den Plastiken der Kirchenpatrone St. Georg und St. Martin zwei kostbare Skulpturen: Sie stammen von Joseph Anton Feuchtmayer. Die Marienstatue im Chorraum wurde um 1620 in der Werkstatt der Überlinger Bildhauerfamilie Zürn gearbeitet.

Von hier aus steigen die Straßen den Hang hinauf. Die **Uferpromenade** mit alten Bäumen zieht sich zwischen Ost-

Auf Entdeckungstour

Pfahlbauten Unteruhldingen – zu Gast in der Steinzeit

Das Pfahlbaumuseum in Unteruhldingen stellt Menschen und Siedlungsformen aus der Stein- und Bronzezeit (rund 4000 Jahre v. Chr.) vor; in den original nachgebauten Häusern und Hütten, die auf Stelzen in der Flachwasserzone stehen, lässt sich das Alltagsleben nachempfinden.

Reisekarte: ▶ G 3

Planung: Pfahlbaumuseum Unteruhldingen, Strandpromenade, Tel. 07556 92 89 00, www.pfahlbauten.de, April–Sept. tgl. 9–19, Okt. tgl. 9–17, Nov. Sa, So, Fei 9–17 Uhr, nur mit Führung, Erw. 7 €, Kinder 4,50 €

Das Pfahlbaudorf Unteruhldingen mit heute 23 Häusern wurde 1922 gegründet und ist damit das älteste Freilichtmuseum Deutschlands. Es besteht aus sechs Baugruppen, allesamt Rekonstruktionen. Schon in der Stein- und Bronzezeit haben Menschen am Bodensee gelebt; an der Nahtstelle zwischen Überlinger und Obersee waren die Funde aus der Jungstein- und Bronzezeit besonders zahlreich. Zwar existieren Pfahlbauten am Wasser weltweit, am Bodensee lässt sich diese Siedlungsform aber rund 4000 Jahre zurückverfolgen. Bisher gibt es etwa 100 Fundstellen rund um den See, und die Grabungen und archäologischen Unterwassererkundungen gehen weiter. Eine Aufnahme in die UNESCO-Welterbeliste ist angestrebt.

Von der Steinzeit ins Zeitalter des Fernsehens

Über einen langen, hölzernen Laufsteg betritt man die Plattformen, auf denen die Häuser gruppiert sind. Zusammen mit den Laufstegen bilden sie ein geschütztes See- und Uferareal.

Die **ersten beiden Häuser** stammen aus dem Jahr 1922. Ihr Bau basiert auf Grabungsfunden am Federsee, d. h. sie sind streng genommen Moorhäuser. Hier werden der Bau eines Hauses, die Wand- und Deckenkonstruktionen und die Aufteilung der Räume erläutert. In der **zweiten Hausgruppe** finden sich die Werkstätten des Töpfers, Bronzegießers oder des Holzschnitzers; die einfachen Werkzeuge, Hausgerätschaften, auch Figuren, Schmuckelemente, Bekleidungsstücke und Kultobjekte lassen den Alltag früherer Zeiten lebendig werden.

Im **spätbronzezeitlichen Hüttenbereich** (rekonstruiert 2002) zeichnen die kleinen Szenarien mit Figurinen, Tieren, Modellen und Fundstücken den aktuellen Erkenntnisstand der archäologischen Forschungen und der neuen Tauchgrabungen nach.

Am Ufer schließlich liegt das neue **Filmdorf** aus der ARD-Serie »Steinzeit – das Experiment«: ein Highlight des Museums. Es ist mit allen Requisiten zu besichtigen und macht eindrücklich klar, mit welch beträchtlichen Beschwernissen und kleinen Freuden die Großfamilie auf Zeit zurechtkommen musste. Die komplette Filmserie wird im Museumshaus gezeigt.

Arche Noah gegen Darwin

Hochinteressant sind auch die Museumsgeschichte und die Entwicklung der Archäologie. 1856, so erläutert die Ausstellung, wurden die ersten Funde am Bodensee gemacht – eine Sensation. Zeitgleich begannen sich europaweit Geologie, Zoologie, Botanik und Anthropologie zu entwickeln; jeder Fund bildete ein weiteres Puzzlesteinchen bei der Entschlüsselung der Natur- und Menschheitsgeschichte. Neben den Gelehrten waren auch hier begeisterte Laien mit Hacke und Schaufel unterwegs. Die Funde und Erkenntnisse mündeten in der Darwinschen Evolutionstheorie, die die biblische Zeitrechnung außer Kraft setzte.

Am Bodensee führte eine romantisierende Goldgräberstimmung zu kopf-, plan- und zahllosen Pfahlbaugrabungen. In den 1920er-Jahren begann dann die wissenschaftliche Erschließung. An den Details der Häuser lässt sich der jeweilige Forschungsstand ablesen. Umstritten ist allerdings bis heute, ob die Siedlungen der Stein- und Bronzezeit rund um den Bodensee tatsächlich im Wasser oder am Ufersaum gestanden haben; dass diese Kontroverse auch dem Besucher vorgestellt wird, ist eines der Verdienste des Pfahlbaumuseums.

und Westhafen hin. Direkt vor der Promenade wurden zahllose Funde einer rund 4000 Jahre alten Pfahlbausiedlung gemacht und zusammengetragen; die Tauchexpeditionen der Archäologen gehen weiter.

Rund um Sipplingen werden vorwiegend Kirschen angebaut, und die Umgebung ist im Frühling ein einziges Blütenmeer.

Trinkwasser-Anlage Sipplingen

tgl. Führungen, Anmeldung über Tourist-Information
Auf dem Sipplinger Berg befindet sich die Pumpstation für das Bodenseewasser, das als Trinkwasser für 5 Mio. Menschen in Baden-Württemberg dient (s. auch S. 52). 1954 wurde der Zweckverband Bodensee-Wasserversorgung gegründet, er betreibt die größte Fernwasserversorgung Deutschlands. Rund 45 000 m³ Wasser pro Tag werden aus der Tiefe gepumpt und durch die Leitungen geschleust, bis sie in die Haushalte von über 300 Städten und Gemeinden, auch der Landeshauptstadt Stuttgart, gelangen. So viel Wasser täglich – aber der Bodenseevorrat ist unerschöpflich: Die jetzige Entnahme macht nur 1 cm Pegelstand Unterschied im Jahr.

Übernachten, Essen

Designorientiert – **Hotel Krone:** Seestr. 54, Tel. 07551 632 11, www.krone-bodensee.de, DZ ab 110 €. Das stattliche Haus an der Hauptstraße ist komplett renoviert und bietet Design sowohl in den Zimmern als auch im Restaurant. Mit Liegewiese und eigenem Badestrand.
Idyllisch – **Landgasthof Sternen:** Burkhard-von-Hohenfels-Str. 20, Tel. 07551 636 09, www.landgasthofsternen.de; DZ ab 80 €. Inmitten von Obstwiesen

gelegen, mit Panoramablick auf den See, bietet der hübsche Landgasthof beschauliche Gemütlichkeit. 20 nette Zimmer überwiegend mit Balkon und eine frische, bodenständige Küche mit eigenen Metzgerprodukten. Auch Obstbrennerei.
Ausflugsziel – **Haldenhof:** Bonndorf (von Sipplingen Richtung Stockach, dann Richtung Bonndorf, ca. 9 km nordwestl. von Überlingen), Haldenhofweg, Tel. 07773 56 13, www.gasthaus-haldenhof.de, Hauptgericht 8–14 €, DZ ab 66 €. Beliebtes Ausflugslokal in herrlicher Lage mit großartigem Ausblick, Terrasse, Biergarten und gutbürgerlicher Küche. Auch einige Zimmer.
Super im See – **Ristorante Café Riva:** Seestr. 1a, Tel. 07551 93 61 91, www.ristorante-riva.de, tgl. 11.30–24 Uhr, Hauptgang mittags ab 5 €. Tolle Lage mit Terrasse über dem See, sehr chic und cool mit Mahagoni, weißem Leder und offener Küche. Auch die Leistung überzeugt.

Aktiv & Kreativ

Tauchen – **Tauchsportcenter Adventure Diving:** Rathausstr. 1, Tel. 07551 91 64 44.

Infos & Termine

Tourist-Information Sipplingen: Seestr. 3 (Bahnhof), 78354 Sipplingen, Tel. 07551 949 93 70; www.sipplingen.de.
Bahn: Der Bahnhof liegt direkt im Ort; stdl. Verbindungen mit der Bodenseebahn Richtung Radolfzell und Überlingen, Friedrichshafen.
Bus: Nach Bodman-Ludwigshafen und nach Überlingen.
Schiff: 3 x tgl. Richtung Marienschlucht, Ludwigshafen-Bodman und

Überlingen; Tel. 0151 15 13 08 80, www.bodenseeschifffahrt.de.
Dorffest: Aug. Musik- und Vereinsfest.

Uhldingen-Mühlhofen ▶ G 3

Uhldingen-Mühlhofen, so der offfizielle Name der zwischen Überlingen und Meersburg gelegenen Gemeinde, besteht aus den drei Ortsteilen **Unteruhldingen, Oberuhldingen, Mühlhofen** sowie den Weilern und winzigen Dörfchen **Birnau, Maurach, Seefelden, Gebhardsweiler** und **Hallendorf.** Direkt am See liegt das einstige Fischerdorf Unteruhldingen mit dem **Pfahlbaumuseum** (s. S. 84). In der einzigartigen rekonstruierten Pfahlbausiedlung kann man der Lebensweise der Steinzeitmenschen nachspüren. An der hübschen Bucht mit Schiffslände, Jachthafen und autofreier Promenade, dem Halbkreis an Restaurants und Cafés, lässt sich entspannt bummeln, bevor man sich das Reptilienhaus anschaut und dann dem schönsten Barockkunstwerk am Bodensee, der Wallfahrtskirche Birnau, einen Besuch abstattet.

Reptilienhaus
Meersburger Str., am Parkplatz, www.reptilienhaus.com, April–Nov. tgl. 9.30–18, Dez.–März Sa, So, Fei 11–17 Uhr, Erw. 5 €, Kinder 2,50 €
Sie wollten immer schon einer grünen Mamba beim Speisen zusehen? Im Reptilienhaus kreucht und fleucht es wie in Australiens Outback, der Sonorawüste oder der Savanne Afrikas. Die Schlangen, Echsen oder Schildkröten, Riesenspinnen oder Geckos aus Wüste und Regenwald leben hier in weitgehend natürlichen und artgerechten Biotopen.

Übernachten, Essen

Spitze – **Hotel Restaurant Seehalde:** Maurach 1, Tel. 07556 922 10, www.seehalde.de, DZ ab 130 €. Das gepflegte Haus der Familie Gruler ist chic und elegant, mit vorzüglichem Restaurant und traumhafter Gartenterrasse, die über dem See zu schweben scheint. Ringsum Ruhe, nur Radler, Wanderer und selten ein Auto. Küchenchef Markus Gruler wurde mehrfach ausgezeichnet; beste Produkte, innovativ zusammengestellt, verwöhnen den Gaumen: Maultäschle vom Salemer Lamm und Chorizo oder Tapas vom Felchen (14,50 €).

Sehr nett – **Hotel Restaurant Café Knaus:** Seestr. 1, Tel. 07556 80 08, www.hotelknaus.de; DZ 75–110 €. Auch Appartements nach Absprache. Zentral an der Promenade vor dem Jachthafen gelegen, hat man vom Restaurant und der Sonnenterrasse alles im Blick! Es gibt angenehme Zimmer, überwiegend mit Seeblick, badischschwäbische Küche und eine eigene Konditorei. Auch Fahrradverleih für Hausgäste.

Direkt am Hafen – **Ferienhaus am Anleger,** Seefelderstr. 16, Tel. 07556 67 02, www.knoblauch-gbr.de. Schönes Haus am Hafen, Ferienwohnungen unterschiedlicher Größe für 2–6 Pers. pro Nacht 60–100 €. Alle Wohnungen haben einen Balkon oder eine Terrasse, überwiegend mit Seesicht.

Günstig – **Strandpension Mäder:** Seefelder Str. 4, Tel. 07556 60 67, www.strandpension-maeder.de, DZ um 65 €. Auch Ferienwohnungen. Nur ein paar Schritte sind es zum See vom modernen, ordentlich ausgestatteten Haus mit Terrasse, deren Zimmer überwiegend einen Balkon besitzen. Fahrradverleih für Hausgäste

Gut – **Campingplatz Birnau-Maurach:** Alte Uhldinger Straße, Tel. 07556 66

Lieblingsort

**Direkt am See –
Hotel Rebmannshof** ▶ G 3
Ein stattlicher historischer Fachwerkhof, modern ausgebaut und
am Rand des Naturschutzgebiets
direkt am See gelegen: Nur etwa
2 km westlich von Unteruhldingen
findet sich diese idyllische Bleibe
mit ihrer herrlichen Seeterrasse,
einer weitläufigen Gartenanlage
und einem sonnigen Biergarten.
Wenn man möchte, kommt man
direkt über den Fahrrad- und Spazierweg dorthin. In dieser traumhaften Lage lässt es sich wunderbar
entspannen. Einige Schritte weiter
liegt das Hotel Pilgerhof unter gleicher Leitung. **Hotel Rebmannshof
und Pilgerhof:** Maurach 2, Tel.
07556 93 90, www.hotel-pilgerhof
.de, DZ 120–140 €.

99, www.birnau-maurach.de. Gut ausgestatteter Platz am See unterhalb der Klosterkirche Birnau mit Strand. Bootsvermietung, Kiosk und Bistro.

Idyllisch – **Camping Seeperle:** Seefelden; Tel. 07556 54 54, www.camping-seefelden.de. Idyllisch gelegener, kleiner, ruhiger Platz am Rand des Naturschutzgebietes am Seeufer. Frühe Nachtruhe, Fahrverbot und keine Jugendgruppen erlaubt.

Einkaufen

Fangfrisch – **Uhldinger Fischtheke:** Unteruhldingen, Poststr. 8, Tel. 07556 67 62, www.uhldinger-fischtheke.de. Alte Fischertradition und neuer Laden mit Fischimbiss.

Mein Tipp

Wochenende ohne Trubel ▶ G 3
Seefelden besteht aus drei, vier Häusern, einem alten Kirchlein, dem Pfarrhaus und dem historischen, anmutigen Fischerhaus mit Bauerngarten. Zum dortigen Landhotel gehören 15 000 m² Parklandschaft mit Sommerterrassen, Obstwiesen, Kräutergarten, Weiher und zwei modernen Gästehäusern – eines davon mit Suiten, Sauna und Solarium sowie beheiztem Außenpool. Zum eigenen Seeufergrundstück mit Liegewiese und Badesteg sind es nur wenige Meter. Das gesamte Ensemble wie auch die Restaurant-Stuben sind ausschließlich den Hotelgästen vorbehalten. **Landhotel Fischerhaus,** Seefelden, Tel. 07556 85 63, www.fischer haus-seefelden, DZ 200–250 € inkl. Halbpension mit 5-Gänge-Menü.

Aktiv & Kreativ

Baden – **Naturbadestrand Unteruhldingen:** bei den Pfahlbauten, mit Umkleiden, Duschen, Spielplatz, Beachvolleyball.

Bootsvermietung – **Bootsvermietung Weber:** am Jachthafen, Tel. 07556 455, www.bootscharter-weber.de. Motor-, Ruder- und Tretboote.

Segeln, Surfen – **Segelschule und Bootscharter Knoblauch:** Tel. 07556 64 00.

Tauchen – **Peter Sulger:** Fischergasse 4, Tel. 07556 66 24, www.bodensee-tau chen.de.

Malen – **Atelier und Galerie Norbert Sand:** Salem-Weildorf, Bachstr. 26, Tel. 07553 82 98 60, www.sand-bilder.de. Zwischen Mai und Okt. können malbegeisterte Anfänger und Fortgeschrittene an einem 3-tägigen Malkurs in der Natur teilnehmen (1 x im Monat).

Infos & Termine

Infos
Tourist-Information Uhldingen-Mühlhofen: Schulstr. 12, Unteruhldingen, 88690 Uhldingen-Mühlhofen, Tel. 07556 921 60, www.uhldingen-boden see.de.

Verkehr
Kurbähnle: Ostern und Mai–Okt. bringt das Bähnle die Gäste vom Parkplatz ins Zentrum, zum Hafen und zu den Pfahlbauten; Tel. 07556 83 58.
Bahn: Der Bahnhof befindet sich in Oberuhldingen. Stdl. Verbindung mit dem »Seehas« Richtung Friedrichshafen/Lindau und Überlingen/Radolfzell; www.efa.bw.de.
Bus: Regionalverkehr stdl. nach Überlingen und Meersburg/Immenstaad.
Schiff: Kursschiffe nach Mainau, Meersburg, Konstanz oder in Richtung Überlingen. Bodensee-Schiffsbetriebe:

Tel. 07531 364 03 89, www.bsb-online. com; Überlinger Schiffsbetriebe Tel. 07551 664 63, www.ueberlinger-schiffs betriebe.de.

Termine

Musik: Mai–Ende Sept. zeigen So ab 17 Uhr Musik- und Gesangvereine auf dem Hafenplatz ihr Können.

Töpfermarkt: Mitte Mai. Kunsthandwerk am Hafen.

Jazzfestival an der Ostmole: Mitte Juni. Unteruhldingen.

Hafenfest: letztes Juliwochenende am Sa-nachmittag. Mit »Schrottregatta« (auf dem See mit ›Marke Eigenbau‹), Musik, Kulinarischem und großem Feuerwerk.

Wallfahrtskirche Birnau❗ ▶ G 3

Führungen Tel. 07556 920 30, tgl. ab 8 Uhr

Eingebettet zwischen Weinreben und Obstwiesen thront die barocke Wallfahrtskirche Birnau wie ein Lustschlösschen über dem See. Mit ihrem rosé- und cremefarbenen Gewand und ihrer kupfergrünen Turmhaube ist sie weithin erkennbar. Von den besten Baumeistern ihrer Zeit errichtet, lustvoll und prächtig geschmückt und in unübertrefflicher Lage, ist sie einer der üppigsten Barockbauten am Bodensee. Schon im 13. Jh. gab es eine Marienkapelle in Altbirnau – sie gehörte zum Besitz der Zisterzienser vom Kloster Salem. Mit den Wallfahrten zum gotischen Gnadenbild der Muttergottes kam ein gewaltiger Strom an Pilgern. Die Kapelle wurde ausgebaut, auch die dazugehörigen Klosterhöfe und Wirtschaftsgebäude. Nach der Verheerung und Düsternis des Dreißigjährigen Krieges entfaltete sich das barocke Zeitalter – mit praller Lebenslust, in

Kunst und Architektur mit überbordendem Dekor und üppiger Ausschmückung, politisch mit einem hohen Repräsentationsbedürfnis.

Der Bau wurde 1746 begonnen; die Weihe fand vier Jahre später statt, die Ausgestaltung dauerte knapp ein weiteres Jahrzehnt. Dem Zusammenwirken der besten Männer ihrer Zunft und Zeit ist dieses heitere spätbarocke Juwel über dem See zu verdanken: Architekt war Peter Thumb aus Vorarlberg; Joseph Anton Feuchtmayer war der Stuckateur und Bildhauer, der sich bei Salem niederließ; Gottfried Bernhard Götz war der Maler der Deckengemälde und Fresken. Diesen Namen begegnet man an der oberschwäbischen Barockstraße ständig wieder. Es gibt kaum eine barocke Kapelle, Kirche, keine Klosterbibliothek und kein Schloss ohne deren Arbeiten (s. S. 64).

Nach der Säkularisierung 1804 wurde das Kircheninnere ausgeräumt und verkauft, die Birnau als Scheune und Stall genutzt, bis sie in den Besitz von Prinz Max von Baden kam. Der schließlich schenkte sie 1919 dem Bregenzer Zisterzienserkloster Mehrerau, das noch heute für die Kirche verantwortlich ist.

Kirchenbau

Die Schauseite der Birnau blickt auf den See: Der mittig gesetzte, schlanke Turm ist flankiert von den wohlproportionierten pavillonartigen Flügelbauten des Priesterhauses. Über dem Portal thront eine Marienstatue von Anton Feuchtmayer.

Dem T-förmigen Grundriss entsprechend, öffnet sich das Innere in ein Langhaus, gegliedert von Pilastern und Fensterachsen, und einem Kapellenpaar im Halbrund; eine umlaufende luftige Galerie fügt beide Bauelemente optisch zusammen. Der Chorraum verjüngt sich und wird durch

Mein Tipp

**Auf dem Prälatenweg
nach Salem** ▶ G 2/3

Der Prälatenweg, ein historischer Transportweg, verbindet die Wallfahrtskirche, die umliegenden Weinberge und den früheren Wirtschaftshof mit dem Kloster Salem. Er wurde auch von geistlichen Würdenträgern und Mönchen genutzt und führt von der Birnau nach Mendlishausen, am Affenberg vorbei, zum Schloss. Wenn man lieber hinauffährt und hinunterläuft, bietet sich der Erlebnisbus an, der in rund 20 Min. von Unteruhldingen nach Salem fährt (s. S. 74). Beim Schloss tun sich herrliche Ausblicke in die umliegende Seen- und Drumlinlandschaft auf, und dann lässt es sich wunderbar durch Wälder, Wiesen, Obstplantagen und Weinberge wandern. Der Prälatenweg ist ausgeschildert mit blauem Balken (eine Strecke 7 km, ca. 2 Std. ohne Besichtigungen).

eine flache Kuppel abgeschlossen; dahinter liegt das Sanktuarium: eine bewegte Raumabfolge, ein Miteinander von gerundeten und lang gestreckten Formen, eine Inszenierung, die zur Bühne des Altarraums hinstrebt. Ein Rausch in Gold und Weiß, ein Baukörper, über und über geschmückt, mit Stuckarbeiten, Putten, Gemälden, sanften oder kräftigen Farbtönungen, eingehüllt von dramatischem Lichtspiel.

Von Feuchtmayer stammen die **Stuckarbeiten** der Kapitelle, der Kanzel, Orgel und der Uhren sowie die Altaraufbauten und der Höhepunkt des **Hochaltars**, von Säulen gefasst, mit Baldachin. Das Gnadenbild der Mut-

tergottes von 1430, aus der alten Kapelle gerettet, ist umgeben von einer wolkigen Engelsschar und flankiert von Marias Eltern und der Figur Johannes des Täufers.

Am bekanntesten ist Feuchtmayers ›**Honigschlecker**‹: Einer der Seitenaltäre ist Bernhard von Clairvaux, dem Gründer der Zisterzienser, gewidmet; die ›Honigschlecker‹-Putte versinnbildlicht seine ›honigfließende Rede‹, seine Überzeugungskraft.

Ausflüge in den Linzgau

Freigehege Affenberg ▶ G 3

Mendlishausen, Tel. 07553 381, www. affenberg-salem.de, 15. März–1. Nov. tgl. 9–18 Uhr, Erw. 7,50 €, Kinder 4,50 €

Auf dem Weg von der Birnau nach Schloss Salem trifft man auf das Freigehege Affenberg. In dem rund 20 ha großen, eingezäunten Gelände sind schon lange rund 200 Berberaffen aus Marokko und Algerien zu Hause. Weil sie in ihrer Heimat vom Aussterben bedroht sind, bilden die Tiere einen wertvollen Reservebestand. Ganze Gruppen können wieder ins Freiland in Nordafrika rückgesiedelt werden. Die kleinen und großen Berberaffen springen frei herum, tun alles, was Affen so tun, während die Besucher ebenfalls frei zwischen ihnen herumlaufen und sie mit Popcorn füttern dürfen.

Neben den Affen gibt es auch Weißstörche, Damwild und zahlreiche Wasservogelarten. Während der offiziellen Fütterungen erfährt man Wissenswertes über die Tiere.

Das **Hofgut Mendlishausen** liegt am Eingang zum Freigehege; auf den Dächern nisten Störche, im Gut gibt es eine ungewöhnliche Galerie mit Af-

Höhepunkt barocker Baukunst hoch über dem See – die Wallfahrtskirche Birnau

fenplastiken aus aller Welt. Für Speis und Trank ist ebenfalls gesorgt.

Kloster und Schloss Salem **!** ▶ G 2/3

Tel. 07553 814 37, www.salem.de, April–1. Nov. Mo–Sa 9.30–18, So, Fei 10.30–18 Uhr; das Schloss mit den Prunkräumen ist nur mit Führung zu besichtigen, Erw. 7 €, Kinder 3 €; thematische Führungen, Weinproben Salem zählt zu den schönsten und bedeutendsten Kulturdenkmälern der Bodenseeregion. Umgeben von Wiesengrün, Weihern, Obstplantagen und kleinen Wäldchen breitet sich das prachtvolle Kloster- und Schlossareal aus: Die schlichten Mauern des gotischen Münsters, die strahlende Heiter-

keit der barocken Flügelanlage und der barocke Formengarten bilden den Mittelpunkt. In diesem historischen Ambiente sind auch die Schüler von Deutschlands berühmtestem und nobelstem Internat zu Hause.

Heute bieten sich dem Besucher zahlreiche Verlockungen: Neben den kunst- und kulturhistorischen Schätzen gibt es eine Handwerksstraße mit Werkstätten, ein Feuerwehr-, Brennerei- und Küfereimuseum, eine Weinstube, einen großen Kinderspielplatz und Gastronomie. Konzerte, Ausstellungen und themenbezogene Erlebnistage ergänzen das Angebot.

Im Jahr 1134 schenkte der Linzgauer Guntram von Adelsreute den Weiler Salmansreute dem Zisterzienserorden. Mit Abt Frowin, einem Weggefährten des hl. Bernhard von Clairvaux, begann

93

schon einige Jahre später der Aufstieg des Klosters, das fortan Salem, ›Stätte des Friedens‹, genannt wurde. Durch den Ausbau der Landwirtschaft, Weinbau und sorgsames Wirtschaften, das Ansehen der gelehrten Mönche und politischen Einfluss wuchs Salem zum führenden Zisterzienserkloster Süddeutschlands heran. Auf dem Höhepunkt seiner Macht lebten im Kloster rund 300 Mönche und Laienbrüder.

Der Dreißigjährige Krieg und ein Großbrand zerstörten alle Konventsgebäude bis auf das Münster und den Langen Bau. Nach Kriegsende beauftragte Abt Stephan I. Franz Beer, der mit den besten Kunsthandwerkern seiner Zeit zusammenarbeitete. Gemeinsam schufen sie 1697–1707 ein mächtiges, repräsentatives Bauensemble. Eine Generation später, unter Abt Anselm II., erlebte Kloster Salem eine neue und letzte Blütezeit, in der auch die Wallfahrtskirche Birnau errichtet wurde.

Mit der Säkularisation 1802 ging das gesamte Reichsstift in den Besitz des Hauses Baden über; das Konvent wurde 1804 endgültig aufgelöst und aus Kloster Salem wurde Schloss Salem. 1920 gründete Prinz Max von Baden, Reichskanzler vor der Gründung der Weimarer Republik, gemeinsam mit Kurt Hahn die Internatsschule Schloss Salem. Nach dem Ersten Weltkrieg sollten demokratische Prinzipien, soziale Verantwortung und eine harmonische Bildung der Persönlichkeit im Vordergrund der schulischen Ziele stehen – damals ein umwälzendes Konzept. Zahllose Prominente haben das Internat besucht: die spanische Königin Sophia und Prinz Phillip, Hildegard Hamm-Brücher oder Golo Mann und Theodor Heuss. Heute hat Salem rund 500 Schüler aus aller Welt.

Schloss Salem ist immer noch Wohnsitz der Familie des Markgrafen von Baden. Da die anstehenden Sanierungsmaßnahmen und die laufenden Kosten gewaltig waren und sind, ging die Anlage 2009 an das Land Baden-Württemberg über.

Münster Mariä Himmelfahrt

Das imposante gotische Münster (1285–1414) wurde punktgenau zum Konzil in Konstanz (s. S. 214) fertiggestellt und geweiht. Den Regeln des Zisterzienserordens gemäß ist der Bau schlicht; einziges Zierelement sind die kunstvollen **Maßwerkfenster.** Die Ausstattung des **Innenraums** haben Johann Georg Dir und Johann Georg Wieland Ende des 18. Jh. im frühklassizistischen Stil geschaffen. Die barocken Beichtstühle (sie stammen aus der Birnau) und das Gestühl im Kirchenschiff sind von Joseph Anton Feuchtmayer. Von der Orgelanlage des barocken Orgelbaumeisters Charles Riepp ist der wunderbare Prospekt erhalten.

Schloss Salem

Die machtvollen **Vierflügelanlagen** mit ihren Innenhöfen waren die Prälatur- und Konventsgebäude des Klosters; sie stammen von dem Vorarlberger Baumeister Franz Beer. Er schuf zwei baugleiche Anlagen, die durch einen langen Zwischenbau, den Speisesaal des Klosters (Refektorium), verbunden sind. Höhepunkte der Repräsentationspracht sind die **Klosterbibliothek** in klassizistischem Stil, der **Kaisersaal**, von Franz Joseph Feuchtmayer (1708) und das erlesene **Arbeitszimmer** des Abtes in zartem Rokoko.

Am östlichen Abschluss des Klostergeländes bildet der barocke **Marstall** am Untertor den Auftakt zur Handwerkerzeile. Hier wird heute gehämmert, geschmiedet, genäht und poliert: Schuhmacherei, Goldschmiede, Holzkunstwerkstatt und Modeatelier sind hier zu Hause, außerdem die

Mein Tipp

Feuchtmayer Museum

In Mimmenhausen, Ortsteil von Salem, hatte sich der bedeutende Rokoko-Künstler Joseph Anton Feuchtmayer niedergelassen, der u. a. im Kloster Salem und der Wallfahrtskirche Birnau tätig war. Wie er und seine Männer gearbeitet haben, wird anhand von Erläuterungen und Originalskizzen, Entwürfen und Dokumenten in dem kleinen Museum lebendig. **Feuchtmayerhaus Mimmenhausen,** Feuchtmayerstr. 7, Tel. 07553 969 10, www.feuchtmayermuseum.de. April–Okt. Sa, So, Fei 11–17 Uhr, 2 €.

Weinkellerei, das **Küfereimuseum** und die Weinstube zum »Alten Gefängnis«.

Interessant ist auch das **Feuerwehrmuseum** im Portalhof der Prälatur. Die Mönche hatten beim Brandschutz Großes geleistet, die historischen Gerätschaften geben einen Einblick in die Geschichte des Feuerwehrwesens.

Essen & Trinken

Bestes aus der Region – **Landgasthof Salmannsweiler Hof,** Salem-Stefansfeld, Salmannsweiler Weg 5, Tel. 07553 921 20, www.salmannsweiler-hof.de, Fr–Mi 11.30–13.30, 18–21 Uhr, Do, Frmittag geschl., Tagesgerichte 10–22 €. Andreas Schiele bietet herzhafte saisona-le Genüsse aus dem Linzgau: Er bezieht seine Produkte von Bauern, Metzgern und Züchtern der Region. Hauseigene Obstbrände. Unbedingt den kleinen Abstecher wert! Das Haus dient auch als Hotel.

Infos & Termine

Bahn: stdl. nach Überlingen und Uhldingen.
Bus: mehrmals tgl. nach Überlingen. Am angenehmsten ist die Verbindung mit dem Erlebnisbus (s. S. 74).
Orgelklänge: Sa, 17 Uhr.
Salemer Kunstmatinée: So, 11 Uhr.
Kinder- und Familienführungen: So, 15 Uhr.
Open-Air-Konzerte: in den Sommermonaten.
Salemer Barocktage: Juli.
Konzert im Münster mit Musik der Zisterzienser: Anfang Sept.

Heiligenberg ▶ G/H 2

Mit grandioser Aussicht auf Bodensee und Alpen liegt der Luftkurort Heiligenberg an der Moränenkante des oberen Linzgaus.

Schloss Heiligenberg

Tel. 07554 99 83 12, www.heiligenberg. de, Führungen: Ostern–31. Okt. Di–So 11, 14, 15.30 Uhr, Erw. 10 €, Kinder frei
Das Renaissanceschloss – bis heute im Besitz des Hauses Fürstenberg – blieb durch die Jahrhunderte von Verwüstungen verschont und präsentiert sich so noch heute als besonders schönes Beispiel der Schlossarchitektur des 16. Jh. Den repräsentativen, zwei Stockwerke hohen **Rittersaal** schmückt eine Kassettendecke mit kunstvollen Schnitzereien. Die ebenfalls reich dekorierte **Schlosskapelle** ist zugleich fürstliche Grablege.

Höchsten und Deggenhauser Tal

Sommers wie winters sind der Höchsten, mit 833 m der höchste Berg Oberschwabens, als Aussichtberg und das Deggenhauser Tal als Wandergebiet schöne Ausflugsziele.

Mittleres Nordufer und Hinterland

Highlight !

Meersburg: Von der Seepromenade zieht sich die romantische Altstadt mit ihren engen Gassen und kleinen Plätzen hinauf bis zum Alten und Neuen Schloss in den Weinbergen. Ein Muss für jeden Bodenseebesucher. S. 98

Auf Entdeckungstour

Meersburg und ›die Droste‹: Annette von Droste-Hülshoff gilt als eine der wichtigsten Erzählerinnen und Lyrikerinnen des 19. Jh. Ihre Lebensgeschichte ist mit Meersburg verwachsen, und noch heute wird ihr Andenken auf vielfältige Weise geehrt. S. 102

Auf dem Bodensee-Radweg von Meersburg nach Lindau: Eine der schönsten Teilstrecken des berühmten Radwegs führt von Meersburg nach Lindau, kann an einem Tag bewältigt werden und bietet sehr unterschiedliche Landschaftseindrücke. S. 110

Kultur & Sehenswertes

Lebendige Luftfahrt: Im Zeppelin Museum in Friedrichshafen ist die weltgrößte Schau zur Geschichte und Technik der Luftschifffahrt zu sehen. S. 118

Kulturgeschichte in städtebaulichem Juwel: Brandneu gestaltet ist das Museum Humpis Quartier in Ravensburg: Sieben miteinander verbundene Patrizierbauten beheimaten eines der größten und schönsten kulturhistorischen Museen Süddeutschlands. S. 125

Aktiv & Kreativ

Wellness mit Seezugang: Ein wunderbares neues Wellness- und Erlebnisbad mit Sport- und Thermalbecken, Saunen und einem Garten der Sinne ist die Meersburg Therme. S. 105

Weinkunde-Panoramaweg: Auf dem Höhenweg zwischen Meersburg und dem Winzerdorf Hagnau geht es durch die Rebenlandschaft – mit herrlichem Blick auf den See. S. 104

Genießen & Atmosphäre

Bäckerei, Café, Gastwirtschaft: Eine Bilderbuchidylle sieht, wer vor dem Gasthaus Löwen in Hagnau sitzt und auf die kleine Fachwerkreihe der Häuser schaut – gemütlich! S. 113

Segeltripp mit der Lädine: Mit einem historischen Lastensegler von Immenstaad aus über den See zu schippern ist ein besonderes Vergnügen. S. 115

Abends & Nachts

Über den Wellen tanzen: In einer lauen Sommernacht von Meersburg aus mit dem Schiff an den Lichtern der Küste vorbeizufahren und dabei das Tanzbein zu schwingen – das ist sehr romantisch! S. 108

Regionale und asiatisch inspirierte Spezialitäten: Am Marienplatz in Ravensburg lässt sich im Hotel Restaurant Waldhorn mit Blick auf das bunte Treiben ringsum michelingekrönte Küche genießen. S. 128

Alte Städte und guter Wein im ›Zeppelinland‹

Meersburg mit seinen schmalen, kopfsteingepflasterten Gassen, malerischen Winkeln und bunten Plätzen, die sich die Rebberge hinaufziehen, gehört zum Pflichtprogramm jedes Bodenseegastes.

Die kleinen Orte Hagnau und Immenstaad wiederum sind ganz unterschiedliche Urlaubsidyllen, die einen leisen Kontrast zum geschichtsmächtigen Industriestandort Friedrichshafen bilden. Hier erstreckt sich eine lange, schöne und moderne Uferpromenade bis hin zum Zeppelin Museum, das der spannenden Geschichte der Luftschifffahrt gewidmet ist. Auch heute noch kann man im Zeppelin lautlos über den See hinweggleiten.

Unbedingt sehenswert ist die Metropole Oberschwabens, Ravensburg, die Spielstadt, mit ihrer wunderschö-nen Altstadt zwischen den Stadttoren. Und gleich nebenan in Weingarten lohnt die größte Barockbasilika Deutschlands einen Besuch.

Meersburg ! ▸ G 4

Ohne Meersburg kein Bodenseeurlaub: Die romantische kleine Stadt (5000 Einw.) zwischen Überlinger und Obersee mit ihrem Alten und Neuen Schloss in den Rebhängen hoch über dem Wasser ist Sinnbild der Romantik. Von der dicht bebauten Promenade ziehen sich die steilen Gässchen, Winkel und Treppen mit blumengeschmückten Fachwerkhäusern die Hänge hinauf. Eine unverwechselbare Kulisse, die sich am schönsten vom Schiff aus präsentiert.

Infobox

Internet
www.bodensee.eu: Das Portal zum Bodensee umfasst auch den nördlichen Uferbereich.

Weiterkommen
Bahn: Die Strecke der Bodenseegürtelbahn (Singen–Friedrichshafen–Lindau–Bregenz) deckt das nördliche Bodenseeufer ab. Von Friedrichshafen aus gibt es Verbindungen nach Ulm über Meckenbeuren, Ravensburg und Aulendorf. Außerdem kann man über Lindau nach Basel fahren (Strecke der SBB, Tel. 0900 30 03 00, www.sbb.ch) und über Lindau nach Bregenz (Stre-cke der ÖBB, Tel. 05 17 17, www.oebb. at).
Bus: Die Seelinie 7395 fährt jeden Ort am nördlichen Seeufer bis nach Friedrichshafen an, mit RAB-Bussen geht's ins Umland (Tel. 07541 301 30, www. bahn.de/rab); in Friedrichshafen selbst verkehren Stadtbusse (www.stadtverkehr-fn.de).
Schiff: Die Bodenseefähre Friedrichshafen–Romanshorn fährt tgl. stundenweise; der Katamaran verbindet Friedrichshafen tgl. stundenweise mit Konstanz. Kursschiffe gibt es von Konstanz über Meersburg, Friedrichshafen und Lindau nach Bregenz.

Stadtgeschichte

Schon im 7. Jh. soll der Merowingerkönig Dagobert eine Feste auf dem steil abfallenden Hang zum Seeufer errichtet haben. Urkundlich erwähnt ist die Meersburg erstmals 1113. Über ein halbes Jahrtausend (1210–1803) gehörte der Ort dann dem Bistum Konstanz. Anfang des 16. Jh. – als Konstanz protestantisch wurde – wanderte der Klerus nach Meersburg aus und ließ sich dort in Prunk und Glanz nieder. Das Neue Schloss zeugt davon. Mit der Säkularisierung 1803 – Meersburg gehörte nun zum Großherzogtum Baden – war die große Zeit vorbei. Fischfang und Weinbau waren die Haupterwerbszweige. Erst in den 1920er-Jahren wurde Meersburg als Sommerfrische entdeckt; seither ist der Tourismus bestimmender Wirtschaftsfaktor.

Altstadt

Meersburg und Konstanz liegen sich gegenüber, die Schiffsverbindungen sind ausgezeichnet, und so überfluten im Sommer täglich Touristenscharen die Gassen, und an der Promenade lässt sich kaum ein freies Plätzchen finden.

Am See

Die Orientierung fällt nicht schwer: Der **Autofährhafen** liegt am westlichen Rand des Meersburger Seeufers; der **Bismarckplatz** 1 mit dem **Unterstadttor** leitet über zur langen **Seepromenade**: Sie ist dicht bebaut mit netten Häusern unterschiedlichster Epochen. Hier reiht sich ein Hotel, Restaurant, Café, Souvenirladen und Bistro ans andere. Die **Schiffslandestelle** mit der hoch aufschießenden **Magischen Säule** 2 von Peter Lenk (s. S. 280) bildet den östlichen Schwerpunkt; hier liegt auch das spätgotische

Grethaus 3 mit seinen Treppengiebeln. Von hier geht es weiter, zwischen Rebhängen und Seeufer, zum Freibad, zur Meersburg Therme und an zwei Segelhäfen vorbei bis nach Hagnau.

Aufstieg zum Schlossplatz

Vom Bismarckplatz schraubt sich die **Steigstraße** mit ihrem bunten Häuser-, Giebel- und Dächergewirr bis zum **Marktplatz** 4 hinauf – eine malerische Enge mit **Rathaus** und gelbem **Falbentor** von 1551, dem roten, grün umrankten Eckhaus der Weinstube Löwen und dem ebenfalls roten Obertorturm. Das Falbentor führt zum weiten **Schlossplatz** 5 mit ringsum wunderschönen Gebäuden wie dem **Geburtshaus der Fürstbischöfe von Rodt** (um 1700) gegenüber vom Schlosseingang.

Neues Schloss 6

Tel. 07532 440 49 00, www.meers burg.de, April–Okt. tgl. 10–13, 14–18 Uhr, mit Städtischer Galerie und Dornier-Museum, 4 €
Zentraler Blickpunkt ist das Neue Schloss. Schon das **Entrée** mit der doppelläufigen Treppe ist grandios. Erbaut wurde das Schloss 1712 bis 1760 als repräsentative Residenz der Konstanzer Fürstbischöfe. Der Benediktinermönch Christoph Gessinger hatte mit dem lang gestreckten Flügelbau begonnen. Das atemberaubende Treppenhaus in seiner festlichen Eleganz entstand nach Plänen von Balthasar Neumann (dem Baumeister der Würzburger Residenz und der Wallfahrtskirche Vierzehnheiligen). Unter Fürstbischof Conrad von Rodt schließlich wurde der Bau durch Franz Anton Bagnato beendet.

Für das prachtvolle Interieur waren die besten Künstler tätig. Die Stuckaturen sind von Carlo Pozzi, die Deckenfresken im Treppenhaus malte Giuseppe Appiani. Alle Dekorelemente, der Hochaltar und die Fürsten-

Meersburg

loge in der Hofkapelle stammen von Joseph Anton Feuchtmayer.

Die **Beletage,** das 2. Obergeschoss, zeigt noch die Wohn- und Repräsentationsräume der geistlichen Würdenträger. Im eleganten **Spiegelsaal** finden heute Konzerte statt; prächtig sind in allen Räumen das Mobiliar, die Wandvertäfelungen, Öfen und Gemälde. Im 1. Obergeschoss ist die **Städtische Galerie** zu Hause. Gezeigt werden Werke von Künstlern, die in den 1920er- und 30er-Jahren in Meersburg lebten und arbeiteten, wie Hans Dieter, Waldemar Flaig oder Kasia von Szadurska. Einen weiteren Schwerpunkt bilden die Gemälde mit Bodensee- und Meersburg-Motiven. Hin und wieder eine schöne Doppelung: ein Gemälde mit dem Bodensee, wie er sich vor dem Schloss ausbreitet. Auch das **Dornier-Museum** im 1. Obergeschoss ist einen Besuch wert: Es dokumentiert die Geschichte der Luftfahrt und ihres Pioniers Claude Dornier (1884–1969), der in Friedrichshafen seine berühmten Flugzeuge baute.

Museum für Meersburger Bildteppichkunst 7
Tel. 07532 64 76, www.bildteppich kunst.de, Besichtigung nach tel.

Anmeldung, Atelierführungen Sa 16.30 Uhr, 2 €
In einem Anbau am Schloss befindet sich das Atelier Edith Müller-Ortloff. Sie ist mit ihren farbsprühenden Bildteppichen, Knüpfereien, Gobelins und Seidenstickereien weltweit bekannt geworden. Die Ausstellung zeigt eindrucksvolle Arbeiten in zehn historischen Räumen – ein Erlebnis.

Galerie Bodenseekreis 8
Tel. 07532 49 41 29, www.bodensee kreis.de/kulturamt, April–Okt. Di–Sa 13.30–17, So, Fei 11–17 Uhr, 2,50 €
Ebenfalls am Schlossplatz liegt ein zierliches, roséfarbenes Palais, in dem die Galerie Bodenseekreis beheimatet ist. Hier werden vier große Wechselausstellungen pro Jahr gezeigt. Sie widmen sich überwiegend südwestdeutscher Kunst, laden wichtige Privatsammlungen ein und präsentieren Grafikdesign sowie Fotografie.

Staatsweingut Meersburg und Terrassen
Seitlich am Schloss vorbei führt der Weg zum **Staatsweingut Meersburg** 9 in einem hochherrschaftlichen Bauensemble, dem ehemaligen Marstall, der, wie auch die Weinberge, zum Be-

sitz der Fürstbischöfe gehörte. Hier vorne, am Steilhang vor der Seefront, schlendert man von einer Aussichtsterrasse zur nächsten: vom Staatsweingut in die barocke Geometrie des **Terrassengartens vom Neuen Schloss;** von dort, nach ein paar Schritten, steht man auf dem **Aussichtsplateau der Burg Meersburg.**

Altes Schloss (Meersburg) 10

Burgmuseum, Tel. 07532 800 00, www.burg-meersburg.de, tgl. 9–18.30 (Sommer), 10–17 Uhr (Winter), Erw. 8,50 €, Kinder 4,50 €, Café mit Gartenterrasse tgl. 10–18.30 Uhr
Die Meersburg gilt als älteste Wohnburg Deutschlands. Der Legende nach wurde sie vom Merowinger König Dagobert auf das steinerne Plateau gesetzt. Bis sie neue, prächtigere Bauten

errichten ließen, diente der Bau als Sommerresidenz der Konstanzer Fürstbischöfe. 1838 wurde die Meersburg von Freiherr von Laßberg, dem Schwager Annette von Droste-Hülshoffs gekauft und damit vor dem Verfall gerettet. Sie ist auch heute noch in Privatbesitz.

Über die Zugbrücke geht es in die Burg. Der Rundgang führt in den **mittelalterlichen Wohntrakt,** den Rittersaal und die Waffenhalle mit Rüstungen und heraldischen Exponaten, führt zu Kapellen, Burgverlies, Wehrgängen und dem Burggarten. Zu sehen sind auch die Räume, die **Annette von Droste-Hülshoff** (s. S. 102) bewohnte. Den **Dagobertsturm** aus mächtigem, unbehauenem Stein mit grandiosen Ausblicken kann man bei einer zusätzlichen Führung erklimmen.

Auf Entdeckungstour

Meersburg und ›die Droste‹ – ein Rundgang

Annette von Droste-Hülshoff gilt als eine der wichtigsten realistischen Erzählerinnen und großen Lyrikerinnen des 19. Jahrhunderts. Ihre Lebensgeschichte ist mit Meersburg verwachsen, und noch heute wird ihr Andenken auf vielfältige Weise geehrt.

Ausgangspunkt: Burg Meersburg 10 (s. S. 101)

Planung: Museum Fürstenhäusle, Tel. 07532 60 88, www.fuerstenhaeusle. de, Ostern–Ende Okt. Di–Sa 10–12.30, 14–18, So, Fei 14–18 Uhr, Erw. 4,90 €, Kinder 3,50 €, nur mit Führung

Die Adelige Annette von Droste-Hülshoff (1797–1848) stammte aus Westfa-
len; sie war ledig und besuchte öfter
ihre Schwester Jenny, die mit dem Frei-
herrn von Laßberg verheiratet war, einem bedeutenden Privatgelehrten. Er
hatte die alte Meersburg erworben, als
Wohnsitz umgebaut und besaß eine
riesige Bibliothek – ein Umfeld wie geschaffen für seine Schwägerin, die
aber auch gern über die gruseligen Gemäuer spottete ...

Auf der Meersburg 10

Zwischen 1841 und 1848 war die
Droste dreimal für jeweils mehrere
Monate in Meersburg zu Gast. Der
dritte Besuch im Oktober 1846 war ihr
letzter; sie kam wohl auch, um »bey
den Meinigen« zu sterben. Am 24. Mai
1848 starb sie auf der Meersburg. Bei
jedem ihrer Aufenthalte hat sie andere
Räume bewohnt. Immer zugänglich
auf der Burg ist das runde, elegante
Turmzimmer mit dem herrlichen Blick
auf den See und die Alpen. Ihr Bett
steht noch da, Familienbilder und Dokumente erzählen von ihrem Familien-
clan. Hier konnte sie schreiben und in
Maßen am gesellschaftlichen Leben
teilnehmen – für ledige Frauen beides
schwierig zu bewerkstelligen. Auf der
Meersburg schrieb sie zahllose Gedichte und Balladen; ihre Novelle »Die
Judenbuche« (1842 erschienen), eine
zeitlose Geschichte von menschlicher
Schuld, ist als eine der besten realistischen Erzählungen des 19. Jh. in den
Kanon der deutschen Literatur eingegangen und war über Jahrzehnte hinweg in jedem Schulbuch zu finden.

Das Fürstenhäusle 13

Verlässt man die Altstadt durch das
rote Obertor, liegt in der Stettener
Straße 9, mitten in den Rebhängen, ein
kleines Haus; heute ist es das **Droste-**
Museum. Nach dem Erscheinen der Ge-
samtausgabe ihrer Gedichte konnte sie
mit dem Honorar im Jahr 1843 dieses
reizende ›Fürstenhäusle‹ mit umliegenden Weinbergen hoch über Meersburg ersteigern: »Ich mache ein kleines
Paradies aus dem Nestchen!« Endlich
hatte sie etwas Eigenes, einen Ort zum
Alleinsein – ein großes Glück für sie,
das sie aber nur noch knapp ein Jahr
genießen konnte. Hell und heiter präsentiert es sich mit feinen Biedermei-
ermöbeln und Familienbildern. Auch
eine Locke der Dichterin ist hier zu betrachten. Im Obergeschoss liegen zwei
kleine Räume: das ›Schwalbennest‹ mit
schönen Ausblicken.

Die ehrgeizigen Umbau- und Ge-
staltungspläne für das ›Häusle‹ und die
Rebhänge konnte sie nur ansatzweise
umsetzen. Auf dem alten **Friedhof**
Meersburg, nordöstlich vom Fürstenhäusle, fand sie ihre letzte Ruhestätte.
Ihr Grab liegt nahe dem Nordeingang.

Drostes Erbe

Jährlich im Mai finden – über die ganze
Stadt verteilt – die weithin bekannten
Droste-Literaturtage in Meersburg
statt, mit Lesungen, Vorträgen, Diskus-
sionsrunden und Ausstellungen. Und
in jedem dritten Jahr wird der renommierte Droste-Literaturpreis an eine
deutschsprachige Autorin verliehen.

Ganz gegenwärtig ist die Droste
auch am Hafen: An der Schiffslände er-
hebt sich an der Mole die **Magische**
Säule 2 des Bildhauers Peter Lenk.
Seinem Werk liegt das Droste-Gedicht
»Am Thurme« zugrunde; die Figuren-
welt der Stele bezieht sich auf Mythen
und legendäre Personen aus Meersburg; ihr Schwager Joseph Freiherr von
Laßberg ist als ›Nibelungen-Stecken-
reiter‹ verewigt, und die Droste
schwebt als Friedenstaube hoch auf
der Säulenspitze.

Weinbaumuseum 11

Tel. 07532 44 04 00, April–Okt. Di, Fr, So 14–18 Uhr, 2 €
In der Vorburggasse 11 liegt das Weinbaumuseum. Es informiert über die Bedeutung des Weinbaus für Meersburg in früheren Zeiten und zeigt das sagenhafte »Zehntfass der Deutschordenskommende Mainau« mit 50 000 l Fassungsvermögen!

Bibelgalerie 12

Tel. 07532 53 00, www.bibelgalerie. de, März–Nov. Di–So 11–13, 14–17 Uhr, Erw. 5 €, Kinder 3 €
Ein Abstecher in die Kirchstraße führt zum ehemaligen Dominikanerinnenkloster. Hier ist heute die Bibelgalerie zu Hause. Sie bietet eine Erlebnisreise in die biblische Zeit mit Nomadenzelt, orientalischem Haus und interaktivem Kinderprogramm. Schön ist der Innenhof mit Bibelgarten. Skriptorium und Druckerwerkstatt zeigen, wie die Bibel zum Buch wurde.

Übernachten

Nett und mittendrin – **Hotel Seehof 1**: Unterstadtstr. 36, Tel. 07532 80 76 90, www.seehof-meersburg.de, DZ 88–160 €. Neu renoviertes 3-Sterne-Hotel am Grethaus mit Blick auf die Schiffsanlege. Geschmackvolle Zimmer im mediterranen Stil, meist mit Balkon.
Augenweide – **Hotel Weinstube Löwen 2**: Marktplatz 2, Tel. 07532 430 40, www.hotel-loewen-meersburg.de, DZ 90–130 €. Das ochsenblutrote stattliche Eckhaus, umrankt von Blauregen, ist nicht zu übersehen. Weinstube und Straßenterrasse sind ein beliebter Treffpunkt.
Rundum charmant – **Landhaus Ödenstein, garni 3**: Droste-Hülshoff-Weg 25, Tel. 07532 61 42, www.oedenstein. de, DZ 86–120 €. Am Südhang hoch

Mein Tipp

Dem Wein auf den Fersen

Vom **Weinbaumuseum 11** (s. o.) geht es über die Stefan-Lochner-Straße auf den ausgeschilderten, 5 km langen Höhenspazierweg in östlicher Richtung durch Weinberge zum Aussichtspunkt Wetterkreuz. Von dort führt ein **Weinkundeweg** mit Informationen zu Rebsorten und dem geologischen Aufbau der Rebflächen in das beschauliche Weindorf Hagnau (s. S. 109). Der See ist weit unten immer im Blick.

über Meersburg bietet die Frühstückspension in einer alten, stilvollen Villa inmitten von Weinbergen tolle Ausblicke und allen Komfort. Die zehn großzügigen Zimmer, meist mit Seeblick und Balkon, sind hell und gemütlich. Sehr gutes Frühstück, auch auf der Sonnenterrasse. Fahrradverleih. 10 Fußmin. zur Altstadt.

Traditionsreich – **Gasthof Zum Bären 4**: Marktplatz 11, Tel. 07532 432 20, www.baeren-meersburg.de. DZ 80–120 €. Der Bär ist der älteste Gasthof in Meersburg, stattlich und gepflegt. Die Zimmer sind freundlich und komplett renoviert. Das Interieur ist mit Bauernmöbeln ausgestattet.

Essen & Trinken

An der Promenade, in Unter- und Oberstadt gibt es zahllose Restaurants, Gaststätten, Bistros und Cafés. Hier eine kleine Auswahl.
Gewinn für Meersburg – **Aurichs Hotel, Restaurant und Weinbar 1**: Steigstr. 28, Tel. 07532 445 98 55, www.aurichs.

com, warme Küche Di–So ab 12 Uhr, Hauptgerichte ab 14 €. Komplett restauriertes Haus mit netten, preisgünstigen Zimmern (DZ 70–80 €), klein, z. T. mit Dachschrägen. Das Restaurant ist zurückhaltend-elegant gestylt; die Felsterrasse mit Seeblick thront seitwärts über der Straße. Die leichte, mediterrane Küche ist auf Produkte der Region abgestimmt. Als Mittagsteller gibt es z. B. hausgemachte Frikadellen mit Reichenauer Paprikasauce und Pommes.

Rumdum gut – **Winzerstube Zum Becher 2**: Höllgasse 4, Tel. 07532 90 09, www.winzerstube-zum-becher.de, Hauptgerichte 10–22 €, Di–So 11.30–14, 17–24 Uhr. In den charmanten, holzgetäfelten Gaststuben kommt vom Chef Michael Benz Badisch-Deftiges aus besten Produkten und frischer Bodenseefisch auf den Tisch; z. B. Kalbskopf in Senfsauce oder Bodensee-Aal in Dillrahm. Alles ist hausgemacht, und der Wein wie der Fohrenberg Gutedel oder Spätburgunder sind eigene Gewächse.

Alleskönner – **Restaurant Café Valentino 3**: Seepromenade 10, Tel. 07532 80 76 90, www.valentino-meersburg. de, tgl. geöffnet, Tagesgerichte, auch Fisch, ab 8 €. Direkt am See sitzen, Pizza, Pasta oder ein Eis essen: Wer dabei Schiffe und Leute gucken will, ist hier am rechten Fleck.

Aussicht bei Wein – **Staatsweingut 4**: s. S. 100., Tel. 07532 80 76 30, tgl. 11–23, Küche 11–14, 17–21.30 Uhr, dazwischen Kaffee und Kuchen, Vesper ab 6 €. Nach dem Genuss von Wein und Speisen kann man in den Verkaufsräumen des Staatsweingutes gleich die guten Tropfen einkaufen.

Einkaufen

Nostalgisches – **Omas Kaufhaus 1**: Steigstr. 2, Tel. 07532 433 96 11, www. omas-kaufhaus.de. Eine Institution für Junge und Junggebliebene: In dem Fachwerkhaus lebt die Welt der alten Spielzeuge wieder auf. Blechspielzeug, Emaillegeschirr, Papiermodellbau. Im OG Ausstellung mit Modelleisenbahn, einem Titanic-Modell im Wasserkanal und Mini-Dampfmaschinen.

Wohnaccessoires & Mode – **Zierat 2**: Steiggasse 19, Tel. 07532 41 45 12, französische Wohnaccessoires, ausgesuchte Mode und Café-Lounge.

Aktiv & Kreativ

Baden & Wellness – **Meersburg Therme 1**: Uferpromenade 10–12, Tel. 07532 440 28 50, www.meersburg-therme. de, Mo–Sa 10–22, So, Fei 9–22 Uhr, nur Freibad Mai–Sept. Erw. 4 €, Kinder 2 €, Badwelt ab 9 €, Kinder 6,50 €, mit Saunawelt 16,50 €. Ein wunderbares neues Erlebnisbad mit Wildbach, Felswand mit Wasserkaskade, Sport- und Thermalbecken innen wie außen. Liegegalerie, Sonnendeck, direkter Seezugang und Freibad/Strandbad sowie eine spitzenmäßige Saunalandschaft mit finnischen und orientalischen Saunen und »Garten der Sinne« zum Verwöhnen und Lümmeln. Der Clou sind drei reetgedeckte Pfahlbausaunen. Für das luxuriöse, hochmoderne Trio der Thermen Meersburg, Überlingen und Konstanz gibt es ermäßigte Tagesthermentickets und Tagessaunatickets (vor Ort oder über www.thermentrio.de).

Baden – **Frei- und Strandbad 2**, Uferpromenade 10, Tel. 07532 440 28 40, www.meersburg.therme.de, tgl. 9–20 Uhr. Direkt neben der Therme gelegen. Große Liegewiese mit Schattenplätzen, Sportbecken, Kinderbecken, Rutschen und natürlich Strand und Seezugang.

Tanzen – **Hotel Wilder Mann 3**: Bismarckplatz 2, Tel. 07532 90 11, 90

Lieblingsort

Terrasse der Gutsschenke im Staatsweingut 4

Nach dem Aufstieg in die Oberstadt, vorbei an Souvenirläden und Menschentrauben, folgt hier die Belohnung: Auf der großen, geschmackvollen Terrasse der Gutsschenke thront man hoch über dem See und genießt die traumhafte Aussicht bei einem Viertele der charaktervollen Domänenweine und einem Stück Flammkuchen oder hausgemachten Lammravioli. Meersburg, zum Wohl (s. auch S. 100, 105)!

12, www.wilder-mann-meersburg.de. Rumba, Salsa und Foxtrott am Wasser und unterm Himmel: Für Tanzfreudige ist das Hotel Wilder Mann eine bekannte Adresse. Dort kann man von April bis Okt. tgl. zwischen 15 und 17 Uhr im großen Pavillon oder auf einer der Terrassen swingen. Ganz romantisch wird's auf dem **Tanzschiff,** ab Meersburg. Auskunft über Meersburg Tourismus (s. u.) oder Tel. 07531 364 03 98, www.bsb-online.com.

Kreativkurse – **Atelier Meersburger Bildteppichkunst** 4 : s. S. 100. Die Nachfolgerin von Edith Müller-Ortloff, Baya R. Schultze-Ortloff, leitet die Kreativkurse (Wochenende oder eine Woche) persönlich.

Segeln – **Bodenseeyachtschule:** Torenstr. 8, Tel. 07532 55 11, www.segel schule-bodensee.de und www.yacht charter-bodensee.de. Schnupper- und Kinderkurse, Grundkurse und Ausbildung für Segel- und Motorbootscheine. Kursbeginn jeden Mo im Segelhafen am Waschplatz. Charter für Tages- und Wochentörns. **Gast-Segeln Steck:** Daisendorf (ca. 2,5 km nördl.), Baitenhauser Str. 1 (Büro), Tel. 07532 471 14, www.gaeste-segeln.de. Wer ohne Segelkenntnisse mal so tun möchte, als ob, ist hier richtig: auf einer Jacht mit Skipper.

Rudern und Tretbootfahren – **Bootsvermietung Klingenstein:** am Schiffshafen, Tel. 07532 66 30. **Bootsvermietung Frey:** Bootshafen am Stadtgarten, Tel. 07532 77 32.

Tauchen – **Tauchschule Meersburg:** Baracuda-Club, Tel. 07532 92 77, www. tauchschule-meersburg.de. Tauchkurse, geführte Tauchgänge, Kurse für international anerkannte Tauchscheine, Schnupperkurse.

Fahrradverleih – **Dreher:** Stadtgraben 5, Tel. 07532 51 76. **Hotel Seehof:** Unterstadtstr. 36, Tel. 07532 80 76 90. **Zweirad Zolg:** Torenstr. 21, Tel. 07532

49 48 16. **Meersburger Hofladen:** Stettener Str. 44, Tel. 07532 41 42 27.

Stadtführungen – **Tourist-Information:** s. u. Mi 10.30, Sa 14 Uhr, Di und Fr werden geführte Wanderungen unterschiedlichster Länge angeboten.

Infos & Termine

Infos
Meersburg Tourismus: Kirchstr. 4, 88709 Meersburg, Tel. 07532 44 04 00, www.meersburg.de.

Verkehr
Bahn: nächster Bahnhof ist Uhldingen-Mühlhofen. Verbindungsbus zur Seelinie ab Fähre und katholischer Kirche. **Bus:** RAB-Seelinie 7395: Verbindungen nach Überlingen, Radolfzell und Friedrichshafen, in Meersburg Anschluss an die Autofähre. Wochentags tagsüber alle 30 Min., abends und an Wochenenden stdl. **Pendelbus:** Mitte April–Mitte Okt. Busverkehr zwischen Altstadt und See. **Stadtbus:** Anruf-Sammeltaxi, nach Voranmeldung (30 Min.) stdl. zu 20 Haltestellen in allen Ortsteilen, Tel. 07532 97 88. **Schiff:** Meersburg ist ein Knotenpunkt der Schifffahrt, und die Verbindungen – nicht nur nach Konstanz – sind zahlreich. Vom Hafen an der östlichen Promenade gute Linienverbindungen Mitte Mai–Mitte Okt. Mehrmals tgl. Richtung Konstanz/Mainau, Überlingen, Friedrichshafen, Lindau und Bregenz. Zusätzliches Ausflugsfahrtenprogramm. **Autofähre:** Vom Fährbahnhof am westlichen Ortsrand nach Konstanz mit Personen- und Fahrradtransport. Tagsüber alle 15 Min., abends alle 30 Min., nachts stdl.

Termine
Droste-Literaturtage: Mai, in Veranstaltungsorten über die Stadt verteilt.

Lesungen deutscher Autorinnen, dazu Ausstellungen und Vorträge. Alle 3 Jahre Vergabe des renommierten Droste-Literaturpreises.

Internationale Schlosskonzerte: ganzjährig im barocken Spiegelsaal. Konzerte mit namhaften Künstlern.

Chor- und Blasorchesterkonzerte: Mo im Sommer, Hof des Neuen Schlosses. Männerchor und Gruppe Knabenmusik (Jugendblasorchester).

Open-Air-Konzerte: Juli, Schlossplatz.

Winzerfest in der Unterstadt: 1. Juliwochenende.

Bodensee-Weinfest: 2. Wochenende im Sept., Promenade. Weingüter und Kellereien aus Meersburg und Umgebung stellen ihre Produkte vor. Kulinarisches Angebot, Bühnenprogramm.

Hagnau ▶ G 4

Eingebettet in Weinberge und Obstgärten, die bis an den See reichen, empfängt der kleine, anmutige Ort seine Gäste. Das Weinbaugebiet Hagnau kann auf eine lange Tradition zurückblicken, und die mächtigen Klöster der Umgebung wie Salem, Weingarten und Einsiedeln hatten hier große Hofanlagen errichtet, um ihren Anteil an der Rebernte gleich vor Ort einzufordern. 145 ha Rebland gehören zum Hagnauer Terroir. Hier wurde um 1870 die allererste Winzergenossenschaft gegründet, vom Pfarrer und Schriftsteller Heinrich Hansjakob, dessen Statue vor dem Genossenschaftsbau steht. Im Jahr 2009 hat ein blitzartig aufgetauchter schwerer Sturm große Teile der Rebflächen verwüstet. Nun gilt es, wieder neu anzufangen – ein mühsames Unternehmen.

Ortskern

Der alte, modernisierte Dorfkern gruppiert sich um die einschiffige spätgoti-

sche Hallenkirche **St. Johannes Baptist** mit ihrem fast 50 m hohen, eckigen Kirchturm. Das Innere wurde barockisiert; einige Schnitzereien stammen noch aus dem 15. Jh. Ringsum liegen spätgotische und barocke Steinhäuser, stattliche Fachwerkbauten und Höfe mit großen Tordurchfahrten und Kellereingängen – typisch für die Lagerung des Weines. Die Amtshäuser wie der **Salmansweiler Hof** von 1568 oder die **Hofmeisterei** des Klosters Weingarten und das **Zehnthaus** des Bistums Konstanz an der Schiffsanlage erinnern an die hohen Herren und die Frohn der Weinbauern. Sehr schön ist der große offene Platz am Ende der Hansjakobstraße; an seiner Stirnseite liegt der wunderbar restaurierte **Gasthof Löwen** mit seinem steinernen Sockel und den Wappenreliefs, schönem Fachwerk, blauen Fensterläden und Blumenschmuck. Von hier aus führt die Dr.-Fritz-Zimmermann-Straße mit hübscher Bebauung hinunter zum See.

Am Seeufer

Mittelpunkt am Seeufer ist der weit ins Wasser führende hölzerne Steg der **Schiffsanlege.** Ihm zur Seite laden Gasthöfe und Hotels mit großen Terrassen zum Essen, Trinken und Genießen ein. Die lange Fußgängerpromenade mit Blumenrabatten, begleitenden Wiesenstreifen, Platanen und naturbelassenen Uferstrecken führt nach Westen Richtung Meersburg. Entlang der Promenade liegen alte und neue Villen hinter dichten Gartenhecken, und es reihen sich kleine, feine Hotels, Pensionen oder Apartmenthäuser aneinander.

Übernachten

Augenweide – **Hotel Erbguths Villa am See:** Meersburger Str. 4/3, Tel. 07532

Auf Entdeckungstour

Auf dem Bodensee-Radweg von Meersburg nach Lindau

Die Radtour rund um den Bodensee ist ein Klassiker. Der Drei-Länder-Weg gehört zu den beliebtesten in Europa und ist ideal zur Entdeckung der Region. Eine schöne Tagestour mit vielen Höhepunkten führt von Meersburg nach Lindau, dann geht's mit Bahn oder Schiff zurück.

Reisekarte: ▶ G 4–L 6

Ausgangspunkt: Mole in Meersburg

Planung: Einfach losradeln und den Schildern folgen. Die Strecke ist rund 40 km lang; in Lindau kann man entweder mit dem Schiff oder vom Hafenbahnhof stdl. zurück nach Meersburg fahren (s. S. 134, 153).

Infomaterial: s. S. 27

Mit dem Fahrrad den Bodensee zu erkunden ist ein besonderes Vergnügen. Man ist nahe dran an Kultur und Natur und bekommt die vielen Eindrücke der Region hautnah vermittelt. Besonders schön ist das Radeln im Frühling, wenn die Obstbäume blühen. Aber auch der Sommer hat seinen Reiz. Da sollte man sein Badezeug griffbereit halten: Ein spontaner Halt mit einem Sprung in den See ist köstlich! Die hier vorgeschlagene Strecke lässt sich gut an einem Tag bewältigen und bietet sehr unterschiedliche Landschaftseindrücke.

Durch welliges Weinland

Los geht die Tour gleich hinter der Mole in **Meersburg**, und zwar in östlicher Richtung auf einem schönen Weg ganz nah am See entlang. Der Bodensee-Radweg ist ausgeschildert: Auf deutscher Seite folgt man überwiegend einem Piktogramm mit Fahrrad und blauem Hinterrad. Man passiert Wohnbebauungen, kommt an Gärten und Rebhängen vorbei und wirft Blicke ins gewellte Hinterland.

Hinein nach **Hagnau** (s. S. 109) geht es entlang der weitgehend naturbelassenen Uferpromenade mit kleiner Schiffsanlege, Restaurants und Weinstuben. Hier wurde die erste Winzergenossenschaft Baden-Württembergs gegründet. Weiter führt die Strecke nach **Immenstaad**. Der größtenteils moderne Ort wurde mehrfach als besonders kinderfreundlich ausgezeichnet. Der alte Ortskern liegt etwas abseits der Radstrecke.

Metropole Friedrichshafen

Vor **Friedrichshafen** (s. S. 116) ändert sich der Charakter der Umgebung: Der Radweg führt nicht mehr am See entlang, sondern nahe der B 31 – vorbei an Industrieansiedlungen und Gewerbegebieten. Deutlich wird hier, dass der Bodensee nicht nur ein Naturidyll ist, sondern auch als Wirtschaftsregion Bedeutung hat. Vorbei an der barocken Schlosskirche mit ihrem Park ist schnell die lange, lebendige Uferpromenade erreicht: Hier radelt man nicht, sondern schlendert, kehrt ein, besichtigt das strahlend weiße Zeppelin Museum am Ostrand der Promenade. In Friedrichshafen beginnt auch das stimmungsvolle Naturschutzgebiet **Eriskircher Ried** mit seinem Auwald, den Streuwiesen und dem hohen Schilfgürtel. Der Weg führt nach **Langenargen** (s. S. 134). Dort beeindrucken das maurisch inspirierte Schloss Montfort und die hübsche Promenade. Schicke Jachthäfen in den Buchten ziehen sich bis Kressbronn hin – ein Eldorado für Wassersportler.

Bayerisches Ufer und Lindau

Ein Postkartenidyll ist die bezaubernde Halbinsel mit der Zwiebelturmkirche und den gelben Treppengiebelbauten von **Wasserburg** (s. S. 142). Hier radelt man schon in Bayern, und wenn Sie z. B. im Haus des Gastes an der Schiffsanlege eine Stärkung zu sich nehmen, haben Sie die schönste Aussicht und Umgebung. Ganz anders präsentiert sich **Bad Schachen** mit seinem großen verwunschenen Landschaftspark, dem Grand Hotel am Wasser aus der Zeit des Fin de Siècle und seinem winzigen Ortskern mit bayerischen Wirtshäusern. Höhepunkt und Abschluss der Radtour – und die Krönung der **Insel Lindau** mit ihrer wunderschönen, geschäftigen Altstadt (s. S. 144) – ist die Seepromenade: Hier grüßen der Leuchtturm und der bayerische Löwe an der Hafenmole vor dem hoch aufragenden Panorama der Alpen. Nach getaner Arbeit geht es dann per Schiff oder Bahn wieder zurück nach Meersburg.

431 30, www.villa-am-see.de, DZ 120–220 €. Direkt an der ruhigen Promenade gelegen. Wunderschöne, strahlend weiße Villa im englischen Arts-and-Crafts- oder deutschen Werkbund-Stil mit Balkonen und Terrassen unter dem großen, behaglichen Walmdach. Romantische Gartenanlage mit Liegewiese.

Ruhig und gepflegt – **Landhaus Messmer:** Meersburger Str. 12, Tel. 07532 43 31 14, www.landhaus-messmer.de, 90–130 €. Gepflegtes, schönes Haus, privat geführt, mit Garten und Liegewiese.

Die meisten Zimmer haben einen Balkon mit Seeblick.

Wunderschön – **Strandhaus Ferienappartements Ott:** Meersburger Str. 5, Tel. 07532 70 12, www.strandhaus-ott.de, pro Tag 58–90 € (ab 3 Übernachtungen). Umgeben von einem großen mediterranen Garten mit lauschigen Sitz- und Liegeplätzen, sind die sieben Appartements im modernen Haus großzügig angelegt und geschmack- und qualitätvoll ausgestattet. Alle haben Balkon oder Terrasse. Auch Fahrradverleih.

Mein Tipp

Wege zum Weingenuss

Weinstube Haltnau: Uferpromenade 107, Tel. 07532 97 32, www.haltnau.de, Fr–Mi 9–24 Uhr. Das stattliche Haus mit Treppengiebel und großer Gartenwirtschaft liegt direkt am See und hat einen eigenen Boots- und Badesteg. Auf der Landseite rücken die Weinberge fast bis ans Haus. Auf der Karte locken Bodenseefisch, eigene Metzgereiprodukte, deftige Vesper und hauseigene Weine. Dazu gibt es herrliche Ausblicke über den See, das Schweizer Seeufer und die Alpenkette im Hintergrund.

Winzerverein Hagnau: Strandbadstr. 7, Tel. 07532 10 30, www.wv-hagnau.de, Mo–Fr 8–18, Sa 9–18 Uhr. Rund 140 ha Anbaufläche in Hagnau werden von 60 Winzerfamilien kontrolliert umweltschonend bewirtschaftet. In den sehenswerten, schönem alten Kellern des Winzervereins lagern die edlen Weine. Mit Verkauf und Weinproben.

Weingut H. und M. Aufricht: Höhenweg 8, Stetten (auf halbem Weg nach Meersburg), Tel. 07532 24 27, www.aufricht.de, Verkauf Mo–Sa 10–12, 14–18 Uhr. Mehrfach prämierte Weine eines jungen Familienteams in modernem, schönen Holz- und Glasbau.

Burgunderhof: Am Sonnenbühl 70, Tel. 07532 80 76 80, www.burgunder hof.de, DZ 160–220 €, 2 Ferienwohnungen pro Tag je 85–260 € (Mindestaufenthalt 3 Nächte; die ersten 2 Nov.-wochen geschl.), Verkauf von Wein und Destillaten Mo–Fr 10–12, 14–18 Uhr. Exklusiver Komfort und familiäre Atmosphäre. Der Hof liegt inmitten der Rebhänge, ist anspruchsvolles Weingut, Brennerei und Hotel-Oase. Die Zimmer und Suiten sind edel-zurückhaltend gestaltet; Garten, Terrasse und Außenpool bieten vor dem See-Panorama japanisch-meditative Anklänge. Die Destillate und ökologisch angebauten Weine sind mehrfach ausgezeichnet worden.

Idylle pur – **Der Löwen – Hotel, Restaurant, Café, Bäckerei:** Hansjakobstr. 2, Tel. 07532 433 98, www.loewen-hagnau.de, DZ 86–120 €. Auf dem großen freien Dorfplatz thront das stattliche Gasthaus der Familie Bröcker mit schönen Wirtsstuben, guter, kreativer Küche, einer Gartenterrasse und einem verschwiegenen, wundervollen japanischen Garten – mit Sitzecken zum Träumen beim Aperitiv (nur für Hausgäste). Wie aus dem Bilderbuch!

Familienfreundlich – **Hotel Restaurant Café Kupferkanne:** Neugartenstr. 39, Tel. 07532 430 20, www.hotelkupferkanne.com, DZ 55–120 €. In ruhiger Halbhöhenlage bietet das privat geführte Haus moderne, gut ausgestattete Zimmer, eine schöne Terrasse mit Seesicht und einen Garten mit Bewirtung.

Camping – **Campingplatz Seeblick:** Strandbadstr. 11, Tel. 07532 49 57 60. Naturbelassener Campigplatz mit Strand und Bewirtschaftung.

Essen & Trinken

Über dem Wasser – **Seeblick:** Seestr. 11, Tel. 07532 62 82, www.seeblick-hagnau.de, Do–Di 8–23 Uhr, Bodenseefischsuppe 7,50 €, Fischgerichte um 15 €. Die umrankte Terrasse des Restaurant-Cafés steht auf Stelzen im Wasser am eigenen Bootssteg und ist ein beliebtes Ziel der Feriengäste: Hier gibt es eine bodenständige Küche und zahlreiche Varianten vom frischen Bodenseefisch.

Beliebt – **Zur Winzerstube:** Seestr. 1, Tel. 07532 63 50, www.zurwinzerstube.de, tgl. ab 11.30 Uhr, Tagesgerichte ab 8 €. Beliebtes Restaurant mit idyllischer Seeterrasse mit Panoramablick auf den See und die Alpen. Gutbürgerliche Küche mit Schwerpunkt Bodenseefisch. Lokale Weine.

Infos & Termine

Tourist-Information Hagnau: Seestr. 16, 88709 Hagnau, Tel. 07532 43 43 43, www.hagnau.de. Wöchentl. Führungen und Weinproben in der Winzergenossenschaft Hagnau.

Bahn: nächste Bahnhöfe Friedrichshafen, Markdorf, Uhldingen-Mühlhofen.

Bus: Buslinie tagsüber alle 30 Min. nach Immenstaad, Friedrichshafen und Meersburg, Überlingen.

Schiff: April–Okt. mehrmals tgl. Verbindungen nach Friedrichshafen, Lindau, Bregenz, Meersburg, Mainau, Konstanz.

Frühlingsfest: 1. Mai-So.

Hagnauer Obst- und Weinwanderfest: 3. So im Juni. Erlebnisfest entlang des Weinwanderweges mit Musik und Bewirtung.

Sommerfest: 2. Juli-wochenende: mit Musik und kulinarischen Angeboten.

Immenstaad ▶ H 4

Immenstaad mit rund 6000 Einwohnern liegt zwischen Apfelplantagen und See; der staatlich anerkannte Erholungsort wurde als besonders familienfreundlicher Ferienort ausgezeichnet. Unterschiedlichste Programme für Eltern und Kinder ab dem Babyalter sorgen für Entspannung und/oder Unterhaltung.

Der **Ortsteil am Wasser** mit überwiegend neuer Wohn- und Geschäftsbebauung hat einen familiären Vorortcharakter. Die Uferanlagen mit zwei Jachthäfen und die Bootsanlegestelle sind ebenfalls modern. Der **alte Ortskern** – mit großem Marktplatz, der Pfarrkirche **St. Jodokus** (mit modernem Zeltdach) und dem 400 Jahre alten Fachwerkbau des **Schwörerhauses** – ist durch eine Hauptverkehrsstraße vom fröhlichen Trubel am Seeufer abgetrennt. Auch hier waren Fischerei und Weinbau bis etwa zur Gründerzeit die Haupterwerbszweige; die Nähe zur Industriestadt Friedrichshafen hatte auch Auswirkungen in Immenstaad: so ist u. a. die Firma Dornier (zu EADS gehörig) ansässig und beschäftigt rund 3000 Menschen im IT-Bereich und Satellitenbau.

Übernachten, Essen

Kreative Küche – **Hotel Restaurant Weinstube Seehof,** Am Yachthafen, Tel. 07545 93 61 33, www.seehof-hotel.de, DZ 110–145 €. Bärlauchkässpätzle mit dreierlei Alpenkäse 11 €, Mittagsmenü 24 €. Das beste Haus Immenstaads mit großer Sonnenterrasse liegt direkt am Jachthafen. Die Küche wurde mehrfach ausgezeichnet, bietet frischeste Regionalprodukte und kreative internationale Gerichte.

Komfortabel – **Strandhaus Eberle Hotel Pension Garni:** Seestr. West 13, Tel. 07545 94 29 50, www.strandhaus-eberle.de, DZ 90–130 €. Zwei gepflegte, moderne Häuser in schönem Garten, mit Liegewiese, eigenem Badestrand. Alle Zimmer mit Balkon oder Terrasse und Seepanorama.

Idyllisch – **Landhotel Elfenhof garni:** Kippenhausen (ca. 2 km westl.), Kirchberger Str. 5, Tel. 07545 75 45, www.elfenhof-bodensee.de, DZ 79–120 €. Im wunderschönen, idyllischen Fachwerkhof mit ländlichem Garten und Terrasse gibt es sechs individuell eingerichtete, behagliche Zimmer mit Balkon.

Für Jung und Alt – **Zum Puppenhaus – Café und Museum:** Kippenhausen (ca. 2 km westl.), Kirchberger Str., Tel. 07545 93 69 61, Di–So 14–17, Café Di–So 11–18 Uhr. Idyllisches Café im reizenden Fachwerkbauernhaus mit Kaffeegarten. Das Museum (Erw. 2 €, Kinder 1 €) bietet über zwei Geschosse Puppen, Puppenhäuser und Spielzeug aus den letzten 200 Jahren.

Seenah – **Gästehaus Zum Landesteg:** Bachstr. 8, Tel. 07545 93 28 93, www.obst-und-urlaub.de. Vier komfortable und modern eingerichtete Ferienwohnungen (50–75 m^2) mit Balkon in unmittelbarer Seenähe, 50–68 € pro Nacht. Schöner, eigener Badestrand mit Liegewiese.

Schön – **Haus Veit am See:** Friedrichshafener Str. 12, Tel. 07545 12 27, www.veit-bodensee.de. Ferienwohnungen (28–96 m^2) 40–98 € pro Nacht. Sehr schönes, modernes Haus direkt am Seeufer mit eigenem Strand; große Liegewiese mit altem Baumbestand.

Camping – **Schloss Helmsdorf:** Friedrichshafener Str., Tel. 07545 62 52, www.schloss-helmsdorf.org. Ruhig am Jachthafen gelegen, mit altem Baumbestand. Vom ADAC ausgezeichnet, mit Badestrand, Surf- und Segelschule, Tauchen, Bootsverleih.

Einkaufen

Steingutwaren – **Keramik-Werkstatt Haase:** Bachstr. 10, www.toepferei-haase.de, Di–Sa 9–12, Di, Do, Fr auch 15–17 Uhr. Schöne, geschmackvolle Steingutwaren, u. a. auch Schwimmsteine und individuell zusammenstellbare Gartenstelen aus Keramik sowie Wohnaccessoires.

Wein – **Reblandhof:** Kupferbergstr. 2, Kippenhausen (ca. 2 km westl.), Tel. 07545 67 84, www.reblandhof.de. Direkt auf dem Weingut einkaufen: Winzersekte, eigene Destillate. März–Nov. schöne, idyllische Besenwirtschaft, tgl. ab 18 Uhr.

Destillate – **Eberle's Destillate:** Seestr. West 13, Tel. 07545 94 29 50. Edle Destillate und Liköre aus eigener Herstellung.

Aktiv & Kreativ

Baden – **Aquastaad:** Strandbadstr. 14, Tel. 07545 90 13 13, www.aquastaad. de. Großes Strandareal mit Kleinkinderbadelandschaft und Naturstrand, kombiniert mit Hallenbad (geheiztes Seewasser und Panoramablick).

Segel-, Surf- und Motorbootschule – **RePa Yachtschule:** Strandbadstr. 12, Tel. 07545 62 93, www.repasegeln.de. Alle Scheine, auch Schnupper- und Kinderkurse, Bootsverleih.

Fahrradverleih – **Ulla Mukrowsky:** Auf dem Ruhbühl 107, Tel. 07545 68 19. **Sporträdle:** Meersburger Str. 27, Tel. 07545 14 44.

Radtouren – Jeden Di, 14 Uhr, werden geführte Radwanderungen über die **Tourist-Info** (s. u.) angeboten.

Wandern – Große und kleine klar ausgewiesene Wanderrouten, wie der Apfel- und Weinspazierweg, sind als Broschüren bei der **Tourist-Info** (s. u.) erhältlich.

Kletter- und Hochseilpark – **Abenteuerpark Immenstaad:** Am Klötzenen Forst (von der Straße nach Markdorf abzweigend, Richtung Sportplatz), Tel. 07545 94 94 62, www.abenteuerpark.com, April–Okt. tgl. 9–19 Uhr, Preise übers Internet abfragbar. Ganz toll für Kinder, Jugendliche und Erwachsene ist der Kletter- und Hochseilpark mit zahlreichen Seilparcours unterschiedlicher Schwierigkeitsgrade. Klettern und Balancieren zwischen Bäumen, über Seilbrücken und künstliche Hindernisse. Unter Aufsicht und mit Einführung.

Kinder und Teens – Über die **Tourist-Info** (s. u.) werden abwechslungsreiche betreute Programme für Kinder und Teens angeboten.

Patchwork – **Patchwork am See:** Ursula Stromberger, Dr.-Zimmermann-Str. 2a, Tel. 07545 91 19 25, www.patchworkamsee.de. Stoffe, Kurse, fertige Arbeiten.

Mein Tipp

Gemächlich auf dem Lastsegler
Besonders schön ist eine Ausfahrt auf einem 17 m langen, alten Segellaster, einer ›Lädine‹ (alemannisch *lädi* = Last). Rund 150 dieser kompakten Rah-Segler hat es gegeben. Die Lädine St. Jodok in Immenstaad ist der einzige originale Nachbau. Regelmäßige Rund- und Charterfahrten, in den Sommermonaten tgl. ab Landungssteg Immenstaad. Tel. 0151 151 308 80, www.laedine.de.

Infos & Termine

Tourist-Information Immenstaad: Dr.-Zimmermann-Str. 1, 88090 Immenstaad, Tel. 07545 20 11 12, www.immenstaad.de. Während der Saison tgl. verschiedene Sportangebote.

Bahn: nächster Bahnhof ist Friedrichshafen; Fahrkartenverkauf, Hauptstr. 3, Tel. 0185 44 64 47.

Bus: Gute Verbindungen, auch Schnellbusse nach Konstanz (mit der Autofähre), Meersburg, Friedrichshafen; Seelinie Überlingen, Meersburg, Friedrichshafen; Regionalbus Immenstaad, Markdorf, Salem.

Stadtbus: Verbindung der Ortsteile.

Schiff: April–Okt. regelmäßige Verbindung, mehrmals tgl. Konstanz–Bregenz.

Jazz Night: Mitte Mai im Winzerkeller.

Beatles Night: Ende Juni am Landesteg – für alt und jung!

Weinfest: Letztes Aug.-wochenende auf dem Rathausplatz.

Apfelwochen: Ende Sept.–Mitte Okt., mit Kulturprogramm und Apfelspezialitäten.

Friedrichshafen ► J 4

Industriestadt am See

Mit dem Luftschiffbau des Grafen Zeppelin ab 1900 kam für Friedrichshafen eine späte, aber intensive Industrialisierung: Zeppelin Luftschifftechnik, Dornier-Flugzeugbau, die Motoren- und Turbinen-Union (MTU) und eine Zahnradfabrik. Die Bedeutung der Stadt nahm mit den Rüstungsbetrieben während des Ersten Weltkriegs noch zu. Bis Ende des Zweiten Weltkriegs waren in den Friedrichshafener Rüstungsbetrieben und ihren deutschlandweiten Standorten rund 50 000 Menschen beschäftigt – darunter eine große Anzahl von Kriegsgefangenen und KZ-Häftlingen. Man weiß von sieben Lagern mit je rund 60 Baracken in Friedrichshafen. Am 21. Juni 1943 begannen die elf Luftangriffe, die 85 % der Stadt in Schutt und Asche legten.

So ist Friedrichshafen heute eine Stadt in überwiegend nüchterner Nachkriegsarchitektur; in den letzten Jahren jedoch haben Neu- und Umbauten, die Uferpromenade mit ihren Parkanlagen, zahlreiche künstlerische Arbeiten im Stadtbild, attraktive Museen und ein vielfältiges Kultur- und Freizeitangebot die Stadt und das Ufer mit Leichtigkeit, Lebenslust und mediterraner Stimmung aufgetankt.

Modern und sehr geschäftig: Friedrichshafen mit seinen rund 40 000 Einwohnern ist die zweitgrößte Stadt am Bodensee. Sie ist Knotenpunkt für Bahn-, Schiffs- und Flugverkehr, eine pulsierende Industrie-, Messe- und Tagungsstadt mit einer ereignisreichen Geschichte. Der großen Rüstungsbetriebe wegen ist die Stadt im Zweiten Weltkrieg stark zerstört worden. Die wenigen, ja seltenen noch erhaltenen historischen Zeugnisse sind im modernen Stadtbild sorgsam integriert.

Friedrichshafen ist untrennbar mit dem Namen Graf Ferdinand von Zeppelin verbunden – hier baute er seine Luftschiffe. Rund ein Jahrhundert später gleitet nun der neue Zeppelin wie ein großes, weißes Schiff lautlos über den See hinweg. Und das lebendige Zeppelin Museum an der Uferpromenade erzählt die Geschichte der Luftschifffahrt.

Stadtgeschichte

Jung ist sie, die Stadt. Erst 1810, nachdem die ehemalige winzige Reichsstadt Buchhorn und die Klosterdomäne Hofen an das neue Königreich Württemberg fielen, wurde daraus die Stadt Friedrichshafen, und das kam so: Friedrich I. von Württemberg wollte mit einem neuen Hafen Handel und Industrie beleben; er fasste Buchhorn und Hofen zusammen und benannte die ›Neugründung‹ ganz einfach nach sich selbst. Das Kloster Hofen ließ er zum Schloss umbauen. Ab 1824 verbrachte er dort mit dem Hof die Sommermonate. Zeitgleich wurde mit dem Dampfschiff »Wilhelm« ein regelmäßiger Schiffsverkehr nach Rorschach eingerichtet.

Rund um die Uferpromenade

Die großzügige, breite Promenade – die Ufer- und Seestraße – mit ihrem offenen Stadtgarten ist eine der schönsten und abwechslungsreichsten am Bodensee. Sie schwingt sich von der Schlosskirche im Westen bis zum Zeppelin Museum im Osten; dazwischen liegen der Jacht- und Gondelhafen und vor dem Zeppelin Museum der Schiffs- und Fährhafen mit dem Stahlgerüst des modernen Moleturms. Die

Weite des Seespiegels wird im Hintergrund vom Alpenmassiv eingefasst.

Schlossareal

Am äußersten Westrand der Promenade liegt die ehemalige Sommerfrische der württembergischen Könige auf einer kleinen Halbinsel, eingebettet in den üppigen Schlosspark. Die dreiflügelige **Schlossanlage** mit großem Innenhof (1824–30) gehört noch heute dem Haus Württemberg und ist bewohnt; daher ist nur die barocke **Schlosskirche**  zugänglich (April–Okt. 9–18, geschl. Mi ab 14.30 Uhr). Sie ist mit ihren 50 m hohen Doppeltürmen das Wahrzeichen Friedrichshafens. Errichtet wurde sie um 1700 von dem berühmten Christian Thumb aus Vorarlberg. Seit 1812 ist sie protestantisch.

Schulmuseum 2

Friedrichstr. 14/Ecke Olgastr., Tel. 07541 326 22, April–Okt. tgl. 10–17, Nov.–März Di–So 14–17 Uhr, Erw. 3 €, Kinder 1 €
Einen Abstecher wert ist das Schulmuseum. Hier tut sich die schulische Entwicklung Mitteleuropas auf, von der Klosterschule bis heute. In 19 Räumen lassen sich schulische Zwänge und seltene Freuden nachvollziehen.

Vom Jachthafen zum K 42

Vorbei am Jachthafen und dem Band des Stadtgartens mit seinem **Zeppelin-Denkmal** 3 zieht das **Klangschiff** 4, eine vielteilige bewegte Stahlskulptur, die Blicke auf sich; der Breisgauer Künstler Helmut Lutz hat es als Mahnmal für ein Europa in Eintracht geschaffen. 2001 ist es hier vor Anker gegangen; es ist Teil künstlerisch-musikalischer Aktionen am Ufer.

Herzstück der **Uferpromenade** ist der Abschnitt zwischen Gondelhafen und Zeppelin Museum mit seinem vitalen mediterranen Flair. Der **Moleturm** 5 am Schiffshafen ist ungewöhnlich in seiner architektonischen Zurückhaltung: ein 22 m hohes, filigranes Stahlgerüst mit Aussichtsplattform. Von dort hat man einen traumhaften Blick auf die Stadt, den Bodensee und das gegenüberliegende Seeufer mit den Alpen im Hintergrund.

Die lange Uferpromenade von Friedrichshafen gehört zu den schönsten am See

Friedrichshafen

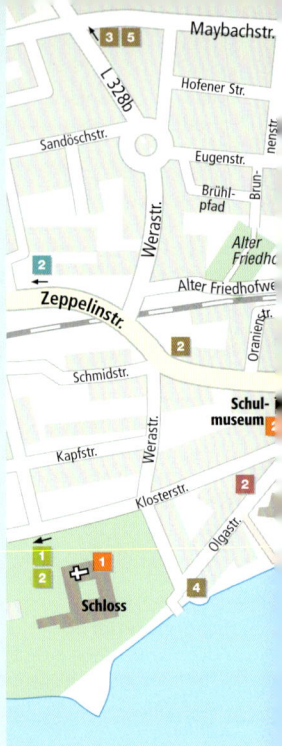

Sehenswert

1 Schlosskirche
2 Schulmuseum
3 Zeppelin-Denkmal
4 Klangschiff
5 Moleturm
6 K 42
7 Zeppelin Museum
8 Nikolauskirche
9 Rathaus
10 Buchhornplatz
11 Dornier Museum
12 Eriskircher Ried

Übernachten

1 Best Western Hotel Goldenes Rad
2 Hotel Schlossgarten
3 Die Villa Bed & Breakfast
4 Ferienwohnungen Fink
5 Haus Groll
6 DJH Graf Zeppelin
7 An der Rotach
8 CAP Rotach

Essen & Trinken

1 Restaurant Goldenes Rad
2 Weinstube Glückler
3 Aran
4 Ristorante Pizzeria Centrale

Aktiv & Kreativ

1 Frei- und Seebad Fischbach
2 Strandbad Friedrichshafen
3 Gondelhafen

Abends & Nachts

1 Kultur- und Congress-Centrum Graf-Zeppelin-Haus
2 Bahnhof Fischbach
3 Tanzpalast

Das Medien- und Geschäftshaus **K 42** 6 ist ein weiterer Blickfang: Im milchig-weiß schimmernden Glaskubus sind die Stadtbücherei, zahlreiche Geschäfte, eine Kleinkunstbühne, ein Restaurant und eine Café-Bar zu Hause – ein beliebter Szenetreff.

Zeppelin Museum 7

Seestr. 22, Tel. 07541 380 10, www. zeppelin-museum.de, Mai–Okt. tgl. 9–17, Nov.–April Di–So 10–17 Uhr, Erw. 7,50 €, Kinder 3 €

Der gleißend weiße Bau im Stil der Neuen Sachlichkeit (1933) ist der einstige Hafenbahnhof und beheimatet das international renommierte Zeppelin Museum. Es zeigt die weltweit größte Sammlung zur Geschichte der Luftschifffahrt. Ein Erlebnis ist die über 30 m lange Rekonstruktion der LZ 129 Hindenburg in Originalgröße: Hier betritt man authentisch ausgestattete Passagierräume. Zudem bietet das Museum in seinen Erdgeschossräumen eine auf- und anregende Sammlung zur **bildenden Kunst** in Süddeutschland mit Wechselausstellungen bis hin zur zeitgenössischen Avantgarde.

Innenstadt

Im Rücken der Promenade liegen zwischen dem Stadtgarten und dem Zeppelin Museum die verkehrsberuhigten Haupteinkaufsstraßen und die drei Platzanlagen der Innenstadt: der Adenauerplatz mit der **Nikolauskirche** 8 und ihrer zeitgenössischen Innenraumgestaltung, der Rathausplatz mit dem funktionalen **Rathausbau** 9 so-

wie der **Buchhornplatz** [10] mit Brunnenkunstwerken, netten Cafés und Eisdielen. Am Bus- und Hafenbahnhof vorbei kommt man zurück zum Zeppelin Museum und zur Seepromenade.

Am Stadtrand

Dornier Museum [11]
Claude-Dornier-Platz 1, am Flughafen, Tel. 07541 700 56 01, www.dornier museum.de, tgl. 10–18 Uhr, Erw. 9 €, Kinder 4,50 €

Ganz neu ist das Dornier Museum. Mehr als 100 Jahre Luft- und Raumfahrt spiegeln sich in den Erfindungen von Claude Dornier (1884–1969), einem wahren Pionier, der Generationen von Forschern und Technikern beein-

flusst hat. Sein ungestümes Flugboot Do-X hob sich hier im Juli 1929 dröhnend aus dem Wasser und sollte im Linienverkehr den Atlantik überqueren. Das wurde ein Flop. Dornier arbeitete für Zeppelin, bis er seine eigene Firma für Flugzeugbau gründete – er schließt praktisch nahtlos an die Luftschifffahrt an. Das Dornier Museum befindet sich an der Geburtsstätte des Unternehmens am Flughafen. Highlights der Ausstellung auf 5000 m² sind die teils noch funktionstüchtigen Originalflugzeuge.

Wanderung ins Eriskircher Ried [12]
Naturschutzzentrum Eriskirch, Bahnhofstr. 24, Tel. 07541 818 88, www. naz-eriskirch.de., April–Sept. Di–So 14–17, Fr auch 9–12, Okt.–März Di–Do

14–16, Fr 9–12, So 14–17 Uhr, auch Sonderführungen buchbar

Das Naturschutzgebiet Eriskircher Ried (550 ha) ist das größte am nördlichen Bodenseeufer. Ausgangspunkt des reizvollen und kontrastreichen 6 km langen Spazierweges sind Ufer- und Seestraße in Friedrichshafen. Ostwärts, am Zeppelin Museum vorbei – immer so nah am See wie möglich – führt der ausgeschilderte Weg mit Informationstafeln bis zur Rotachmündung.

Von hier bis zur Schussenmündung erstreckt sich das Naturschutzgebiet. Auwald, Streuwiesen, hohe Schilfgürtel: Im Ried gedeihen rund 150 seltene Pflanzenarten. Herrlich ist die Blütezeit der Blauen Schwertlilie, die im Mai/Juni wie ein tiefblaues Tuch die Magerwiesen bedeckt. In die Schilfzonen am Wasser ziehen sich seltene Vogelarten zurück wie Haubentaucher und Singschwäne, Tafelenten und Kormorane. Wege und Holzstege für Fußgänger und Radfahrer führen durch das Ried. Eine Stichstraße mündet in das ehemalige Bahnhofsareal Eriskirch. Im alten Bahnhof ist das Naturschutzzentrum mit einer Ausstellung und multimedialer Show eingerichtet.

Eriskirch

Eingebettet in Schilfuferlandschaft und beschauliche Obstbaukulturen birgt das ländliche Eriskirch die gotische Liebfrauenkirche mit Wandmalereien des frühen 15. Jh.

In der Umgebung

Schneckenfarm Beatrix Roth
Riedern (10 km nordwestl. von Friedrichshafen, nahe Markdorf), Tel. 07541 599 15 00, www.bodenseeschnecke.de
Ein ungewöhnliches Erlebnisziel bietet

Beatrix Roth mit ihrer 15 000 m^2 großen Zuchtanlage für die begehrten Weinbergschnecken. Auf ökologischer Basis werden sie in ihren Naturgehegen gehalten. Ernährt werden sie mit Wildkräutern, Klee und Raps. Bei jeder Führung durch den Schneckengarten gibt es auch eine Verkostung – Beatrix Roth weiß überzeugende Rezepte; auch Kochkurse bietet sie an.

Übernachten

Die Hotels in Friedrichshafen sind überwiegend auf Geschäfts- und Messereisende eingestellt. In den eingemeindeten Ortsteilen ringsum finden sich familienfreundliche ländliche Hotels und Pensionen. Sie sind jedoch oft durch die Hauptverkehrsschneisen von Seeufer getrennt. Das Angebot an Ferienwohnungen und Bed & Breakfast im Umkreis ist groß; die Tourist-Info hält dicke Informationsbroschüren bereit.

Traditionshaus – **Best Western Hotel Goldenes Rad** **1** : Karlstr. 43, Tel. 07541 28 50, www.goldenes-rad.de, DZ 100–250 €. Älteste Wirtschaft und einstige Poststation der Stadt ist das komplett sanierte Haus in der verkehrsfreien Fußgängerzone unweit der Promenade. Großzügige Zimmer und ein mehrfach prämiertes Restaurant mit Gästeterrasse (s. u.). Fahrradverleih.

Zentral – **Hotel Schlossgarten** **2** : Friedrichstr. 1/Ecke Werastr., Tel. 07541 953 30, www.schlossgarten-hotel-fn.de; DZ 85 €. Nettes kleines Hotel, zentral gelegen, mit rustikalen Gasträumen.

Geschmackvoll – **Die Villa Bed & Breakfast** **3** : Hochstr. 101, Tel. 07541 599 11 79, www.dievilla-schmid.de, DZ 70–110 €. Die stattliche Villa aus den 1930ern am Stadtrand, auf einem der höchsten Punkte, liegt in einem großen Garten mit Liegewiesen und alten

Bäumen, bietet Seesicht, eine Bibliothek und verspielte, geschmackvoll und individuell ausgestattete 3 Zimmer mit Balkon.

Ansprechend – **Ferienwohnungen Fink 4**: Olgastr. 6, Tel. 07542 214 04, www.fewo-bodensee-fink.de. 3 Ferienwohnungen für 2–4 Pers. zu 30–52 € pro Tag (ab 3 Übernachtungen). In zentraler Lage, nur wenige Gehminuten zur Promenade, ansprechend ausgestattetes Haus mit großem Balkon zum See und eigenem Badestrand.

Zwischen Wald und Wiesen – **Haus Groll 5**: Raderach (ca. 7 km nordwestl. vom Zentrum), Einschlag 1, Tel. 07544 84 59, www.fewo-berghof.de, 2 Ferienwohnungen für 2–4 Pers. zu 44–58 € pro Nacht (Vermietung ab 3 Übernachtungen). Stattliches, strahlend weißes Haus, umgeben von Wiesen, Obstplantagen und Wald, mit gut ausgestatteten Wohnungen im 1. OG und Dachgeschoss. Große Terrasse und viel Platz für Kinder.

Günstig – **Graf-Zeppelin-Jugendherberge 6**: Lindauer Str. 3, Tel. 07541 724 04, www.jugendherberge-friedrichshafen.de, ab 22,50 € pro Pers. im Meerbettzimmer. Am östl. Stadtrand gelegen, nahe dem Seeufer. Die 230 Betten sind im Sommer immer ausgebucht, daher besser reservieren.

Für Gruppen – **Naturfreundehaus an der Rotach 7**: Untereschstr. 11, Tel. 07541 252 88, www.naturfreunde-friedrichshafen.de, Mo geschl., 14,50 € pro Person. Nahe der Jugendherberge an der Rotach am östlichen Stadtrand gelegen. Das neue Haus verfügt über je ein 3-, 4- und 5-Bettzimmer und ein Matratzenlager für 14 Personen.

Camping – **CAP Rotach 8**: Lindauer Str. 2, Tel. 07541 734 21, www.cap-rotach.de. Der Campingplatz mit Gaststätte bietet direkte Seeuferlage an der Rotachmündung am Rand vom NSG Eriskircher Ried. Die Ausstattung ist behindertengerecht und wurde vom ADAC ausgezeichnet.

Essen & Trinken

An der Ufer- und Seestraße und rund um das Rathaus finden sich zahlreiche Restaurants, Bistros und Cafés für jeden Geschmack und jeden Geldbeutel.

Kreative Küche – **Restaurant Goldenes Rad 1**: s. o., Hauptgerichte 14–20 €. Die Küche des von der Familie Neuner-Jehle geführten Hauses bietet sowohl Bodenständiges mit besten regionalen Produkten als auch eine anspruchsvolle Kreativküche. Spezialität sind ie Felchenmatjes nach geheimem Rezept. Auf der Weinkarte bestechen die hauseigenen Gewächse. Vom Gault Millau ausgezeichnet.

Fisch und Wein – **Weinstube Glückler 2**: Olgastr. 23, Tel. 07541 221 64, www.weinstube-glueckler.de, tgl. 17–1, So, Fei auch 10–14 Uhr. Über 100 Jahre gibt es das behagliche Wirtshaus mit den drei Stuben schon. Tolle Weinkarte, gute Vesper- und Fischgerichte, z. B. die klare Fischsuppe mit Edelfischen und Safran für 6,50 €. Und wo gibt es sonst noch einen wirklich guten, knusprigen halben Gockel mit Pommes (8,50 €)?

Kultig – **Aran 3**: Karlstr. 38, Tel. 07541 37 83 51, www.aran.coop. Mo–Fr 8.30–20, Sa 9–20, So 9.30–20 Uhr, Imbiss ab 5 €. Schön und qualitätvoll: Das Aran bietet entspannte Clubatmosphäre, Kaffee aller Art, regionale Weine und ausgezeichnete Brotsorten mit kreativen Aufstrichen. Verlockend sind die sonnigen Plätze an der Promenade.

Schnell & preisgünstig – **Ristorante Pizzeria Centrale 4**: Karlstr. 59, Tel. 07541 37 77 55. Gut, schnell, preisgünstig und mit zahlreichen Tagesgerichten; kleine Mittagsmenüs um 5 €.

Einkaufen

Wochenmarkt – Der Freitagsmarkt von 8–13 Uhr rund um **Adenauerplatz** und **Kirchplatz** ist bunt und mediterran.

Aktiv & Kreativ

Baden – **Frei- und Seebad Fischbach** 1: Fischbach (ca. 6 km westl.), Strandbadstr., Tel. 07541 417 71. Großzügiges Badeareal mit Natursandstrand und beheiztem Außenbecken, Liegewiese, Mutter-Kind-Bereich, Wärmehalle, Gastronomie. **Strandbad Friedrichshafen** 2: Königsweg 11 (1 km westl. vom Schloss), Tel. 07541 28 07 89. Große, ruhige Anlage mit langem Badesteg, da das Ufer mit Beton eingefasst ist.

Bootsvermietung – Vermietung und Bootsfahrten am **Gondelhafen** 3, Tel. 07541 249 55.

Fahrradverleih – **Nextbike:** Standorte: Tourist-Info, Zeppelin Museum, Jugendherberge, Medienhaus am See. Telefonische Ausleihe: 030 69 20 50 46, www.nextbike.de. **Hotel Gasthof Rebstock:** Werastr. 35, Tel. 07541 950 16 40, www.gasthof-rebstock-fn.de. **Zweirad Schmid:** Ernst-Lehmann-Str. 12, www.zweirad-schmid.de. **Radsport Moosbacher:** Fischbach (ca. 6 km westlich), Meersburger Str. 1, Tel. 07541 431 10, www.fahrradprofis.de.

Stadtführungen – Mai–Sept. Sa 10 Uhr, im Juli, Aug. auch Di ab **Tourist-Info.**

Abends & Nachts

Kulturzentrum – **Kultur- und Congress-Centrum Graf-Zeppelin-Haus** 1: Olgastr. 20, Tel. 07541 28 80, www.gzh. de. Das moderne Kulturzentrum liegt neben dem Jachthafen und bietet eine Vielzahl an kulturellen Veranstaltungen, Theater, Musik, Ausstellungen.

Jede Menge Kulturelles – **Bahnhof Fischbach** 2: Fischbach (ca. 6 km westl. vom Zentrum), Eisenbahnstr. 15, Tel. 07541 442 24, Kartenreservierung Tel. 442 26, www.bahnhof-fischbach.de. Gastronomie Mo–Fr 17–1, Sa ab 16, So ab 10 Uhr, Hauptgerichte 8–16 €. Kultur und Gastronomie im ehemaligen Bahnhof. Bespielt wird er mit Konzerten, Kabarett, Lesungen und Kleinkunst. Im Restaurant mit Wintergarten oder im Biergarten (17–1, So 10–1 Uhr) gibt es eine vielseitige Küche, von der Vesperkarte bis zu mediterran-asiatischen Gerichten. Tol-le Eiskreationen.

Szenetreff – **Tanzpalast** 3: Anton-Sommer-Str. 7, Gewerbegebiet Friedrichshafen-Ost (nahe Jugendherberge), Mobil 0171 486 54 84, www.tanzbar-sinatra.de. Abtanzen auf 2 Floors. Aus dem Club Picasso ist der Danceclub Fortuna geworden: mit über 700 m^2 Fläche, einer über 20 m langen Bar, mit R'n'B, Hip-Hop, Brooklyn Black etc. Die Tanzbar Sinatra bietet 70er-, 80er- und 90er-Jahre-Mainstream, Charts und House. Freitagnacht bezahlt man nur einmal Eintritt für beide Clubs.

Infos & Termine

Infos

Tourist-Information Friedrichshafen: Bahnhofsplatz 2, 88045 Friedrichshafen, Tel. 07541 300 10, www.friedrichs hafen.info.

Verkehr

Flugzeug: Der Flughafen (mit dem Zug Richtung Aulendorf) bietet Direktflüge zu nationalen und internationalen Zielen, auch Feriencharterflüge. Fluggesellschaften sind Lufthansa, Intersky, Ryanair und Swiss. Tel. 07541 284 01, www.flughafen-friedrichshafen. de und www.fly-away.de.

Bahn: Der Stadtbahnhof, Bahnhofsplatz 4, Tel. 07541 20 13 85, bietet stdl. Verbindungen Richtung Singen, Radolfzell und Lindau, halbstdl. Verbindungen nach Aulendorf, Ulm. Der Hafenbahnhof ist weniger frequentiert. Infos zu Verbindungen in die Schweiz und nach Österreich s. S. 98.

Bus: Der zentrale Busbahnhof liegt beim Zeppelin Museum und Hafenbahnhof. Schnellbusse nach Meersburg, Konstanz; Seelinie nach Meersburg, Überlingen; nach Tettnang, nach Langenargen-Kressbronn. Auskünfte Tel. 07541 301 30, www.bahn.de/rab.

Stadtbus: Linien in alle Ortsteile, Kundencenter im Stadtbahnhof, Tel. 07541 313 90, www.stadtverkehr-fn.de.

Schiff: Verbindungen nach Konstanz und Bregenz; Autofähre nach Romanshorn tgl. im Stundentakt; zahlreiche Ausflugsfahrten. Bodensee Schiffsbetriebe BSB, Seestr. 23, Tel. 07541 923 83 89, www.bsb-online.com. Der Katamaran nach Konstanz verkehrt tgl. im Stundentakt, Tel. 07541 971 09 00, www.bodensee-katamaran.de.

Termine

Internationales Stadtfest: Ende Juni. Tanz und Musik aus zahlreichen Ländern auf der Uferpromenade.

Seehasenfest: Mitte Juli. 5 Tage lang Heimat- und Kinderfest an der Promenade mit Seefeuerwerk.

Kulinarisches Stadtfest: Mitte Aug. 10 Tage kulinarische Spezialitäten der Region in Restaurants und an der Promenade.

Zeltfestival: Letzte 10 Tage der baden-württembergischen Schulferien: mit Musik, Theater, Kleinkunst, Kabarett an der Promenade.

Tettnang ▶ K 4

Im östlichen Schussental, an den Ausläufern des Allgäus liegt das Zentrum

Mein Tipp

Zeppelinflug ▶ J 4

Einzigartig ist ein Flug im neuen Zeppelin NT (Neue Technologie). Lautlos schwebt man in dem eleganten weißen Luftschiff in nur wenigen 100 m Höhe über der Bodenseeregion mit Voralpenland. Es ist so still, dass man die Schiffshörner oder Hundegebell hören kann. Der neue Zeppelin knüpft an die Luftschiffpioniere des letzten Jahrhunderts an, ist aber mit modernster Technologie ausgerüstet. Weltweit einmalig! **Deutsche Zeppelin-Reederei,** Allmannsweiler (beim Flughafen), Allmannsweiler Str. 132, Tel. 07541 590 00, www.zeppelinflug.de. Verschiedene Flugangebote, ab 200 € für 30-Min.-Flug. Werftführungen im Zeppelinhangar: April–Okt. Di, Fr 17 Uhr.

des Hopfenanbaugebietes am Bodensee. Im 13. Jh. erlangte Tettnang Bedeutung als Residenz der Grafen von Montfort (bis 1780). Den Charme der Altstadt prägen die stattlichen Gasthäuser sowie das **Torschloss** (Stadtmuseum mit Renaissancefresken) am Bärenplatz, am Montfortplatz die Bürgerhäuser und das **Rathaus** (Altes Schloss) mit Staffelgiebel von 1667. Gegenüber steht die kleine Rokokokapelle St. Georg. Ab 1712 wurde das dritte, das **Neue Schloss** errichtet, eine repräsentative Vierflügelanlage mit Ecktürmen. Die barocken Prunkräume schmücken kunstvolle Stuckaturen von Joseph Anton Feuchtmayr.

Hopfenmuseum

Hopfengut 20 (Ortsteil Siggenweiler), Tel. 07542 95 22 06, www.hopfenmu

seum-tettnang.de, April Sa, So, Oster-montag 12–17 Uhr, Mai–Okt. Di–Do 10.30–18, Fr–So 10.30–20 Uhr, Erw. 5 €, Kinder 1,50 €
Dem Museum, das in drei historischen Gebäuden die Geschichte des Hopfenanbaus und des Bierbrauens lebendig vermittelt, ist ein moderner Hopfenanbaubetrieb angeschlossen. So kann im Spätsommer die Hopfenernte hautnah miterlebt werden. Auch ein 4 km langer Hopfenwanderpfad startet hier.

Ravensburg ▸ K 2/3

Nordöstlich von Friedrichshafen, in Oberschwaben, erstreckt sich das weite Schussental. In seinem Zentrum wartet das geschäftige Ravensburg (50 000 Einwohner) als Wirtschafts-, Handels- und kulturelles Zentrum der Region mit seiner schönen Altstadt und einem großartigen, neu eröffneten Museumsquartier auf.

Die Wurzeln der Stadt reichen weit zurück in die Geschichte. Die ›Ravensburg‹ war der einstige Stammsitz der Welfen; ihr zu Füßen entwickelte sich ab dem 11. Jh. eine Ortschaft, die schon bald das Marktrecht besaß. Sie lag günstig am Schnittpunkt zweier Fernhandelswege; Handel und Gewerbe nahmen einen mächtigen Aufschwung. 1276 wurde Ravensburg zur Freien Reichsstadt; im 14. Jh. war die Stadt eine der führenden Handelsknotenpunkte Süddeutschlands. Bis zum Beginn des Dreißigjährigen Krieges war das Gemeinwesen ausgeprägt, Handel und Handwerk ließen ein gutes Auskommen zu.

Altstadt

Die Altstadt von Ravensburg ist noch heute von dem ehemaligen, teilweise begrünten Befestigungsring und einem guten Dutzend Türmen und Stadttoren umgeben. Die meisten wurden im 14. und 15. Jh. errichtet. Wunderschön ist die Vielfalt ihrer Formen: kantig, halbrund oder rund, in strahlendem Weiß oder altersmürbem Stein. Sie alle wurden in der Zeit gebaut, als die Freie Reichsstadt Ravensburg eine der führenden süddeutschen Handelsstädte war und zahlreiche Patrizierclans die Handelskontore regierten.

Türme, Tore, Patrizierbauten

Alle Wege führen auf den zentralen **Marienplatz** zu. Überraschend und ungewöhnlich sind seine Ausmaße: Der lang gestreckte, breite Platz zieht sich durch die gesamte Altstadt; außer für Busse und Taxen ist er komplett verkehrsberuhigt. Entlang dem Platz reihen sich Cafés an Restaurants und Bistros – die Wahl fällt da schwer. Im Zentrum des Zentrums steht das stattliche **Waaghaus** **1** . Der repräsentative elegante Bau mit Treppengiebeln wurde kurz vor 1500 als städtisches Kaufhaus errichtet. Das heißt, er war die zentrale Warenbörse und Zollstätte für Waren aller Art. Der Schwörsaal mit seinen eindrucksvollen Holzstützen nimmt das gesamte Obergeschoss ein. Hier legten die Ratsherren einmal im Jahr ihren Schwur auf die Stadtverfassung ab, und die Tuchhändler breiteten hier ihre Stoffe aus aller Welt aus. Immer auch war er Fest - und Veranstaltungssaal.

Daneben reckt sich der viereckige **Blaserturm** **2** (Turmbesteigung April–Okt. Mo–Fr 14–17, Sa 10–15 Uhr) mit seinem feingliedrigen, oktagonalen Turmaufsatz 50 m in die Höhe: Er war der zentrale Feuerwach-, Uhren- und Spähturm der Stadt. Sein Name geht auf den Turmwächter, den Blaser, zurück.

Das angrenzende prachtvolle Gebäude in Rot mit kleinem, spitzem Turmaufsatz und Treppengiebeln ist das **Alte Rathaus** 3. Es stammt aus dem Jahr 1386, wurde mehrfach umgebaut und besitzt zwei spätgotische Ratssäle. Am östlichen Eingang kann man noch die ›Ravensburger Elle‹ sehen, das reichsstädtische Längenmaß von 61,59 cm. In nördliche Richtung läuft parallel zum Marienplatz die Kirchstraße mit der Tourist-Information auf das **Frauentor** 4 (14. Jh.) und den **Grünen Turm** 5 (15. Jh.) mit seinem Spitzhelm und der glänzenden grünen Ziegeldeckung zu.

Schlendert man zurück auf den Marienplatz, zweigt nach Westen hin die geschäftige Bachstraße mit ihrem plätschernden Wasserlauf ab. Am Straßeneingang liegen zwei stattliche Bauten: das **Lederhaus** 6 und das **Seelhaus** 7. Ersteres war das Markt- und Zunftgebäude der Schuhmacher, Gerber und Sattler. Erbaut um 1400, ist es ein Jahrhundert später vergrößert worden. Die Bemalung wurde um 1900 ergänzt. Heute ist es Post- und Verwaltungsbau. Das Seelhaus diente als Pilgerherberge.

Neben der Bachstraße ist die beim Alten Rathaus abzweigende **Marktstraße** die Hauptschlagader der Altstadt. Sie zeugt von schönen alten Patrizierbauten mit Laubengängen und vielfältigen Giebelvarianten, so z. B. von der **Brotlaube** 8, dem 1625 erbauten Marktgebäude der Bäcker, Metzger und Kürschner mit großem Saal im Obergeschoss. Die **Städtische Galerie Ravensburg** 9 (Am Gespinstmarkt, Tel. 0751 363 87 14, www.ravensburg.de, Di–So 10–13, 14–18 Uhr, 4 €) ist nur ein paar Schritte entfernt. Sie hat sich mit hochkarätigen, völlig unterschiedlichen Wechselausstellungen internationaler Künstler einen Namen gemacht.

Humpis Quartier 10

Marktstr. 45, Tel. 0751 828 20, www. museum-humpis-quartier.de, Di–So 11–18, Do 11–20 Uhr, Eintritt frei, Kinderführung Sa 15 Uhr

Ins Auge fällt das Bauensemble Humpis Quartier. Die sieben über einen Innenhof miteinander verbundenen Patrizierbauten (1735–1503) bildeten das Wohnquartier der reichen Fernhändlerfamilie Humpis. Die im Original erhaltenen gotischen Innenräume wurden traumhaft schön saniert; der Innenhof erhielt eine gläserne Überdachung und bildet nun das Herzstück des im Juli 2009 eröffneten kultur- und **stadthistorischen Museums.**

Das Bauensemble ist eines der größten und besterhaltenen in ganz Süddeutschland und bildet nun einen grandiosen Rahmen: Geschichte und Kultur sind darin authentisch in Szene gesetzt. Die einstigen Bewohner werden virtuell zum Leben erweckt, und jede der Personen mit ihrem Lebensumfeld wird mit der Stadtgeschichte verwoben. Der Samstag ist für Kinder und Familien besonders anziehend: Dann kann hier z. B. Papier geschöpft, gefilzt und in der Schreibwerkstatt gearbeitet werden. Wechselausstellungen und zahlreiche Veranstaltungen, ein Geschichtslabor, ein Shop und Gastronomie vervollständigen die anregene Museumswelt.

Museum Ravensburger 11

Marktstr. 26, Tel. 0751 860, www. ravensburger.de, Di–So 10–17 Uhr

Auf der anderen Straßenseite bildet das Stadthaus der Ritter Schellenberg zu Kißlegg (1416 erbaut), seit 1883 Stammsitz des Buch- und Spieleverlags Otto Maier Ravensburger AG, ein weiteres Highlight. Der Spieleverlag hat den Namen Ravensburg mitgeprägt. Ab Juli 2010 wird im neu gestalteten Museum auf drei Etagen die Welt der

Ravensburg

Sehenswert
1. Waaghaus
2. Blaserturm
3. Altes Rathaus
4. Frauentor
5. Grüner Turm
6. Lederhaus
7. Seelhaus
8. Brotlaube
9. Städtische Galerie Ravensburg
10. Humpis Quartier
11. Museum Ravensburger
12. Schwarzer Mohren
13. Mehlsack
14. Ravensburger Spieleland
15. Minimundus

Übernachten
1. Romantikhotel Waldhorn
2. Hotel Gasthof Obertor
3. Gasthof Ochsen
4. Gasthaus zum Bräuhaus
5. Erlebnishof Gut Hügle
6. Jugendherberge Veitsburg

Essen & Trinken
1. Restaurant Waldhorn und Zunftstube Rebleutehaus
2. Gaesselin Café Bar Restaurant
3. Weinstube Zum Muke
4. Café Colours
5. Konditorei Café Honold

Einkaufen
1. Bauernmarkthalle

Aktiv & Kreativ
1. Golfanlage Ravensburg

Abends & Nachts
1. Café Bar Luederitz
2. Theater Ravensburg

Spiele- und Buchmacher lebendig: Ein spannender Blick hinter die Kulissen!

Südöstlicher Abschluss der Altstadt

Flaniert man noch ein Stück weiter südostwärts, trifft man auf das Gasthaus **Schwarzer Mohren** 12. Das gibt es schon seit 1530; vorher war es das Haus der Großen Ravensburger Handelsgesellschaft, das Hauptkontor des Kaufmannclans der Humpis, die bis zum Beginn des 16. Jh. mit Luxuswaren aus Italien, Spanien und Polen Neid erregende Gewinne machte. Hier, zwischen der alten Bausubstanz, soll ein zeitgenössischer Museumsbau für Furore sorgen, der für eine große private Kunstsammlung errichtet wird – noch allerdings ist das Zukunftsmusik.

Direkt im Blickfeld liegt nun der **Mehlsack** 13 (Turmbesteigung April–Okt. Sa, So 10–15 Uhr, 2 €). Der weiße, bezinnte Rundturm ist einem überdimensionierten Mehlsack ähnlich – daher sein Name. Er steht hier seit 1425 und ist zum Wahrzeichen Ravensburgs geworden. Gemeinsam mit dem Obertor und seinen schönen Treppengiebeln bildet er den südöstlichen Abschluss der Altstadt.

Umgebung

Ravensburger Spieleland 14

Meckenbeuren-Liebenau, Am Hangenwald 1, ausgeschildert (von der B 467 abzweigend), Tel. 07542 40 00, www.spieleland.de, tgl. 10–18 Uhr, ab 15 Jahren 23,50 €, 3–14 Jahre 21,50 €, Kombitickets mit Minimundus

Rafting, Paddeltouren, Käpt'n Blaubärs Abenteuerfahrten, Stranddünen, Eisenbahnen, Galaxy Racer, verrückte Labyrinthe, Duschtunnel, Hängematten, Tierkarussell und Bauernhofabenteuer, zudem Spiele, Spiele, Spiele – und für müde Zeitgenossen gibt es Bollerwagen. Der Erlebnispark Spieleland bietet jede Menge Spaß und aufregende Beschäftigung für Menschen ab 3 Jahren. Besondere Übernachtungsangebote für Eltern mit Kindern gibt es über die Tourist-Info Ravensburg.

Minimundus 15

Meckenbeuren-Liebenau, Am Hangenwald 3, ausgeschildert (von der B 467 abzweigend), Tel. 07542 946 60, www.minimundus-bodensee.de, Ende April–Mitte Okt. tgl. 10–17, Juli, Aug. bis 18 Uhr, im Mai, Juni, Sept. und Okt. Mo geschl., Erw. 9,80 €,

6–14 Jahre 5,80 €, Kombiticket mit Spieleland

Unmittelbar an das Spieleland angrenzend kann man eine Reise zu den über 80 schönsten Bauwerken der Welt unternehmen – im Maßstab 1:25. Im Minimundus Park stehen z. B. goldene Pagoden, die voll funktionsfähige Tower Bridge, die Tempel von Ankor Wat, süditalienische Trulli, das New Yorker Guggenheim Museum und vieles mehr. Alle Bauten sind handwerklich und architektonisch von exzellenter Qualität. Der Park ist 40 000 m^2 groß, wunderschön angelegt und bietet neben einem Panorama-Restaurant auch ein 4-D-Kino (!) und zusätzliche Ausstellungen.

Übernachten

Spitzenklasse – **Romantikhotel Waldhorn** 1: Marienplatz 15, Tel. 0751 361 20, www.waldhorn.de, DZ 135–220 €. Das schöne alte Haus am Marienplatz mit Erweiterungsbau wird schon in der 5. Generation von der Familie Bouley-

Dressel geführt. Das Hotel bietet gemütliche, individuell gestaltete Zimmer mit allem Komfort. Berühmt ist die Küche des Waldhorns (s. u.).

Behaglich – **Hotel Gasthof Obertor 2**: Marktstr. 67, Tel. 0751 366 70, www.hotelobertor.de, DZ 60–180 €. Das 3-Sterne-Hotel schmiegt sich im verkehrsberuhigten Zentrum an das weiße Obertor an; die Zimmer sind gepflegt und komfortabel. Eine Gastterrasse gibt es auch.

Günstig und zentral – **Gasthof Ochsen 3**: Eichelstr. 17, Tel. 0751 254 80, www.ochsen-rv.de; DZ 80–90 €. Schönes, rotes Stadthaus im Zentrum mit angenehmen Zimmern.

Rustikal – **Gasthaus zum Bräuhaus 4**: Obereschach (ca. 7 km südl., nahe Spieleland), Kehlstr. 8, www.braeuhaus-obereschbach.de; DZ 55–68. Das stattliche Fachwerkhaus bietet ordentliche Zimmer und deftige Wirtshausküche.

Komfortabel – **Erlebnishof Gut Hügle 5**: Bottenreute 5–7 (ca. 9 km südl. von Ravensburg), Tel. 0751 618 23, www.guthuegle.de, 20–80 € pro Tag (ab 3 Übernachtungen). Auf dem Erlebnisbauernhof mit schönem Neubau, in der 10. Generation geführt, mehrere Ferienwohnungen im Haupthaus und Nebengebäude, geschmackvoll und komfortabel. Für Kinder gibt es eine Abenteuerscheune. Auch Maislabyrinth, Kirschgarten und Kaffeewirtschaft (tgl. 8–23 Uhr).

Günstig – **Jugendherberge Veitsburg 6**: Veitsburgstr. 1, in der ehem. Veitsburg gelegen, 10 Min. Fußweg zum Zentrum, Tel. 0751 253 63, www.jugendherberge.de, ab 19,50 € pro Person im Meerbettzimmer.

Essen & Trinken

Die Gastronomie in Ravensburg ist sehr vielfältig – vom kleinen Snack und Ei-

nem Eisbecher bis zur gerühmten Sterneküche. Hier nur eine kleine Auswahl:

Top – **Restaurant Waldhorn und Zunftstube Rebleutehaus 1**: s. S. 127. Mo–Sa 12–14 und ab 18 Uhr, Tagesgerichte ab 10 €. In holzgetäfelten Räumen hinter Butzenscheiben tischt Albert Bouley seine asiatisch und französisch inspirierte Küche auf, für die er seit vielen Jahren mit einem Michelin-Stern geehrt wird. In der Zunftstube mit der Terrasse auf dem Marienplatz regiert eine verfeinerte Regionalküche für höchste Ansprüche.

Qualitätvoll – **Gaesselin Café Bar Restaurant 2**: Adlerstr. 2, Tel. 0751 225 26, www.gaesselin.de, Mo–Sa 9–1, So 10–18 Uhr. Puristisch präsentiert sich der Allrounder. Leckeres Frühstück, günstiger Mittagstisch (Karottensuppe 3,70 €, Cocos Curry mit Gemüse, Pute und Reis 7,80 €) und eine schwäbisch-internationale Abendkarte zeichnen das Gaesselin aus.

Gemütlich – **Weinstube Zum Muke 3**: Herrenstr. 16, Tel. 0751 369 80. Mittagstisch (11.30–14 Uhr), z. B. Semmelknödel mit Waldpilzen in Rahmsauce 5,30 €. Abends (17.30–23 Uhr) schwäbische Küche und knackige Wokgerichte wie Woktopf mit Fisch und Meeresfrüchten (11,50 €). Die historische Weinstube ist ein beliebter abendlicher Treffpunkt. Mit schöner Terrasse.

Cool – **Café Colours 4**: Bachstr. 25, Tel. 0751 352 68 28, www.cafecolours.de, Mo–Sa 8.30–1, So ab 10 Uhr. Hauptgerichte ab 7 €. Frühstück, Mittag, Kaffee und Kuchen – Tages- und Abendcafé sowie Bistro bis hin zum Absacker. Schwäbische und italienische Küche mit exotischen Abstechern. Lauschige Hofterrasse.

Köstlich – **Conditorei Café Honold 5**: Kirchstr. 15, Tel. 0751 237 71, www.conditorei-honold.de. Alteingesessene Konditorei mit tollen Torten, Kuchen, hauseigenen Pralinen.

Einkaufen

Wochenmarkt – Sa 7.30–13 Uhr, **Markt-straße, Gespinstmarkt.** Wunderschö-ner Markt, der hier auf eine lange Tra-dition zurückblicken kann.

Bauernmarkt – **Markthalle** : Markt-straße 6, Mo–Fr 9–18, Sa 8–13 Uhr. Obst, Gemüse, Fisch, Fleisch, Bauern-hofprodukte aus der Region und di-rekt vom Erzeuger.

Aktiv & Kreativ

Golf – **Golfanlage Ravensburg** : Schmalegg (ca. 7 km westl.), Hofgut Okatreute, Tel. 0751 99 88, www.golf-club-ravensburg.de. 18-Loch-Platz in herrlicher Lage mit Alpenpanorama; öffentlicher 6-Loch-Kurzplatz.

Historische Stadtführungen – **Tourist Information:** s. S. 130. Ganzjährig Sa 11, Juli–Okt. Mi 14 Uhr, im Aug. Mo–Fr

Stattliche Bürgerhäuser in der Ravensburger Altstadt: Leder- und dahinter das Seelhaus

14 Uhr, Kinderstadtführung April–Okt.
jeden 1. So im Monat, 11 Uhr.

Abends & Nachts

Trendy – **Café Bar Luederitz** **1** : Marienplatz 6, Tel. 0751 141 51, ab 16, Nov.–
April ab 18 Uhr, So geschl. Café, Bistro,
Bar mit Terrassenbetrieb. Schöner Ge-
wölbekeller im Retrostil, wo sehr gute
Cocktails gemixt werden.
Theater – **Theater Ravensburg** **2** : Zeppelinstr. 7, Tel. 0751 138 84, Kartenreservierung Tel. 0751 233 64, www.
theater-ravensburg.de. Ein bunter, an-
spruchsvoller Spielplan, der für jeden
etwas bietet. Mit Theatercafé.

Infos & Termine

Tourist Information Ravensburg:
Kirchstr. 16, 88212 Ravensburg, Tel.
0751 828 00, www.ravensburg.de. In
Kombination mit dem Besuch vom Ravensburger Spieleland übernachten
Kinder in ausgesuchten Hotels kosten-
los. Kinderprogramme: www.kinder.ra
vensburg.de.

Verkehr

Bahn: Aulendorf, Ulm bzw. Friedrichshafen halbstdl., www.bahn.de.
Bus: Servicecenter Tel. 0751 27 66. Regelmäßige Verbindungen ins Umland;
mehrmals tgl. nach Meersburg.

Termine

Rathauskonzerte: Juni–Sept. Do 19 Uhr.
Konzerte unter freiem Himmel mit an-
sässigen Musikkapellen.
Jazztime: 2. Mai. Zahlreiche Veranstaltungen und Jazzkonzerte aller Richtungen in Kneipen, Kellern, Cafés;
www.jazztime-ravensburg.de.
Kunsthandwerkermarkt: Wochenende
im Juli, am Hirschgraben. Entlang der

Stadtmauer wird Schmuck, Textiles,
Keramik, Kunsthandwerk, Malerei und
Skulptur dargeboten. Mit Musik und
kulinarischem Angebot.
Ravensburg blüht: Sa im Mai. Händler
und Floristen präsentieren im Gäns-
bühlareal alles rund um den Garten,
auch Töpferwaren und Mitmachange-
bote.

Weingarten ▶ K/L 2

In der kleinen Industriestadt Weingarten, 3 km von Ravensburg entfernt,
ragt in Übergröße der ›schwäbische Petersdom‹, die größte Barockbasilika
Deutschlands, in den Himmel; sie ist
auch Pfarrkirche. Auf der Anhöhe des
Martinsberges bildet sie zu Ehren des
Blutes Christi das alles beherrschende
Zentrum der Stadt.

Berühmt ist der sogenannte **Blutritt:**
Am Tag nach Christi Himmelfahrt, am
Blutfreitag, versammeln sich Tausende
von Menschen in den geschmückten
Straßen Weingartens, um dem Blutritt
beizuwohnen. Seit 1529 findet die
prunkvolle Prozession statt, in der die
Heilig-Blut-Reliquie aus der Basilika
durch Weingarten und die Fluren
ringsum getragen wird. Rund 3000
Pferde und Reiter in Frack und Zylin-
der, Musikkapellen, Pfarrherren und
Ministranten aus Oberschwaben bilden den Zug und legen so ein jährliches Glaubensbekenntnis ab.

Geschichte

Im 10. Jh. gründete das Geschlecht der
Welfen an diesem Ort, der damals
noch Altdorf hieß, das Benediktinerkloster Weingarten, das im 12. und
13. Jh. ein bedeutendes Zentrum der
Buchmalerei war. Die Klosterkirche
wurde auch Grablege der Welfen.

Nach dem Neubau ihrer Konventanlage (1124–1182) bildete die Blutreliquie den größten Schatz der Klosterkirche. Sie war 1094 durch die welfische Herzogin Judith von Flandern dem Kloster anvertraut und zunehmend verehrt worden. Im 18. Jh. ließen die Reichsprälaten auf dem Martinsberg die neue Klosteranlage bauen, die von dem gewaltigen Münster beherrscht wird.

Benediktinerabtei St. Martin

Vom Münsterplatz steigt man hinauf: Überwältigend sind die Dominanz der 67 m hohen Kuppel und die gewölbte Fassade zwischen den Westtürmen. Die Architektur basiert auf den Ideen mehrerer Baumeister. Bruder Schreck verband dafür u. a. die Entwürfe von Christian Thumb d. Ä., Caspar Moosbrugger und Franz Beer d. J. Letzterer begann 1715 mit dem Bau, 1724 schloss der Italiener Donato Frisoni mit der Westfassade und den Westtürmen die Bauarbeiten ab.

Innenraum

Hell, weit, leicht wirkt der Raum, obwohl die Länge vom Portal bis zur Vierungskuppel über 100 m beträgt. Die großartigen Deckenfresken stammen von Cosmas Damian Asam; sie zeigen die hl. Dreifaltigkeit, die Anbetung des Lamms, Mariä Himmelfahrt, den Ordensgründer Benedikt, die Verherrlichung des hl. Blutes und über dem Westchor die Geburt Christi. Die delikat zurückhaltenden Stuckarbeiten stammen von Franz Schmuzer. Das geschnitzte Chorgestühl ist das Werk von Anton Feuchtmayer. Hinter dem herrlichen filigranen Chorgitter liegt der Hochaltar von Donato Frisoni; bedeutende Kunstwerke sind auch die Altar-

Gemälde von Giulio Benso und Carlo Carlone. Am Choreingang steht der Marmoraltar (1931) mit der Heilig-Blut-Reliquie.

Orgel

Weltberühmt ist die gewaltige Orgel auf der Westempore von Joseph Gabler, der sie 1737–1750 erbaute. Sie besitzt 66 Register und 6666 Pfeifen – eine Referenz an die sechs Schöpfungstage. Ihr Klangspektrum ist einzigartig: Sie verfügt über Paukenregister, Kuckucksruf, Nachtigallenschlag und Glockenspiel. Das Brausen dieser größten und schönsten Barockorgel in Süddeutschland bei Gottesdiensten und Konzerten zu hören ist ein bewegendes Erlebnis.

Infos & Termine

Amt für Kultur und Tourismus: Münsterplatz 1, 88250 Weingarten, Tel. 0751 40 51 25, www.weingarten-online.de.
Führungen mit Musik: Mai–Okt. Kurzführung in der Basilika mit anschließender Sonntagsmusik auf der Gabler-Orgel.
Blutritt: Tag nach Christi Himmelfahrt. Prozession mit der Heilig-Blut-Reliquie (s. S. 130).
Orgelkonzerte: Regelmäßig bei Gottesdiensten erklingt die Orgel, und an fast jedem Sa oder So finden nachmittags Orgelkonzerte statt. Konzertkarten: Kath. Pfarramt St. Martin, Tel. 0751 56 12 70, www.st.martin-weingarten.online.de oder Amt für Kultur und Tourismus (s. o.).
Klosterfestspiele: Aug./Sept. Mehrere Aufführungen eines klassischen Theaterstücks. Vor dem Schlössle in der Stadt kommt die leichte Muse zum Zug. Tickets und Programm: Kulturamt und www.klosterfestspiele-weingarten.de.

Bayerisches Ufer und Umgebung

Highlight !

Lindau: Höhepunkt der schönen, ge-
pflegten Altstadt von Lindau auf der
Halbinsel im See ist die Uferprome-
nade und die Hafeneinfahrt mit
Leuchtturm und bayerischem Löwen.
S. 144

Kultur & Sehenswertes

Idyll: Das Inselchen Wasserburg mit Kirche, Friedhof, Pfarrei, dem einstigen Kloster und dem kleinen Museum ist eine wahre Idylle und ein berühmtes Motiv für Maler. S. 142

Geschichte und Musikautomaten: Im reich bemalten Haus zum Cavazzen ist das Stadtmuseum Lindau beheimatet. Reizvoll sind auch die mechanischen Musikinstrumente. S. 147

Aktiv & Kreativ

Sundowner-Segeln: Auch ohne jegliche Vorkenntnisse kann man vom Jachthafen Kressbronn aus einen kleinen Segeltörn bei Sonnenuntergang genießen. S. 139

Nordic Walking: Von Nonnenhorn aus erschließen sich die abwechslungsreichen, schönen Routen des Nordic Walking Parks im bayerischen Hinterland. S. 141

Genießen & Atmosphäre

Nicht nur Schiffe gucken: Mit einem Eis auf der Bank in der Sonne sitzen – im Blick die Segelschiffe und das maurische Schloss auf der Landzunge vor der Kulisse der Alpengipfel ... die Uferpromenade von Langenargen ist zum Träumen! S. 135

Abends & Nachts

Coole Bar: In der modern gestylten Hafenbar Ultramarin mit verglaster Hafenfront und 12 m langem Tresen in Kressbronn werden ab 17 Uhr die Cocktails gemixt. S. 139

Marionettenoper: Wunderschöne Marionetten hervorragend in Szene gesetzt – in Lindau gibt es eingespielte, professionelle Operninszenierungen im Puppenformat. S. 153

Unterwegs zur Inselstadt

Nördlich von Langenargen und Lindau erstreckt sich ein liebliches oberschwäbisches und bayerisches Hinterland, und vor der Kulisse der österreichischen und schweizerischen Alpen strahlt und glitzert der See. Langenargen besticht mit seinem maurischen Schlösschen, der schönen Promenade, dem eleganten Jachtzentrum und den rassigen hochkarätigen Segelregatten. Das winzige Inselchen Wasserburg ist ein überaus malerischer Flecken, und die geschichtsträchtige Altstadt von Lindau mit ihrer prachtvollen Hafenkulisse mit Leuchtturm und bayerischem Löwen, den Restaurants und Terrassencafés an der Promenade ist eines der meistbesuchten Ziele am Bodensee.

Langenargen ► K 5

Ein maurisch anmutendes Schloss auf einer Landzunge, ein bisschen Côte d'Azur und eine wunderschöne, von Restaurants, Cafés und Hotels gesäumte Uferpromenade: Langenargen ist die ›Sonnenstube am See‹ und bietet neben zahlreichen Wassersportvergnügen, einer bedeutenden Segelregatta und weithin bekannten Hafenfesten auch einen netten Ortskern und ein interessantes Heimatmuseum, das sich dem Expressionisten Hans Purrmann widmet.

Das 6000-Einwohner-Städtchen zwischen Eriskirchner Ried und der Argen-Mündung hatte einst eine wichtige Position im Argengau inne. Es hieß damals Argen und war das regionale Machtzentrum. Vom 13. Jh. an beherrschten die Grafen von Montfort in ihrer Burg auf der vorgeschobenen Halbinsel das Land über Jahrhunderte.

Der württembergische König Wilhelm I. kaufte die Halbinsel und ließ 1866 ein orientalisch-maurisches Fantasieschloss als Sommerresidenz errichten. Über mehrere Ecken kam Schloss Montfort schließlich in den Besitz von Prinzessin Luise von Preußen, der Nichte Kaiser Wilhelms I., die solch maskierte Architektur aus Potsdam kannte. Auch sie verbrachte hier 30 Jahre lang die Sommermonate.

Schloss Montfort

Der kapriziöse Blickfang mit maurisch-gotischen Anklängen aus braunen und honigfarbenen Ziegeln ist mit seinem achteckigen Turm das Wahrzeichen Langenargens. Das Schloss dient heute als Veranstaltungs- und Tagungsort mit Restaurant, Café und Aussichtsterrasse: Der Blick auf See und Alpen ist traumhaft! Im prächtigen Saal im Obergeschoss finden Sommerkonzerte statt.

Uferpromenade und ›Städtle‹

Vom Schloss aus zieht sich die reizvoll angelegte Uferpromenade mit ihrem Gondelhafen und der Schiffsanlege bis hin zum großen Segelhafen, dem Jachtclub und der ›Malerecke‹ an der Mündung der Argen. Hotels, Restaurants, Cafés und kleine Läden begleiten den Uferflaneur.

Auch der historische Ortskern, das sogenannte ›Städtle‹ rund um den Marktplatz mit seinen zahlreichen Häusern aus dem 17. und 18. Jh., ist hübsch und anmutig. Die **Pfarrkirche St. Martin** mit ihrer lichten Halle besitzt schöne szenische Darstellungen aus dem Neuen Testament (ab 1718) vom einheimischen Anton Maulbertsch. Das Schutzengelbild von 1724 am linken Pfeiler der Eingangshalle ist der größte Schatz. Es stammt wahrscheinlich von dem ebenfalls einheimischen Künstler Franz Joseph Spiegler – genau weiß man es nicht.

Museum Langenargen

Marktplatz 20, Tel. 07543 34 10, April–Mitte Okt. Di–So 10–12, 14–17 Uhr
Im Museum Langenargen, dem ehemaligen Pfarrhaus gegenüber der Kirche, gibt es von Anton Maulbertschs berühmtestem Sohn, Franz Anton Maulbertsch, nur ein einziges Werk zu sehen. Hier warten jedoch die Arbeiten des expressionistischen Malers Hans Purrmann (1880–1966) auf Entdeckung: Gemälde von außerordentlicher farblicher Brillanz. Purrmann, des-

Mein Tipp

See- und Alpenpanorama
Besteigt man den Turm von Schloss Montfort, bietet sich eine herrliche Aussicht auf den See, die gegenüberliegenden Schweizer Alpen und das hügelige Hinterland. Schön ist auch der Blick auf den historischen Ortskern Langenargens und den malerischen Gondelhafen (April–Okt. tgl. 10–12, 13–17 Uhr, Erw. 1,50 €, Kinder 0,50 €).

sen Werk von den Nazis verboten wurde, war mit Henri Matisse befreundet und lebte hier von 1916 bis 1935; auf dem Friedhof in Langenargen ist er begraben.

Übernachten

Chic und trendy – **Seehotel Litz:** Obere Seestr. 11, Tel. 07543 931 10, www.see hotel-litz.de; DZ 100–170 €, Hauptgericht 14–20 €. Direkt am Gondelhafen liegt das Haus mit komfortablen Zimmern, überwiegend mit Balkon. Highlight sind die noblen Designzimmer in Weiß und Creme mit französischem Balkon oder Terrasse. Terrassenrestaurant und trendige Loungebar im Freien. Anspruchsvolle Küche.

Sehr komfortabel – **Hotel Restaurant Schwedi:** Schwedi 1, Tel. 07543 93 49 50, www.hotel-schwedi.de, DZ 90–150 €, Menü mit 7 kleinen Gängen 23 €. Schönes, gepflegtes, familiengeführtes Feriendomizil außerhalb des Ortes am Eriskircher Ried; großer Garten mit Liegewiese bis zum See und bewirtschafteter Terrasse. Glasüberdachter Außenpool, Spabereich. Gute Küche, be-

sonders Fisch aus eigener Fischerei in allen Variationen.
Zentral am See – **Hotel-Restaurant Klett:** Obere Seestr. 15, Tel. 07543 22 10, www.hotel-klett.de, DZ 70–140 €. Ein nettes Plätzchen zum Übernachten, direkt an der Promenade. Angenehme Zimmer, überwiegend mit Balkon. Restaurant mit Gartenterrasse.

Essen & Trinken

Ein Traum – **Landhaus Malereck:** Argenweg 60, Tel. 07543 912, www.restaurant-malereck.de, 11.30–23 Uhr, nachmittags Kaffee und Kuchen, kleines Vesper, Di geschl. Im elegant-lässigen Landhaus mit weiten, baumbestandenen Rasenflächen bis zum Seeufer bietet das Ehepaar Essink Urlaubs- und Gaumenfreuden pur. Die Gartenterrasse ist ein Genuss, das Essen ebenso: Von schwäbischen Spezialitäten bis zu asiatisch angehauchten Gerichten ist alles aus frischesten, möglichst regionalen Produkten. Wechselnde Karte, Tagesmenü. Schweinebraten an Senfrahmsauce mit hausgemachten Spätzle 13,50 €.
Cool – **Restaurant Schuppen 13:** Argenweg 60, Tel. 07543 15 77, www.schuppen13.de. Di–So 9–24 Uhr, Hauptgerichte 14–20 €. Italienische Küche auf der großen Seeterrasse direkt am Jachthafen bietet das moderne, großzügige Restaurant.
Tolle Lage – **Hotel Restaurant Schiff:** Marktplatz 1, Tel. 07543 24 07, www.schiff-hotel.de, Küche Fr–Mi 12–14, 18–21 Uhr, Hauptgerichte ab 10 €. Direkt an der Uferpromenade mit Panoramarestaurant und großer Terrasse unter alten Bäumen. Regionale Küche, frischer Fisch und regionale Weine.
Hübsch – **Strand-Café:** Obere Seestr. 32, Tel. 07543 932 00, www.strand-cafe-lang.de, tgl. 8–22 Uhr, im Winter

Mo geschl. Kaffeehaus und Konditorei mit Terrasse und Seeblick bieten Gebäck, Pralinen und Eis aus eigener Herstellung. Auch Gästezimmer.

Einkaufen

Wochenmarkt – Do, **Marktplatz.**
Einkaufen auf dem Bauernhof – Der ländliche Ortsteil **Oberdorf** ist von Langenargen rund 4 km entfernt. Ein schöner ausgeschilderter Wander- und Radweg führt durch Obstplantagen und Wiesen in die Mitte des Dorfes. **Gierer's Bauernlädele:** Oberdorf, Tettnanger Str. 18, Tel. 07543 38 84, www.gierers-bauern-laedele.de, Mo–Sa 10–12, 15–18 Uhr; tgl. frisch gebackenes Brot, Kuchen, ofenfrische Dinnele, Obst, Most, Schnäpse, Dosenwurst und Rauchfleisch. **Obsthof Mülhaupt:** Oberdorf, Ortsstr. 35, Tel. 07543 12 00, www.obsthof-muelhaupt.de, Mo–Sa 8.30–12, 14–18.30, So, Fei 9.30–12.30 Uhr; Obst und Gemüse aus kontrolliertem Anbau sowie Obstsäfte und Edelbrände.

Aktiv & Kreativ

Baden – **Naturstrandbad Langenargen:** am westl. Ortsrand, Seestr. 107, Tel. 07543 22 07, Mai–Sept. tgl. 9–20 Uhr. Schönes ruhiges Bad mit beheiztem Becken, Kinderspaßbecken, Umkleiden und Gastronomie. **Freibadeplatz an der Malerecke:** beim Jachthafen am östlichen Ortsrand.
Wassersport – **Bodenseesegelschule Montfort (BSM):** Obere Seestr. 25, Tel. 07543 20 02, www.bsm-ssl.de. Alle Bodenseepatente Segeln/Motor, Kindersegelkurse, Skippertraining, Jachtcharter, Segeltörns. **Segelschule Das Boot GmbH:** im BMK Yachthafen, Tel. 07543 91 39 74, www.das-boot-gmbh.de. Aus-

bildung und Kurse, alle Bodenseepatente, Segelbootcharter und Wasserski.

Bootsvermietung, Wakeboard, Wasserfun – **Match Center Germany:** Kontakt über Seehotel Litz, Info-Hotline 07543 931 11 50, www.match-center. de. Im Gondelhafen stehen täglich Originaljachten des Match Race Germany zum Mitsegeln bereit. Wunderbar zum Ausprobieren!

Fahrradverleih – **Zweirad Filo:** Kirchstr. 3, Tel. 07543 91 29 10. **Gasthof Adler:** s. o. **Hotel Löwen:** Obere Seestr. 4, Tel. 07543 30 10.

Tanzen – Mi abends (in den Sommermonaten) auf der Schlossterrasse oder im Schloss Montfort.

Infos & Termine

Tourist-Information: Obere Seestraße 2/1, 88085 Langenargen (an der Schiffslandestelle), Tel. 07543 93 30 92, www. langenargen.de.

Bahn: stdl. Anschluss an die Bahnstrecke Friedrichshafen–Lindau.
Bus: Verbindungen nach Friedrichshafen, Kressbronn und Lindau.
Schiff: Linienverkehr zu allen deutschen Uferorten, Querverbindungen nach Arbon und Rorschach. Infos und Tickets in der Tourist-Info.

Langenargener Sommerkonzerte: Fr, Mitte Juni–Mitte Aug. Im Schloss Montfort finden feine kleine Konzerte statt: Klassik, Gitarren-Quartette, Klavierabende.

Langenargener Hafenfest: Juni–Sept., jeden 2. Do: Musik, Kultur und kulinarische Vielfalt am Gondelhafen.

Match Race Germany: Pfingstwochenende von Do bis Mo. Die Weltelite der Segler im Wettkampf.

Kressbronn ▶ K 5

Kressbronn ist gemeinsam mit Langenargen ein Eldorado des Wassersports – beide Orte teilen sich die größten

Maurisch-romantische Idylle – Schloss Montfort in Langenargen

Sportsegelhäfen am Bodensee und bringen mit der Marina Ultramarin in Gohren und dem BMK Yachthafen einen Hauch von Luxusfeeling an den Bodensee. Die Bodanwerft hier im Ort existiert fast 100 Jahre, baut die meisten Bodenseeschiffe, so auch die Katamarane, die Friedrichshafen und Konstanz in hohem Tempo miteinander verbinden. Auch auf den Schweizer Seen fahren übrigens Schiffe aus Kressbronn.

Kressbronn mit seinen 8000 Einwohnern, eingebettet in die grüne Drumlinlandschaft der Voralpen, ist umgeben von Obstplantagen, Wein- und Hopfenreben. Seit 10 Jahren ist der aus zwei Dörfern entstandene Ort vom Durchgangsverkehr befreit und als ›familienfreundlicher Ferienort‹ prämiert. Der Ortskern mit dem Rathausmarkt ist neu gestaltet und verkehrsberuhigt. Die ruhige Uferpromenade und Schiffsanlege, mit alten schimmernden Silberweiden und viel Wiesengrün, ist wunderbar entspannend.

In **Gohren,** ca. 3 km westl. vom Zentrum, an der alten Straße nach Langenargen, überspannt die älteste Hängebrücke Deutschlands den Fluss Argen. Sie wurde 1896–98 errichtet und ist mit ihren hohen gemauerten Ecktürmen ein markantes Industriedenkmal – ihr Vorbild war die Brooklyn Bridge in New York.

Museum im Schlössle

Seestr. 24, Tel. 07543 54 74 60, Di–So 10–12, 15–18 Uhr
Das kleine Museum präsentiert eine interessante kunsthandwerkliche Ausstellung des heimischen Künstlers Ivan Trtanj, der in 35 Jahren eine Sammlung historischer Schiffsmodelle schuf – von den Prunkbarken und Lustschiffen des Barock und Rokoko bis zu den schweren Seglern wie der Bounty – alles nach Originalen und verblüffend detailgenau gearbeitet.

Haus des Gastes, Museum Lände

Seestr. 24, Mai–Sept. Mo–Fr 9.30–12, 15–18, Sa 9.30–12, Okt.–April Di–So 15–17 Uhr
Im einstigen Gesindehaus des Schlössles (s. o.) ist nicht nur das Haus des Gastes beheimatet, sondern auch eine Galerie, wo Künstler der Gemeinde und Wechselausstellungen zur Kunst in Süddeutschland präsentiert werden.

Übernachten

Modern – **Yachthotel Schattmaier:** Gohren, Im Wassersportzentrum 12, Tel. 07543 605 40, www.schattmaier. com, DZ 96–140 €. Großer moderner Hotelkomplex am Hafen Ultramarin; ideal für Wassersportler und Segler. Von der großen Sonnenterrasse blickt man direkt auf den Jachthafen.

Familiär – **Gästehaus Rosenhof:** Bodanstr. 2, Tel. 07543 67 87, www.gaes tehaus-rosenhof.com, DZ 70–88 €. Schönes, familiäres Haus mit 30 Betten, ca. 100 m vom See gelegen. Zimmer überwiegend mit Balkon, Liegewiese am Haus.

Ferienpark – **Campingplatz Gohren:** Gohren, am Seglerhafen, Tel. 07543 605 90, www.campingplatz-gohren. de. Sehr großer Platz im Parkgelände (der größte Platz direkt am Bodensee), mit weitläufigem Naturstrand, Restaurant, Kindererlebnisland, Streichelzoo, Fahrradverleih und allem Komfort. Viele Dauercamper.

Camping – **Campingplatz Iriswiese,** Tel. 07543 80 10, www.campingplatz-iriswiese.de. Ruhiger Platz neben dem Kressbronner Strandbad mit 4-Sterne-Komfort, viele Langzeitnutzer, mit eigenem Naturstrand. Mit Kinderland, Gastronomie und Laden.

Essen & Trinken

Fisch natürlich – **Restaurant Kretzergrund im Strandhotel:** Uferweg 5, Tel. 07543 961 00, Mobil 0173 950 96 46, Jan., Feb. geschl., Restaurant 12–14, 18–22 Uhr, nachmittags Kaffee und Kuchen, Hauptgerichte ab 14 €, Tagesgerichte ab 10 €. Zum gepflegten Hotel gehört das Restaurant Kretzergrund mit großzügiger Seeterrasse in den Uferanlagen. Fischküche aus eigenem Fang, Wildgerichte aus eigener Jagd.

Tagesfrisch – **Hotel Gasthof Krone,** Hauptstr. 41–45, Tel. 07543 960 80, www.hotel-krone-kressbronn.de, Do–Di 9–1 Uhr, Hauptgericht 8–14 €, Tagesgerichte ab 9 €. Im Restaurant und im Biergarten wird eine leichte Bodenseeküche aus tagesfrischen Zutaten angeboten.

Einkaufen

Wochenmarkt – Do 8–13 Uhr auf dem **Rathausplatz.**

Aktiv & Kreativ

Baden – **Naturstrandbad:** Bodanstr. 67, Tel. 07543 50 06 99; steiniger Strand, beschattete Wiesen, mit Wasserspielplatz.

Wassersport – **Wassersport Schattmaier:** Gohren, am Hafen Ultramarin, Tel. 0800 724 28 86 oder 07543 605 40, www.schattmaier.com. Ausbildung für Bodenseeschifferpatente, Segelscheine; Mitsegelmöglichkeiten ohne Kenntnisse; Jachtcharter.

Sundowner-Segeln – Mi ab 17 Uhr im **Ultramarin-Hafen,** auch mit Kindern. Mai–Sept. Anmeldung über Wassersport Schattmaier (s. o.).

Surfen – **Johanns Windsurfschule:** Bodanstr. (beim Strandbad), Tel. 07543 81

64. Kurse für Anfänger und Fortgeschrittene, auch für Kinder.

Fahrradverleih – **Radsport Senger:** Kirchstr. 19, Tel. 07543 80 25.

Radfahren – Kressbronn liegt am Schnittpunkt des **Bodensee-** und des **Donau-Bodensee-Radweges,** ist also idealer Ausgangspunkt für Radtouren um den See und ins Hinterland. April–Okt. Mi 14 Uhr: Geführte Radtouren, Abfahrt vor der **Tourist-Info** (s. u.).

Reiten – **Reitstall Gohren:** Gohren, Langenargener Str. 43, Tel. 07543 61 99.

Kinder – Die **Tourist-Info** (s. u.) bietet u. a. vielfältige, spannende Kinderprogramme für alle Altersgruppen an.

Abends & Nachts

Im Trend – **Hafenbar Ultramarin**: Gohren, Im Wassersportzentrum 10, Mobil 0175 196 82 18, Mo–Sa ab 17, So ab 15 Uhr mit Kaffee und Kuchen. Sehr schick und in. Die moderne Bar mit 12 m langem Bartresen, raumhoch verglaster Hafenfront und Terrasse ist wunderbar für alle Arten von Sundowner.

Infos & Termine

Tourist-Information: Im Bahnhof, 88079 Kressbronn, Tel. 07543 966 50, www.kressbronn.de.

Bahn: Friedrichshafen, Radolfzell sowie Lindau, Bregenz mit stdl. Verbindungen.

Bus: Mo–Fr stdl. nach Friedrichshafen.

Schiff: Juli–Okt. Linienverkehr nach Lindau, Bregenz sowie Friedrichshafen, Konstanz; 1 x tgl. nach Rorschach. Vergnügungsfahrten mit dem Schaufelraddampfer Hohentwiel.

Pfingstfest: Der Musikverein spielt auf, dazu kulinarisches Angebot.

Weinfest: 1. Aug.–Wochenende Weinfest im Seegarten mit Musikfeuerwerk.

Das nördliche Seeufer ist auch in Nonnenhorn vom Weinbau geprägt

Nonnenhorn ▶ K 5

Der charmante kleine Luftkurort Nonnenhorn (1800 Einwohner) liegt schon im Bayerischen auf einer kleinen Halbinsel. Wandern, Radeln, im beheizten Strandbad lümmeln: Nonnenhorn bietet Entspannung und Ruhe in schöner Umgebung, geprägt von Obst- und Weinbau. Im Frühling bezaubert das Blütenmeer der Obstbäume vor dem Panorama des Sees und der verschneiten Berggipfel.

Die beschauliche **Uferpromenade** mit Schiffslände ist von Kastanien und Linden gesäumt. Die kleine **St.-Jakobus-Kapelle** mit geschindeltem Türmchen mitten im Ort stammt aus dem 13. Jh. und war eine der Pilgerstationen auf dem Jakobsweg. Vor der Kapelle erinnert ein Findling an die ›Seegfrörnen‹, als der See komplett zugefroren war – 1573, 1830 und zuletzt im Jahr 1963.

Naturwanderweg Nonnenhorn

Ein schöner 3,5 km langer, ausgeschilderter Naturwanderweg mit herrlichen Aussichtspunkten führt durchs Ortszentrum, am See entlang zum Malerwinkel und durch das Obst- und Weinbaugebiet im Rücken von Nonnenhorn. Texttafeln informieren über Obst- und Weinbau, Naturschutz und Fischerei.

Übernachten, Essen

Gepflegt – **Hotel Haus am See:** Uferstr. 23, Tel. 08382 98 85 10, www.haus-am-see-nonnenhorn.de, DZ ab 90 €, warme Küche 12–14, 18–21 Uhr, Café 14–17.30 Uhr, Mi geschl., Hauptgerichte 20 € und mehr. Stattliches, familiengeführtes Haus, umgeben von Wiesen und Bäumen direkt am See. Mit romantischer Terrasse und großer Liegewiese mit Seezugang. Der Wellnessbereich ist neu gestaltet. Die Küche von Hans-

Peter Knörle mit tagesfrischen Regionalprodukten und Kräutern bietet hohen kulinarischen Genuss.

Komfortabel – **Hotel Restaurant Seewirt:** Seestr. 15, Tel. 08382 98 85 00, www.hotel-seewirt.de, DZ ab 82 €, Restaurant tgl. 8–23 Uhr, Hauptgerichte 14–20 €, Tagesgerichte ab 10 €. Schönes, gemütliches Haus, direkt am See mit beschattetem Biergarten, großzügigen Zimmern und Wellnessbereich. In der historischen Stube mit Kachelofen, im Kaminzimmer und im Kastaniengarten wird eine tagesfrische regionale Küche geboten; von Michelin und Vartaführer empfohlen. Hauseigene Konditorei.

Behaglich – **Hotel Gasthof zur Kapelle:** Kapellenplatz 3, Tel. 08382 52 74, www.witzigmann-kapelle.de; DZ ab 66 €, Restaurant ab 7.30 geöffnet, warme Küche 11.30–22 Uhr, nur im Winter Do geschl., Hauptgerichte ab 14 €. Am idyllischen Kapellenplatz liegt der schöne, weiß verputzte Gasthof mit seinen blauen Fensterläden und dem roten Blumenschmuck. Die Zimmer sind hell und komfortabel; behaglich sind auch das Restaurant und die große Gartenwirtschaft. Die Küche ist regional betont und vielseitig. Spezialitäten: Bodenseefisch und Wild.

Mit Brennerei – **Weinstube Fürst und Gästehaus,** Tel. 08382 899 91 05, www.weinstube-fuerst.de, www.ferienwohnungen-weinstube-fuerst.de, ab 20 € pro Person (Mindestaufenthalt 3 Tage), Gaststube tgl. 11–14.30, 17–22 Uhr, Di ab Mittag geschl. Hinter einem 100-jährigen Mammutbaum blitzt die weiße Fassade des Gasthauses auf; die großzügigen und individuell ausgestatteten Zimmer liegen im Haupthaus, im neuen Anbau die Ferienwohnungen. Lassen Sie sich in der gemütlichen und urigen Gaststube die lokalen Weine und selbst gebrannten Schnäpse schmecken. Vietnamesische Küche.

Camping – **Campingplatz Schnell:** Seestr. 32, Tel. 08382 85 97.

Aktiv & Kreativ

Baden – **Strandbad:** an der Schiffslände. Sehr schöne kompakte Anlage mit beheiztem Schwimmbecken, Kinderpool mit Sonnensegel, Wärmehalle mit Schwimmkanal, Liegewiesen und Kiosk.

Fahrradverleih – **Firma Kugel:** Seestr. 58, Tel. 08382 81 10.

Nordic Walking – **Nordic Walking Park Bayerischer Bodensee:** www.nordicwalkingpark.bayerischerbodensee.de. Auf 17 ausgeschilderten Routen mit insgesamt 130 km zwischen Lindau, Bodolz, Wasserburg und Nonnenhorn kann man die wunderschöne Gegend erkunden. Broschüren in den Tourist-Infos.

Mein Tipp

Rädlewirtschaften

Das Rädle, in anderen Weinregionen auch ein Besen, wird von den Winzern im Sommer an die Tür gehängt: dann laden sie zum Weintrinken ins Haus oder in die Scheune ein. Neben Wein bieten Rädlewirtschaften auch hauseigenen Most und deftige Brotzeiten an. Die Seeweine, überwiegend Grauburgunder und Müller-Thurgau, wie der »Sonnenbichl« oder die »Seehalde«, sollte man unbedingt probieren – sie werden von sieben Winzern vor Ort angebaut und gekeltert. Da die Öffnungszeiten unregelmäßig sind, gibt die Tourist-Info (s. S. 142) Auskunft.

Infos & Termine

Tourist-Information Nonnenhorn: Seehalde 2, 88149 Nonnenhorn, Tel. 08382 82 50, www.nonnenhorn.eu. In den Sommermonaten werden regelmäßig Veranstaltungen wie Kurkonzerte, Konzerte in der Jakobus-Kapelle, Kinderferienprogramme oder geführte Radwanderungen angeboten.
Bahn: stdl. Richtung Lindau/Bregenz und Friedrichshafen/Radolfzell, Auskunft Tel. 08382 118 61.
Bus: Wochentags stdl. nach Friedrichshafen.
Schiff: Juli–Okt. mehrmals tgl. Linienverkehr Richtung Lindau, Bregenz sowie Friedrichshafen, Konstanz.
Komm und See: Mitte Juni. Seefest mit Musik, Kleinkunst, Kulinarik und für das Publikum geöffneten Weingütern.
Kinderfest am See: Juli.
Winzerfest am See: Mitte Aug.
Gourmet & Dixie: Anfang Sept. Kulinarische Köstlichkeiten und Dixieland.

Wasserburg ► K 5

Die denkmalgeschützte Halbinsel Wasserburg ist die ›Perle‹ des bayerischen Bodensees. Wunderschön ist das kleine historische Ensemble, das auf der Halbinsel neben der Mole und Schiffsanlege von alten Bäumen eingefasst ist. Die **Aussicht** von der Halbinsel ist berückend: Im weiten Bogen sieht man Lindau, Bregenz und dahinter die Alpenkette vom Pfänder bis nach Appenzell. Von der Halbinsel führen ruhige Wohnstraßen zum kleinen Ortszentrum hin; Hotels, Pensionen und Gastwirtschaften liegen auf dem Weg.
    In diesem beschaulichen Ort ist **Martin Walser** geboren, und hier hat auch der in den 1950er-/1960er-Jahren sehr erfolgreiche Schriftsteller **Horst Wolfram Geißler** gelebt, der mit seinem Ro-

man »Der liebe Augustin« eine Wasserburger Bürgeridylle verewigte. 1983 hat er auf dem Kirchhof seine letzte Ruhe gefunden.

Pfarrkirche St. Georg

Weithin sichtbar bildet der barocke Zwiebelturm der katholischen Pfarrkirche St. Georg den Mittelpunkt. Die Kirche wurde nach einem Brand 1815 im Wesentlichen neu gestaltet. Die Vorgängerbauten waren im Besitz der St. Galler Mönche, deren Anwesenheit seit 784 belegt ist.

Museum im Malhaus

Halbinsel, April–Okt. Di–So 10.30–12.30, Mi, Sa, So auch 14.30–17 Uhr, www.museum-malhaus-wasserburgbodensee.de
Im ehemaligen Gerichtsgebäude der Fugger sind Gerichtssaal und Gefängniszellen zu besichtigen sowie Ausgrabungsfunde aus der Steinzeit bis hin zu mittelalterlichen Münzen. Jährlich ist eine große Sonderausstellung zu Aspekten der Lokalgeschichte zu sehen. Schön sind die Dokumentationen zu den Schriftstellern Martin Walser und Horst Wolfram Geißler.

Schloss

Unmittelbar gegenüber liegt das Wasserburger Schloss aus dem 14. Jh. Heute ist es ein Hotel. Dieses Idyll war früher einmal eine Insel mit einer Zugbrücke zum Festland. Die alles beherrschende Kaufmannsfamilie Fugger hatte hier zwischen 1592 und 1755 das Sagen – sie ließ den Wassergraben zuschütten.

Übernachten, Essen

Opulent – **Hotel Restaurant Gierer:** Hege 9, Tel. 08382 987 20, www.hotelgierer.de, DZ 80–130 €, Hauptgericht ab 14 €. Das familiäre Landhotel liegt am Ortsrand, umgeben von Obstgärten und Wiesen. Das Angebot der rund 50 komfortablen, lichten Zimmer wird ergänzt durch einen neu gestalteten Wellnessbereich mit Hallenbad, Whirlpool, Saunen, Dampfbad. Die Weinstube ist sehr gemütlich, neben den Restauranträumen gibt es ein wundervolles Terrassendeck und eine Bar. Fahrradverleih im Haus.

Komfortabel – **Hotel Restaurant Walserhof:** Nonnenhorner Str. 15, Tel. 08382 985 60, www.walserhof.de, DZ 70–90 €, Tagesgerichte 8–14 €. Das moderne, freundliche Haus wird vom Bruder des Schriftstellers Martin Walser geführt. Es liegt westlich vom Dorfzentrum, ca. 5 Gehminuten von der Halbinsel entfernt. Gemütliche, komfortable Zimmer und Appartements mit überdachten Balkonen. Hallenbad und Sauna. Das Restaurant-Café in gemütlichen Räumen und mit Gartenterrasse bietet internationale und regionale Küche.

Beste Lage – **Haus des Gastes:** Halbinsel 75, Tel. 08382 88 73 30, www.hausdesgastes-see.de, DZ 75–85 €, Hauptgericht 8–14 €. An diesem Restaurant-Café kommt niemand vorbei, ohne einzukehren: Es liegt direkt auf der Halbinsel an der Promenade vor der Schiffsanlege – daher ist hier viel Betrieb. Die Zimmer sind ordentlich; das Restaurant mit Wintergarten und großer Terrasse bietet ein Frühstücksbuffet für jedermann von 8 bis 10 Uhr; hauseigene Konditorei und natürlich frischer Fisch.

Behaglich – **Baumann's Ferienhof am See:** Reuten (östl. von Wasserburg), Reutener Str. 42, Tel. 08382 58 88, www.baumanns-ferienhof-am-see.de, DZ 30–66 €, auch Budget-Zimmer mit Etagendusche und WC 44–50 €, 3 Ferienwohnungen ab 48 € pro Tag (ab 5 Tage). Die große Liegewiese endet di-

rekt am Kieselstrand. Frisches Obst und Schnäpse aus eigener Produktion.

Frischer Fisch – **Gasthof Fischerklause am See:** Uferstr. 17, Tel. 08382 88 70 66, www.fischerklause.com, Mi–So 11.30–14, ab 17 Uhr, Hauptgerichte 12–20 €. Die Fischspezialitäten schmecken am besten auf der gemütlichen Gartenterrasse.

Camping – **Campingplatz Eschbach:** Höhenstr. 16, Tel. 08382 88 79 51. Kleine Platzanlage am östlichen Dorfrand, nahe Seeufer.

Aktiv & Kreativ

Baden – **Freibad Aquamarin:** Reutener Str., Tel. 08382 251 87. Direkt am Bodensee-Radweg und am Seeufer gelegen. Gut ausgestattet mit großen Schwimmbecken, Wärmehalle, Liegewiesen, Kinder- und Jugendbecken und Kinderland Augustin.

Segeln – **Bodensee-Segelschule Wasserburg:** Seestr. 24, Tel. 08382 85 83, www.bodensee-segelschule-wasserburg.de. Alle gängigen Scheine und Patente für Segel- und Motorboote. Kindersegelkurse; Jachtcharter.

Windsurfen – **Windsurfschule Wasserburg:** Tel. 08382 99 80 97, Mobil 0177 774 43 30, www.surfschule-wasserburg.de; Kursanfang tgl. möglich, Schnupper- und Grundkurse, Verleih.

Fahrradverleih – **Bikeshop Spahn:** Höhenstr. 94, Tel. 08382 277 65 77. **Fahrrad Unger:** Halbinselstr. 49, Tel. 08382 88 84 96.

Radfahren – Im Sommer (Juni–Sept.) wöchentl. geführte Radtouren ab **Tourist-Info** (s. S. 144).

Wandern – **Zu Fuß nach Lindau:** Zur Lindauer Insel führt eine Teilstrecke des Bodensee-Rundwanderwegs. Der von Wasserburg 7 km lange Weg ist ausgeschildert. Er führt überwiegend am Seeufer entlang, über den Linden-

Lindau

Sehenswert

1 Alter Leuchtturm
2 Neuer Leuchtturm
3 Bayerischer Löwe
4 Römerschanze
5 Altes Rathaus
6 Stadttheater (ehem. Klosterkirche der Minoriten)
7 Stadtpark
8 St. Stephan
9 Münster Unserer Lieben Frau
10 Haus zum Cavazzen (Stadtmuseum)
11 Paradiesplatz
12 Peterskirche

Übernachten

1 Hotel Helvetia
2 Hotel Bayerischer Hof
3 Hotel Lindauer Hof
4 Hotel Vis à Vis
5 Landgasthof Montfort-Schlössle
6 Landhaus Hertnagel
7 Jugendherberge
8 Park-Camping am See

Essen & Trinken

1 Restaurant Café Hoyerberg Schlössle
2 Schachen Schlössle
3 Wissingers im Schlechterbräu
4 Weinstube Frey
5 Thai House Restaurant

Einkaufen

1 Tutto d'Italia
2 Kooy
3 Galerie im Innenhof

Aktiv & Kreativ

1 Bootsvermietung an der Seebrücke
2 Bootsvermietung Hodrius
3 Fahrrad Unger
4 Skate & Fun

Abends & Nachts

1 Stadttheater und Lindauer Marionettenoper
2 Spielcasino
3 Marmorsaal und Bistro Bar Nana

hofpark und Bad Schachen bis auf die Insel in Lindau.

Kinder – Von Juni bis Sept. zahlreiche Kinderprogramme über die **Tourist-Info** (s. u.).

Infos & Termine

Tourist-Information: Lindenplatz 1, 88142 Wasserburg, Tel. 08382 88 74 74, www.wasserburg-bodensee.de.
Bahn: stdl. Verbindungen Richtung Lindau und Friedrichshafen, Radolfzell.
Bus: Mo–Fr stdl. nach Lindau.
Schiff: Mai–Okt. mehrmals tgl. Linienverkehr Richtung Lindau, Bregenz sowie Friedrichshafen, Konstanz.

Promenadenkonzerte: wöchentl. an der Schiffslände.
Wasserburger Skulpturenausstellung: Mai–Okt. Kunstwerke an unterschiedlichen Punkten im Ort.
Fisch und Meer: Mitte Juni. Kulinarisches Fischfest auf dem Lindenplatz
Uferfest des Musikvereins Wasserburg: Mitte Juli.

Lindau! ► L 5/6

Die Hafeneinfahrt von Lindau ist die schönste des Bodensees, flankiert und beschützt von Leuchtturm und Löwenstatue, mit gastlicher Promenade vor der bezaubernden Altstadt, wohlsitu-

iert und interessant – das alles auf einer denkmalgeschützten Insel vor dem Panorama schneebedeckter Alpengipfel. Eine Postkartenidylle mit reicher Geschichte und lebendiger Gegenwart. Auch das Grandhotel Bad Schachen, eine Bucht weiter, scheint wie aus dem Bilderbuch der Belle Époque zu entspringen. Kein Wunder, dass sich in Lindau die Nobelpreisträger gern jedes Jahr zu einem Treffen versammeln, auch bei Psychiatern und Psychotherapeuten sind die Tagungen in Lindau schon Tradition. Und weithin bekannt ist auch die diskrete Bodenseeklinik von Deutschlands berühmtestem Schönheitschirurgen, Professor Mang. Es gibt erstklassige Hotels, freundliche Wirtshäuser, eine gute, vielfältige Küche und jede Menge Shopping-Vergnügen. Es erstaunt daher nicht, dass Lindau im Hochsommer überquillt von Tagesgästen.

Stadtgeschichte

In der kleinen Fischersiedlung wurde im 9. Jh. ein Kloster für adelige Frauen gegründet, das spätere reichsfürstliche Damenstift. Das Kloster bestimmte die Entwicklung, und mit dem Markt und dem Hafenausbau im 11. Jh. wurde die ›linde Au‹ zum Drehpunkt des Warenverkehrs zwischen Bayern, Franken und Schwaben. Im 13. Jh., Lindau war

Freie Reichsstadt geworden, nahmen Reichtum und Macht auf der Insel zu, besonders durch den Waren- und Geldverkehr mit Oberitalien. Im 16. Jh. lagen Stadt und Kloster im Streit. Die Stiftsäbtissin, derweil zur Fürstin aufgestiegen, machte alte Rechte geltend, die die Reichsstadt, inzwischen zur Reformation übergetreten, nicht gewähren wollte. Durch die Verlagerung der wichtigsten Handelsrouten geriet die Stadt mit der Zeit ins Abseits, aber die Handelsgesellschaft Lindau-Mailänder Bote beförderte bis ins 19. Jh. Waren, Briefpost und Personen mit Kutschen und Fuhrwerken über die Alpen. Das freie Schalten und Walten endete 1805, als Lindau mit ganz Ostschwaben an das neue Königreich Bayern fiel.

Mit der Dampfschifffahrt und der Eisenbahn, die durch einen neuen Damm die Insel mit dem Umland verband, begann Lindau als Sommerfrische entdeckt zu werden. Auf dem Festland wuchs Lindau weiter, die Dörfer wurden eingemeindet, schöne Villenviertel entstanden entlang den Buchten. Besonders imposant waren die Villen, Paläste und Parks in Bad Schachen entlang der Uferlinie, nachdem der bayerische Prinz Luitpold mit der Residenz Am See den Startschuss gegeben hatte. Nach dem Zweiten Weltkrieg boomte Lindau als Urlaubsregion weiter: um 1960 waren es über 600 000 Besucher jährlich, die in Lindau übernachteten; heute ist der Tourismus einer der wichtigsten Wirtschaftszweige. Auf der Insel leben allerdings nur noch 3000 von Lindaus 24 000 Einwohnern.

Altstadt

Der Stadtrundgang beginnt an der eleganten Promenade, deren Mittelpunkt mit der geschützten Hafeneinfahrt nur wenige Gehminuten vom Bahnhof entfernt ist. Hier steht der **Alte Leuchtturm** 1, der mit seiner spitzen Mütze aus bunten Schindeln sofort ins Auge fällt (geöffnet nur bei Veranstaltungen). Er wurde im 13. Jh. erbaut und war als Tuch- oder Mangenhaus ein Teil der Stadtbefestigung. Am anderen Seeufer sieht man Bregenz, die Landeshauptstadt Vorarlbergs; im Hintergrund die Berge des Bregenzerwaldes und das Rheintal in der Schweiz. Der **Neue Leuchtturm** 2 (Ostern–Okt. tgl. 9–18 Uhr) – der einzige Bayerns – und der **Bayerische Löwe** 3 fassen die Kaimauern ein. Beide sind nach dem Ausbau des Hafens 1856 errichtet und zu Wahrzeichen der Inselstadt geworden. Der Ausblick vom Leuchtturm ist grandios!

Flaniert man an den geschmückten Caféterrassen der Hotels vorbei in Richtung Osten und geht an der **Römerschanze** 4 und dem kleinen Park hinein in die Altstadt, liegt der Reichsplatz mit dem barocken Lindavia-Brunnen bunt und heiter da: Das **Alte Rathaus** 5 ist der Blickfang. Der schöne, mehrfach umgestaltete Bau stammt aus dem frühen 15. Jh., die Fassaden wurden 1975 nach alten Motiven von dem Münchner Künstler Josef Widmann bemalt. Im großen gotischen Saal des Hauses wurde 1496 ein Reichstag abgehalten (nur bei Veranstaltungen geöffnet).

In der abzweigenden Ludwigstraße und ihrer Verlängerung, der Fischergasse, zeugen die pittoresken alten Häuschen mit ihren vorkragenden Obergeschossen und Krangauben von mittelalterlichem Handel und der Fischerei. An der Ludwigstraße öffnet sich der Barfüßerplatz mit dem **Stadttheater** 6. Seit den 1950er-Jahren dienen Langhaus und Chor der **einstigen Klosterkirche der Minoriten** als Theater und Konzertsaal. Hier ist auch die

Farbenprächtige Malereien nach historischen Motiven am Alten Rathaus in Lindau

Lindauer Marionettenoper zuhause (s. S. 153).

Von der Fischergasse aus, vorbei an den Resten eines staufischen Wachturms, der Heidenmauer, sieht man den östlichen **Stadtpark** 7 mit dem **Spielcasino** 2 und den sogenannten **Kleinen See** mit seinen Bootsvermietungen. Dahinter führt die Seebrücke zum Festland.

Auf dem zentralen Marktplatz stehen Seite an Seite die evangelische dreischiffige Stadtpfarrkirche **St. Stephan** 8 (tgl. 10–18 Uhr) und das katholische **Münster Unserer Lieben Frau** 9 des benachbarten einstigen reichsfürstlich-freiweltlichen Damenstiftes (tgl. 8–18 Uhr). Die lichtdurchflutete Hallenkirche im Rokokostil von Giovanni Gaspare Bagnato wurde auf den Grundmauern des Vorgängerbaus errichtet. Kostbar sind die Fresken und Stuckarbeiten.

Auf der Nordseite beherrscht das prächtige **Stadtpalais zum Baumgarten** von Jakob Grubenmann aus Appenzell den Platz.

Haus zum Cavazzen (Stadtmuseum) 10

Tel. 08382 94 40 73, April–Okt. Di–Fr, So, Fei 11–17, Sa 14–17 Uhr, Erw. 3 €, Schüler 1,50 €

Von Jakob Grubenmann stammt auch das Haus zum Cavazzen mit dem mächtigen Walmdach an der Westseite des Platzes. Mit seinen Fassadenmalereien in feinen Rot- und Grautönen ist es einer der schönsten bürgerlichen Barockbauten im Bodenseeraum. Die aufwendige Innengestaltung kann man bei einem Gang durch das Stadtmuseum bewundern. Hier präsentiert sich die Lindauer Geschichte auch mit ihrer Wohnkultur. Reizvoll ist zudem die Sammlung der mechanischen Musikinstrumente mit Drehorgeln, Musikautomaten, mechanischen Klavieren und kleinsten Spieldosen (nur mit Führung Di–So 14.15 und 15 Uhr, Erw. 3 €, Schüler 1,50 €).

Maximilianstraße

Die Cramergasse führt vom Marktplatz zur Maximilianstraße, der **Flanier- und**

147

Shoppingmeile Lindaus. Schon in den 1970ern wurde sie mit ihren umliegenden Gassen zur großzügigen Fußgängerzone umgestaltet. Mit ihren Patrizierhäusern, dem vielfältigen Auf und Ab hoher Giebel, den zart getönten Fassaden und Laubengängen bilden die Gebäude aus Gotik und Renaissance einen wunderbar stimulierenden Rahmen, der mit bayerischem Nobelflair verschmilzt. Geschäfte, Galerien, Cafés, schöne Wirtshäuser und Restaurants wechseln einander ab.

Um den Paradiesplatz

Als nördliche Parallelstraße zieht sich die Grub von Ost nach West. Dort öffnet sich auch der rechteckige, lang gezogene **Paradiesplatz** **11** – ein wirklich paradiesisches Fleckchen mit zahlreichen Terrassencafés und Restaurants. Einen Steinwurf entfernt steht auf dem zweigeteilten Schrannenplatz neben dem runden **Diebsturm,** der einst als Gefängnis diente, die kleine **Peterskirche** **12** (tgl. tagsüber geöffnet, Eintritt frei), die zu den ältesten Sakralbauten im Bodenseeraum zählt. Heute ist sie Kriegergedächtnisstätte. Hier ist der größte Schatz Lindauer Kunst zu sehen, die Wandmalereien von Hans Holbein d. Ä. In erdigen Tönen zeigt die Nordwand 18 Einzelbilder der Passion.

Hintere Insel

Eine Barriere zwischen Altstadt und Hinterer Insel bilden die Bahntrassen, die – vom Festland her über den Bahndamm kommend – am Hauptbahnhof Lindau direkt am Hafen enden. Die Trassenführung stammt aus der Mitte des 19. Jh.; der für die Inselbesucher so günstige Standort des **Hauptbahnhofes** steht laut Bundesbahnplanung allerdings zur Disposition – er soll möglichst aufs Festland verlegt werden. Weil die Entscheidung aber schon lange aussteht, sind das wilhelminische große Bahnhofsgebäude und das direkte Gleisumfeld sanierungsbedürftig; die trüb-gelben Fassaden auch der Flügelbauten sind keine Augenweide.

Zwischen den Gleistrassen und der westlichen Inselspitze hat sich in den letzten Jahren ein modernes Quartier mit Verwaltungsbauten und einigen Kliniken entwickelt: schneeweiß und mit viel Glas in weitem Grün. Eine Promenade entlang der einstigen **Befestigungsmauern** führt von der Sternschanze im Norden über eine Skateranlage, einen Kinderspielplatz und alte Baumwiesen rund um die westliche Insel – mit weiten Ausblicken auf die Berge und die Kurven der Seeufer bis hin zum Ausgangspunkt des Hafens mit seinem Leuchtturm.

Übernachten

Mit seiner langen Tradition als vornehme Sommerfrische und als bekannter, feiner Tagungsort ist die Auswahl an Übernachtungsmöglichkeiten in Lindau und Umgebung groß und vielfältig. So ist der Hafen eingefasst von mehreren sehr guten Hotels im 4-Sterne-Plus-Bereich, die alle große Terrassen an der Promenade besitzen. Wer sehr still und sehr exklusiv urlauben möchte, ist im Grandhotel Bad Schachen am rechten, verschwiegenen Fleck, www.badschachen.de.

Meditative Eleganz – **Hotel Helvetia** **1**: Seepromenade, Tel. 08382 91 30, www.hotel-helvetia.com, DZ 180–380 €. Herausragend ist das Spa- und Lifestyle-Konzept des eleganten Hotels mit exklusiver Dachgartenlounge für Hotelgäste, zahlreichen Verwöhnpaketen und feiner Bioküche.

Toptrias an der Promenade – **Hotel Bayerischer Hof** **2**: Seepromenade, Tel. 08382 91 50, www.bayerischerhoflindau.de, www.reitemann-lindau.de, www.seegarten-lindau.de, DZ 130–320 €. Drei nebeneinanderliegende Hotels; das 5-Sterne-Haus Bayerischer Hof, die kleineren Villen von Hotel Reutemann und Seegarten werden gemeinsam geführt: alle sehr gepflegt, innen und außen schön anzusehen, opulent und behaglich.

Auch sehr schön – **Hotel Lindauer Hof** **3**: Seepromenade, Tel. 08382 40 64, www.lindauer-hof.de, DZ 120–230 €. Unübersehbar prangt das rote Patrizierhaus mit seinen schönen Treppengiebeln an der Ostseite der Hafenpromenade.

Modern und zentral – **Hotel Vis à Vis** **4**: Bahnhofsplatz 4–5, Tel. 08382 39 65, www.visavis-lindau.de, DZ 104–160 €. Sehr zentral am Bahnhof liegt das neu eröffnete Garni-Hotel mit Bistro. Angenehme Ausstattung, gut für den Zwischenstopp.

Romantisch mit Ausblick – **Landgasthof Montfort-Schlössle** **5**: Streitelsfingen (ca. 4 km nordöstl. der Insel), Streitelsfinger Str. 38, Tel. 08382 728 11, www.montfort-schloessle.de, März–Okt., DZ 70–90 €. Landgasthof auf einer Anhöhe, umgeben von Obstwiesen mit Blick auf See und Alpen. Zwölf hübsche Zimmer, Gaststube mit Kamin, großer Garten mit Bewirtschaftung. Hauseigene Produkte, regionale Küche.

Ländlich gepflegt – **Landhaus Hertnagel** **6**: Aeschach (ca. 2 km nördl. der Insel), Oberreitnauer Str. 72, Tel. 08382 62 16 oder 238 24. Mit gepflegtem Garten in schöner Lage befinden sich das Landhaus Hertnagel und das Ferienhaus Angela. 3 Ferienwohnungen zwischen 35 und 80 m² mit allem Komfort. Tagespreis 40–80 €. Jede Wohnung mit Balkon oder Terrasse. Stadtbus 200 m entfernt.

Jugendherberge – **Jugendherberge Lindau** **7**: Herbergsweg 11, Tel. 08382 967 10, www.jugendherbergen.de, ab 19,90 € pro Person im Meerbettzimmer. Das große Haus aus den 1990er-Jahren liegt auf der Landseite im zentralen Ortsteil Reutin neben dem Hallenbad (10 Fußminuten zur Seebrücke). Ganzjährig geöffnet mit vielen Freizeitprogrammen.

Camping – **Park-Camping am See** **8**: Zech (4 km östl. der Insel, am Sporthafen, grenznah zu Österreich), Fraunhoferstr. 20, Tel. 08382 722 36, www.park-camping.de, Mitte März–Mitte Nov. Busverbindung. Direkt am See mit Strand und altem Baumbestand; neue Sanitäranlagen.

Essen & Trinken

Die Auswahl an Restaurants in Lindau ist groß – an der Promenade, in der Altstadt und der Umgebung. Hier eine kleine Auswahl:

Für Gourmets – **Restaurant Café Hoyerberg Schlössle** **1**: Hoyren (ca. 2,5 km nordwestl. der Insel), Hoyerbergstr. 64, Tel. 08382 252 95, www.hoyerberg schlössle.de, 12–14, 18–22 Uhr, Mo, Dimittag geschl., Hauptgerichte ab 20 €. Mit Michelinstern ausgezeichnetes Restaurant, hoch über dem See mit zwei Terrassen und wundervoller Aussicht. Beste regionale Produkte, auch mediterran oder asiatisch verfeinert, scharf marinierte Landhuhnbrust mit Gewürzcouscous und Kräuterjoghurt.

Bayerisch – **Schachen Schlössle** **2**: Schachen (ca. 2 km westl. der Insel), Enzisweiler Str. 5, Tel. 08382 94 85 60, www.schachenschloessle.de, tgl. 15–22, So 12–22 Uhr, Nov.–Febr. geschl., Hauptgerichte ab 14 €. Ein bayerisches Schlösslein mit Rundturm, mitten im kleinen Zentrum von Bad Schachen mit alten Wirtsräumen, Biergarten und Sonnenterrasse. Gepflegte regionale Küche.

Lieblingsort

Terrassenlounge des Marmorsaals **3**

Von frühmorgens bis spät in die Nacht lässt es sich friedlich in den weißen Sommersesseln der Terrassenlounge vom Marmorsaal sitzen. Auf der einen Seite geschützt durch die vorkragende Kaimauer des Hafenbeckens und die letzten Meter der hier endenden Bahntrassen, ist das Getümmel und Geschiebe auf der Promenade abgeebbt; der Blick jedoch geht über den gesamten Hafenbereich und die glitzernde Seefläche bis hin zu den schneebedeckten Alpengipfeln (s. auch S. 153).

Gut – **Wissingers im Schlechterbräu** **3**: In der Grub 28, Tel. 08382 504 27 42, www.wissingers.de, Mi–Mo 11.30–14, 18–1 Uhr. Klare, schlichte Gasträume, verfeinerte Regionalküche; tgl. wechselndes Mittagsmenü für 11,50 €, z. B. Bärlauchsuppe, weißes Welsfilet im Knuspermantel mit geschmorten Tomaten.

Gemütlich – **Weinstube Frey** **4**: Maximilianstr. 15, Tel. 08382 52 78, Sommer Do–Di 11.30–24 Uhr, Hauptgerichte ab 9 €. Anheimelnde alte Wirtsräume im 1. OG, auch Straßenterrasse. Gute schwäbisch-bayerische Küche.

Frisch und knusprig – **Thai House Restaurant** **5**: Reichsplatz 7, Tel. 08382 27 53 45, www.thaihouse-lindau.de, tgl. 12–14, 18–23 Uhr, im Winter Sa nur ab 18 Uhr, Wochentag-Mittagsmenü ab 7 €, Hauptgerichte 8–14 €. Am schönen Reichsplatz lädt das moderne, stilvolle Restaurant mit offener Wokküche zu leichter, topfrischer Asienküche ein. Elegante Sommerterrasse.

Einkaufen

Shopping in Lindau ist ein Vergnügen. In der Maximilianstraße und den umliegenden Gassen regiert Münchener Flair: kleine Boutiquen, Spezialgeschäfte und Galerien, die mit ihrer Individualität überzeugen.

Wochenmarkt – Mi, Sa auf dem **Marktplatz.**

Italienisches – **Tutto d'Italia** **1**: Paradiesplatz 13, Tel. 08382 75 01 80. Direktimporte neuester Mode und Accessoires aus Italien. Reiche Auswahl in großzügigem Ambiente.

Garten & Wohnen – **Kooy** **2**: Cramergasse 9, Tel. 08382 275 82 76. Schöne und ungewöhnliche Gartenmöbel und Wohnaccessoires. Originell: die lebensgroßen, zartfarbigen Hähne, Hennen und Frösche aus Stahlblech.

Kunst – **Galerie im Innenhof** **3**: Cramergasse 9, tgl. 10–18 Uhr. Verkaufsgalerie der Lindauer Künstlervereinigung.

Aktiv & Kreativ

Insel

Bootsvermietungen – Boote aller Art an der **Seebrücke** **1** am Kleinen See, Tel. 08382 55 14.

Wasserski – **Bootsvermietung Hodrius** **2**: an der Inselhalle, Tel. 08382 29 77 71.

Fahrradverleih – **Fahrrad Unger** **3**: Inselgraben 14, Tel. 08382 94 36 88, Mo–Fr 9–23, 15–18, Sa, So, Fei 9–13 Uhr. Ausleihe und Rückgabe auch in Wasserburg.

Inlineskaten – **Skate & Fun** **4**: Skateanlage auf der Hinteren Insel, Mobil 0172 233 65 42. Kurse für Kinder und Erwachsene, Ausleihe.

Malkurse – **Ina Pickenhahn**: Tel. 08382 254 60. Juni–Aug. Aquarell- und Acrylmalen in kleinen Gruppen.

Kreativkurse, Meditation, Yoga – **Lindauer Seminare:** Tel. 08382 277 61 83, www.sternstundenamsee.de.

Festland

Baden – **Strandbad Eichwald:** Reutin (östl. Stadtrand), Bregenzer Str., Tel. 08382 55 39. Mitte Mai–Mitte Sept., tgl. 9.30–19.30 Uhr. Große, moderne Anlage mit riesiger Liegewiese und alten Bäumen, 660 m Strand, beheizten Pools, zwei Gaststätten, Kinderareal, Windsurfschule. **Strandbad Lindenhof:** Bad Schachen (westl. Stadtrand), Lindenhofweg, Tel. 08382 66 37. Mitte Mai–Mitte Sept. 10–19 Uhr. Herrlich gelegenes Freibad im Lindenhofpark. **Aeschacher Bad:** am westl. Ufer hinter dem Eisenbahndamm, Lotzbeckweg, Tel. 08382 234 46. Historisches, um 1900 in Pfahlbauweise errichtetes Bad.

Baden & Wellness – **Limare Spaß- und Vitalbad:** Bregenzer Str. 37; Tel. 08382 70 41 30, www.lindau.de. Spaßbad Di–So 10–21 Uhr, Saunabereich Di–Fr 14–21, Sa, So 10–21 Uhr. Innen- und Außenbecken mit allen Varianten, opulente Bad- und Saunalandschaft.

Kanu & Paddeln – **Kanuclub am Aeschacher Ufer:** Tel. 08382 736 97.

Segeln – **Bodensee Yachtschule Lindau:** Schiffswerfte 2, Tel. 08382 94 45 88, www.bodensee-yachtschule.de. Segel-und Motorbootkurse, Kinderkurse, Charter.

Tauchen – **Laguna Lindau:** Bregenzer Str. 13, Tel. 08382 94 46 90, www.laguna-lindau.de. Tauchschule und Shop.

Golf – **Golfplatz am Schönbühl:** 18-Loch-Platz des Golfclubs Lindau-Bad Schachen, Tel. 08382 961 70. **Golfplatz Weißensberg:** 18-Loch-Platz, Tel. 08389 891 90.

Nordic Walking – s. S. 141.

Abends & Nachts

Theater – **Stadttheater** und **Lindauer Marionettenoper** **1**: Fischergasse 37, Kartenvorverkauf Tel. 08382 94 46 50 oder Tickethotline (aus Deutschland) 0180 5 10 14 14, www.marionettenoper.de. Die Marionettenoper bietet ein ungewöhnliches, berührendes Erlebnis – höchst professionell sind die Inszenierungen mit wunderschönen Puppen und Operneinspielungen.

Chic – **Casino Lindau** **2**: Chelles-Allee 1, Tel. 08382 277 40, www.spielbanken-bayern.de, tgl. 15–2, Fr, Sa 15–3 Uhr. Nicht nur für Spielernaturen: Im gläsernen Rundbau im Stadtgarten ist auch das **Restaurant Via Mala** mit Café, 3 Bars, Lounge und Palmenterrasse einen Besuch wert: Tel. 08382 947 96 80, Küche im Sommer tgl. 11–23 Uhr, im Winter 11.30–14.30, 18–22 Uhr, Hauptgerichte ab 12 €.

Alles beieinander – **Marmorsaal** und **Bistro Bar Nana** **3**: Bahnhofsplatz/ Seepromenade, Tel. 08382 504 34 45, www.marmorsaal-lindau.de, tgl. 8–1 Uhr. Im Südflügel des Bahnhofsgebäudes. Mit großem einstigen Speisesaal im Wiener Kaffeehausstil, Terrassen und orientalisch-maurisch inspirierter Bar, in der abends auch flotte Salsa- und Tango-Events stattfinden.

Infos & Termine

Infos

ProLindau Tourist Information: Alfred-Nobel-Platz 1, 88131 Lindau im Bodensee (gegenüber vom Hauptbahnhof), Tel. 08382 26 00 30, www.lindau.de.

Verkehr

Bahn: Zugauskünfte Tel. 0800 150 70 90. Verbindungen nach München, Bregenz, St. Gallen; stdl. Verbindungen mit der Bodenseelinie Richtung Friedrichshafen, Radolfzell, Singen.

Bus: Busbahnhof am Hauptbahnhof. Regionalverkehr in die umliegenden Ortschaften, auch nach Bregenz.

Stadtbus: Guter Stadtbusverkehr auf vier Linien, halbstdl., Auskunft: Tel. 08382 70 42 42.

Schiff: Richtung Rorschach (mit Anschluss nach Konstanz), Bregenz, Friedrichshafen, Meersburg.

Termine

Bodensee-Festival: Mai. Theater, Kleinkunst, Konzerte.

Hafenfest: Mitte Juni. Mit nächtlicher Segelregatta und Feuerwerk.

Stadtfest: Sa, Mitte Juli. Mit Musik und Theater, Kulinaria.

Festival Umsonst & Draußen: Ende Juli. Musik, Kleinkunst, Kinder-Events.

Lindauer Oktoberfest: 1. Sept.-Wochenende. Wie die Münchner Wiesn, nur kleiner und feiner.

Österreichisches Ufer und Hinterland

Highlight ❗

Rheindelta: Zwei Rheinmündungen, Dämme, von Weiden gefasste Wasserarme, Schilfgürtel und Sumpfzonen, in denen Hunderte Vogelarten leben: Das Naturschutzgebiet Rheindelta ist eine ungewöhnliche amphibische Landschaft. S. 171

Auf Entdeckungstour

Käsewirtschaft im Bregenzerwald: In den Dorfgemeinschaften im Bregenzerwald wird natürliche Milchwirtschaft gepflegt – das Produkt: ca. 40 verschiedene Käsesorten. Bei einer Tour kann man nicht nur genießen und kaufen, sondern Käse auch selbst herstellen. S. 168

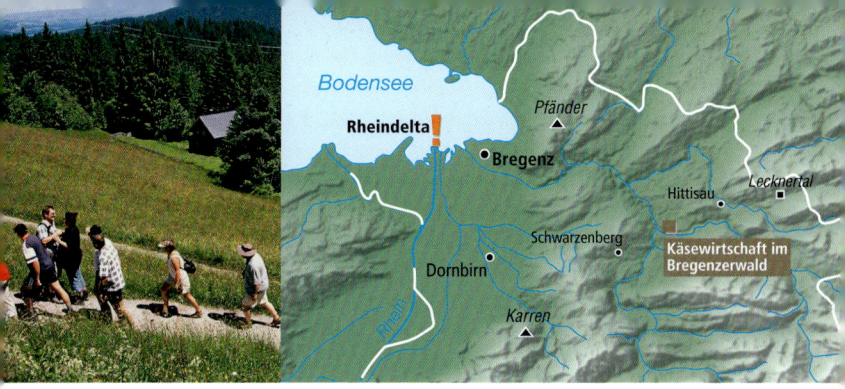

Kultur & Sehenswertes

Gegenwartskunst: Das Kunsthaus Bregenz, ein auffällig unauffälliger Kubus mit Milchglasfassaden, hat sich zu einem bedeutenden Zentrum der Gegenwartskunst entwickelt. S. 158

Naturkunde: In einem der modernsten Museen Europas, dem Inatura in Dornbirn, sind Phänomene der Natur – von der alpinen Tierwelt bis zur Unterwasserwelt des Bodensees – mit allen Sinnen zu erleben. S. 166

Malerei der Goethe-Zeit: In einem restaurierten Wälderhaus mit modernem Holzanbau in Schwarzenberg erinnert das Angelika-Kauffmann-Museum an die berühmte Malerin. S. 167

Aktiv & Kreativ

Im Lecknertal: Eine kleine Wanderung durch die grüne Berglandschaft des Bregenzerwaldes bei Hittisau auf die Helmingenalpe ist herrlich. S. 171

Genießen & Atmosphäre

Auf dem Bregenzer Hausberg: Atemberaubend ist der Ausblick vom Pfänder über den ganzen Bodensee und das Alpenpanorama mit über 200 Gipfeln. Mit der Seilbahn ist der Aussichtspunkt (1064 m) schnell erreicht. S. 160

Abends & Nachts

Mexikanisch: Das Viva ist der angesagteste Treff in Bregenz. Mit Freiluftbar unter Palmen, mexikanischen Speisen und Supersound bis 3 Uhr morgens. S. 163

Auf dem Karren: Im gläsernen Panorama-Restaurant des Karren (976 m) bei Dornbirn kann man bis Mitternacht die Lichterketten tief unten im Rheintal bewundern. S. 166

155

Alpenregion zwischen Tradition und Avantgarde

Österreichs Anteil am Bodensee ist mit 28 Uferkilometern der kleinste – aber die sind komplett öffentlich zugänglich. Das Bundesland am See ist Vorarlberg, das westlichste und das zweitkleinste Österreichs, seine Wirtschaftskraft ist jedoch beträchtlich. Bregenz als Hauptstadt und Knotenpunkt ist mit seinen Seefestspielen und dem Kunsthaus eine international renommierte Kulturhochburg, und im Sommer schieben sich die Gästescharen durch die Stadt.

Im Gegensatz dazu ist das Hinterland des Bregenzerwaldes eine in sich abgeschlossene, idyllische Oase. 22 Dörfer und Gemeinden liegen in der wild gewellten Hügellandschaft, zwi-

Infobox

Internet
www.bodensee-vorarlberg.com: Portal der Bodensee-Vorarlberg Tourismus GmbH für Bregenz und die Region.
www.bregenzerwald.at: Portal der Bregenzerwald Tourismus GmbH.
www.vorarlberg.travel: Portal der Vorarlberg Tourismus GmbH.

Auskunft
Tourismushaus Vorarlberg
Bahnhofstr. 14, 6900 Bregenz
Tel. 05574 42 52 503

Bregenzerwald Tourismus GmbH
Impulszentrum, 6863 Egg
Tel. 05512 23 65

Zentrale Tourist Information Rheindelta
Marktstr. 18, 6971 Hard
Tel. 05574 697 20
www.hard.at

Weiterkommen
Bahn: Fernverkehr von Bregenz über Innsbruck nach Wien, Richtung Lindau sowie Richtung Rorschach und St. Gallen. Regionalverkehr Richtung Dornbirn und St. Margrethen.
Bus: Vorarlberger Verkehrsverbund, www.vmobil.at. Die Landbusse im Bereich Unterland oder Bregenzerwald mit Hinter-, Mittel- und Vorderwald sind dicht vernetzt; mit ihnen erreicht man nahezu jeden Ort, z. B. von Bregenz aus mit dem Landbus 11 Dornbirn, mit dem 14/15 das Rheindelta (Hard, Fußach, Höchst). Die Linie 40 verbindet Dornbirn, Egg und Schwarzenberg, die 41 Dornbirn, Lingenau und Hittisau. Stadtbuslinien gibt es in Bregenz und Dornbirn. Auskünfte und Fahrpläne bei den Tourist-Infos.
Schiff: Linienverkehr Bregenz–Lindau–Meersburg–Konstanz.

Gäste-Card Bregenzerwald
Ab drei Übernachtungen im Bregenzerwald bietet die Gäste-Card Freifahrten mit dem sehr gut ausgebauten öffentlichen Busnetz, Fahrten mit Bergbahnen, Eintritt in Schwimmbäder und Museen; in jeder Tourist-Information erhältlich.

schen Alpwiesen, Wäldern, Bachläufen und Gipfelpanoramen. Auf zahllosen Alpen wird hervorragender Käse gemacht, und die schöne Bauweise der traditionellen Wälderhäuser wird ergänzt von den zeitgenössischen Gebäuden der ›Vorarlberger Schule‹: eine tolle Mischung in alpiner Landschaft. Völlig anders dagegen zeigt sich die Region des Rheindeltas: ein Naturschutzbereich mit seltenen Pflanzen- und Tierarten, seichten Stränden, schilfbestandenen Ufern, romantischen Wasserarmen und viel Campingkultur.

Bregenz ▶ L/M 6/7

Bregenz mit seinen 28 000 Einwohnern ist die Landeshauptstadt von Vorarlberg. Eingefasst wird die weite Bregenzer Bucht von den Bergen des Bregenzerwaldes; die beiden Hausberge, der Gebhardsberg und der Pfänder, sind lohnende Ziele. Die Seeanlagen ziehen sich von Lochau entlang der Bucht nach Westen bis zum Naturschutzgebiet rund um die Mündung der Bregenzerach. Wie auch andernorts ist die Seeseite durch Bahntrassen und eine stark befahrene Hauptverkehrsschneise von der Stadt und dem Hinterland getrennt. Um Innenstadt und See besser miteinander zu verknüpfen, wird das Hafenareal in den nächsten Jahren komplett umgestaltet.

Stadtgeschichte

Im Jahr 50 n. Chr. erteilte Kaiser Claudius dem römischen Hafen Brigantium, dem späteren Bregenz, das Stadtrecht. Nach seiner Zerstörung durch die Alemannen im 3. Jh. wurde die von Natur aus besser geschützte Oberstadt kastellartig befestigt. Der mittelalterliche Altstadtkern mit der barocken Zwie-

belhaube des Martinsturms thront noch heute über der unteren ›Vorstadt‹. Um 1150 fiel Bregenz an Hugo von Monfort; er ließ den Ort zur Stadt ausbauen. Im Jahr 1523 erwarben die Habsburger die Grafschaft und machten Bregenz zum strategischen Mittelpunkt und zur Hauptstadt des Landes. Unter Maria Theresia wurde es zur Handelsmetropole. Im 19. Jh. erlebte die Region zwischen Lindau und dem Rheindelta dann einen ersten Aufschwung als Sommerfrische. Ab 1861 tagte in Bregenz der Landtag Vorarlbergs, seit 1918 ist es Landeshauptstadt. 1919, nach dem Zerfall der Donaumonarchie, stellte sich Vorarlberg die Frage, ob man sich nicht als Kanton der kriegsverschonten Schweiz anschließen solle. Über 80 % von 40 000 Stimmberechtigten waren damals dafür! Daraus ist dann aus vielerlei politischem Kalkül nichts geworden.

Mit dem ›Anschluss‹ Österreichs an das nationalsozialistische Deutschland im Jahre 1938 war die Landesverfassung praktisch ausgehebelt, Krieg, Verfolgung und Deportation bestimmten auch in Bregenz den Alltag. Über 100 Innenstadtbauten wurden zerstört. Anstrengungen zur Beseitigung der Nachkriegsbausünden und zur Harmonisierung des Stadtbildes werden vermehrt unternommen.

Innenstadt

Am See

Am Ostrand von Bregenz liegt der **Hafen 1** mit Abfertigungsgebäude und Bahnstation; er wird von der weit in den See ragenden **Mole 2**, ›das Molo‹ genannt, eingefasst. Hier beginnt die blumengeschmückte **Seepromenade,** die sich weit nach Westen erstreckt.

Am Platz der Wiener Symphoniker locken das hochmoderne **Festspiel-**

Bregenz

Sehenswert

1. Hafen
2. Mole
3. Festspielhaus
4. Casino
5. Naturschutzgebiet Bregenzerachmündung
6. Kunsthaus KUB
7. Landestheater
8. Vorarlberger Landesmuseum
9. Rathausgebäude
10. Seekapelle
11. Unteres Tor
12. Martinsturm
13. Pfarrkirche St. Gallus
14. Künstlerhaus Palais Thurn & Taxis

Übernachten

1. Gourmet-Hotel Deuring Schlössle
2. Hotel Garni Kaiser
3. Hotel Garni Bodensee
4. Jugend & Familiengästehaus
5. Seecamping Bregenz

Essen & Trinken

1. Restaurant Neubeck
2. Wirtshaus am See
3. Kornmesser
4. Maurachbund

Einkaufen

1. Fredi's Käslädele
2. Wolford Boutique
3. Pro Cycle

Aktiv & Kreativ

1. Mili
2. Strandbad Bregenz
3. Seehallenbad
4. Wasserschischule Schneeweiß

Abends & Nachts

1. Theater am Kornmarkt
2. TheaterKosmos
3. Spielcasino
4. Viva – Cantina Mexicana Bar
5. Café Bar Neptun

---

haus **3** und die **Bühnenanlage auf dem See** (s. S. 68). Auch außerhalb der Festspielzeiten finden hier Konzerte, Theaterveranstaltungen und Tagungen statt. Am Platzrondell liegt zudem das **Casino 4**, weiter stadteinwärts der **Bahnhof.** Der Strandweg Richtung Westen, ideal für Fahrradfahrer, Jogger oder Spaziergänger, führt vorbei am großen Strandbad und dem Hallenbad, an kleinen Jachthäfen und Buchten bis zum **Naturschutzgebiet Bregenzerachmündung 5**.

Kunsthaus KUB 6

Karl-Tizian-Platz, Tel. 05574 485 94, www.kunsthaus-bregenz.at, Di–So 10–18, Do bis 21 Uhr, zur Festspielzeit auch Mo geöffnet, 8 €
Gegenüber der Hafenmole fällt ein großer, milchigweißer Baukubus ins Auge, das Kunsthaus; in seinem Rücken breitet sich die lebendige Unterstadt mit ihren verkehrsberuhigten Straßen, Gassen und Plätzen aus. Das Kunsthaus mit seinem stadtseitigen Verwaltungsbau stammt von dem Schweizer Stararchitekten Peter Zumthor, der 2009 mit dem Pritzker-Preis, dem ›Oscar‹ der Architektur, ausgezeichnet wurde. Hinter der Außenhaut aus geätzten Glastafeln, die das Licht aufnehmen und nach innen werfen, verbirgt sich ein Raumwürfel mit streng gegliederten Geschossebenen, weißen, hohen Räumen, in denen sich die speziell für diesen Bau konzipierten Wechselausstellungen und Installationen zeitgenössischer Künstler präsentieren.

Unter- und Oberstadt

Gleich um die Ecke, am Kornmarkt, entsteht neben dem **Landestheater 7** ein neuer Bau für das **Vorarlberger Landesmuseum 8** (Tel. 05574 46 05 05 22, www.vlm.at, bis 2013 geschl.) mit seinen umfänglichen Sammlungen: neben den Zeugnissen aus Kunst und Kultur Vorarlbergs auch Gemälde der Goethe-Freundin Angelika Kauffmann, die aus Vorarlberg stammte und europaweit große Anerkennung genoss. Am **Rathausgebäude 9** im Neorenais-

sancestil prangen Medaillons mit Porträts österreichischer Würdenträger. Direkt daneben steht die dem hl. Georg geweihte **Seekapelle** 10 (tagsüber geöffnet) mit ihrer Zwiebelhaube: Sie geht auf das 15. Jh. zurück und wurde 1698 von dem berühmten Vorarlberger Baumeister Christian Thumb (s. S. 65) errichtet. Der Name weist darauf hin, dass die Bodenseewellen früher bis in die ›Vorstadt‹ schwappten. Rund um Kornmarkt- und Rathausstraße und in den umliegenden Gassen herrscht lebhaftes Treiben: Es gibt viele Cafés, Kneipen, Restaurants, zahllose Geschäfte, kleine Galerien und Designläden.

Steigt man die Maurachgasse hinauf, gelangt man über das **Untere Tor** 11 in die **Oberstadt**: Die Reste der Stadtmauer stammen aus dem 13. Jh., der dicke **Martinsturm** 12 von 1602 (Turmbesteigung Mai–Mitte Okt. tgl. 10–17.30 Uhr, Erw. 1,50 €, Kinder 0,50 €) mit Kapelle und kleinem Militärmuseum (1. Mai–Mitte Okt. Di–So 10–17.30, Juli, Aug. 10–19 Uhr, www.mim-bregenz.at, 1,50 €) ist von einer Zwiebelhaube aus Holzschindeln gekrönt – sie soll die größte Europas sein und ist das Wahrzeichen der Stadt.

In die Stadtmauer geschoben ist das barocke **Deuring Schlössle** 1 mit seinem achteckigen Turm. Als Hotel und

Gourmet-Restaurant ist es die Topadresse der Stadt. Das stille, idyllische Viertel zwischen Ehregutaplatz und Amtsplatz mit italianisierendem Palazzo – jetzt Bundesdenkmalamt – ist immer noch von einer weitgehend erhaltenen **Ringmauer** umfasst. Dazwischen liegen drei parallel geführte Straßen mit verwinkelten Wohnhäusern, Kastanienbäumen und kleinen, bunten Gärtchen: kaum Verkehr, keine Geschäfte, keine Wirtshäuser, wie aus der Zeit gefallen.

Auf der anderen Seite des Thalbachs ragt die imposante **Pfarrkirche St. Gallus** 13 (tagsüber geöffnet) über die Hügel hinaus. Der irische Mönch Gallus soll die Kirche im 7. Jh. gegründet haben; die ersten Urkunden stammen aber von 1097. Der gotische Baukörper aus dem 14. Jh wurde im frühen 18. Jh. von dem barocken Baumeister Franz Anton Beer (mit der Thumb-Familie Hauptvertreter der Vorarlberger Bauschule, s. S. 65) erweitert und umgestaltet. Sehr schön sind die Stuckarbeiten, das Deckengemälde und der Altar.

Der Weg hinunter führt über die romantische Meißnersteige mit hübschen Ausblicken. Das **Künstlerhaus Palais Thurn & Taxis** 14 (Gallusstr. 10, Tel. 05574 427 51, Di–Sa 14–18, So, Fei 10–12, 14–18 Uhr, www.kuenstlerhaus-bregenz.at, 4 €) liegt eingebettet in die schönsten Parkanlagen der Stadt. Das Jugendstilpalais zeigt monatlich wechselnde Ausstellungen und bietet anregende Programme; im Sommer stellt der Bregenzer Kunstverein aus.

Pfänder ▶ M 6

Pfänderbahn-Talstation (mit Parkhaus), Steinbruchgasse, www.pfaender bahn.at, tgl. 8–19 Uhr, halbstündl., im Nov. geschl., Berg- und Talfahrt Erw. 8,80 €, Kinder 4,40 €

1064 m hoch ist der Pfänder, der höchste Gipfel am Bodensee und viel besuchter Aussichtspunkt, bietet er doch bei guter Sicht ein fantastisches 360°-Panorama über den See, die Alpengipfel Österreichs, der Schweiz, Liechtensteins und des deutschen Alpenvorlandes. Mit der Schwebebahn ist man in 6 Minuten auf der Bergstation. Hier herrscht Trubel: Es gibt einen Alpenwildpark, ein Freigelände mit Steinböcken, Bergziegen, Muffelwild und Murmeltieren (ganzjährig geöffnet, Eintritt frei), und im Berghaus Pfänder lädt die Aussichtsterrasse zu einer zünftigen Rast ein (Mai–Sept. tgl. 9.30–18.30 Uhr). Für kleine und größere Wanderungen ist der Pfänder ein idealer Ausgangspunkt mit einem gut beschilderten Wegenetz. Ein kleiner Rundgang dauert 30 Minuten; zurück nach Bregenz führt die direkte Strecke über Hintermoos zur Talstation (5 km, 1¼ Std.).

Übernachten

Hotels, Pensionen und Privatzimmer in Bregenz sind auf das Festspieltreiben zugeschnitten; sie sind recht teuer. Für die Festspielzeit muss unbedingt vorab gebucht werden, es gelten dann auch höhere Tarife. Als Ferien- und Urlaubsstandorte mit hohem Erholungswert bieten sich die Dörfer und Gemeinden im Bregenzerwald und Vorarlberg an.

Unangestrengter Luxus – **Gourmet-Hotel Deuring Schlössle** 1: Ehregutaplatz 4, Tel. 05574 478 00, www.deu ring-schloessle.at, DZ 190–380 €. Elegantes kleines Schlosshotel in der Oberstadt, das vom Sternekoch Ernst Huber und seiner Familie geführt wird. 15 wunderschöne, individuell gestaltete Räume und Suiten. Herausragendes Restaurant mit weinumrankter Terrasse. Lunchmenü ab 25 €, Probier-

Der Aufstieg auf den Pfänder (1064 m) wird mit einem herrlichen Blick belohnt

menüs in der Lounge mit 5, 7 oder 10 Mini-Gängen, Abendmenü um 80 €.

Zweckmäßig – **Hotel Garni Kaiser** 2: Kaiserstr. 2, Tel. 05574 529 80, www.kaiser-hotel.at, DZ 132 €. In dem Altstadtbau mitten in der Fußgängerzone sind 6 gut ausgestattete Doppelzimmer mit Whirlpoolbad untergebracht. Mit Cafébar und italienischem Restaurant.

Zentrale Lage – **Hotel Garni Bodensee** 3: Kornmarktstraße 23, Tel. 05574 42 30 00, www.hotel-bodensee.at, Jan.–Mitte Febr. geschl., DZ 126 €. Zentral gelegenes, jüngst renoviertes familiengeführtes Haus in 3-Sterne-Kategorie.

Backpacker und Familien – **Jugend & Familiengästehaus** 4: Mehreraustr. 5, Tel. 05574 428 67, www.jfgh.at, geöffnet Jan.–Okt., gute Lage nahe am Bahnhof, 170 Betten, 2–6-Bett-Zimmer mit Dusche/WC, Sommersaison 2-Bettbelegung 63 €, Familienzimmer 63 €.

Camping – **Seecamping Bregenz** 5: Hechtweg, Tel. 05574 718 95, www.seecamping.at, 15. Mai–15. Sept. Großes, komfortables Areal, am Naturschutzgebiet seenah gelegen, familiengeführt.

Essen & Trinken

Fantasievoll elegant – **Restaurant Neubeck** 1: Anton-Schneider-Str. 5, Tel. 05574 436 09, www.neubeck.at, Di–Fr 11.45–14 Uhr, Tagesgericht 10 €, Di–Sa Dinner ab 18 Uhr, Menü ab 46 €. Mediterranes Flair in großzügigem, jugendstiligem Ambiente. Die weitgereiste Nina Sotriffer bietet beste regionale Produkte sowie fantasievolle ›Weltküche‹. Vom Thai-Fischcurry über Wachtel mit getrüffeltem Kartoffelpüree bis zum Griesflammeri. Schöner Innenhof.

Am Wasser – **Wirtshaus am See** 2: Seepromenade 2, Tel. 05574 422 10, www.wirtshausamsee.at, tgl. 9–24 Uhr, Hauptgerichte 8–14 €. Mit großen Terrassen direkt am See. Vom Frühstück bis zum Absacker. Regionale Küche, Fisch.

161

Schönster Gastgarten – **Kornmesser** **3**: Kornmarktstr. 5, Tel. 05574 548 54, www.kornmesser.at, Di–So 9.30–24 Uhr, im Sommer und während der Festspielzeit kein Ruhetag, kleines Tagesmenü 7,50 €, Hauptgerichte ab 10 €. Im restaurierten Barockbau bietet die ›neue Wirtshauskultur‹ österreichisch-italienische Küche wie Ländle-Kalbsschnitzel mit Steinpilzrisotto oder Tafelspitz, auch Kaiserschmarren oder Bregenzerwälder Käseplatte. Großer Garten unter Kastanien.

Modernes Wirtshaus – **Maurachbund** **4**: Maurachgasse 11, Tel. 05574 450 29, www.maurachbund.com, So–Fr 8–24 Uhr, Tagesgerichte ab 8 €. Schön restauriertes Haus mit frischem Wind in Küche und Keller: schnörkellose österreichische Küche in Café, Bar und Restaurant.

Einkaufen

Alles Käse – Mitten im Zentrum liegt **Fredi's Käslädele** **1**: Deuringstr. 9, Tel. 07774 439 16, www.kaesefredi.eu. Der Besitzer ist hochdekorierter Spezialist.

Mein Tipp

Biker-Paradies

Ein Erlebnis für ernsthafte Biker ist das Geschäft Pro Cycle von Christian Pauger: Hier werden Räder nach individuellen Anforderungen handgefertigt; hinzu kommt außergewöhnliches Zubehör wie ein Sattel in Rahmenfarbe oder Schutzbleche z. B. in Schlangenleder- oder Carbonoptik – für die anstehende Bodenseerundfahrt! **Pro Cycle** **3**, Kornmarktstr. 9, Tel. 05574 424 77.

Sein Riesensortiment umfasst natürlich auch die Käse aus dem Bregenzerwald.

Luxus – **Wolford Boutique** **2**: Wolfordstr. 1, Abzweig von der Rheinstr., Tel. 05574 69 05 03, Mo–Fr 9–19, 9–16 Uhr. In moderner Vorarlberger Holzarchitektur präsentiert sich auf 600 m^2 die Boutique des Bregenzer Unternehmens. Bodys, Strumpfwaren, Dessous, Bademode, auch Oberbekleidung der weltbekannten österreichischen Luxusmarke werden stilvoll angeboten. Für den Zwischenstopp gibt es eine Bar und ein Restaurant. Dazu gehört auch das **Wolford Outlet Center** mit Preisnachlässen bis zu 50 %.

Aktiv & Kreativ

Baden – Im Ostteil der Bregenzer Bucht liegt die geliebte **Mili** , die ehemalige Militärbadeanstalt mit hölzernen Pfahlbauten. Anfang Mai–Mitte Sept. 10–20 Uhr, Erw. 3,80 €, Kinder/Jugendliche 2,80 €. Das zentrale **Strandbad Bregenz** **2** liegt an der Seepromenade westlich der Seebühne. Großzügige Anlagen mit Strand, mehreren Becken und allem Service-Komfort. Mitte Mai –Mitte Sept. 9–20 Uhr, Erw. 3,80 €, Kinder/Jugendliche 2,80 €. Unmittelbar daneben liegt das gut ausgestattete **Seehallenbad** **3** mit Vitalium (Sauna, Dampfbad, Whirlpool); Strandweg, Tel. 05574 44 24 20, Anf. Sept. bis zum Beginn der Freibadsaison geöffnet, Di–Fr 9–21, Sa 9–19, So, Fei 10–18 Uhr, Erw. 4,70 €, Kinder/Jugendliche 3,30 €.

Wasserski – **Wasserschischule Schneeweiß** **4**: Am Brand 2, Tel. 05574 433 33, Start am Strandbad, nach Voranmeldung.

Segeln – **Bodensee-Segelschule Lochau:** Tel. 05574 522 47, www.segelschule-lochau.com, April–Okt., auch Wochenendkurse und Jachtcharter.

Angeln – Angelscheine für Bodensee,

die Bregenzerach und Weissach bei **Bregenz-Tourismus** (s. u.).

Fahrradverleih – **Radverleih am See:** Seepromenade am Blumenmolo, Tel. 0650 541 30 00, Anf. Mai–Ende Okt.

Abends & Nachts

In Bregenz geht es auch abends und nachts rege zu; die Theater, die Kneipen-, Club- und Barszene haben sich in der Region einen Namen gemacht.

Klassisches und Modernes – **Theater am Kornmarkt** 1: Kornmarktplatz, Tel. 05574 428 70. Am Kornmarkt ist das Vorarlberger Landestheater mit interessanten Inszenierungen zu Hause.

Experimentierfreudig – **TheaterKosmos** 2: Areal schoeller 2welten/shed8, Mariahilfstr. 29, Tel. 05574 440 34, www.theaterkosmos.at. Junges Theater, Foyer-Events, Musikdarbietungen.

Nur mit Krawatte – **Spielcasino** 3: Tel. 05574 45 12 70, www.casinos.at, tgl. 15–3 Uhr (Jackpot ab 12 Uhr). In den Seeanlagen gleich neben dem Festspielhaus wie James Bond am Roulette brillieren und zwischendurch zur Nervenstärkung unter gleichem Dach ausgezeichnet speisen, im **Restaurant Falstaff:** Tel. 05574 44 43 30, www.falstaff.at, ab 18 Uhr, Hauptgerichte ab 20 €.

Beliebter Treffpunkt – **Viva – Cantina Mexikana Bar** 4: Seestr. 7, Tel. 05574 422 88, www.cantina.at, tgl. 17–3 Uhr. Angesagt: mexikanische Speisen, Cocktailbar und Supersound. Im Sommer Freiluftbar unter Palmen mit Blick auf den See.

Urig mit Musik – **Café Bar Neptun** 5: Deuringstr. 3, Tel. 05574 580 53, Mo–Do 9.30–2, Fr 9.30–4, Sa 13–4 Uhr. Alteingesessen, zum Verhocken. Tagsüber auch im Garten, mit Kaffee und Kuchen, abends beim Wein, Mo mit Swing, Do mit nostalgischen Schlagern.

Infos & Termine

Infos

Bregenz Tourismus und Stadtmarketing: Rathausstr. 35a, 6900 Bregenz, Tel. 05574 495 90, www.bregenz.ws oder www.bregenz.at. **Kartenvorverkauf online:** www.v-ticket.at.

Verkehr

Bahn: Stdl. nach Lindau und Richtung Dornbirn, Feldkirch (s. auch S. 156).
Bus: Stadtbusverkehr sowie stdl. nach Lindau, Hard, Höchst, Rheineck und Bregenzerwald (s. auch S. 156).
Kundenbüro Bus und Bahn im Bahnhof Bregenz: Tel. 05572 32 30 00, www.abfahrtszeiten.at, www.vmovil.at.
Schiff: Die Vorarlberg-Lines fahren vom 1. April bis 21. Okt. mehrmals tgl. alle wichtigen Häfen zwischen Bregenz und Konstanz an, www.vorarlberg-lines.at.

Termine

Bregenzer Festspiele: 2. Juliwoche bis Ende Aug. (s. S. 68).
Tanzfestival Bregenzer Frühling: Mitte März–Mai, internationale klassische Konzerte, Ballettgastspiele.
Frühlingsfest: Ende Mai/Anfang Juni eine Woche Vergnügungspark, Kinder-Events.
Seelax: zeitgleich mit den Festspielen Musik- und Comedy-Festival am See.
Bregenzer Stadtfest: letztes Aug.-wochenende. Volksfest in den Seeanlagen mit Feuerwerk und Kübelregatta.
Landeserntedankfest: letzter Fr. im Sept.

Ausflug nach Dornbirn und Umgebung ▶ L/M 7/8

In der Rheintalebene liegen die Städte Dornbirn und Hohenems. Dornbirn ist mit 43 000 Einwohnern die größte

Lieblingsort

**Dorfplatz
in Schwarzenberg** ▶ M 8
Der Dorfplatz in Schwarzenberg ist
eine denkmalgeschützte Postkar-
ten-idylle: Hier führen die Straßen
des Dorfes zusammen, und hier
stehen die weiß verputzte Kirche,
der Kirchhof, das Gasthaus, die
Bushaltestelle, alte Wälderhäuser
aus braunschattiertem Holz mit
schönen Holzläden und Bauerngärten – alles umringt von grünen Hügeln und Bergspitzen. Mittendrin
eine Bank zum Sitzen und Schauen.
Totale Entspannung und Wohlge-
fühl im Herzen eines kleinen Kos-
mos!

Mein Tipp

Nachts im Gebirg ▶ M 8

Der Karren ist der Hausberg von Dornbirn. Etwas Besonderes ist das in 976 m Höhe gelegene Panorama-Restaurant: In der vorkragenden, gläsernen Schachtel thront man über dem Abgrund. Die Seilbahn ist auch abends in Betrieb, sodass sich vom Restaurant aus ganz ungewohnte nächtliche Ausblicke auf die Lichterschlangen des Rheintals, Berge, Täler und Ortschaften bieten. **Seilbahn und Restaurant auf dem Karren:** So–Do 9–23, Fr, Sa 9–24 Uhr, Hauptgerichte ab 14 €. Die Talstation liegt in der Gütlestraße, Dornbirn Richtung Gütle. www.karren.at.

Stadt Vorarlbergs. Mit ihrer Messe und Fachhochschule ist sie das wirtschaftliche und industrielle Zentrum der Region. Die Textilbarone des 19. Jh. haben mit prächtigen **Villen und Parkanlagen** die neuere Stadtgeschichte architektonisch geprägt. Sehenswert ist auf dem kunterbunten, trubeligen Marktplatz das berühmte **Rote Haus** mit seiner ochsenblutroten, reich geschmückten Holzfassade. Es stammt aus dem 17. Jh. und ist eines der seltenen noch erhaltenen Zeugnisse des Rheintaler Bauernhauses.

Inatura

Jahngasse 9, Dornbirn, Tel. 05572 232 35, www.inatura.at, tgl. 10–18 Uhr, Erw. 9,50 €, Erw. mit einem Kind 11,50 €

In dem hervorragend umgestalteten Areal einer einstigen Maschinenfabrik präsentiert sich eines der modernsten Naturmuseen Europas: Hier lernt man die Wunder der Natur in spektakulären Inszenierungen kennen. Der Rundgang führt durch die Lebensräume Gebirge, Wald, Wasser und Stadt; dabei wechseln Wasserfälle, Zeittunnel, Astroshow, Forschungsgalerie und 3-D-Erlebnisse mit interaktiven Spielen ab – ganz toll!

Rolls-Royce-Museum ▶ M 8

Gütle 11 a (ca. 3 km südöstl.), Tel. 05572 526 52, www.rolls-royce-museum.at, 1. April–31. Okt. 10–18, Winter 10–17 Uhr, Mo, Fei und Jan. geschl., Erw. 8 €, Kinder 4 €

Das weltweit größte Museum für die Luxusschlitten liegt in einem aufgelassenen, umgestalteten Fabrikareal im Ortsteil Gütle: im Spinnereigebäude von 1862 breiten sich die Autos auf mehreren Geschossen aus; die alte Ursprungswerkstatt wird gezeigt, in der Hall of Fame glänzen die schönsten individuell gefertigten Luxuskarossen, und in der Werkstatt werden die Wagen restauriert.

Rappenlochschlucht ▶ M 8

www.rappenlochschlucht.at, Ende April–Mitte Nov., im Juli, Aug. jeweils Do 10.30 Uhr kostenlose Führung

Unmittelbar am Wirtshaus Gütle (s. o.) liegt auch der Eingang in die Rappenlochschlucht. Die wilde Dornbirner Ache hat hier eine über 60 m tiefe Klamm in den Fels gegraben – eine der größten in den Ostalpen. Über Stufen, Stege und Felsdurchbrüche begleitet man die tosenden Wasser bis zu ihrem Scheitelpunkt. Nach dem Staufensee mit Kraftwerk folgt die zweite enge Klamm, das Alploch.

Hohenems ▶ L 8

Sehr hübsch ist die von Dornbirn nur 7 km entfernte Kleinstadt Hohenems. Sie ist die jüngste Stadt der Region und ist durch die **Schubertiade,** dem internationalen Konzertfestival, europaweit ein Begriff (s. S. 170). Im Zentrum der Stadt steht in voller Pracht der **Renaissance-Palast**, ab 1603 von dem italienischen Architekten Martino Longo für die Grafen von Ems/Hohenems erbaut. Hier wurde 1755 die Originalhandschrift C des Nibelungenliedes gefunden, und hier finden Konzerte und Veranstaltungen statt (ansonsten ist das Schloss nicht zugänglich).

Die landjüdische Gemeinde von Hohenems hatte Jahrhunderte lang bedeutenden Anteil an Kultur und Wirtschaft der Region. Mit dem Anschluss Österreichs 1938 an das nationalsozialistische Deutsche Reich kam für die Hohenemser Juden das Ende. Diese Geschichte erzählt das interessant gestaltete **Jüdische Museum** in der gediegenen **Villa Heimann-Rosenthal** (Schweizer Str. 5, Tel. 05576 73 98 90, www.jm-hohenems.at, Di–So, Fei 10–17 Uhr, Erw. 7 €, Kinder 3,50 €).

Bregenzerwald

Der Bregenzerwald bietet sanfte, bewaldete Berge, Wiesen, Weiden und kleine Dörfer. Textilindustrie, Holzwirtschaft und sanfter Tourismus sind hier seit Langem verwurzelt. Besonders ausgeprägt sind die architektonischen Kontraste: Schon die Vorarlberger Bauschule des Barock mit den berühmten Familien Thumb aus Bezau und Beer aus Au hat herausragende barocke Bauwerke rund um den Bodensee geschaffen (s. S. 65); heute ist die neue ›Vorarlberger Architektur‹ mit ihrer innovativen Verwendung von Holz und Glas international ein Begriff (s. S. 61). Auf der Reise durch die Region begegnen uns immer wieder in die Landschaft, in Dörfer und Gemeinden gesetzte eigenwillige Objekt- und Wohnbauten.

Schwarzenberg ▶ M 8

Auch in diesem wunderschönen Wälderdorf mit sehr guter Gastronomie findet im Sommer die internationale Schubertiade statt (s. S. 170). Unbedingt einen Besuch wert ist das liebevoll gestaltete **Angelika Kauffmann Museum:** eine qualitätvolle Verquickung von altem Wälderhaus und neuer Baukunst. Im Museum sind zahlreiche Werke der Künstlerin versammelt. Im alten Teil des Gebäudes wird die Wohnkultur des Bregenzerwaldes im 19. Jh. gezeigt (Mai–Okt. Di–So 10–18, Do 10–20 Uhr). Der Vater der Künstlerin stammt aus Schwarzenberg; auch er war Maler. In der festlich-heiteren **Dorfkirche** sind Gemälde von beiden zu sehen. Die Apostelmedaillons in Freskotechnik hat Angelika Kauffmann als Sechzehnjährige gemalt, das Hochaltarbild der Krönung Mariens ist ein Alterswerk von ihr.

Übernachten, Essen

Behaglicher Luxus – **Romantikhotel Hirschen:** Hof 14, Tel. 05512 29 44, www.hirschenschwarzenberg.at, DZ 129–270 €, Mi und Do-Mittag geschlossen, Hauptgerichte ab 14 €. Stattliches historisches Haus mit mehr-

Landschaftskunstprojekt
Ab Sommer 2010 zeigt der international renommierte britische Künstler Antony Gormley sein großes Landschaftsprojekt »Horizon Field«. Rund 100 seiner lebensgroßen Eisenplastiken mit Blickachsen zueinander werden auf 100 km^2 in den Bregenzerwald eingestellt (Infos unter www.kunsthaus-bregenz.at). Großartig!

Auf Entdeckungstour

Nachhaltig – Käsewirtschaft im Bregenzerwald

In den Dorfgemeinschaften im Bregenzerwald wird natürliche Milchwirtschaft gepflegt – das Produkt: ca. 40 verschiedene Käsesorten. Bei einer Tour kann man nicht nur genießen und kaufen, sondern Käse auch selbst herstellen.

Reisekarte: ▶ N 7

Planung: Start in Lingenau (ca. 3,5 km westl. von Hittisau), hin und zurück ca. 20 km Fahrt (Pkw), Dauer 1 Tag

Infos: Käsestrasse Bregenzerwald – Verein zur Förderung der Bregenzerwälder Käsekultur, Impulszentrum 1135, 6863 Egg, Tel. 05512 23 65 23, www.kaesestrasse.at

In der einst bitterarmen Region Bregenzerwald fußt die zeitgenössische Landwirtschaft auf traditionellen Methoden, die sich neu fokussieren konnten, nachdem Österreich EU-Fördermittel für die strukturschwache Region bekam. Ökologisch und nachhaltig wird nun Vieh- und Milchwirtschaft, und damit auch Landschaftspflege, betrieben – das Konzept ist ein großer wirtschaftlicher Erfolg. Das Käsen ist heute noch Grundlage der Landwirtschaft. Gearbeitet wird in drei Stufen: Im Sommer weidet das Vieh auf den hochgelegenen ›Alpen‹ (= Almen), im Frühjahr und Herbst grast es auf den tiefer liegenden ›Vorsässen‹, und im Winter frisst es im Tal das Heu, das sommers gemäht wurde. Auf einer Tour kann man sich einen Überblick über die Käseherstellung im Bregenzerwald verschaffen und dabei die Spezialitäten gleich verkosten.

Von Robotern gepflegt

Los geht es in **Lingenau**, und zwar im dortigen **Käsekeller** (Zeihenbühel 423, Tel. 05513 428 75, www.kaesekeller.at, Mo–Fr 10–18, Sa 9–17 Uhr). Wer sich einen rustikal-alpinen Traditionsbau vorstellt, wird überrascht sein: In dem schlichten Kubus aus Sichtbeton können die Besucher hinter einer Glaswand in das riesige Lager wie in eine Schatzkammer hineinschauen, in der rund 33 000 Alp- und Bergkäse reifen und von Robotern sorgfältig mit Salzwasser gebürstet und gedreht werden.

Die Alp- und Bergkäse des Bregenzerwaldes werden in 17 Tal- und 90 Alpensennereien hergestellt. Jährlich knapp 45 Mio. Liter silofreier Milch verarbeitet man hier zu Butter, Sahne – und eben zu 4500 t Käse. Insgesamt sind ca. 40 Käsesorten heimisch, wobei der Alpkäse ausschließlich auf den Alpen handgeschöpft wird.

Neben Infos und einer Filmvorführung gibt es im Käsekeller nach Voranmeldung auch Verkostungen von Käsespezialitäten und Weinen (5,90 € pro Pers. ab 12 Pers.) sowie einen Käseladen. Im Gasthof Löwen (www.loewen-lingenau.com) oder Alpenblick (www.alpenblick-lingenau.at) kann man sich mit traditionellen Käsknöpfle stärken.

Sennen lernen

Von Lingenau geht es über Großdorf nach **Egg**. Am Ortsrand (Bruggan 1025) liegt der Hof des innovationsfreudigen Landwirts **Ingo Metzler**: Er hat die erste Sennschule Vorarlbergs gegründet. Hier können Sie in etwa 4 Stunden selbst einen essfertigen Käse herstellen! Ingo Metzler ist auf Molkegetränke und -kosmetik spezialisiert und damit sehr erfolgreich. Außergewöhnlich ist auch der Neubau, den er in die freie Wiesenlandschaft gestellt hat (Anmeldung zum Sennen: Tel. 05579 34 15, www.molkeprodukte.com, Hofladen Mo–Fr 8–12, 14–18, Sa 8–12 Uhr).

Käse zum Mitnehmen

2 km weiter südlich liegt das **Käsehaus Andelsbuch** (Hof 144, Tel. 05512 263 46, www.kaesehaus.com, Mo–Sa 9–18, So 10–18 Uhr). Es bietet die komplette Bandbreite an Bregenzerwälder Käsesorten. Auch andere regionale Produkte werden hier angeboten: Rauchwurstwaren, Trockenobst, edle Brände etc. Jeden Sonntag um 16 Uhr findet ein Schaukäsen statt. Im Restaurant gibt es Käserahmsuppe, Kässpätzle oder eine Bauernjause.

Käsestrasse Bregenzerwald

Wenn Sie Lust auf mehr bekommen haben: Viele regionale Anbieter haben sich zur **Käsestrasse** zusammengeschlossen, das ›K‹ weist den Weg zu weiteren interessanten Stationen.

Gasthöfe im Bregenzerwald

In allen Dörfern und Gemeinden des Bregenzerwaldes gibt es schöne Gasthöfe mit guter Küche; das Angebot ist reichhaltig und qualitätvoll. Also: herumschlendern und die Speisekarten anschauen.

MundArt ist ein Zusammenschluss von Gastronomen, die – kreativ und sorgsam – überwiegend heimische Produkte verwenden. Dazu gehören: der Gasthof Adler und der Hirschen in Schwarzenberg, das Hotel Das Schiff und der Gasthof Krone in Hittisau, der Gasthof Gams und das Hotel Post in Bezau, das Hotel Krone in Au und s'Schulhus in Krumbach. Infos und Adressen unter www.mundart-restaurants.at.

fach ausgezeichneter Küche mitten im Dorf, großer Weinkeller und individuell gestaltete Zimmer. Wunderschöne holzgetäfelte Wirtsstuben, Kaminzimmer mit Bibliothek.

Tolle Lage – **Panoramahotel Sonnhalde:** Oberbuchen 590, Tel. 05512 29 90, www.sonnhalde.at, DZ ab 90 €, Tagesgerichte ab 10 €. Am sonnigen Hang oberhalb des Dorfes gelegen, bietet das minimalistisch-schlichte Haus eine herrliche Lage, helle, zurückhaltend gestaltete Zimmer, überwiegend mit Balkon, und einen Panoramagarten. Schönes Restaurant.

Einkaufen

Weithin bekannt – **Käsladen Maria Vögel:** Hof 6867, Tel. 05512 29 60. Wälderhaus mit altem Laden. Mit Käsekeller zum Probieren, auch Weindegustationen.

Kultig – Clogs werden in der **Werkstatt Anton Devich Nachfolge** in Bezau gefertigt (ca. 7 km südöstl. von Schwarzenberg), Ellenbogen 186, Tel. 05514 22 46, www.holzschuhe.at. Traditionelles Schuhwerk, auch Stiefel und Sandalen, aus Ahorn-, Pappel- und Weidenholz oder mit Ziegenfell.

Termine

Schubertiade: Veranstaltungen Mai–Sept, Tel. 05576 720 91, www.schubertiade.at. Schwarzenberg wie auch Hohenems sind Veranstaltungsorte der Schubertiade; die hochkarätigen, international besetzten Konzerte finden in Schwarzenberg im modernen Angelika-Kauffmann-Saal vor alpinem Panorama zwischen Wiesengrün statt. In Hohenems wird der schöne Markus-Sittikus-Saal genutzt. Preise: 12–99 €.

Alpabtrieb: Mitte Sept. findet der zentrale Alpabtrieb statt (genauer Termin über die Tourist-Infos in allen Orten): Milchkühe, Jungvieh, Schafe und Ziegen werden zurück in die Ställe gebracht, ein faszinierendes Schauspiel für Einheimische und Gäste. Am Tag darauf werden im Angelika-Kauffmann-Saal Käselaibe präsentiert und prämiert. Das Publikum darf probieren.

Bregenzerwälder Käseherbst: 15. Sept.– 26. Okt. Überall wird der Käseherbst gefeiert. Auftakt sind der Alpabtrieb und der Käsemarkt in Schwarzenberg. Veranstaltungen für Genussfreudige, Bauernmärkte, geführte Alpwanderungen, Vorträge, Kochkurse, Musik, Dorffeste.

Hittisau ▶ N/O 7

Auch Hittisau ist ein schöner, traditionsbewusster Ort mit ausgezeichneter Gastronomie, mehreren interessanten modernen Bauten, einer kleinen Dorfsennerei und dem schönen, großzügig-lichten **Frauenmuseum** (Tel. 05513 62 09 50, www.frauenmuseum.com, Do 18–20, Fr, Sa 15–17, So 14–17 Uhr und jederzeit nach Vereinbarung). Der kleine, hochmoderne Bau mit doppelgeschossiger Glasfassade und grauer Holzverschalung widmet sich dem Leben der österreichischen Frauen mit unterschiedlichen Ausstellungen. Im gleichen Bau ist die Feuerwehr des Ortes untergebracht.

Wanderung zur Helmingenalpe

Hittisau ist der Ort mit den meisten Alpen in Österreich. Auf einer gemütlichen Wanderung – fast ausschließlich auf geteertem Wirtschaftsweg – kommt man zur kleinen Helmingenalpe. Am Wanderparkplatz Leckernsee lässt man das Auto stehen und läuft rund 50 Minuten gemütlich zu Fuß. Am Ziel kann man draußen sitzen, eine kühle Milch trinken und einen Ziegenkäse essen, während im rußgeschwärzten Inneren die Sennerin mit Kupferkessel und Mulltüchern hantiert.

Übernachten, Essen

Behagliche 4-Sterne-Eleganz – **Hotel Das Schiff**: Heideggen 311, Tel. 05513 62 20, www.schiff-hittisau.com, DZ 120–220 €, Tagesgerichte ab 14 €, Menü ab 35 €. In 5. Generation geführter Landgasthof mit neuen Anbauten, schlicht und luxuriös, mit Charme und Stil gestaltet. Beheizter Außenpool, schöner Gartenpark, sehr gute, haubengekrönte Küche.

Liebevoll ausgestattet – **Hotel/Gasthof Krone**: Am Platz 185, www.krone-hittisau.at, DZ 100–130 €, Restaurant Mi, Do geschl., Tagesgerichte ab 14 €, Menü ab 35 €. Gastfreundliches altes Wälderhaus mit Holzschindelfassaden auf dem Dorfplatz, einige Zimmer sind von Bregenzerwälder Kunsttischlern

ausgestattet. Sonnenterrasse und Hotelgarten. Regionale Küche, kreativ interpretiert.

Idyllisch – **Bauernhof Lipburger Sonne:** Sippersegg 270, Tel. 05513 62 35 oder 0664 492 07 45. DZ 44–50 €. Idyllisch am Ortsrand gelegener blumengeschmückter Dreikanthof mit netten Zimmern, Garten und eigener Alpe.

Riefensberg ▶ O 6

Zwei blumengeschmückte Häuserzeilen mit Kirche, Laden und Gasthof entlang der Hauptstraße – das ist das winzige Riefensberg in traumhaft schöner Landschaft. Die **Juppenwerkstatt** (Tel. 05513 83 56 15, www.juppenwerkstatt. at, auch mit angemeldeten Führungen, Mai–Okt. Di, Fr 10–12 Uhr, 3 €) sollte man sich nicht entgehen lassen. Neben der Dorfkirche wurde ein alter Gasthof zur Werkstatt umgebaut und mit einer voll verglasten Ostfassade transparent gestaltet. Das alte Handwerk der individuellen Trachtenschneiderei mit Farbkessel und Fältelmaschine wurde hier wieder aufgegriffen; im Frühjahr und Herbst werden u. a. die eleganten schwarzen, plissierten Röcke aus gelackter Baumwolle oder Wolle gearbeitet.

Rheindelta! ▶ K/L 6/7

Eine amphibische Landschaft mit tiefen Horizonten, Wasserarmen, Buchten, raschelndem Schilf, Kanälen, Auwäldern, Trampelpfaden und Holzstegen. Flache Umrisse, Wasser und Land gehen ineinander über: Das Rheindelta zwischen Bregenz und Rorschach ist mit 2000 ha Fläche das größte Naturschutzgebiet in der Bodenseeregion und, abgesehen von dem der Donau, das größte Süßwasserdelta Europas.

Österreichisches Ufer und Hinterland

Hinzukommen ist übrigens gar nicht so einfach: Der Verkehr auf den Straßen zwischen Bregenz und Rorschach bzw. St. Gallen ist dicht; es gibt viele Industrie- und Gewerbegebiete, bevor sich die eigenwillige Deltaregion erschließt.

Zwei Gemeinden mit weitläufigen Wohngebieten, Landwirtschaft, Gärten und Weiden, nämlich Hard und Höchst, sowie das winzige Fußach liegen im Deltabereich; sie sind mit dem Pkw zu erreichen. Zwischen den Orten und den Ufern liegt eine Landwirtschaftszone als Pufferregion, die nur auf Stichstraßen per Pkw zu durchqueren ist. Ansonsten haben ausschließlich die Bootskapitäne, Fahrradfahrer und Fußgänger das Sagen, und diese wiederum müssen sich der Natur und den strengen Vorschriften des Naturschutzes anpassen.

Flora und Fauna seltenster Art sind hier zu Hause, darunter vieles, was andernorts bedroht oder nicht mehr vorhanden ist. So krallt sich hier die Wasserhade, eine fleischfressende Wasserpflanze, ihr Futter; das Bodensee-Vergissmeinnicht und der weidenblättrige Alant blühen in den Streuwiesen; es gibt Schwertlilien und

außergewöhnliche Farne. Unterschiedlichste Froscharten hüpfen durch das Grün; Eidechsen, Molche und sogar Gelbwangenschildkröten aus Nordamerika sind gesichtet worden, die im Rheindelta überwintern. Rund 500 Arten von Schmetterlingen sind hier zu Hause, und für die Vogelwelt mit über 300 Arten (etwa Schwarzhalstaucher, Flussseeschwalben, Enten, Bartmeisen, Haubentaucher, Graureiher und Kormorane) ist das Rheindelta ein paradiesischer Lebensraum; hier können sie in Ruhe brüten, und die Zugvögel sammeln sich im Herbst zu Tausenden, bevor sie den langen Flug in die Wärme antreten.

Das Gebiet wird südlich begrenzt von dem Ort St. Margrethen. Dort teilt sich der Rhein: Der östliche Arm, seit 1900 streng eingedämmt von einem hochwandigen Betonbett, wird zwischen Hard und Fußach tief und weit in den See geleitet.

Bitte beachten!

Zwei Dinge sind im Rheindelta ein Muss: erstens **Mückenschutz,** denn wie allen Insekten geht es auch den Stechmücken hier gut. Zum anderen ist eine ordentliche **Landkarte** hilfreich. In der Tourist-Info in Hard gibt es einen detaillierten Ortsplan mit Umgebungskarte. Sehr gut ist die **»Wander-, Rad- und Freizeitkarte Bregenzer Wald, Rheintal«,** Nr. 364 (1 : 50 000) von Freytag & Berndt (an Tankstellen und Tourist-Infos; Buchhandlungen in Österreich führen keine Landkarten).

Lebensraum seltener Pflanzen und Tiere – Naturschutzgebiet Rheindelta

Hard ▶ L 6

Hard, nahe Bregenz gelegen, ist mit seinen 12 000 Einwohnern das Zentrum des Rheindeltas. Ringsum zersiedelt, ist der Ortskern doch kompakt und nett; das große Binnenbecken mit **Gondel- und Sporthafen 1** wird von Landzungen umschlossen; sehr hübsch und schläfrig liegen viele kleine Buchten in den Uferbereichen. Hier liegt auch das mit 40 000 m² größte **Strandbad 1** am Bodensee auf einer Landzunge zwischen Binnenbecken und Bodensee (s. u.).

Fußach und Höchst ▶ K/L 7

Auf der gegenüberliegenden Seite des eingedämmten Rheins befindet sich das kleine **Fußach;** es ist komplett umschlossen vom Naturschutzgebiet; von hier aus ist die Halbinsel Rohrspitz

mit ihren Freizeitanlagen (s. S. 174) entlang der Fußacher Bucht in 4 km zu erreichen.

Auf einem vorgelagerten Sandinselchen im Ried liegt der größte naturbelassene **FKK-Strandpark 2** am Bodensee. Hier befindet sich auch sehr versteckt das **Rheindeltahaus 2** (Im Böschen 25, Tel. 05578 744 78, www. rheindelta.org oder www.rheindelta. com, Mo–Fr 14–17, Sa, So, Fei 11–17 Uhr); es ist die Servicestelle des Naturschutzgebietes. Hier wie in der Tourist-Info können geführte Exkursionen gebucht werden.

Dem Alten Rhein am nächsten gelegen ist das weit auseinandergezogene Straßendorf **Höchst** (7000 Einwohner). Es ist Ausgangspunkt zahlreicher Spazier- und Schleichwege durch den Deltadschungel und entlang der Auwälder. Vom Grenzbahnhof St. Margrethen (Schweiz) sind es 10 Fußminuten ins Zentrum von Höchst.

Mein Tipp

Unterwegs mit dem Schaufelraddampfer ▶ L 6

Hard ist der Heimathafen des prächtigen Schaufelraddampfers »Hohentwiel«, der 1913 für den letzten württembergischen König gebaut und 1964 ausgemustert wurde. Er rostete dann vor sich hin, bis er in den 1980er-Jahren von einem Sponsorenverein und einigen Bodensee-Gemeinden komplett restauriert und instandgesetzt wurde. Seit 1990 schaufelt er zu aller Freude wieder über den See, allerdings gibt es nur Sonderfahrten, keinen regelmäßigen Fahrbetrieb, und weil es viele auch abendliche Veranstaltungsfahrten gibt, ist er wohl eher auf dem See zu sehen als im Hafen von Hard. Es ist ein Erlebnis, die messingblitzenden Maschinenteile beim Arbeiten zu betrachten und in den plüschigen Salons zu sitzen (Tel. 05573 839 83 11, www.hohentwiel.de).

Wanderung im Rheindelta ▶ L 6/7

Ein Spaziergang auf dem linksrheinischen Hochwasserschutzdamm bei Fußach führt am Ende bis hinein in den See! Mit trockenen Füßen scheint man auf dem See zu wandeln. Die Ausblicke auf die glitzernde Wasserfläche, die nahen Berge und das Dreiländereck sind sehr schön – das hat man ansonsten nur vom Schiff aus. Auf dem Weg zurück führt ein kleiner Abstecher entlang einer künstlich angelegten Lagune. In dieser von Schilf umstandenen Flachwasserzone hat man die seltene Tier- und Pflanzenwelt des gesamten Rheindeltas im Miniformat vor Augen. Ausgangs- und Endpunkt ist die Seestraße in Fußach (s. Karte).

Halbinsel Rohrspitz und Rheinspitz ▶ K/L 6

Dem Delta vorgelagert ist die Halbinsel **Rohrspitz** mit ihren Hafen- und Freizeitanlagen (s. u.). Der dortige Campingplatz wird ökologisch geführt und nachhaltig bewirtschaftet, und er liegt traumhaft schön zwischen Deltanatur und See (s. u.).

Der **Alte Rhein,** umgeben von ausgedehnten Pfeifengraswiesen, Kopfweiden und Schilfröhricht, fließt beim **westlichen Rheinspitz** in den Bodensee. Er bildet auch die Landesgrenze zwischen Österreich und der Schweiz; der Rheinspitz ist noch österreichisch; die gegenüberliegenden Uferseiten sind es nicht mehr.

Übernachten

In schönster Lage – **Campingplatz Rohrspitz** ▮**1**▮: s. o. Anfahrt nur über Höchst. Tel. 05578 757 08, www.salzmann.at, 1. April–15. Okt. Der Platz ist Teil der Freizeitanlage Rohrspitz (s. u.).

Essen & Trinken

Ausflugslokal – **Gasthaus Schwedenschanze** ▮**1**▮: Fußach, Im Böschen 35, Tel. 05578 756 38, www.schwedenschanze.at, März, April, Okt. Fr–Mo, Mai, Juni, Sept. Mi–Mo; Juli, August tgl. 9–21/22 Uhr, Hauptgerichte ab 10 €. Unweit vom Rheindeltahaus an einem Hafenbecken mit Slipanlage und einem schilfbestandenen romantischen Wasserarm gelegen, bietet das Restaurant mit großer Terrasse weite Blicke auf das Treiben im Jachthafen. *Am See –* **Seerestaurant:** in der Freizeitanlage Rohrspitz (s. u.), Tel. 05578 761 24, tgl. 9–22 Uhr, außerhalb der

Rheindelta

Sehenswert
1 Gondel- und Sporthafen Hard
2 Rheindeltahaus Fußach

Übernachten
1 Campingplatz Rohrspitz

Essen & Trinken
1 Schwedenschanze Fußach

Aktiv & Kreativ
1 Strandbad Hard
2 FKK-Strand
3 Freizeitanlage Rohrspitz

Hauptsaison Mi, Do geschl., Tagesgerichte ab 7 €.

Aktiv & Kreativ

Baden – **Strandbad Hard** 1: Kohlplatzstraße, Tel. 05574 724 71. Eines der größten Erlebnisbäder am Bodensee mit vielen Sportmöglichkeiten, Selbstbedienungsrestaurant, Kiosk.

FKK – **FKK-Strand** 2: Im Böschen 43 Tel. 05578 755 62, www.hard-sport-freizeit.at. Mehr als 20 000 m² Liegewiese in 40 000 m² großem, vollständig eingezäuntem Naturschutzgebiet. Tischtennis, Beachvolleyball, Boccia, Spielplatz, Restaurant, Grillplätze.

Wassersport – **Freizeitanlage Rohrspitz** 3: Tel. Hafen 05578 757 08 28 (dort auch Wasserski, Wakeboard). Badeanstalt, Seerestaurant mit großer Terrasse, Campingplatz (s. o.), Jachthafen, verschiedene Wassersportmöglichkeiten.

Infos & Termine

Zentrale Tourist Information Rheindelta: Hard Tourismus, im Rathaus, Marktstr. 18, 6971 Hard, Tel. 05574 697 20, www.hard.at.

Fremdenverkehrsamt Höchst: Hauptstr. 15, 6973 Höchst, Tel. 05578 790 70, www.hoechst.at.

Naturschutzbund: www.rheindelta.com.

Bus: Ein Bus verbindet die Gemeinden und fährt von und nach Bregenz weiter (stdl.), Tel. 05574 44 44 60.

Das Beste auf einen Blick

Östliches Schweizer Ufer und Hinterland

Highlight !

St. Gallen: Im wunderschönen, wohlhabenden St. Gallen mit seinen geschäftigen Altstadtstraßen und prächtigen Jugendstilbauten hat die Textilindustrie die jüngere Geschichte geprägt. Weltberühmt ist der Stiftsbezirk. S. 183

Auf Entdeckungstour

Die Stiftsbibliothek in St. Gallen: Sie ist nicht nur ein herausragendes Werk des Spätbarock, hier lagern auch kostbare Handschriften und Inkunabeln, die bis heute Forscher aus aller Welt anziehen – und deutlich machen, dass die Geschichte des Buches sehr eng mit der Entwicklung der Klöster verbunden ist. S. 188

Kultur & Sehenswertes

Spitzen und Bordüren: Weltweit bekannt ist die St. Gallener Spitze; sie ist Teil der Textilindustrie der Region. Bei einem Besuch im Textilmuseum werden Geschichte und Gegenwart lebendig. S. 186

Zeitgenössische Kunst: Hochkarätige Gegenwartskunst und das Werk der beiden Maler Liner sind im silbern schimmernden Museum Liner in Appenzell zu sehen. Die Kunsthalle Ziegelhütte bietet eine ähnlich anregende Mixtur. S. 198

Aktiv & Kreativ

Mit dem Schiff durchs Rheindelta: Durch die unberührten Naturschutzgebiete, vorbei an Sumpf- und Riedlandschaften des Alten Rheindeltas, geht die gemächliche Schiffsfahrt von Rorschach bis Altenrhein/Rheineck und zurück. S. 181

Genießen & Atmosphäre

Kaffee und Kuchen: Das altmodischcharmante Café Roggwiller in einer der Hauptgeschäftsstraßen St. Gallens bietet köstliche Kuchen und traditionelle Spezialitäten. S. 194

Alpenländisch: Der Ort Stein bei Appenzell liegt zauberhaft inmitten grüner Alphügel, und die Atmosphähre im Dorf mit dem Volkskunstmuseum und der Schaukäserei ist alpenländisch-gemütlich. S. 197

Abends & Nachts

Urig: In den wunderschönen alten Räumen im Obergeschoss mancher Altstadthäuser in St. Gallen liegen die ›Erststock-Beizli‹; hier sitzt und isst man traditionell-deftig. S. 192, 195

Kultur im Mostkeller: Stimmungsvoll ist die Kellerbühne St. Gallen, in der Cabaret, Kammerspiel, Jazz und Chanson geboten werden. S. 196

Ostschweizerische Gastlichkeit

Die Schweiz beginnt westlich der Mündung des Alten Rheins mit dem Rheintal als Grenze zu Österreich. Zwischen dem Bodensee und den Hügeln und Bergen des Appenzellerlandes liegt, ca. 30 km vom See entfernt, in ein Hochtal eingebettet, St. Gallen, Hauptstadt des gleichnamigen Kantons. Mit ihrer reichen Geschichte, einer weitläufigen, lebhaften Altstadt und dem UNESCO-Welterbe des Klosterareals mit Kathedrale und der weltberühmten Stiftsbibliothek ist die Stadt ein faszinierendes Reiseziel.

Landeinwärts im Appenzellerland taucht man ein in eine Schweizer Bilderbuchlandschaft mit welligen Wiesenteppichen, Kuhgebimmel und kleinen traditionsreichen Dörfern. Die Alpstein-Gebirgskette mit dem Säntis (2503 m) als höchstem Gipfel bildet den grandiosen Hintergrund. Ein herrliches Wander- und Klettergebiet; in den Dörfern und Städtchen lockt die Schweizer Gastfreundschaft.

Unten am See reihen sich die Ortschaften mit ihren Häfen und Promenaden dicht aneinander; das Hinter-

Infobox

Internet

www.st.gallen-bodensee.ch: Offizielles Portal des St. Gallen-Bodensee Tourismus.
www.appenzell.ch: Portal des Kantons Appenzell und des Appenzellerland Tourismus (derzeit in Überarbeitung).
www.thurgau-tourismus.ch: Portal des Thurgau Tourismus.
www.thurbo.ch: Ganz toll genacht: Auf der Website gibt es komplette Ausflugsvorschläge. Aufs GPS laden oder Ausdruck, mit interaktiver Erlebniskarte eigene Tour zusammenstellen – mit Wanderwegen, Velostrecken, Bahn und Bus.

Weiterkommen

Bahn: Hauptknotenpunkte in der Region sind St. Gallen, St. Margrethen und Romanshorn. Nahezu alle Verbindungen in der Schweiz verkehren in stdl. Takt; die »Thurbo«-Bahnlinie am See zwischen Rorschach, Kreuzlingen und Schaffhausen fährt halbstdl.; Rail

Service Tel. 0900 300 300 (innerhalb der Schweiz), www.sbb.ch., www.thurbo.ch; www.appenzellerbahnen.ch.
Bus: Mit dem sehr gut ausgebauten Netz der Schweizer Postbusse kann man von jedem Ort in die nahe Umgebung mit weiterführenden Anschlüssen fahren (www.post.ch). Linienbusverkehr in St. Gallen.
Schiff: Rorschach über Romanshorn, Arbon, Kreuzlingen zur Insel Mainau/ nach Meersburg und zurück, Tel. 071 466 78 88, www.bodensee-schifffahrt.ch. Durch das Rheindelta über Altenrhein nach Rheineck und zurück, www.schifffahrt-rorschach.ch. Rorschach, Lindau, Bregenz, www.bodenseeschifffahrt.at.
Ostwind: Tageskarte; freie Fahrt in den Kantonen St. Gallen, Appenzell und Thurgau mit Bahn, Bus, Schiff. Unkompliziert und flexibel, www.ostwind.ch.
Euregio Bodensee: Tageskarte mit verschiedenen Zonen für die Bodenseeregion, www.euregiokarte.com.

land Thurgau bietet eine sanft gewellte Landschaft der Wiesen und Obstplantagen. Rorschach ist Verkehrsknotenpunkt, Arbon eine hübsche, gepflegte Sommerfrische. Im einstigen Fischerdorf Romanshorn konzentriert sich der Schifffahrtsverkehr des südlichen Bodenseeufers. Kreuzlingen dann wird geprägt vom Grenzverkehr: Der Ort ist mit dem deutschen Konstanz verwachsen. Der herrliche Seepark von Kreuzlingen zählt zu den schönsten Uferanlagen am Bodensee.

Altenrhein ▶ K 6

Fliegermuseum
Tel. 079 430 51 51, www.flieger museum.ch, März–Nov. Sa, So 13.30– 17 Uhr, Erw. 10 CHF, Kinder 5 CHF
Auf der Schweizer Seite des Alten Rheins liegt der wenig genutzte **Flughafen St. Gallen-Altenrhein;** dort ist auch das Fliegermuseum zu Hause, das die Geschichte der schweizerischen Luftwaffe, des Flughafens und der Dornier-Werke erzählt. Hier lag die Fabrik von Claude Dornier, wo ab 1927 das damals größte Flugboot Do-X in Serienproduktion ging. Der geniale Konstrukteur Dornier war zuvor aus Friedrichshafen in die Schweiz geflohen, da Deutschland laut Versailler Vertrag keine Flugzeuge mehr bauen durfte. In Altenrhein schlossen sich die Tore erst in den 1990er-Jahren. Rundflüge mit historischen Maschinen sind bei Erwerb der Mitgliedschaft (80 CHF) noch möglich.

Markthalle
www.markthalle-altenrhein.ch, April– Ende Okt. tgl. 10–17.30, Okt.–März Sa, So 13–17.30 Uhr
Für Hundertwasser-Fans lohnt sich ein Besuch der Markthalle; sie ist der letzte Bau von Friedensreich Hundertwasser (1928–2000), wurde posthum vollendet und ist wie all seine Arbeiten von hohem Wiedererkennungswert: weiche Formen ohne Geraden, farbige Keramik, goldene Zwiebeltürmchen. In der Markthalle erläutert eine Ausstellung die Baugeschichte sowie Leben und Werk Hundertwassers.

Rorschach ▶ J 7

Rorschach mit seinen 9000 Einwohnern war über Jahrhunderte Hafen und Warenumschlagplatz des Klosters St. Gallen. Der Handel mit Italien stand im Vordergrund. Der Ort ist heute ein brausender Verkehrsknotenpunkt; der **Ortskern** mit seiner Einkaufszone, einigen Barockhäusern und hübsch bemalten Erkerfassaden ist durch Bahn und Straße vom Seeufer getrennt.

Nett sind die ausgedehnte Uferpromenade und das Jachthafenareal. Dort zeugt das barocke **Kornhaus** (1746– 1749 von Giovanni Bagnato erbaut) von der einstigen wirtschaftlichen Bedeutung. Das Kornhaus wird derzeit aufwendig saniert, und insgesamt steht für die nächsten Jahre eine Umbildung der Infrastruktur am Seeufer an. Die gepflegten Wohnbezirke liegen auf dem Rorschacherberg oberhalb der Stadt.

Übernachten, Essen

Direkt am Hafen – **Hotel Mozart:** Hafenzentrum, Tel. 071 844 47 47, www. mozart-rorschach.ch, DZ 185 CHF. Ein modernes 3-Sterne-Haus am Hafen mit 35 charmanten Zimmern, Jugendstil-Café und einer lauschigen Sommerterrasse.
Traumhafte Aussicht – **Hotel und Restaurant Sulzberg:** Sulzberg (2 km au

ßerhalb von Rorschach auf dem Rorschacherberg), Tel. 071 855 11 71, www.hotelsulzberg.ch, DZ ab 120 CHF. 6 Zimmer. Alte Schindelfassaden, eine herrliche Lage mit Blick auf Rorschach und den Bodensee: was will man mehr? Die Aussicht von der großen Terrasse ist einfach toll!

Am Wasser – **Seerestaurant Rorschach:** Churer Str. 28, Tel. 071 858 39 80, www. seerestaurant-rorschach.com, Braustube und Café tgl. 9–24 Uhr, Tagesgerichte ab 12 CHF. Ein weißer Kasten auf Stelzen am Seesteg: Hier sind mehrere Restaurants und ein Café unter einem Dach. Die Paulaner Braustube mit großem Biergarten bietet Deftiges von morgens bis abends, für Süßes sorgt das Café Lago, und im Aqua-Fine-Dining (tgl. ab 18 Uhr) gibt es zu den Sonnenuntergängen feine Gourmet-Küche.

Günstig – **Jugendherberge Rorschach:** Churer Str. 4, Tel. 071 844 97 12, www. jugendherberge-rorschach.ch, April–Okt, pro Person im Mehrbettzimmer 35 CHF. Die Jugendherberge mit 60 Betten liegt direkt an der Bodensee-Radwanderstrecke am Strandbad. 2-, 4- und 6-Bett-Zimmer.

Aktiv & Kreativ

Baden im See – **Badhütte:** Östlicher Uferweg, www.badhuette-rorschach. ch, Mitte Mai–Ende Sept. tgl. 9–19 Uhr. Ein seltenes, nostalgisches Exemplar aus den 1920ern ist die hölzerne Anlage der Badhütte mit ihren Pfahlhäuschen und hölzernen Stegen im See. Sie liegt am Ufer westlich des Kornhauses. Eine ähnliche Architektur gibt es nur noch mit der ›Mili‹ in Bregenz. Gegen den Charme der Badhütte kommt das ›normale‹ **Strandbad** kaum an, wenn es auch mehrere Becken und eine Rutschbahn besitzt.

Fahrradverleih – **Fahrradverleih im Hauptbahnhof:** Tel. 071 841 18 36.

Infos & Termine

Tourist Information: Hauptstr. 63, 9401 Rorschach, Tel. 071 841 70 34, www. rorschach.ch.

Bahn: Der Hafenbahnhof liegt zentral am Seeufer, der Hauptbahnhof im Osten außerhalb des Stadtkerns. Alle Züge halten auch am Hafen. Halbstdl. geht es in alle Richtungen: nach St. Gallen, über St. Margrethen nach Bregenz, über Romanshorn, Kreuzlingen bis Schaffhausen; www.sbb.ch.

Bus: Die Postbusse fahren in die nahe Umgebung mit weiterführenden Anschlüssen; www.postbus.ch.

Schiff: 1. Mai bis Mitte Okt. über Romanshorn, Arbon, Kreuzlingen zur In-

sel Mainau/nach Meersburg und zurück, Tel. 071 466 78 88, www.bodensee-schifffahrt.ch; durch das Rheindelta über Altenrhein nach Rheineck und zurück, www.schifffahrt-rorschach.ch; nach Lindau und Bregenz, www.bodenseeschifffahrt.at.

Keltische Tage: letztes Maiwochenende. Ein vielseitiges Programm rund um keltische Musik und Kultur lockt seit über 15 Jahren Tausende Fans irischer Lebensart an; www.celticdays.ch.

Badifäscht: Fr und Sa des ersten Juliwochenendes. Großes Strandfest mit Musik und regionalen Spezialitäten.

Internationales Sandskulpturenfestival: 2. Aug.-woche. Künstlerteams aus 10 Ländern wühlen im Sand am Rorschacher Bodenseeufer und schaffen tonnenschwere Kunstwerke, die bis Mitte September zu sehen sind; www.sandskulpturen.ch.

Ausflüge in die Umgebung

Per Schiff durchs Rheindelta

Schifffahrtsbetriebe Rorschach, Tel. 071 846 60 60 und 058 229 93 50, www.schifffahrt-rorschach.ch, Mai–Mitte Sept. tgl. Hinfahrt 11.20, Rückfahrt 15.30 Uhr, So, Fei auch Hinfahrt 10.20, Rückfahrt 14.35 Uhr

Eine wunderschöne Schiffsroute führt von Rorschach (Schiffsanlege) durch die unberührten Naturschutzgebiete von Altenrhein nach Rheineck und zurück. So kann man während der einstündigen Fahrt einen beschaulichen Überblick über die Deltaregion gewinnen – ein Paradies für selten gewordene Flora und Fauna, für Schmetterlinge, Insekten und zahllose Vogelarten, die hier rasten, brüten und

Naturschutzgebiet zwischen Österreich und der Schweiz – Rheindelta bei Altenrhein

schlüpfen (s. S. 48, 171). Im Deltagebiet kann man sich ein paar Stunden auf die Tier- und Pflanzenwelt einlassen, dann geht es wieder zurück.

Mit dem Bergbähnle nach Heiden

Zahnradbahnen: Tel. 071 891 18 52, stdl. ab Rorschach Hafen und ab Heiden; stdl. ab Rheineck und Walzenhausen

Eine knappe halbe Stunde braucht die feuerrote Zahnradbahn vom Hafen Rorschach bis hinauf nach Heiden. Der 800 m hoch gelegene Ort ist ein verstecktes architektonisches Juwel und kann auf eine über 150-jährige Geschichte als sehr nobler, sehr modischer, europaweit bekannter Kurort zurückblicken. Nach einem Großbrand 1838, der den gesamten Dorfkern zerstörte, wurde Heiden völlig neu wiederaufgebaut: als eine in geometrischem Raster angelegte Ministadt mit Villen und baumbestandenen Hauszeilen in italienisch-klassizistischem Stil. Der Ortskern mit Panoramaaussicht auf den See, mit der imposanten klassizistischen Kirche im Mittelpunkt und der heiter-festlichen Architektur ringsum ist heute leider arg in die Jahre gekommen, viele Häuser sind leer; alles wirkt melancholisch und angeschlagen. Mit einem umfassenden Sanierungsprogramm hat man begonnen.

St. Gallen

Sehenswert

1 Bahnhofsplatz
2 Haus Oceanic
3 Stadtlounge
4 Synagoge
5 Textilmuseum
6 Bärenplatz
7 Kugelgasse
8 Spisergasse
9 Schiedmauer
10 Karlstor
11 Kathedrale (Stiftskirche)
12 Stiftsbibliothek
13 Gallusplatz
14 Laurenzenkirche
15 Kunstmuseum
16 Naturmuseum
17 Historisches und Völkerkundemuseum
18 Museum im Lagerhaus
19 Kunst Halle Sankt Gallen

Übernachten

1 Hotel Einstein
2 Hotel Metropol
3 Boutiquehotel Jägerhof
4 Hotel Vadian Garni
5 Hotel Am Spisertor
6 Jugendherberge

Essen & Trinken

1 Netts Schützengarten
2 Wirtschaft zur alten Post
3 Fondue Beizli Neueck
4 Zum Goldenen Leuen
5 Weinstube zum Bäumli
6 Restaurant Zum Goldenen Schäfli

Einkaufen

1 Sutter-Michel
2 Jakob Schlaepfer Bambola
3 Couture Akris
4 Chocolaterie am Klosterplatz
5 Confiserie Roggwiller

Aktiv & Kreativ

1 Hotel Jägerhof
2 Freizeit- und Einkaufszentrum Säntispark

Abends & Nachts

1 Kellerbühne
2 Grand Casino
3 La Vigna Enoteca
4 Seeger Bar

Die **Wanderung zurück nach Rorschach,** eine wunderschöne Strecke von rund 10 km, ist gut ausgeschildert und führt über das Dörfchen Grub zum herrlichen **Fünfländerblick** (961 m). Von hier geht es steil bergab zum St.-Anna-Schloss, dann über Sulzberg und Mariaberg hinunter bis zum Kornhaus am Hafen in Rorschach.

Eine schöne Alternative: Von Heiden geht der gut ausgeschilderte, 8,5 km lange **Witzwanderweg** (www.witzweg.ch) mit rund 100 Tafeln dem Humor der Appenzeller auf den Grund. Er führt mit herrlichen Ausblicken in den kleinen Kurort **Walzenhausen.** Von dort fährt eine steile Zahnradbahn hinunter nach **Rheineck** (Weiterfahrt nach Rorschach mit dem Zug, oder das Postauto fährt zurück nach Heiden).

Infos

Tourist Information Heiden: Bahnhofsstr. 2, 9410 Heiden, Tel. 071 898 33 01, www.heiden.ch.

St. Gallen❗ ▶ H 7/8

St. Gallen (72 000 Einwohner) mit Bischofssitz und Universität ist Hauptstadt des gleichnamigen Kantons sowie wirtschaftliches und kulturelles Zentrum der Ostschweiz. Die Stadt liegt eingebettet zwischen rund 700 m hohen grünen Hügeln im Tal der Steinach mit Blick auf den 2503 m hohen Säntis. St. Gallen ist eine sehr schöne Stadt, die selbst in der Schweiz noch als Geheimtipp gilt. Der alte Stadtkern ist großzügig und doch kompakt; Charme und Vitalität prägen die Atmosphäre. Die Tradition als wohlhabendes Zentrum der Textilindustrie zeigt sich in reich geschmückten Wohn- und Geschäftshäusern: ein buntes Miteinander von Fachwerk, Renaissancefassaden, barocken Stadtpalais und Jugendstilbauten. Von einzigartiger kulturhistorischer Bedeutung ist der Klosterbezirk mit der imposanten Kathedrale, den Klosterbauten und der weltberühmten Stiftsbibliothek; das gesamte Areal ist heute UNESCO-Welterbe.

Im verkehrsberuhigten Stadtkern lässt es sich wunderbar flanieren, in schicken Restaurants, Cafés und urigen Wirtshäusern kann man sich vom Shoppen ausruhen; Museen und Galerien bieten reiche kulturelle Nahrung.

Stadtgeschichte

Name und Ursprung der Stadt gehen auf die Einsiedelei des irischen Mönches Gallus zurück, der gemeinsam mit Columban durch die Bodenseeregion gezogen war. Der Legende nach blieb Gallus im Jahr 610 im Steinachtal zurück; ein Bär half ihm beim Aufbau seiner Holzhütte. Gallus begann daraufhin mit seinem Missionswerk; der Bär wurde das Wappentier des Klosters und später der Stadt.

Rund 100 Jahre später wurde das Gallus-Kloster gegründet, ab 747 galten die Benediktinerregeln. Das Kloster wurde reich und machtvoll; zwischen dem 9. und 11. Jh. gehörten 4000 Güter und 54 Pfarreien zum Besitz der Abtei; sie war weit ausstrahlender kultureller Mittelpunkt.

Aus der Ansiedlung rund um das Kloster erwuchs eine Marktstadt, und ab 1170 begann die Emanzipation der Stadt, die im 14. und 15. Jh. durch Handel und Leinwandindustrie eine erste Blüte erreichte und zur führenden Textilstadt im Bodenseegebiet aufstieg. 1529 machte sich die Stadt auch religiös vom Einfluss des Klosters frei. Die Bürger schlossen sich unter Joachim von Watt, genannt Vadianus, Lutherschüler und Bürgermeister St. Gallens, der Reformationsbewegung an. Die religiösen und machtpolitischen Auseinandersetzungen gingen so weit, dass eine Schiedmauer zwischen Kloster und Stadt gebaut wurde, deren Reste

heute noch vorhanden sind. Der Einfluss des Klosters konnte sich erst im 18. Jh. wieder festigen; Stiftskirche und Stiftsbibliothek wurden in barockem Gewand neu erbaut. 1803 wurde St. Gallen Hauptstadt des neu gegründeten, gleichnamigen Kantons und 1847 Bischofssitz.

Textilzentrum

Vom Mittelalter bis ins 20. Jh. hinein blieb St. Gallen ein wohlhabendes, weltoffenes Handels- und Fabrikationszentrum mit Schwerpunkt Textilindustrie. Von 1860 bis zum Ersten Weltkrieg erlebte besonders die Stickereiindustrie eine Hochblüte: 50 % der Weltproduktion von Spitzen und Stickereien kamen aus St. Gallen. In den 1920er- und 30er-Jahren musste St. Gallen eine Wirtschaftskrise mit hoher Arbeitslosigkeit durchstehen. Erst nach dem Zweiten Weltkrieg konnte sich die Region erholen; in der städtischen Wirtschaft überwog nun der Dienstleistungs- und Bildungssektor mit Banken, Versicherungen, Universität und Verwaltungen der öffentlichen Hand. Heute knüpfen nur noch zwei bedeutende Textilunternehmen an die alte Tradition an.

Innenstadt

Vom Bahnhof zur Stadtlounge

Der Rundgang beginnt am **Bahnhofsplatz** **1**: Das Platzgefüge mit seinen Bauten ist um 1910 in Anlehnung an die Piazza d'Erbe in Verona konzipiert worden: an der Stirnseite der gewaltige Repräsentationsbau des **Bahnhofs** und gegenüberliegend das nicht minder imposante **Postgebäude** mit der Weltkugel, beide zwischen 1911 und 1915 errichtet. Der von modernen Objektbauten umringte Bahnhofsplatz ist in seiner ursprünglichen Anlage nicht mehr zu erkennen; er wird in den nächsten Jahren rückgebaut werden.

Biegt man in die breite **St.-Leonhard-Strasse** Richtung Altstadt ein, fallen ringsum die interessanten Fassaden der mehrstöckigen eleganten Geschäftsbauten im Jugendstil auf: beispielsweise **Haus Oceanic** 2 (Nr. 20), das als Geschäftshaus eines reichen Stickereiunternehmers 1904 errichtet wurde, ein Prachtbau mit wellenartig geschwungener Fassade und Arkadengang. Ornamentiert in zartem, zurückhaltendem Jugendstil mit kunstvollem Flachrelief, das die griechischen Schicksalsgöttinnen von der Jugend bis ins hohe Alter darstellt, die den Faden des Lebens aufnehmen, ihn verweben und

schließlich fallenlassen. Da hebt sich doch gleich die Bedeutung eines Textilfabrikanten in antike Höhen.

Gleich um die Ecke, im **Bleicheli-Quartier**, wo früher Stoffe zur Bleiche auslagen, ist bis 2005 ein neues Bankenzentrum entstanden: mehrere Bauten im Geviert, denen kleinräumige Wohnhäuser und Werkstätten weichen mussten. Um die kalte Atmosphäre mit Leben und Flair zu erfüllen, wurde ein Wettbewerb ausgeschrieben, den die Künstlerin Pippilotti Rist und der Architekt Carlos Martinez gewannen. Aus dem langweiligen Stadtraum pellt sich nun ein öffentliches Wohnzimmer, die rote **Stadtlounge** 3. Ein knallroter Bodenbelag aus Gummi-

Öffentliche ›Wohnstube‹ als Kunstprojekt – Stadtlounge im Bleicheli-Quartier

granulat und gefärbtem Teer ist das öffentliche Kunstwerk, das den Bauten, Straßen und Ecken Halt gibt und sie zusammenbindet. Der rote Teppich zieht sich über Riesensofas, Tische, Stühle, gar ein Auto. Der ›Wohnraum‹ ist in Zonen aufgeteilt, der Autoverkehr zum Schleichen verdonnert; Ginkobäume wurden gepflanzt, und große, eiförmige Lichtblasen schweben zwischen den Gebäuden und werfen abends mildes Licht in die neue Wohnstube. Teil des Gebäudeensembles ist die älteste erhaltene **Synagoge** 4 im Bodenseeraum, 1881 erbaut, mit maurischer Fassade.

Textilmuseum 5

Tel. 071 222 17 44, www.textil museum.ch, tgl. 10–17 Uhr, Erw. 10 CHF, Kinder 4 CHF

In der Vadianstrasse 2 zieht ein roséfarbener Palazzo im Neorenaissancegewand die Blicke auf sich: Es ist das 1886 erbaute Textilmuseum. Hier präsentiert sich die schweizerische Textilindustrie. Wechselausstellungen widmen sich den handwerklichen Künsten, mit denen feinste Textilien geschaffen und veredelt werden. International anerkannt sind die Modesammlung und das Archiv. Feinste Dessous und Stoffe, Hunderte unterschiedlicher Spitzenbordüren: Das Haus ist eine wahre Freude!

Durchs Multertor zum Bärenplatz

Nach der Überquerung des Oberen Grabens, der einstigen Stadtmauer, geht es durch das **Multertor** ins Herz der Altstadt. Multergasse und Neugasse besitzen noch einige schöne, aufwendige Geschäftsbauten im Jugendstil, sorgsam restauriert wie beispielsweise das **Haus zur Waage** an der Ecke zur Neugasse. Die fünf Menschenköpfe symbolisieren die fünf Kontinente; der Europäer ist (natür-

lich) ein St. Gallener Kaufmann. Am zentralen **Bärenplatz** 6 kreuzen sich Multergasse, Marktgasse und Spisergasse. Hier ringsum in der Fußgängerzone herrscht lebhaftes Treiben; schöne, elegante Geschäfte, zahlreiche Cafés, Restaurants und die urigen ›Erststock-Beizen‹, Gaststätten im Obergeschoss, machen das Bummeln und Schauen zu einem Genuss.

111 Prunkerker

Auch mit zurückgelegtem Kopf, den Blick nach oben gewandt, ist die Altstadt ein Vergnügen: Eine Besonderheit St. Gallens bilden die Erker; 111 von ihnen sind denkmalgeschützt. Einfach oder prunkvoll, einfarbig oder bunt, bezeugen sie die Lust am Ornament, die Freude am Prunk und die liebenswürdige Neckerei zwischen Nachbarn, die sich gegenseitig übertrumpfen wollten. Die Erker – zwischen 1650 und 1720 ein wahrer Bauboom – waren Statussymbole wohlhabender Bürger. Üppig ornamentiert sind beispielsweise die Erker in der **Kugelgasse** 7, wie der reich geschnitzte Erker aus Eichenholz vom **Haus zum Schwanen** (Haus Nr. 17): Schwäne und Wasserwesen aus der antiken Mythologie tummeln sich um den Meeresgott Poseidon. Benachbart ist das **Haus zur Kugel** (Haus Nr. 18), das der Straße auch ihren Namen gab: Sein Besitzer sah sich als weltumspannender Kaufmann, dessen Besitz von Herakles und zwei Sklaven getragen wurde. Wunderbar an beiden Fassaden sind die Engelsköpfe, Fratzen und Fruchtgehänge.

Die **Spisergasse** 8 war bis zum 18. Jh. die Wohnstraße der reichen Leinwandhersteller. Sie besitzt die meisten Erker und hat ihren spätgotischen, lebhaften Charakter erhalten: mit unterschiedlichen Dachhöhen, traufständig zur Straße mit meist nachträglich angefügten Prunkerkern. Der **Kamel-**

erker (Haus Nr. 22) geht auf das Jahr 1720 zurück; er wurde 1986 wegen Umbauten aus der Marktgasse hierher versetzt.

Schiedmauer und Karlstor

Von der Spisergasse 28 führt ein Durchgang in die Zeughausgasse zum Stiftsareal. Die Reste der **Schiedmauer** 9 zeigen die gewaltsame Trennung zwischen reformierter Stadt und katholischem Benediktinerkloster an, nachdem 1527 die gesamte Stadt zum reformierten Glauben überging: Die Beziehungen zum Kloster waren so schwer gestört, dass 1567 eine Trennmauer gebaut wurde. Sie bestand über 200 Jahre. Durch das **Karlstor** 10 konnte der Abt das Klosterareal auf direktem Weg betreten oder verlassen, ohne den widerspenstigen Städtern zu begegnen.

Kathedrale (Stiftskirche) 11

Mo–Fr 9–18, Sa 9–16, So 12.15–17.30 Uhr, Eintritt frei
Die Klosterkirche St. Gallen sowie der umliegende Klosterbezirk wurden 1983 zum UNESCO-Welterbe erklärt. Das gesamte Bauensemble ist ein herausragendes Werk des Spätbarock und zählt zu den großen Schätzen europäischer Kultur. Auf dem weiten meditativen **Klosterplatz** mit seinen Rasenflächen ragt dominierend und imposant die Doppelturmfassade der Stiftskirche in den Himmel. Sie ist Kathedrale und Bischofssitz. An der Stelle der vor fast 1200 Jahren erbauten romanischen Klosterkirche steht heute der von 1755 bis 1767 errichtete spätbarocke Bau – eine der letzten monumentalen Klosterkirchen in Europa. Ihre prächtigen Doppeltürme wurden zum Wahrzeichen von St. Gallen. Neben den Vorarlbergern Peter Thumb und Johann Michael Beer waren auch Caspar Moosbrugger, Johann Caspar

Bagnato und ein St. Gallener Laienbruder am Bau beteiligt. Die Kirche besitzt zwei Eigenwilligkeiten: Erstens sind das dreischiffige Langhaus und der Chor, verbunden durch eine Rotunde, gleich lang. Zweitens ist die prächtige Westfassade – im Kathedralbau immer der Haupteingang – hier im Osten gelegen und nicht der Stadt zugewandt. Das war den konfliktreichen St. Gallener Verhältnissen geschuldet, den Streitereien zwischen Stadt und Kloster, die ja sogar die Schiedmauer notwendig machten.

Der **Innenraum** ist überwältigend schön, lichtdurchflutet und elegant. Die Deckenmalereien in der Rotunde sind, dem Himmel nah, in leuchtenden Farben gehalten und zeigen in konzentrischen Kreisen biblische Gestalten und die Dreifaltigkeit. Sie stammen von dem Breisgauer Künstler Christian Wenzinger. Ein großes Kunstwerk ist auch das Chorgestühl aus Nussbaum und Lindenholz mit Szenen aus dem Leben des hl. Benedikt von Joseph Anton Feuchtmayer. Auch die beiden historischen Orgeln sind bedeutende Kunstwerke; ihre Pfeifen sind unterirdisch miteinander verbunden. Die neue Hauptorgel stammt aus den 1970er-Jahren. Für die drei Orgeln sind eigens Werke komponiert worden, und die Orgelkonzerte sind herausragend.

Unter dem Ostchor befindet sich die **Galluskrypta,** die in ihrer jetzigen Form auf das Jahr 1767 zurückgeht.

Klosterareal

Rings um die Stiftskirche stehen spätbarocke lichte Flügelbauten. Das Ensemble wurde zwischen 1755 und 1767 von den Baumeistern Peter Thumb und Michael Beer aus dem Bregenzerwald erbaut (s. S. 65). Der Mittelbau auf der Ostseite des Klosterplatzes, die **Neue Pfalz,** war die ehemalige fürstäbtliche Residenz und wurde später zum Sitz

Auf Entdeckungstour

Kloster und Buch, eine Einheit – die Stiftsbibliothek in St. Gallen

Die Bibliothek im Stiftsbezirk von St. Gallen ist nicht nur ein herausragendes Werk des Spätbarock, hier lagern auch kostbare Handschriften und Inkunabeln, die Forscher aus aller Welt anziehen – und die deutlich machen, dass die Geschichte des Buches sehr eng mit der Entwicklung der Klöster verbunden ist.

Planung: Stiftsbibliothek **12**, Klosterhof 6D, Tel. 071 227 34 16, www.stibi.ch, 1. April–12. Nov. Mo–Sa 10–17, So, Fei bis 16 Uhr, Anfang Dez.–Ende Febr. 10–12, 13.30–16 Uhr, Erw. 10 CHF, Kinder 7 CHF

Führungen: tgl. 14 Uhr, Juni–Sept. auch 11 Uhr, im Eintritt inbegriffen

Der warme, heitere Raumeindruck ist betörend: die Harmonie zwischen den unterschiedlichen Farbschattierungen der Hölzer, die deckenhohen Bücherschränke, die die Pfeiler zwischen den Fenstern umgeben, die vorkragenden Kurven und Schwünge der Galerie, der große, freie Raum, die Deckengemälde, deren Umrisse sich in den Intarsien des Fußbodens spiegeln. Die Stiftsbibliothek von St. Gallen ist einer der großen kulturellen Schätze des Abendlandes; ihr Bestand ist einzigartig, ihre Architektur ebenso. Sie zählt zu den schönsten säkularen Rokokosälen Europas, ist komplett erhalten und noch heute Studienbibliothek, die Wissenschaftler aus aller Welt anzieht. Auch Umberto Eco hat hier drei Monate zugebracht, um für »Der Name der Rose« zu recherchieren.

Perfekter Raum für alte Bücher

Vater und Sohn Peter Thumb (1758/59) haben die Bibliothek errichtet; Joseph Wannenmacher schuf die Deckenbilder, die Brüder Gigl waren für die Stuckarbeiten, der Klosterbruder Gabriel Loser für alle Holzarbeiten verantwortlich (1774–76). Überwältigend ist aber nicht nur die Ästhetik, sondern auch die technische Umsetzung: Bis heute ist keine künstliche Beleuchtung notwendig; bei Einbruch der Dämmerung wurde der Raum geschlossen, tagsüber erreicht das Tageslicht jeden Winkel. Die Raumtemperatur ist ideal; es braucht keine Heizung, keine Kühlung. Zusätzliche Dämmung ist nicht nötig; auch die Fenster kommen ohne Isoliermaßnahmen aus.

Bibliophile Kostbarkeiten

In den Bücherschränken befinden sich rund 160 000 Bände. Besonders kostbar sind die Handschriften und 1650 Inkunabeln oder Frühdrucke, darunter die »Handschrift B« des Nibelungenliedes, die Klosterchronik des Mönches Ekkehard aus dem 11. Jh., das »Evangelium longum« mit Elfenbeindeckel von Mönch Tutilo aus dem 9. Jh. und seltene irische Miniaturen. In der weithin bekannten Klosterschule wurde das Wissen weitergegeben; hier ist die erste Übersetzung des »Pater Noster«, des »Vater Unser« auf Althochdeutsch entstanden. Die schönsten Exemplare des Bestandes werden in den Vitrinen präsentiert und täglich umgeblättert.

Pergament und Klosterleben

Besonders interessant und kostbar ist der Idealplan eines karolingischen Klosters, der in Reichenau im Auftrag des Klosters St. Gallen konzipiert und gezeichnet worden war: Er stammt aus dem Jahr 819 und ist der weltweit einzige seiner Art. Er zeigt den Musterplan einer benediktinischen Klosteranlage mit 50 Gebäuden. Neben den verschiedensten Bauten gab es weite Obst- und Gemüsegärten zur Eigenversorgung, außerdem Handwerkerräume, u. a. auch Gerbereien, und ausgedehnte Stallungen. Die Tiere wurden primär der Häute wegen gehalten: Aus diesen wurde das Pergament gefertigt, das die Skriptoren benötigten. So ergab z. B. die Haut eines Schafes nur vier Pergamentblätter – und allein ein Bibelexemplar kam auf gut 800 Seiten.

Die Handschriften aus den Schreibstuben der Mönche von St. Gallen, die nur dank einer so komplexen Klosterorganisation entstehen konnten, zählen noch heute zu den wichtigsten Zeugnissen mittelalterlicher Kultur; sie bilden den Kernbestand der Stiftsbibliothek und des Archivs. Einen geeigneteren Ort, um für seinen historischen ›Kloster-Bücher-Krimi‹ zu recherchieren, hätte Umberto Eco wahrlich nicht finden können …

der Regierung des neuen Kantons St. Gallen. Prachtvoll ist der ehemalige Thron-, Prunk- und Festsaal des Abtes, der zum Sitzungssaal des kantonalen Parlaments (Kantonsrat) umgestaltet wurde. Die mächtigen Keller hat der spanische Stararchitekt Santiago Calatrava 1998/99 zu großzügigen Tagungs- und Versammlungsräumen umgestaltet. Nach dem Abriss der Schiedmauer wurde der **Zeughausflügel** in spätbarocker Anmutung (1840) erbaut. Hier sind das Kantonsgericht, Kantonsverwaltung und Kulturinstitute beheimatet. Der Hofflügel entstand schon 1666/67 unter Abt Gallus. Im Gebäude neben der Turmfassade der Kathedrale befindet sich die Residenz des Bischofs von St. Gallen, im Sockelgeschoss die Galluskapelle. In dem an die Kathedrale angrenzenden Karrée des Westflügels befinden sich die einzigartige **Stiftsbibliothek** `12` (s. S. 188) sowie das Stifts- und Staatsarchiv.

Die Benediktiner hatten mit ihrem monumentalen Kirchen- und Klosterbau an nichts gespart – dann kam die Französische Revolution, und die Stiftskirche wurde protestantisch. 1803 wurde mit der Gründung des Kantons St. Gallen auch die Aufhebung des Klosters beschlossen: Die 77 Mönche mussten gehen. Erst 1847 ist die katholische Kirche wieder in den Stiftsbezirk eingesetzt worden, und St. Gallen wurde Bischofssitz.

Gallusplatz `13`

Die Kathedrale liegt zur Stadtseite hin am Gallusplatz, der von einem hübschen Sammelsurium unterschiedlichster Häuser eingefasst ist. Riegelhäuser, wie Fachwerkbauten hier heißen, wechseln ab mit Massivbauten; überall Erker, Giebel, Gauben, freundliche Farben, Sonnenschirme unter Schatten spendenden Bäumen. Hier, unmittelbar vor den Klostermauern, hatten sich

ab dem 10. Jh. Handwerker und Krämer niedergelassen, die nicht zur Klostergemeinschaft gehörten, und von hier aus ist die städtische Gemeinschaft dann nach Norden gewachsen. In der Mitte des Platzes, auf der Brunnensäule, steht Gallus, der Stadtpatron.

Laurenzenkirche `14`

Mo 9.30–11.30, 14–16, Di–Fr 9.30–18, Sa 9–16 Uhr, So geschl. (ausgenommen Gottesdienste), Turmbesteigung 2 x tgl. nach vorheriger telefon. Absprache mit dem Mesner, Tel. 071 222 67 92, im Winterhalbjahr geschl., Erw. 5 CHF, Kinder 2,50 CHF
Die ebenfalls liebevoll gepflegte Gallusstrasse führt auf die Laurenzenkirche zu, die evangelisch-reformierte Stadtkirche. In ihrer heutigen neogotischen Gestalt löste sie ihre unbefriedigenden Vorgängerbauten in der Mitte des 19. Jh. ab. Größe und Turmhöhe zeigen das Selbstvertrauen der St. Gallener reformierten Gemeinde – der Bau ist als direkte Konkurrenz zur Stiftskirche konzipiert. Von der Turmplattform hat man einen herrlichen Blick über die Stadt.

Museen

Die ›klassischen‹ Museen liegen im **Stadtpark.** Ein Kombiticket gibt es für das Kunstmuseum, das Naturmuseum und das Historische und Völkerkundemuseum (Erw. 10 CHF, Kinder 4 CHF). Darüber hinaus hat sich das **Kulturzentrum Lagerhaus,** das mehrere einstige clever restaurierte Speicherbauten umfasst, zu einer regen Plattform für die Kulturszene entwickelt.

Kunstmuseum `15`

Museumsstr. 32, Tel. 071 242 06 71, www.kunstmuseumsg.ch; Di–So 10–17, Mi bis 20 Uhr, Eintritt s. o.

Am westlichen Rand des Stadtparks liegt das prächtige Palais des Kunstmuseums im Stil der Neorenaissance; es ist die Schatzkammer der Ostschweiz und bietet eine reiche Sammlung an Gemälden und Skulpturen vom Spätmittelalter bis zur Gegenwart. Klassik und Avantgarde sind kontrastreich präsentiert. Häufig finden Wechselausstellungen zur internationalen Gegenwartskunst statt.

Naturmuseum 16

Tel. 071 242 06 70, www.natur museumsg.ch, Di–So 10–17, Mi bis 20 Uhr, Eintritt s. o.
Im gleichen Gebäudekomplex befindet sich auch das Naturmuseum. Hier gibt es modern dargebotene Ausstellungen über Saurier, Geologie, Mineralogie sowie heimische Säugetiere und Vögel; lebende Waldameisen, ein Terrarium und Dioramen runden die Präsentation ab.

Historisches und Völkerkundemuseum 17

Museumsstr. 50, Tel. 071 242 06 42, www.hmsg.ch, Di–So 10–17 Uhr, Eintritt s. o.
Besonders interessant: die historischen Räume vom 16. bis 18. Jh. aus der Stadt und der Region. Großes Stadtmodell, Sakral- und Volkskunst. In der völkerkundlichen Abteilung sind u. a. Objekte aus Ägypten, West- und Zentralafrika, China sowie Mittel- und Südamerika ausgestellt – Zeugnisse der weitgereisten Kaufleute St. Gallens.

Museum im Lagerhaus 18

Davidstr. 44, Tel. 071 223 58 57, www.museumimlagerhaus.ch, Di–Fr 14–18, Sa, So, Fei 12–17 Uhr, Erw. 5 CHF, Kinder 2,50 CHF
Hier hat die renommierte Stiftung für schweizerische Naive Kunst und Art Brut ihr Zentrum. Die *outsider art* be-

sticht durch vielseitige und außergewöhnliche Arbeiten, die oft auch voller Lebensgeschichten stecken.

Kunst Halle Sankt Gallen 19

Davidstr. 40, Tel. 071 222 10 14, www.k9000.ch, Di–Fr 12–18, Sa, So, Fei 11–17 Uhr, Erw. 7 CHF, Kinder 2 CHF
Die Kunst Halle Sankt Gallen ist ein Labor der Gegenwartskunst mit Wechselausstellungen schweizerischer und internationaler Künstler und interessanten Rahmenprogrammen.

Übernachten

Luxuriös und stylish – **Hotel Einstein** 1: Berneggstr. 2, Tel. 071 227 55 55, www.einstein.ch, DZ ab 300 CFH. Die Nummer eins in St. Gallen: das ›kleine Grandhotel‹, westlich des Stiftsbezirks schön und ruhig gelegen, in der klassizistischen ehemaligen Textilfabrik des Isaac Einstein. Besonders feine Textilien und traumhafte Bettausstattung in 120 Zimmern und Suiten. Wellnesspark, edles Spa- und Fitnessareal.
Zentral und komfortabel – **Hotel Metropol** 2: Bahnhofsplatz 3, Tel. 071 228 32 32, www.hotel-metropol.ch, DZ 240–260 CHF. Hinter nüchterner moderner Fassade ein kleines, komfortables Hotel mit 30 ruhigen, behaglichen Zimmern direkt am Bahnhof. Sehr gutes, stadtbekanntes Restaurant, o**Premier,** mit kreativer, auch regionaler Küche aus besten Produkten, z. B. ›Währtschafte‹ Erbsensuppe, Fenchelsalat mit Safran, Gemüsespaghetti an Eisenkraut-Vermouth-Sauce oder Kalbsgeschnetzeltes mit hausgemachten Nüdeli (Hauptgericht um 22 CHF).
Rundum schön – **Boutiquehotel Jägerhof** 3: Brühlbleichestr. 11, Tel. 071 245 50 22, www.jaegerhof.ch, DZ 190–280 CHF. Nahe Stadttheater und Mu-

Lieblingsort

Weinstube zum Bäumli 5

In zahlreichen der alten Häuser St. Gallens sind es die Geträume in den ersten Stockwerken, die ›Erststock-Beizli‹, die einen unwiderstehlichen Reiz ausüben: In den Wohnstuben der einstigen Geschäfts- oder Zunfthäuser sitzt man sehr gemütlich, und Essen und Trinken sind eine wahre Wonne, denn hier schmecken die traditionellen Gerichte aus der berühmten Metzgerküche der Stadt – Kutteln, Kalbsleber, Kalbskopf, Zunge – ausgezeichnet, auch andere regionale Gerichte wie Hackbraten, Geschnetzeltes oder die Bratwurst. Das in St. Gallen gebraute Bier oder die reiche Weinauswahl passen bestens dazu. Über knarrende Stufen geht es hinauf; die Decken sind niedrig, mancherorts steht noch ein Kachelofen. Die Atmosphäre ist ruhig, klassisch-schlicht oder urig. Besonders schön: die über 500 Jahre alte Weinstube zum Bäumli (s. S. 195).

Bratwurst ohne Senf!

Ohne ihre geliebte Kalbsbratwurst können die St. Gallener nicht leben. Mit feinsten Zutaten und geheimen Würzrezepturen ist sie der Stolz einer jeden Metzgerei. So wird sie in alteingesessenen Restaurants, im Beizli, an Imbissständen und in Metzgereien angeboten, meistens als ›Olma-Bratwurst‹. Dann ist sie 160 g schwer; ihr Name leitet sich ab von der ›Ostschweizerischen Land- und Milchwirtschaftlichen Ausstellung‹, die in jedem Herbst stattfindet und eine größere Wurst verlangt als die übliche mit 115 g Gewicht! Wichtig: Die Bratwurst ist immer so gut, dass sie von Einheimischen niemals und unter keinen Umständen mit Senf gegessen wird. Wer Senf verlangt, outet sich als Fremdling.

seen überzeugt das kleine, feine Hotel mit hell und luftig gestalteten Zimmern mit individueller Note. Das Restaurant, schnörkellos und lässig, bietet saisonale Frischmarktküche. Küchenchefin Vreni Giger, mit 17 Gault-Millau-Hauben geehrt, hat den ersten ›Chuchi-Tisch‹ in der Schweiz eingerichtet. Auf Hochdeutsch: Hier kann man an einem Tisch direkt in der Küche essen und allen Köchen in die Töpfe schauen (Hauptgericht um 22 CHF). Auch Kochkurse werden im Jägerhof angeboten (s. u.).

Angenehm – **Hotel Vadian Garni** 4: Gallusstr. 36, Tel. 071 228 18 78, www. hotel-vadian.com, DZ 160–200 CHF. Mitten in der Altstadt, gepflegtes Stadthotel mit christlichem Hintergrund. 20 angenehme Zimmer.

Zeitgemäß – **Hotel Am Spisertor** 5: Moosbruggstr. 1, Tel. 071 288 82 83, www.spisertor.ch, DZ 130–170 CHF. Hotel im modernen Stadtquartier nahe dem Stiftsbezirk. Ruhiger Innenhof mit

Terrasse. Die Zimmer sind bequem und funktional.

Günstig – **Jugendherberge St. Gallen** 6: Jüchstr. 25, Tel. 071 243 47 77, www.youthhostel.ch/st.gallen, geöffnet März–Ende Nov., Bett 30–52 CHF. Rund 2 km südöstlich der Altstadt, modernes Haus in Hanglage mit 140 Betten; Garten.

Essen & Trinken

An Restaurants, Weinstuben und Wirtschaften herrscht in St. Gallen kein Mangel, und von fein-elegant bis gemütlich-rustikal, von französischer oder mediterraner bis hin zu indischer Küche ist alles zu finden: sehr gute Metzgerwaren, Käse- und Milchprodukte aus dem Appenzellerland, gepflegte heimische Biere und Weine. Besonders empfehlenswert sind die traditionellen Lokale mit regionalen Produkten.

Vielseitig – **Netts Schützengarten** 1: St.-Jakob-Str. 35, Tel. 071 242 66 77, www.netts.ch, Mo–Fr 9–24, Sa 11.30–24 Uhr, Hauptgerichte ab 30 CHF. Haubengekrönt: Gaststätte mit Brauerei, Brasserie und Gourmettempel in einem. Hier gibt es Schwartenmagen oder Thunfischsashimi, Kalbsbratwurst mit Rösti oder mit Trüffelpolenta, und alles auf hohem Niveau in lockerer Atmosphäre.

Haubenküche – **Wirtschaft zur alten Post** 2: Gallusstr. 4, Tel. 071 222 66 01, www.apost.ch, Di–Sa.11.30–14, 18–24 Uhr, Hauptgerichte ab 20 CHF. Die Post (Haubenküche!) befindet sich in einem 400 Jahre alten Fachwerkbau im Klosterviertel. Italienisch-mediterraner Schwerpunkt, aber auch heimische Gerichte. Mittagsmenüs.

Schweizerisch – **Fondue Beizli Neueck** 3: Brühlgasse 26, Tel. 071 222 43 44, www.fonduebeizli.ch, Mo–Sa 11–24

Uhr, März–Sept. auch So 12–22 Uhr, Hauptgerichte ab 20 CHF. Rösti, Spätzli und verschiedenste Käsefondues, dazu werden passende Schweizer Weine serviert.

Historisch – **Zum Goldenen Leuen** 4 : Schmiedgasse 30, Tel. 071 222 02 62, tgl. außer Sa abends und So, Hauptgerichte ab 15 CHF. Historisches schönes Brauhaus mit eigenem Bier. Sehr gemütlich, auch tgl. wechselnder Mittagstisch.

›Erststock-Beizli‹ – **Weinstube zum Bäumli** 5 : Schmiedgasse 18, Tel. 071 222 11 74, www.weinstube.baeumli. ch, Di–Sa 10–23 Uhr, Tagesgerichte ab 14 CHF; s. S. 192.

›Zünftig‹ – **Restaurant Zum Goldenen Schäfli** 6 : Metzgergasse 5, Tel. 071 223 37 37, www.zumgoldenenschaefli. ch, Mo–Sa 11–14.30, 18–24 Uhr, Tagesgerichte ab 14 CHF. ›Erststock-Beizli‹ im ehemaligen Zunfthaus der Metzger.

Einkaufen

St. Gallen ist das Einkaufszentrum der Ostschweiz, und die Vielfalt der Geschäfte ist daher so groß, dass im Folgenden nur ganz spezielle Adressen genannt sind.

Alpenländisch trendig – **Sutter-Michel** 1 : Spisergasse 11, Tel. 071 222 20 16. Schicke und trendige Mode, nicht nur für Youngster. Alpenländische Avantgarde und kleinere, in Deutschland wenig bekannte Label. Wunderbare Strickwaren, Walkware, Sportmode, Accessoires.

Stoffe aus St. Gallen – **Jakob Schlaepfer Bambola** 2 : Fürstenlandstr. 99 (ca. 2 km westl. vom Bahnhof), Tel. 071 274 92 82, www.jakobschlaepfer.com. Mo 13–18, Di–Fr 9–12, 13–18.30, Sa 9–12.30 Uhr. Der Name Schlaepfer steht für exquisite Couture- und Prêt-à-porter-Stoffe, Seide, Leinen, Crèpe de Chine,

Tweed, Stickereien, Ausbrenner, Laser-Cut. Traditionsreiche Firma aus St. Gallen, heute international als Trendsetter auf höchstem Niveau bekannt.

Edel-Outlet – **Couture Akris** 3 : Felsenstr. 36, Tel. 071 227 78 85, www. akris.ch, Di–Fr 12–18, Sa 10–16 Uhr. Akris als kleines, sehr feines Schweizer Couture- und Modelabel hat inzwischen Anhängerinnen in der ganzen Welt. Schnörkellose, tragbare Mode mit dem gewissen Etwas. Am Hauptsitz der Firma in der Felsenstrasse befindet sich ein Outlet mit reduzierter Ware aus den letzten Kollektionen, auch der jeweils neuesten.

Für Süßmäuler – **Chocolaterie am Klosterplatz** 4 : Gallusstr. 20, www.chocola teriesg.ch. Kein Besuch in der Schweiz ohne Schoggi: Im blauen Haus gegenüber dem Eingang zur Kathedrale gibt es ein vielfältiges Angebot süßer exklusiver Köstlichkeiten in schönen Verpackungen; im Café sind es besonders die Trinkschokoladen, die man probieren muss.

Mein Tipp

Bircher Müsli und feine Trüffel

Jeder kennt sie, die altmodisch-charmante Confiserie Roggwiller und ihren Tea Room. Hier werden köstliche Kuchen und Gebäcke serviert, zum Frühstück gibt's natürlich auch ein Bircher Müsli. Heimische traditionelle Spezialitäten sind die St. Galler Biber (ein Honig-Dinkel-Mandelteig) in schönen Formen, St. Galler Spitzen, St. Galler Klostersiegel, handgeschöpfte Pralinen und Trüffel. **Roggwiller** 5 , Multergasse 17, Tel. 071 222 50 92.

Aktiv & Kreativ

Stadtführungen – Mai–Okt. Mo–Sa 14 Uhr, im Juli, Aug. tgl. ab **Tourist Information,** s. u.

Unterricht bei der Sterneköchin – Vreni Giger vom **Hotel Jägerhof** 1 (s. o.), hoch dekorierte Küchenchefin und in der ganzen Schweiz bekannt, gibt eintägige Kochkurse in kleinen Gruppen. Zum Dinner könnnen die Teilnehmer noch jemanden einladen; 500 CHF.

Erlebnispark – **Freizeit- und Einkaufszentrum Säntispark** 2: Abtwil (Stadtbus 7 Abtwil, Säntispark), Tel. 071 313 15 15, www.saentispark.ch, Mo–Fr 9–22, Sa, So, Fei 8–22 Uhr. Badespaß, Spiel, Sport, Fitness und Einkauf an einem Ort. Herzstück ist die Plansch- und Bäderlandschaft. Wildwassercanyon, neuer Naturweiher mit Pfahlbausauna.

Abends & Nachts

St. Gallen ist nicht Las Vegas, doch die Stadt hat neben Theater und Konzert einiges zu bieten für Nachtschwärmer, Junge und Junggebliebene: Kneipen, In-Lokale, Bars und Discos.

Super Entertainment – **Kellerbühne** 1: St.-Georgen-Str. 3, Tel. 071 223 39 59, www.kellerbuehne.ch. Chanson, Cabaret, Kammerspiel und – nicht zu verachten: gehobenes Laientheater im stimmungsvollen Tonnengewölbe eines alten Mostkellers.

Glücksspiel – **Grand Casino** 2: St.-Jakob-Str. 55, Tel. 071 394 30 30, www.grandcasinostgallen.ch; So–Do 12–3, Fr, Sa 12–4 Uhr. Die Dichte der Spielcasinos rund um den Bodensee ist schon erstaunlich; hier also die Schweizer Variante im modernen Radisson SAS Hotel mit allen üblichen Spielen.

Verlässlich gut – **La Vigna Enoteca** 3: Engelgasse 12, Tel. 071 245 00 88,

www.lavigna.ch, Mo–Fr 11–14, 17–24, Sa 11–24 Uhr. Wenn's mal wieder italienisch sein soll: sehr gute Küche; auch tolle Tapas sind im Angebot (Tapas-Auswahl 12 CHF). Die Weinkarte ist großartig!

Trendig – **Seeger Bar** 4: Oberer Graben 2, Tel. 071 222 97 90, www.seeger bar.ch, Fr, Sa ab 23 Uhr. Einer der bekanntesten Clubs in der Ostschweiz. R'n'B, Charts, House.

Infos & Termine

Infos

Tourist Information St. Gallen: Bahnhofsplatz 1A, 9001 St. Gallen, Tel. 071 227 37 37, www.st.gallen-bodensee.ch.

Verkehr

Auto: Kommt man mit dem Auto, muss man mit dem Parkhausleitsystem in eines der zahlreichen Parkhäuser fahren; die Innenstadt ist verkehrsberuhigt.

Bahn: Die Bahnverbindungen sind sowohl beim Nah- als auch beim Fernverkehr aufeinander abgestimmt und sehr gut. Halbstdl. oder stdl. Verbindungen in alle Richtungen (www.sbb.ch).

Bus: Das Netz des Stadtbusverkehrs ist ebenfalls sehr gut. Infos: VBSG im Pavillon am Bahnhofsplatz.

Termine

St. Gallerfest: Wochenende Mitte Aug. Großes jährliches Stadtfest.

Beizenfestival: letztes Aprilwochenende. Das Fest demonstriert, was die Beizen der Stadt zu bieten haben.

Open Air St. Gallen: letztes Juniwochenende. Die Musikbegeisterten in Sittertobel drängen sich zum ältesten Open-Air-Festival der Schweiz. Es gibt namhafte Bands, Essen und Trinken sowie ein Zelt zum Ausruhen; www.open airsg.ch.

St. Galler Festspiele auf dem Klosterplatz: letzte Juni- und erste Juliwoche. Auf dem Klosterplatz wird die Neuinzenierung einer weniger bekannten Oper in großer Besetzung gegeben, 2010 z. B. Donizettis »Sintflut«; www.stgallerfestspiele.ch.

Inline one-eleven: So Mitte Aug. Rennen auf dem längsten Inline-Parcours Europas mit 111 km auf abgesperrten, verkehrsfreien Straßen. Beginn und Ende in St. Gallen. Ein Skater-Eldorado! www.one-eleven.ch.

OLMA: Mitte Okt. Die Schweizer Messe für Landwirtschaft und Ernährung zieht Tausende Besucher aus der Region an und bietet einen schönen Überblick über die Tierhaltung und Nahrungsmittel der Ostschweiz.

Appenzellerland

Der Kanton St. Gallen-Bodensee wird im Osten vom flachen Rheintal, im Westen vom hügeligen Thurgau und im Süden vom Appenzellerland eingefasst, das bis zu den Bergspitzen des Alpsteins hinaufsteigt. Eine herrliche, großartige Landschaft, als Kanton nur rund 400 km^2 groß: Alles liegt nah beieinander. Grüne Hügelwellen, Einzelhöfe als Farbtupfer, Weiden und Alpen (Almen), Schluchten, Bachgemurmel und Waldschatten, karge Felsen, je höher man steigt. Immer im Blick: der Säntis, mit 2502 m höchster Gipfel des Alpsteins. Dank des dichten Netzes an Wanderwegen kann man vom Bodensee über die sanften Hügel hinweg bis hinauf zu den Bergpfaden und Kletterwänden im Alpstein gehen – Lichtjahre entfernt vom Alltag.

Im Appenzellerland werden die alten Traditionen und überkommenen Bräuche gepflegt, Trachten getragen; die Landstädtchen sind wohlhabend und beglücken durch die schönen Schweifgiebelhäuser, Dorfplätze und Brunnen. Appenzell ist das Zentrum des katholischen Halbkantons Innerrhoden, wo die ›Landsgemeinde‹ noch heute öffentlich abstimmt (in dieser konservativen Hochburg der Schweiz wurde erst im Jahr 1991 per Bundesgesetz das Frauenwahlrecht durchgesetzt). Im protestantischen Außerrhoden wird nicht mehr öffentlich abgestimmt.

Berühmt ist der Appenzeller Käse mit seinem geschmacklichen Reichtum. Er wird in den Alpkäsereien und in kleinen Sennereien geschöpft.

Stein ▶ H 8

Von St. Gallen sind es nur 17 km bis Appenzell. Auf dem Weg lohnt es sich, in dem Dorf Stein mit seinem Volkskunde-Museum und seiner Schaukäserei eine Pause einzulegen.

Appenzeller Volkskunde-Museum
Dorf, Tel. 071 368 50 56, www.avm-stein.ch, Di–So, Fei 10–17 Uhr, Erw. 7 CHF, Kinder 3,50 CHF
Das Museum zeigt prächtig bemalte Möbelstücke, Webstühle und Gebrauchsgegenstände, die von der Mühsal des Lebens erzählen. Besonders wertvoll ist die Sammlung Schweizer Bauernmmalerei; sie ist die älteste Kollektion des Landes.

Schaukäserei Stein
Dorf 711, Tel. 071 368 50 70, www.schaukaeserei.ch, April–Ende Okt. tgl. 8.30–18.30, Nov.–März tgl. 8.30–17.30 Uhr, Eintritt frei
In der Schaukäserei mit Shop und Restaurant wird täglich bis 17 Uhr Käse produziert; dabei kann man zuschauen, und die Tonbildschau erläutert all das, was man nicht sieht und über die Käseherstellung wissen sollte.

Mein Tipp

Mit der Seilbahn auf den Säntis ▶ H 10

Sie wollen das absolute Highlight auf der Schweizer Seeseite erleben? Dann muss es eine Seilbahnfahrt auf den Säntis (2502 m) im Alpsteinmassiv mit berauschender Panoramasicht sein. Die Talstation auf der Schwägalp liegt in 1350 m Höhe. Mit Gasthöfen, Hotel, Alpschaukäserei und Naturerlebnispark ist die Alp touristisch voll erschlossen; aber nach ein paar Schritten in diesem Wanderparadies ist man mit der Bergwelt fast allein. Von hier aus geht es mit der Gondelbahn in 10-minütiger Fahrt bis unter den Gipfel des Säntis. Das Panorama mit schneebedeckten Bergmassiven umfasst Zugspitze, Arlberg, das Ötztal, Chesaplana, Ortler, Eiger, Mönch und Jungfrau; fünf Länder und auch den Bodensee kann man spielzeugklein in der Tiefe sehen. Ein großes Erlebnis sind die Sonnenaufgangsfahrten oder eine Vollmondfahrt. **Talstation Schwägalp,** Tel. 071 365 65 65, www.saentisbahn.ch, tgl. halbstdl. ab 7.30 bis 17 Uhr. Auskunft Sonnenaufgangs- bzw. Vollmondfahrten: Tel. 071 365 66 66. Die Schwägalp ist mit dem Postbus von Urnäsch oder mit dem Pkw ganzjährig zu erreichen.

Appenzell ▶ H 9

Der Hauptort des Kantons liegt 780 m hoch in einer sonnigen Talmulde. Brauchtum und Kunstgewerbe, alt und neu, verdichten sich in den Geschäftsauslagen der Hauptgasse: Käsespezialitäten und Molkereiprodukte, Kuh-

herden und Glocken in den Souvenirläden, Stoffe und Spitzen, die berühmte Appenzeller Torte, Trachtenmode und deftige Outdoor-Bekleidung zwischen reich bemalten Fassaden, üppigem Blumenschmuck und behäbigen Holzbauten. Und wer einen Kontrast zum Alpenländischen möchte, kann moderne ›Nervennahrung‹ an zwei Orten zu sich nehmen:

Museum Liner

Unterrainstr. 5, Tel. 071 788 18 00, www.museumliner.ch, April–Okt. Di–Fr 10–12, 14–17, Sa, So, Fei 11–17 Uhr, Nov.–März Di–Sa 14–17, So, Fei 11–17 Uhr, Erw. 9 CHF, Kinder 6 CHF, Kombitickets für Museum und Kunsthalle Erw. 15 CHF, Kinder 10 CHF

Das Museum Liner mit seiner silberfarbenen Haut und den Sheddächern (1998) bietet Wechselausstellungen zur Gegenwartskunst sowie Arbeiten des Appenzeller Malers Carl-August Liner (1871–1946) und seines Sohnes Carl-Walter Liner (1914–1977). Ein sehr interessantes Haus!

Kunsthalle Ziegelhütte

Ziegeleistr. 14, Tel. 071 788 18 60, www.kunsthalleziegelhuette.ch, Öffnungzeiten und Preise wie Museum Liner

Ebenfalls eindrücklich ist die Kunsthalle Ziegelhütte, die wie das Museum Liner von den Nachkommen der Maler gestiftet wurde. Der Bau ist eine harmonische Verquickung vereinzelter Überreste einer alten Ziegelei aus dem 16. Jh. mit großem Brennofen und neuen, kühnen Bauteilen aus Beton, Holz und Glas. Auch hier werden Werke der Liners gezeigt und wechselnde Ausstellungen zur Kunst des 20./21. Jh.

Übernachten, Essen

Stilvoll und gemütlich **Hotel Adler:** Adlerplatz, Tel. 071 787 13 89, www.adler hotel.ch, DZ 170–220 CHF. Das behutsam modernisierte Haus ist im Kern rund 400 Jahre alt. Die Zimmer sind mit viel Liebe zum Detail sehr behaglich ausgestattet. Hauseigene Bäckerei und Konditorei, Gartenterrasse.

In schönster Umgebung – **Gasthaus Bären:** Schlatt (ca. 4 km westl.), Tel. 071 787 14 13, www.baeren-schlatt.ch, DZ 180 CHF. Zwischen Wiesen und Wäldern auf dem sonnigen Hügel Schlatt hat man von allen Zimmern eine großartige Aussicht auf das Säntismassiv und Appenzell. Gute Küche.

Infos & Termine

Fremdenverkehrsamt Appenzell: Hauptgasse 4, Tel. 071 788 96 41, www.appenzell.ch

Bahn: Züge nach Urnäsch, Waldstatt, Herisau, Gossau; Richtung Gais und St. Gallen; nach Altstätten, Heiden, Rorschach; Bahnhof Appenzell: Tel. 071 788 50 50, www.appenzellerbahnen.ch.

Bus: Postbus in die Orte der Umgebung, www.postauto.ch.

PubliCar: Tür-zu-Tür-Service: Tel. 0848 55 30 60.

Silvester: Im Kanton Appenzell wird nicht nur am 31. Dez., sondern auch nach römisch-julianischem Kalender am 13. Jan. Silvester mit ›Klääse‹-Umzügen (besonders in Urnäsch) in prächtigen Kostümen gefeiert.

Fasnacht: Die eigenartigen Fasnachtsbräuche der Karnevalszeit mit bizarren, teils furchterregenden Masken, Kostümen und Bräuchen ziehen immer mehr Besucher an.

Landgemeinde: letzter So im April: Um 12 Uhr versammeln sich die rund 3000 wahlberechtigten Appenzeller zur Abstimmung auf dem Landsgemeindeplatz unter der Linde.

Alpfahrt/Alpabfahrt: Für alle Gemeinden im Appenzeller Land sind die Alpfahrt (Ende Mai) und Alpabfahrt (Anfang Sept.) Höhepunkte im Jahreslauf. Die Sennen in ihrer Tracht ziehen mit Ziegen, geschmückten Kuhherden und Hunden auf die Alp hinauf oder nach Sommerende wieder ins Dorf hinunter.

Kanton Thurgau

Der Kanton Thurgau erstreckt sich von Arbon bis nach Schaffhausen. Die Landschaft ist leicht hügelig mit Obstplantagen, Wiesen und Feldern. Im Frühjahr versinkt das Land im Blütenmeer der Obstbäume, und im Herbst wird Wein gekeltert. Durch ›Mostindien‹, wie der Landstrich auch genannt wird, führen zahlreiche Wanderwege, markierte Fahrrad- und neu erschlossene Skaterstrecken mit schönen Ausblicken auf den See.

Arbon ▶ H/J 6

Arbon, auf einer Landzunge gelegen, ist ein malerisches Hafenstädtchen mit 13 000 Einwohnern. Die liebevoll gepflegte Altstadt mit wunderbar erhaltenen Bauten aus unterschiedlichsten Epochen, mit buntem Fachwerk und zierlichen Rokokofassaden, ist ebenso schön wie das 3 km lange Seeufer mit Hafen, Promenade, Parkanlagen, Strandbad, Restaurants und Gartenterrassen. Besiedelt war die Arboner Bucht schon vor 5000 Jahren; umfangreiche Funde aus der Jungsteinzeit mit ihren Pfahlbauten bezeugen eine der ältesten bekannten Siedlungsstätten im Bodenseeraum.

Schloss und Historisches Museum
Mai–Sept. tgl. 14–17, Okt.–März
So 14–17 Uhr, Erw. 2,60 CHF, Kinder
1,30 CHF
Schon die Römer hatten an dem Ort ein Kastell errichtet (Arbor felix). Schloss Arbon, das vom 13. bis zum Ende des 18. Jh. zum Grundbesitz der Konstanzer Bischöfe gehörte, steht auf den römischen Ruinen und war Anfang des 16. Jh. erweitert worden. Heute ist hier das Historische Museum

beheimatet. Die jungsteinzeitlichen Siedlungsstätten und Funde sind sehr ansprechend präsentiert. Auch ein Konzertsaal und eine gemütliche Wirtschaft mit Hofgarten befinden sich im Schloss. Markant ist der 33 m hohe Turm, den man vom Museum aus besteigen kann.

Altstadt
Direkt neben dem Schloss liegen die spätgotische Kirche **St. Martin** und die romanische **Galluskapelle** mit sehr schönen Fresken aus dem 14. Jh.

Die Altstadt ist im Bogen um das Schloss ›gewachsen‹; die stattlichen Häuser stammen noch aus den Zeiten der vorindustriellen Blüte, als Arbon mit dem Tuchgewerbe ordentlich zu Wohlstand kam. Am Storchenplatz mit dem modernen Brunnen ist das **Bohlenständerhaus** neben den Häusern **Ochsen, Storchen** und dem Renaissancebau **Haus zur Straußenfeder** ein besonders prägnantes historisches Zeugnis. Auch der restaurierte **Fischmarktplatz** gibt den Blick frei auf hübsche Fachwerkbauten. Die Altstadt zielt direkt auf den Hafen und die **Seepromenade.** An der Steinacher Bucht bietet die alte Kastanienallee Schatten. Schöne Parkanlagen, Skater- und Fahrradwege, leuchtende Blumenrabatten, ein Konzertpavillon, Schiffslände und Jachthafen, ein Strandbad, Restaurantterrassen und Gartenwirtschaft – alles ist da und strahlt und glitzert vor dem Seespiegel.

Übernachten

Am Hafen – **Hotel Rotes Kreuz:** Hafenstr., Tel. 071 446 19 18, www.hotel roteskreuz.ch, 1. März–31. Okt., DZ 140 CHF. Frisch renoviert und umgestaltet präsentiert sich das freundlich geführte Haus mit 19 komfortablen

Zimmern. Im Hafenstübli und in der Bündnerstube sitzt es sich gemütlich (Tagesgerichte ab 25 CHF); im Sommer lockt die Gartenwirtschaft unter Kastanien. Besonders gut ist die Fischküche. Die Lage am Hafen und der Strandpromenade ist super.

Nett und günstig – **Pension Garni Sonnenhof:** Rebenstr. 18, Tel. 071 446 15 10, www.sonnenhof-arbon.ch, DZ 82 CHF. Nette Hotelpension garni mit Terrasse und hellen, ordentlichen Zimmern, 5 Gehminuten von der Promenade entfernt. Etagendusche und WC.

Camping – **Campingplatz Arbon:** Strandbadstr. (neben dem Strandbad), Tel. 071 446 65 45, www.campingarbon.ch. Direkt am Seeradweg; gut ausgestatteter Platz mit Gartenwirtschaft in schöner Lage unter alten Bäumen. Freier Eintritt zum Strandbad, ca. 10 Min. Fußweg nach Arbon.

Essen & Trinken

Deftig – **Restaurant Altstadt:** Schafligasse 4, Tel. 071 446 12 93, tgl. 9–23 Uhr, Hauptgericht ab 14 CHF. Wer die so selten angebotenen Innereien liebt, ist hier richtig. Auf der Karte stehen Leberli, Kutteln, Vesperplatten und andere deftige Speisen.

›Eifach guet‹ – **Landgasthof Brauerei Frohsinn:** Romanshorner Str. 15, Tel. 071 447 84 84, www.frohsinn-arbon.ch, tgl. ab 8 Uhr, Tellergerichte ab 15 CHF. Das Frohsinn ist eine der kleinsten und ältesten Brauereien der Schweiz. Im rustikalen Braukeller gibt es die Biere, dazu Schweizer Hausmannskost wie Gerstensuppe, Chässpätzli oder Älpler Magronen, in der Stube auch Feineres mit italienischem Einschlag. Sehr schöner Biergarten unter Kastanien mit Seeblick.

Beste Schoggi – **Konditorei und Confiserie Schwarz:** Bahnhofstr. 36, Tel. 071 446 11 33, Di–Fr 8–18.30, Sa, So bis 17 Uhr. Alteingesessenes Café mit handgeschöpften Schoggi-Produkten.

Einkaufen

Most und Säfte – **Mosterei Möhl:** St. Galler Str. 213, Tel. 071 447 40 74, www.moehl.ch, Museum Mo–Fr 8–12, 14–18.30, Sa 8–16 Uhr. Die Mosterei ist landesweit bekannt für ihre traditionellen Produkte wie Säfte vom Fass, Apfelweine mit und ohne Alkohol. Im Haus ist auch das Mosterei-Museum einen Besuch wert.

Aktiv & Kreativ

Baden – **Strandbad Arbon:** Strandbadstr. (Richtung Romanshorn), Tel. 071 446 13 33, 1. Mai–Ende Sept. tgl. 8–19, Juli, Aug. bis 20.30 Uhr. Schönes Strandbad mit Wiesen unter alten Bäumen, einer ›Badi‹ aus den 1930er-Jahren, Café-Bistro mit großer Terrasse und Kinderspielplatz. Auszeichnung als eines der schönsten Schweizer Bäder. Als Alternative gibt es noch das **Schwimmbad** mit 2 großen Pools, Liegewiesen, 10-m-Turm, Grillplatz und Riesenrutsche im Kinderbereich (Wassergasse, direkt am See, Tel. 071 446 16 40, 1. Mai–Ende Sept. 8–20 Uhr).

Bootsvermietung/Wasserski – **Gondelhafen:** Tel. 071 446 13 90.

Segeln – **Segelschule Rolf Latscha:** am Hafen, Tel. 071 446 10 20, www.segelschule-bodensee.ch.

Tauchen – **Steve's Scuba Diving:** Gerbergasse 16, Tel. 071 446 61 64, www.scuba-diving.ch. Tauchschule, geführte Tauchgänge, Ausrüstungsverleih.

Skaten – Auf der Schweizer Bodenseeseite bis hinein ins Hinterland ist Skaten sehr beliebt. Die Strecken sind extra ausgewiesen. Von Arbon aus führen Routen am See entlang und durch den Thurgau; Streckenkarten beim **Infocenter**, s. u.

Fahrradverleih – **Bike Aktion:** Bahnhofstr. 57, Tel. 071 446 02 20.

Stadtführungen – Mitte Juni–Mitte Sept. geführte Stadtrundgänge ab **Hafenkiosk,** Di 10, Do 19.30, So 10.30 Uhr (1,5 Std.).

Infos & Termine

Infocenter Arbon: Schmiedgasse 5, 9320 Arbon, Tel. 071 440 13 80, www.arbon.ch und www.infocenter-arbon.ch.

Bahn: zahlreiche Verbindungen mit der Seelinie (Rorschach, Arbon, Romanshorn bis Schaffhausen).

Postauto: viele Verbindungen in die Umgebung und nach St. Gallen.

Schiff: Mitte Mai–Mitte Okt. Romanshorn, Kreuzlingen/Insel Mainau; nach Rorschach sowie über den See nach Langenargen.

Seenachtsfest: Wochenende im Juni. Mit Jahrmarkt, Kinderfest, Musik und großem Feuerwerk (Sa).

Open-Air-Kino: Juli, Aug., an der Seepromenade.

Romanshorn ▶ H 5

Romanshorn ist der größte Hafen am Bodensee. Von hier aus, an der breitesten Stelle des Obersees, führt die Autofähre über 16 km hinüber nach Friedrichshafen ans Nordufer. Die ganze Stadt ist Drehscheibe des Bahn- und Seeverkehrs mit regem Kommen und Gehen, Einschiffen und Anlanden, und das war schon im 19. Jh. so.

Im einstigen Fischerdorf, das über Jahrhunderte zu St. Gallen gehörte, gab es immer wieder Brände, sodass vom alten Romanshorn nurmehr die **Kirche St. Maria, Petrus und Gallus** als sehenswertes Gebäude geblieben ist.

Sie geht auf das 8. Jh. zurück, wurde mehrfach umgebaut und besitzt eindrucksvolle Fresken, die erst vor einigen Jahrzehnten entdeckt wurden. Die Kirche überblickt von einer kleinen Anhöhe aus nicht nur das Hafenareal, sondern bietet auch ein herrliches Panorama auf das Nordufer des Sees sowie auf die schneebedeckten Alpengipfel.

Ab 1850 wurden große **Bahnhofs- und Hafenanlagen** mit Speichern und Lagerhäusern gebaut, um u. a. von hier aus Güterwaggons über den Bodensee zu verschiffen – ein wichtiges Unternehmen, das erst in den 1970er-Jahren unrentabel und von den Schweizerischen Bundesbahnen eingestellt wurde. Noch heute sind es die Hafenanlagen, die die Atmosphäre, das Ortsbild und Tempo bestimmen. Der **Fährhafen** am Bahnhof ist Heimat der Schweizerischen Bodenseeschifffahrt (SBS), daneben existieren der **Jachtafen** mit knapp 400 Liegeplätzen, ein privater **Sportboothafen** und der ›**Inselihafen**‹ der Sportfischer. Der blumengeschmückte neuere **Seepark** verleiht dem Hafen- und Verkehrstrubel eine ruhige, erholsame Note.

Übernachten

Mittendrin – **Hotel Bahnhof:** Löwenstr. 1, Tel. 071 463 17 26, www.hotelbahnhof-romanshorn.ch. DZ 110–160 CHF. Mitten im Zentrum, günstig für Bahn, Bus, Schiff und Fahrradweg, liegt das familiengeführte 30-Betten-Haus mit Kastaniengarten und Straßenterrasse.

Bed & Breakfast – **Marlenes Paradiesli:** Steinebrunn (5 km südwestl.), Almensbergstr. 1, Mobil 079 857 57 43, www.marlenes-paradiesli.ch, DZ 90 CHF. Heimeliges Haus mitten im Dorf Steinebrunn am Rad- und Wanderweg. Die zwei frisch renovierten Zimmer und

Romanshorn ist Zentrum der Schweizerischen Bodenseeschifffahrt

ein üppiges Frühstück bezeugen Schweizer Gastfreundschaft.

Günstig – **Jugendherberge Romanshorn:** Gottfried-Keller-Str. 6, Tel. 071 463 17 17, www.youthhostel.ch, April–Okt., pro Pers. im Mehrbettzimmer ab 28 CHF. In nüchternem, modernem-Zweckbau, 120 Betten, 500 m vom Bahnhof entfernt; Abzweig von der Bahnhofstraße.

Camping – **Campingplatz Ruderbaum:** Altnau (zwischen Romanshorn und Kreuzlingen), Ruderbaum 12, Tel. 071 695 29 65, www.ruderbaum.ch, 1. April–31. Okt. Der mehrfach ausgezeichnete Platz ist ökologisch geführt, verfügt über komfortable Einrichtungen und liegt direkt am See.

Infos & Termine

Tourist Information: Im Bahnhof, 8590 Romanshorn, Tel. 071 463 31 32, www.romanshorn.ch.

Bahn: halbstdl. Verbindungen in beide Seeuferrichtungen, nach Kreuzlingen, Schaffhausen, Rorschach und St. Gallen; auch stdl. über Frauenfeld, Winterthur nach Zürich.

Postauto: Verbindungen nach Amriswil und Arbon.

Schiff: Autofähre nach Friedrichshafen, stdl. 5.30–21.30 Uhr, SBS Romanshorn, Tel. 071 463 34 35. Schiffe nach Rorschach und Kreuzlingen.

Aktiv & Kreativ

Baden – Rund um den See sind die Freibadanlagen oder Seebadeanstalten fast immer sehr schön – so ist auch in Romanshorn das **Schwimmbad** erholsam und abseits vom Verkehr gelegen; mit großzügigen Becken, weiter Liegewiese unter Bäumen und Café. Steinhaldenweg, Tel. 463 11 47, 1. Mai–30. Sept. 9–20 Uhr. Im See ist das Baden wegen des Schiffsaufkommens hier nicht günstig.

Segeln – **Segelschule Romanshorn,** Tel. 071 463 51 21. Auch Vermietung von Segelbooten unterschiedlicher Klassen.

Inlineskaten – Der Bahnhof Romanshorn ist auch für Radfahrer und Inlineskater eine zentrale Drehscheibe: Der Kanton Thurgau verfügt über 900 km Bike- und Skating-Strecken, etwa den **Lake Skate:** 63 Uferkilometer sind es von Arbon bis Schaffhausen; alle Teilstrecken zwischen Rorschach, Arbon, Romanshorn und Kreuzlingen sind leicht bis mittelschwer. Die Tour von

203

**Mit dem Flyer
nach St. Gallen** ▶ H 5–7
Toll ist die Möglichkeit, mit sog. Flyern (8-Gang-Räder mit Elektrohilfsmotor) die Gegend zu erkunden. Sie können u. a. in Romanshorn gemietet werden. Eine schöne Tour führt nach St. Gallen (rund 50 km). Zunächst geht es von Romanshorn nach Rorschach. Vom Hafen dort kann man die Bergbahn nach Heiden nehmen und dann mit dem Flyer nach Oberegg zum Aussichtsrestaurant St. Anton weiterfahren. Durch grüne, heitere Hügellandschaft erreicht man schließlich St. Gallen. Dort kann der Flyer abgegeben werden, und man fährt mit der Bahn zurück. **Rent a bike,** Romanshorn: Tel. 051 228 33 55, www.rentabike.ch.

Romanshorn-Hafen bis Kreuzlingen-Hafen (37 km) ist schon ein Klassiker. Auf der seenahen Strecke mit meist perfekten Belägen zwischen Ufer und Bahngleisen kann man zwischendurch in Strandbädern oder in Cafés und Seerestaurants die Seele baumeln lassen. Oder auch schnell und spontan in die Bahn einsteigen, um sich ein Teilstück lang fahren zu lassen und die müden Glieder auszuruhen: ein abwechslungsreiches Vergnügen für die ganze Familie! Die etwas höher gelegene sog. **Seerücken-Route** durchquert sonnige Weiler, Streuobstwiesen, Apfeldörfer und Weinbaulandschaft. Die Skate-Route 3 (52 km) führt von Romanshorn über Weinfelden mit dem nationalen Inline-Center, dem ersten überdachten Inlinedrom der Welt (Tel. 071 622 99 60, tgl. 7–21 Uhr, www.las-

inlinedrom.ch; Shop: www.inlinecenter.ch), bis nach Frauenfeld, wo weitere Strecken abzweigen. In beiden Orten gibt es zahlreiche Einkehrmöglichkeiten. Eine anspruchsvolle Strecke, die man sich leichter machen kann: bis Frauenfeld mit der Bahn fahren und nur den Rückweg skaten, allerhöchster Rollgenuss in der Thurgauer Obst-und Weinbaulandschaft.

Kreuzlingen ▶ F 4

Mitten auf der südlichen Bodenseeseite liegt die urbane Konglomeration von Konstanz und Kreuzlingen. An diesem Knotenpunkt zwischen der Schweiz und Deutschland spreizen sich drei See-›Finger‹ in Richtung Nordwesten: erstens der Überlinger See, der im Süden von der Landzunge des Bodanrück begrenzt wird, sowie zweitens – südlich davon – Gnaden- und Zellersee; die Halbinsel Höri schließlich trennt beide vom Untersee und dem mitlaufenden Rhein, die gemeinsam den dritten ›Finger‹ bilden.

Aus mehreren Dörfern und Weilern entstanden, hat sich Kreuzlingen mit rund 18 000 Einwohnern zur größten Stadt auf der Schweizer Bodenseeseite und zur zweitgrößten des Kantons Thurgau entwickelt; sie ist Banken- und Handelszentrum sowie Verkehrsknotenpunkt zwischen den Bodenseeteilen Bis vor Kurzem gab es drei Grenzübergänge nach Konstanz mit langen Autoschlangen. Das ist nun vorbei, und statt Grenzzäunen gibt es jetzt eine offene, weltweit einmalige ›Kunstgrenze‹ am Seeufer entlang (s. S. 221).

Uferareal
Kreuzlingen lag immer im Schatten des übermächtigen Bischofssitzes Konstanz; auch heute noch tut die Stadt

sich schwer neben dem benachbarten Touristenmagneten. Kreuzlingen besitzt keinen deutlichen Stadtkern, und die Bahnlinie hat die Ortsteile zerrissen. Aber das weitgehend naturbelassene Uferareal mit der Seepromenade und dem Landschaftspark ist traumhaft schön; die Seeuferanlagen bilden den größten öffentlichen Erholungs- und Erlebnispark am Bodensee.

Zwischen dem Jachthafen und der Postkartenidylle der Schiffsanlege Kreuzlingen breitet sich der **Seeburgpark** aus – mit wunderbaren alten Bäumen und Alleen, mit naturnaher Weiheranlage, einem Tierpark, Kräutergarten, Restaurants und Spielplatz. Malerisch ist das **Schlösschen Seeburg,** das als ehemalige Sommerresidenz der Kreuzlinger Äbte begann und heute mit Restaurant und schöner Seeterrasse die Gäste anlockt.

Kornschütte (Seemuseum)

Seeweg 3, Tel. 071 688 52 42, www. seemuseum.ch. Juli, Sept. Di–So 14–17, April–Juni, Sept., Okt. Mi, Sa, So 14–17, Nov.–März So 14–17 Uhr, Erw. 8 CHF, Kinder 5 CHF
Im ehemaligen wunderschönen Kornhaus der Residenz, der **Kornschütte** (1598) mit den markanten Treppengiebeln, ist das Seemuseum untergebracht. Es bietet Einblicke in die Geschichte der Fischerei und der Schifffahrt am Bodensee mit Dampfermodellen und Segelschiffen. Schön ist die Sammlung mit Bodenseelandschaftsbildern.

Übernachten

Zentral und angenehm – **Hotel Bahnhof-Post:** Nationalstr. 2, Tel. 071 672 79 72, www.hotel-bahnhof-post.ch, DZ ab 130 CHF. Sonniggelbe Stadtvilla nahe dem Bahnhof mit ordentlichen Zimmern, einem Gartenrestaurant und einem gastronomischen Angebot, das vom Frühstück bis zum späten Dinner reicht.

Ganz modern – **Bodensee-Arena:** Seestr. 11a, Tel. 071 677 15 30, www. bodensee-arena.com, DZ ab 120 CHF (So–Fr). Modernes, auf Großveranstaltungen ausgerichtetes Haus, das daher wochentags günstigere Preise anbietet; nahe am Konstanzer Sealife Center und den Sportanlagen am See gelegen.

Jung und günstig – **Hostel Alti Badi:** Seestr. 45, Tel. 071 672 35 21, www.alti-badi.ch. Helles, luftiges kleines Hostel mit fünf Mehrbettzimmern (Bett ab 35 CHF) und einem Doppelzimmer (insgesamt zwei Badezimmer).

Günstig und im Park – **Jugendherberge Kreuzlingen:** Promenadenstr. 7, Tel. 071 688 26 63, www.youthhostel.ch, pro Pers. im Mehrbettzimmer ab 30,70 CHF. Im Seepark liegt die prächtige Jugendstilvilla Hörnliberg mit historischen Räumen und moderner Ausstattung; es gibt auch eine Freiluftbar.

Mein Tipp

Solange die Sonne scheint ▶ F 4
Mit der Solarfähre geräuschlos und wie schwerelos über die Wellen gleiten: das hat etwas Besonderes! Von Juni bis September wird achtmal täglich eine einstündige Rundfahrt mit der kleinen Solarfähre (mit Sonnendach) vom Kreuzlingen Hafen über das Fischerhaus zum Hafen Konstanz und zurück angeboten – natürlich nur bei guter Witterung! Infos: Mobil (deutsches Netz) 0176 24 74 07 09, www.sole-mio.info.

Camping – **Camping Fischerhaus,** Promenadenstr. 51, Tel. 071 688 49 03, www.camping-fischerhaus.ch, 1. April–18. Okt. Wunderschön gelegener Platz nahe Jachthafen und Uferwiesen; freier Eintritt zur angrenzenden Badeanstalt Hörnli.

Essen & Trinken

Rundum Spitze – **Restaurant Jakobshöhe:** Bernrain, Bergstr. 46, Tel. 071 670 08 88, www.jakobshoehe.ch, Mi–So 11–24 Uhr, kleines Mittagsmenü 30 CHF. Eine gepflegte Tafelkultur, eine prämierte Küche und eine großartige Weinkarte bieten Daniel und Jane Bucher. Tgl. Fischmenüs. Wie wär's mit Thurgauer Felchenschaumsüppli mit schwimmendem Bodenseekaviar oder Toggenburger Gänsebrust, auf Rebenholz geräuchert, mit Kürbischutney? Eigene Konditorei.

Toplage – **Schloss Seeburg:** Seeweg 5 (im Park), Tel. 071 688 47 75, www.seeburg-restaurant.ch. Juli, Aug. Mi–Mo, sonst Do–Mo, Hauptgerichte ab 20 CHF. Im Seeburgpark im anmutigen Schlössli mit Giebeln und Türmchen warten Restaurant und eine herrliche Gartenterrasse auf Genießer. Die Küche ist bürgerlich-gehoben.

Für Ausflügler und Seegucker – **Restaurant und Biergarten Fischerhaus:** Promenadenstr. (nahe Jachthafen), www.fischerhaus.ch, Mai–Aug., tgl. ab 10 Uhr, Sept.–April Fr–Di 11.30–14, ab 17.30 Uhr, Hauptgericht ab 15 CHF. Neben dem Campingplatz liegen das Restaurant und der herrliche große Biergarten. Für entspannte Stunden am Seeufer. Kaffee und Kuchen, Pizzen, Salate; Eglifilet im Bierteig oder Tatar vom Bio-Rind. Alles da! Jeden Do bei gutem Wetter gibt es um 21 Uhr Humor und Lachen auf der Bühne Fischerhaus.

Aktiv & Kreativ

Baden – **Freibad und Strandbad Hörnli:** östlich des Jachthafens, Tel. 071 688 18 58, komplett renoviert, mit großer Liegewiese, Erlebnisbecken, Großrutsche und Bistro.

Surf/Wasserski und Wakeboard – **Lohr Sport:** Hauptstr. 58a, Tel. 071 672 76 10, www.lohrsport.ch.

Fahrradverleih – Räder und Flyer (Elektroräder) gibt es im Bahnhof, Tel. 071 677 50 90 und 051 226 84 04, www.rentabike.ch.

Dem Himmel so nah – **Planetarium und Sternwarte:** Breitenrainstr. 21, Tel. 071 677 38 02 und 677 38 03, www.sternwarte-kreuzlingen.ch. Vorführungen: Di, Fr, Sa 20, Mi, So 17, So 15 Uhr, Erw. 12 CHF, Kinder 8 CHF. Familienprogramm. Auf einer Anhöhe nahe dem Bahnhof Bernrain im Südwesten der Stadt mit Blick auf den Bodensee liegt das Ensemble für Himmelsgucker.

Auch bei schlechtem Wetter – **Bodensee-Familienpark Conny-Land:** Lipperswil (12 km Richtung Frauenfeld), Tel. 052 762 72 72, 4. April–Mitte Okt. tgl. 10–18 Uhr www.connyland.ch, Erw. 28 CHF, Kinder 25 CHF. Größter Fun- und Eventpark der Schweiz. Neben den zahlreichen Spaßbahnen bietet er einen Dinopark, Delfin- und Seelöwenshows, einen Kleinzirkus, Varieté und Restaurant. 80 % der Attraktionen sind überdacht.

Infos & Termine

Infos
Kreuzlingen Tourismus: Sonnenstr. 4, 8280 Kreuzlingen, Tel. 071 672 38 40, www.kreuzlingen-tourismus.ch.

Verkehr
Bahn: Es gibt 2 Bahnhöfe: Kreuzlingen und Kreuzlingen-Hafen. Von beiden

fährt der »Thurbo« halbstdl. nach Konstanz und Weinfelden (mit Anschluss nach Zürich); Züge vom Hauptbahnhof nach Schaffhausen und Romanshorn, Rorschach, St. Gallen; www.ssb.ch und www.thurbo.ch.

Bus: Die Busse des Stadtbusnetzes verkehren jede Viertelstunde (www.bahn-mit-bus.com). Die Buslinie 908 fährt ab Bärenplatz nach Konstanz; nächste Bushaltestelle zum Seepark ist ›Wasenstr.‹, Linie 902.

Schiff: Mai–Okt. Linienverkehr mit tgl. Verbindungen von Rorschach, Romanshorn über Kreuzlingen, Insel Mainau nach Meersburg und zurück. Ebenso tgl. Schaffhausen, Stein am Rhein, Steckborn, Insel Reichenau, Konstanz, Kreuzlingen und zurück; www.bodenseeschiffe.ch, www.bsb-online.com und www.urh.ch.

Termine

Riesenflohmarkt: In Kreuzlingen und Konstanz findet an einem Juniwochenende der größte Flohmarkt Europas statt, mit über 1000 Ständen und einer Gesamtlänge von 12 km; Beginn ist am Samstagabend, Dauer des Markts 24 Std.; www.flohmarkt-konstanz.de.

Seenachtsfest Fantastical: Aug.-wochenende (Fr–So). Großes Seefest mit Musik, Festzelten und Gastronomie. Höhepunkt ist das Riesenfeuerwerk, das gemeinsam mit Konstanz den See beleuchtet.

Freilichttheater: Anfang Juli–Mitte Aug. auf der Seebühne im Seeburgpark. 2010 steht »Die schwarze Spinne« auf dem Programm. Infos und Reservierung unter: www.seeburgtheater.ch.

Romantisch im Park gelegen – Schlösschen Seeburg in Kreuzlingen

Konstanz und die Insel Mainau

Highlights !

Konstanz: Die quirlige, schöne Stadt mit reicher Geschichte ist eine deutsche Enklave am Schweizer Seeufer und das Zentrum der Bodenseeschifffahrt. Die ›heimliche Hauptstadt‹ des Seegebiets lohnt unbedingt einen Besuch. S. 210

Insel Mainau: Wohin das Auge blickt, überwältigende Blumen- und Blütenpracht, ein Schloss, Palmengärten, Wasserkaskaden, Schmetterlingshaus und grandiose Gartenlandschaften mitten im See. S. 226

Auf Entdeckungstour

Machtdemonstration der Kirche – das Konzil zu Konstanz: Das größte historische Ereignis in Konstanz war das Konzil, das die Freie Reichsstadt im 15. Jh. zum Mittelpunkt der damals bekannten Welt machte. Die rund 7000 Einwohner wurden von 20 000 Gästen überrannt. S. 214

Kontraste – Konstanzer Hafen und Seeuferpark Kreuzlingen: Die sehr unterschiedlichen Hafen- und Promenadenanlagen der zwei zusammenwachsenden Städte im Blick, lässt sich eine Typologie der Ufergestaltung rund um den See entwerfen. S. 220

Kultur & Sehenswertes

Kultur am Münster: Am Münsterplatz in Konstanz geht's hoch her: Neun Häuser sind im lebendigen Kulturzentrum zusammengefasst: mit Museum, Galerien, Bibliothek, Kunstverein und Kneipen. S. 218

Riesenaquarium: Im Sea Life Center am Hafen in Konstanz taucht man in die Welt der Meere und Flüsse ein. Die Rheinreise führt von der Quelle bis zur Mündung in Rotterdam; in einem gläsernen Tunnel bewegt man sich zwischen Haien am Meeresgrund. S. 219

Aktiv & Kreativ

Wellness am See: Sie ist die größte, schönste und neueste Wohlfühloase am See. Die Therme Konstanz überzeugt mit toller Architektur, luxuriöser Schwimm- und Saunalandschaft, mit Innen- und Außenbecken und mit Seezugang. S. 223

Genießen & Atmosphäre

Feine regionale Produkte: Üppig, reichhaltig und bunt sind die Wochenmärkte in Konstanz. Meditarrane Düfte mischen sich mit aufgetürmten Obstpyramiden und einer Riesenauswahl bester regionaler Feinkost-, Fisch-, Fleisch- und Gemüseprodukte. S. 223

Blütenpracht mit Seeblick: Im Osten der Mainau befindet sich die Schiffsanlegestelle. Hoch darüber laden zwischen Blumenrabatten und exotischen Bäumen lauschige Bänke ein, die Aussicht auf den See, die Uferlandschaften und die Pflanzenpracht ringsum zu genießen. S. 228

Abends & Nachts

Stadttheater Konstanz: Das älteste bespielte Theater Deutschlands bietet sehr gute Inszenierungen; Experimentelles und Kleinkunst regieren in der Werkstatt und der Spiegelhalle. S. 224

In der Bodensee-Metropole

Konstanz ist die wirtschaftliche, kulturelle und touristische Drehscheibe des Bodensees. Am Konstanzer Trichter beginnt offiziell auch die Kilometerangabe des Rheins: Hier ist Kilometer 0. Konstanz war einmal Freie Reichsstadt und von großer historischer Bedeutung; heute ist sie eine pulsierende Universitätsstadt mit mediterranem Flair, einer unzerstörten, schönen Altstadt und einem geschäftigen, reizvollen Hafen. Die Blumeninsel Mainau, von Konstanz aus auf kürzestem Weg zu erreichen, mit ihrem tropischen Ambiente, herrlichen Pflanzen und bunten Blütenkaskaden ist eine der Hauptattraktionen der Bodenseeregion.

auf drei Seiten von schweizerischem Gebiet umschlossen. Als wirtschaftliches und kulturelles Zentrum der Region ist sie die inoffizielle Hauptstadt des Bodensees. Weltgeschichtliche Bedeutung erhielt Konstanz durch das Konzil und die Papstwahl im 15. Jh.; heute fasziniert die Stadt durch ein gelassenes Miteinander von Alt und Neu; in den Altstadtstraßen lässt es sich wunderbar bummeln, shoppen, essen und trinken. Mit seiner gewaltigen Statue der Imperia ist der geschäftige Hafen, Zentrum der Bodenseeschifffahrt, zum Wahrzeichen der Region geworden, und er ist beliebtester Treffpunkt der Konstanzer und ihrer zahllosen Gäste.

Konstanz❗ ▶ F/G 4

Konstanz ist mit 80 000 Einwohnern die größte Stadt am Bodensee; sie wird als einzige deutsche Stadt am Südufer

Infobox

Internet
www.konstanz.de: Offizielles Portal der Stadt Konstanz.
www.mainau.de: Offizielles Portal der Mainau GmbH.

Weiterkommen
Zu den Verbindungen mit Bahn, Bus und Schiff von und nach Konstanz sowie zu den Stadtbussen s. S. 225. Zu den Verbindungen mit der Mainau s. S. 229.
Euregio Bodensee: Tageskarte mit verschiedenen Zonen für die Bodenseeregion: www.euregiokarte.com.

Stadtgeschichte

Eine Besiedlung der Bucht im Bodensee gab es schon in der Stein- und Bronzezeit. Auch die Römer errichteten am heutigen Münsterplatz ein Kastell. Um 600, als die Alemannen den Bodenseeraum erobert hatten, wurde Konstanz Bischofssitz, um 900 erhielt die Stadt der Kaufleute das Marktrecht: Damit gab es für die nächsten Jahrhunderte zwei konkurrierende Mächte. 1237 wurde Konstanz zur Freien Reichsstadt; sie befand sich nun auf dem Höhepunkt ihrer Macht: Die Lage am Bodensee begünstigte den Handel mit Italien, es gab Kaiserbesuche und Reichstage. Die Klöster und Bischöfe jedoch betrachteten sich als die Herren: Die geistliche Stadt um das Münster mit geschlossenem Lebensbereich des Klerus war im Mittelalter Sitz des größten Bistums im Heiligen Römischen Reich: Erst im Jahr 1372 konnten die Streitigkeiten beendet werden.

Ein bedeutendes Ereignis der europäischen und das wichtigste in der Konstanzer Geschichte war das Konzil, als von 1414 bis 1418 die Stadt zum Schauplatz weitreichender Kirchenreformen wurde und man hier einen Papst wählte (s. S. 214). Mit dem Ausgang des 15. Jh. begann der Niedergang: Die Schweizer Eidgenossen bildeten 1499 ihren Bund der Unabhängigkeit, und die Stadt verlor die Schweizer Gebiete – 1548 außerdem die Privilegien als Freie Reichsstadt. Fortan war Konstanz eine einfache österreichisch-katholische Stadt. Die Situation änderte sich auch nicht mit der napoleonischen Neuordnung nach 1815. Das Bistum wurde geteilt; die Stadt ohne Hinterland fiel an Baden. Erst der Eisenbahnanschluss vom Jahr 1863 brachte wieder einen Aufschwung: Konstanz wurde zum Verkehrsknotenpunkt, von dem aus eidgenössische Güter auf die deutsche Seeseite und den Schienenverkehr gebracht wurden. Seit 1966 ist Konstanz außerdem Universitätsstadt mit einem kunterbunten Campus.

Innenstadt

Vom Hafen zum Rhein

Vom Hauptbahnhof führt eine Unterführung auf die Hafen- und Promenadenseite, und sofort fällt die große Statue auf der Mole ins Auge: die **Imperia** 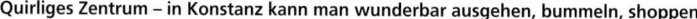 von Peter Lenk. Sie ist zum Wahrzeichen der Stadt geworden und stellt die schönste und bekannteste Edelhure zur Zeit des Konstanzer Konzils dar (s. S. 215). Am Denkmal des in Konstanz geborenen Grafen Ferdinand von Zeppelin (1838–1917) vorbei stößt man auf das **Konzil** genannte einstige Lager- und Warenhaus der Tuchhändler. Der Bau mit dem gaubenverzierten Walmdach stammt von 1388; während des Konzils tagte hier das Konklave zur Papstwahl; seither trägt es seinen Namen (s. S. 215). In den oberen Geschossen finden Veranstaltungen statt; im Erdgeschoss befindet sich ein Restaurant mit großer Terrasse.

Nördlich des Stadtgartens steht auf der kleinen Insel das **einstige Dominikanerkloster**, heute das Steigenberger Inselhotel, weiß verputzt und mit

Quirliges Zentrum – in Konstanz kann man wunderbar ausgehen, bummeln, shoppen

Konstanz

blauen Läden. Es lohnt sich, sich in der Bar, in einem der Restaurants und auf der traumhaft schönen Terrasse eine kleine luxuriöse Auszeit zu gönnen! Besonders schön ist der noch erhaltene frühgotische Kreuzgang als Teil der öffentlichen Räumlichkeiten. Knapp hinter der Rheinbrücke erinnern der **Rheintortum** 4 und der **Pulverturm** an die mittelalterliche Stadtbefestigung. Die Uferbebauung auf der gegenüberliegenden Rheinseite stammt überwiegend aus dem 19. Jh. Westlich, entlang des Rheins und an der Spanierstraße, liegen zwei große Terrassencafés und das Rheinstrandbad. In östlicher Richtung bildet die Seestraße mit ihren Villen die Uferpromenade an der Konstanzer Bucht.

Archäologisches Landesmuseum Baden-Württemberg 5
Benediktinerplatz 5, Tel. 07531 980 40, www.konstanz.alm-bw.de, Di–So 10–18 Uhr, Erw. 3 €, Kinder 0,50 €, jeden ersten Sa im Monat Eintritt frei In dem schön gestalteten einstigen Konventgebäude des Klosters Petershausen, ebenfalls auf der nördlichen Rheinseite gelegen, ist ein lebendiges Museum zu Hause, das von den Pfahlbauten über keltische Gräber bis zum römischen Stadtleben einen Überblick über die archäologischen Highlights aus Baden-Württemberg bietet. Mit Multivisionsschau, Aktionen und Museumsfesten.

Niederburg
Auf dem Rückweg über die Rheinbrücke in die Altstadt markiert das barocke Bauensemble der **Dompropstei** 6 von 1609 und der **Spitalkellerei** am Rand der viel befahrenen Konzilstraße den in ihrem Rücken liegenden ältesten Konstanzer Stadtteil, die Niederburg, die sich vom Münster bis zum Rhein erstreckt. In den schmalbrüsti-

Auf Entdeckungstour

Machtdemonstration der Kirche – das Konzil zu Konstanz

Das größte historische Ereignis in Konstanz war das Konzil von 1414 bis 1418, das Kirchengeschichte schrieb und die Freie Reichsstadt zum Mittelpunkt der damals bekannten Welt machte.

Ausgangspunkt: Hafen, an der Imperia **1**

Dauer: 2 Std.; der Rundgang auf den Spuren des Konzils führt ca. 3 km durch die Altstadt

Es war höchste Zeit für die römisch-katholische Kirchenwelt, denn mit dem Heraufziehen der Neuzeit nahm die Verweltlichung zu, Schwarmgeister, Reformatoren und die Spaltung der Kirche sorgten für anarchische Zustände: Die Kirche musste ihre Macht wieder stärken. So kam es zu dem einzigen Konzil auf deutschem Boden. König Sigismund war der Initiator; er kam und blieb mit seinem gesamten Hofstaat.

Konstanzer Chaos

Schlendert man durch die Konstanzer Altstadt, um zum Hafen zu gelangen, wo der eigentliche Rundgang beginnt, fallen in den alten Gassen die dichtgedrängten schiefen Häuser und Höfe auf. Zur Zeit des Konzils wurde Konstanz mit seinen 7000 Einwohnern von rund 20 000 Besuchern überflutet, vier Jahre lang. Und bei besonders wichtigen Ereignissen tummelten sich 70 000 (!) Personen innerhalb der Stadtmauern: Sie alle wollten wohnen, essen, trinken und sich vergnügen. Könige, Fürsten, Kirchenoberhäupter, Kurfürsten, Hofleute, aber auch Händler, Bäcker, Handwerker, Gauner und Spielleute aus aller Herren Länder drängten sich in der Stadt; es gab fahrbare Backöfen, deren Betreiber das Geschäft ihres Lebens machten. Die Stadt heuerte zusätzlich 73 Geldwechsler, 70 Gastwirte, 225 Schneider und 300 Barbiere an.

Kurtisanen …

Mit von der Partie waren rund 700 Huren, und es gab eine beträchtliche Anzahl von sogenannten Conciliums-Kindern. An der Hafenmole prunkt heute, weithin sichtbar und sehr weltlich, die berühmteste aller Kurtisanen, die das Konzil zu Konstanz für ihre Geschäfte nutzte: Imperia **1**. Sie dreht sich seit 1993 auf dem alten Leuchtturmsockel. In ihren erhobenen Händen hocken klein, alt und unscheinbar ein mickriger Kaiser und der Papst – Imperias üppige Schönheit und überwältigende Kraft dominieren. Die über 9 m hohe ›despektierliche‹ Riesenskulptur von Peter Lenk (s. auch S. 280) hatte heftigste Opposition vonseiten der Stadt und der Kirche ausgelöst – heute sind alle stolz auf sie.

Balzac hat eine kleine Erzählung mit dem Titel »Imperia« geschrieben, in der ein fesches junges Mönchlein den Reizen der Edelhure erliegt.

… und Kirchenmänner

Gleich gegenüber liegt das **Konzil 2**, (Konzil, Gaststättenbetriebe, Hafenstr. 2, Tel. 07531 212 21, tgl. 10- 21.30 Uhr) ein – wie der Name schon sagt – für das Konstanzer Konzil zentraler Bau. Mit seinem schützenden Walmdach war er Kaufhalle, Kornhaus und Warenlager für den Italienhandel. Heute ist das größte mittelalterliche Profangebäude nördlich der Alpen ein prächtig restaurierter Gastronomie-Betrieb.

Zwei dreischiffige Hallen liegen übereinander und bilden die Hauptgeschosse. Und während im unteren Saal noch die Waren lagerten, ließ man im oberen Wahlzellen einbauen und die Fenster vermauern, denn hier kam an vier Tagen im November 1417 das Konklave zur Papstwahl zusammen; 23 Kardinäle wählten Kardinal Otto von Colonna zum Papst Martin V. Seither trägt der Bau den Namen Konzil. Über die alte Holztreppe betritt man den Saal, der heute für Tagungen und Konzerte genutzt wird: Eindrucksvoll sind die schöne Holzdecke und die gewaltigen hölzernen Stützpfeiler.

Mit der Papstwahl von 1417 wurde die absurde Herrschaft von gleichzeitig drei Päpsten und die 40-jährige Zersplitterung der Kirche schließlich beendet.

Die Geistlichkeit und Jan Hus

Überquert man die Konzilstraße, kommt man durch enge Altstadtgassen zum geistlichen Zentrum des Konzils, dem **Münster Unserer Lieben Frau** **9** (tgl. 8–18 Uhr). In die romanische Säulenbasilika zogen die Kirchenfürsten zu Versammlungen ein; glanzvolle Messen wurden zelebriert, die Bischöfe und Kardinäle in Rot und Gold. Die Wahl des neuen Papstes wurde hier verkündet, und vor dieser großartigen, einschüchternden Kulisse musste Jan Hus seine Lehre verteidigen.

Der Professor aus Prag war einer der großen Reformatoren, um seiner Lehre willen wurden später die europaweiten, blutigen Hussitenkriege geführt, und noch heute wird der Böhme als Reformator verehrt. Er kam den Mittelgang hinauf und sollte, auf den Boden ausgestreckt, widerrufen. Das hat er nicht getan; er wurde mit dem Kirchenbann belegt und in Gewahrsam, sprich gefangen genommen, teilweise im alten Inselkloster, obwohl ihm vom König freies Geleit zugesichert worden war. Schließlich wurde er vor den Stadttoren zur allgemeinen Abschreckung auf dem Scheiterhaufen verbrannt.

Vom Münsterplatz läuft die Wesserbergstraße in südöstlicher Richtung direkt auf die Hussenstraße zu. Dort liegt das schmale Fachwerkgebäude mit dem **Hus Museum** **18** (Hussenstr. 64, Tel. 07531 290 42, April–Sept. Di–So 11–17 Uhr, Okt.–März Di–So 11–16 Uhr, Eintritt frei). Es ist Jan Hus und seinem Wirken gewidmet, gewohnt hat er dort allerdings nicht. Im kleinen Museum sind auf zwei Geschossen zeitgenössische Exponate versammelt, seine Büste ist zu sehen, einige Möbelstücke der Epoche, Stiche und Dokumente, die sein Wirken und die weitere Geschichte der Hussiten in Europa dokumentieren.

Die Wogen der kirchlichen Auseinandersetzungen sind längst geglättet: Die Hussitenstadt Tabor ist heute Partnerstadt von Konstanz.

Das Konstanzer Münster war zentraler Schauplatz des Konzils zu Beginn des 15. Jh.

gen Sträßchen, Gassen, Winkeln und Höfen lebten Fischer, Handwerker und Hörige des Bistums; bis heute ist der Charakter dieses mittelalterlichen Quartiers erhalten. Nun sind hier viele Studenten zu Hause; Weinstuben, Kneipen und kleine Geschäfte bestimmen das Viertel und ziehen die Besucher an.

Auf dem Weg zum Münster lohnt das **Stadttheater** 7 einen Blick: Der in zarten Farben leuchtende Barockbau war ursprünglich ein Schulgebäude des Jesuitenkollegs; aber schon im 17. Jh. fanden hier Theateraufführungen statt. Das Kolleg der Societas Jesu, zur Gegenreformation gegründet, besitzt mit seiner Kirche **St. Konrad** 8 ein Musterbeispiel der Baukunst der Spätrenaissance. Heute ist sie die altkatholische Christuskirche.

Münster Unserer Lieben Frau 9
tgl. 8–18 Uhr

Weit über die Dächerlandschaft ragt der 76 m hohe Turm des Münsters Unserer Lieben Frau. Jahrhundertelang ist am Münster gebaut worden; der Turm bildete im 19. Jh. den Abschluss. Und erst kürzlich ist die Einrüstung verschwunden, die die Arbeiten der Bauhütte in den letzten 40 Jahren begleitete. Hier fand die Kirchenvollversammlung während des Konstanzer Konzils (1414–1418) statt; hier ist ein neuer Papst, Martin V., ausgerufen worden (s. S. 216).

In den Ruinen eines römischen Kastells entstand im 7. Jh. eine erste Kathedralkirche. Die nachfolgenden Neu- und Umbauten prägen das heutige Erscheinungsbild. Im 11. Jh. wurde die romanische Basilika errichtet; aus dieser Zeit ist das **Mittelschiff** mit seinen wuchtigen romanischen Säulen erhalten. Die gotischen **Seitenkapellen** und **Seitenschiffe** wurden im 14./15. Jh. hinzugefügt, das flache Deckengewölbe um 1650. Sehenswert ist das

spätgotische **Chorgestühl** aus Eiche mit alttestamentarischen Szenerien, ein großes Schnitzwerk von Simon Haider (um 1550), der auch die reich geschmückten Portaltüren geschaffen hat. Großartig sind zudem der silberne Hochaltar sowie die schöne Renaissanceorgel.

Der älteste erhaltene Teil des Münsters ist die **Hallenkrypta** aus dem 9./ 10. Jh. Einzigartig sind die vier originalen **Goldscheiben;** sie schmückten einst die Außenwände des Chors; heute zieren Repliken den Chorgiebel. Das größte Stück, die Majestasscheibe, wurde von Mönchen der Reichenau um 1000 gearbeitet.

Im Kreuzgang ist die **Mauritiusrotunde** eine Besonderheit: Sie wurde als Nachbildung der Jerusalemer Grabeskirche vom Konstanzer Bischof Konrad um 940 errichtet. In seiner Mitte liegt das 1260 erneuerte Heilige Grab. Es war Ziel oder Ausgangspunkt großer mittelalterlicher Wallfahrten, die bis nach Santiago de Compostela führten.

Erst 1853 waren mit dem neugotischen **Turm** die Baumaßnahmen am Münster endgültig fertiggestellt. Belohnt wird die mühsame Treppensteigerei mit einer tollen Rundsicht über Konstanz und den Bodensee (Mo–Sa 10–17.30, So 12.30–17 Uhr).

Münsterplatz
Ein besonderer Höhepunkt der archäologischen Forschungen in Konstanz war die Freilegung der Ruinen des oben erwähnten spätantiken römischen Kastells auf bzw. unter dem Münsterplatz: Eine kleine Glaspyramide weist den Weg in einen unterirdischen Raum, den man im Rahmen einer Stadtführung erkunden kann.

In den Geschäften und Straßencafés auf dem Münsterplatz herrscht ordentlich Betrieb; »sehen und gesehen werden« ist hier die Devise.

Kulturzentrum am Münster 10

Viel Kommen und Gehen bestimmt auch das architektonisch hochinteressante, 1998 eröffnete Kulturzentrum am Münster. Neun verschiedene Häuser mit unterschiedlichster Geschichte wurden zusammengefasst und miteinander verbunden. Die blutrote moderne Fassade zwischen der Wessenbergstraße und der Katzgasse bildet den Mittelpunkt des lebhaften Kulturzentrums mit Stadtbücherei, Volkshochschule, Kunstverein sowie alten und neuen Veranstaltungsräumen.

Eingegliedert ist auch die **Städtische Wessenberg-Galerie,** die ihren Namen Freiherr Ignaz Heinrich von Wessenberg (1774–1860) verdankt, einem der wichtigsten Aufklärer der Stadt und letzter Bistumsverweser, der, reiche, weiter ergänzte Kunstsammlungen und seine Bibliothek der Stadt vermachte. Im 2. Obergeschoss seines eleganten Wohnhauses werden Leben und Sammlung Wessenbergs vorgestellt (Tel. 07531 90 09 21, www.konstanz.de, Di–Fr 10–18, Sa, So, Fei 10–17 Uhr, 3 €). Heute besitzt die Wessenberg-Galerie rund 6000 Kunstwerke. Schwerpunkte sind Malerei und Grafik des Bodenseegebiets und des deutschen Südwestens bis zur Gegenwart.

Das hochherrschaftliche **Haus zur Katz,** ebenfalls Teil des Kulturzentrums, zeigt als Gesellschaftshaus der Konstanzer Patrizier mit seinen repräsentativen Sälen und Wandmalereien eindrücklich den Reichtum der ›Stadtfürsten‹ der Renaissance.

Lenk-Brunnen 11

Ein kleiner Abstecher zur Verkehrsschneise Untere Laube erlaubt den Blick auf ein weiteres skurriles Werk des Bildhauers Peter Lenk: Der Konstanzer »Triumphbogen« oder auch Lenk-Brunnen und -Wasserspiel zeigt über 30 hyperrealistische oder gro-

teske Figuren und Wesen, die Autowahn und Freizeitverhalten karikieren sollen (s. auch S. 280).

Stephansplatz und Obermarkt

Am Stephansplatz bietet der Wochenmarkt dienstags und freitags ein buntes Gewusel; die **Stephanskirche** 12 mit ihrem spätgotischen Erscheinungsbild, einer Holzdecke aus dem 20. Jh. und Rokokochor besitzt schöne Passionsreliefs des wichtigen Konstanzer Bildhauers Hans Morinck (1560–1616), der neben Joseph Anton Feuchtmayer und der Zürn-Familie zu den bedeutendsten Kunsthandwerkern der Bodenseeregion zählt.

Interessant ist das farbenfrohe moderne **Triptychon aus Keramik** 13, das von der Hauswand des **ehemaligen Franziskanerklosters,** dem heutigen Bürgersaal, leuchtet: Hier hat auf dem Balkon Friedrich Hecker am 12. April 1848 die erste deutsche Republik – vergeblich – ausgerufen. Der Maler Johannes Grützke hat Hecker und seine Revolutionäre lebhaft in Szene gesetzt.

Am romantischen Obermarkt dominieren das reich bemalte **Haus zum hohen Hafen** 14, das daneben liegende **Hotel Barbarossa** mit seinen Fassadenbildern und einige Schritte weiter in der Kanzleistraße das **Neue Rathaus** 15, dessen Malereien mit Szenen der Stadtgeschichte aus dem 19. Jh. stammen; im stillen Innenhof zeigt sich noch die Baukunst der Renaissance.

Marktstätte

Schlendert man die Kanzleistraße weiter nach Osten, öffnet sie sich in die breite Haupteinkaufsstraße, die Marktstätte. Hier laufen alle Fäden zusammen, Einwohner und Besucher finden sich gemeinsam ein: Schöne alte Stadthäuser mit langer Geschichte und Fassaden aus allen Stilepochen, neue Geschäfte, Eiscafés und Gasthäuser wechseln einander ab. Geliebt von allen Konstanzern ist der **Kaiserbrunnen** [16]. Er wurde kurz vor 1900 geschaffen; der Figurenschmuck war nach dem Zweiten Weltkrieg verloren. 1993 wurde die Anlage von dem Künstlerehepaar Gernot und Barbara Rumpf aus Kaiserslautern neu gestaltet. Zahlreiche Anspielungen verweisen auf die Stadtgeschichte; Lieblinge der Kinder sind das Pferd Friedrichs II. und das Fabelwesen des Seehasen, halb Hase, halb Fisch (»Seehas« ist auch der Name des Nahverkehrszuges). In unmittelbarer Nachbarschaft steht das 1774 erbaute **Haus zum Wolf** mit seiner zauberhaften Rokokofassade.

Auch in den umliegenden Straßen und Gassen, durch die **Hussenstraße** bis hin zum **Schnetztor** aus dem 14. Jh., bezaubert die Vielfalt und Individualität der Hausfassaden, das harmonische Miteinander von Geschichte und Gegenwart, Alt und Jung.

Südlich der Marktstätte

Im Zunfthaus der Metzger, etwas südlich der Marktstätte, erzählt das **Rosgartenmuseum** [17] die Geschichte von Konstanz und der Region. Besonders interessant sind die Exponate zum Konstanzer Konzil (Rosgartenstr. 5, Tel. 07531 90 02 46, www.konstanz.de, Di–Fr 10–18, Sa, So 10–17 Uhr, 3 €).

Zur Geschichte des Konzils gehört auch das **Hus Museum** [18] (Hussenstr. 64, Tel. 07531 290 42, April–Sept. Di–So 11–17, Okt.–März Di–So 11–16 Uhr, Eintritt frei; s. S. 216).

Sea Life Center [19]

Hafenstraße, Klein Venedig, Tel. 07531 128 270, www.sealife.de, tgl. 10–18, Juli, Aug. bis 19 Uhr, Erw. 13,95 €, Kinder 9,95 €, Online-Buchung vergünstigt
Der Abschluss des Rundgangs durch Konstanz führt den Besucher zu dem direkt am See gelegenen Meerwasser-Großaquarium an der Grenze zu Kreuzlingen. Es bietet eine tolle Reise in die Welt der Meere und Flüsse. Von der Quelle des Rheins begleitet man den Flusslauf mit Aquarien und Stadtpanoramen bis zum Rotterdamer Hafen des 16. Jh. Höhepunkt: ein langer Glastunnel, in dem man sich zwischen Haien auf dem Meeresgrund bewegt. Angeschlossen ist eine Ausstellung über den Raubbau am Meer. Das integrierte **Bodensee-Naturmuseum** widmet sich Geologie und Ökologie der Seeregion. Nett ist das Restaurant mit Seeterrasse, Shop und Kinderspielbereich.

Klein Venedig

Gleich hinter dem Großaquarium bildet die **Kunstgrenze** [20] mit Skulpturen von Johannes Dörflinger auf dem Klein Venedig genannten ehemaligen Niemandsland den Übergang zu Kreuzlingen und der Schweiz (s. S. 220).

Übernachten

Berühmt – **Steigenberger Inselhotel** [1] : Auf der Insel 1, Tel. 07531 12 50, www. konstanz.steigenberger.de, DZ ab 200 €. Im einstigen Kloster auf eigener Insel ist nun das luxuriöse First-Class-Hotel zu Hause. Klosterkirche und Kreuzgang sind erhalten und integriert. Zimmer und Suiten in opulentem Landhausstil. Traumhaft schön die Seeterrasse.

Exklusiv – **Hotel Barleben am See** [2] : Seestr. 15, Tel. 07531 94 23 30, www. barleben-konstanz.de, DZ 165–265 €. Denkmalgeschützte Gründerzeitvilla in großem Gartenpark an der Seepromenade. Acht individuell mit Antiquitäten und Modernem eingerichtete Zimmer im stilvoll-leger geführten Haus.

Auf Entdeckungstour

Kontraste – Konstanzer Hafen und Seeuferpark Kreuzlingen

Im Hafen von Konstanz herrscht ständig Trubel, in der schweizerischen Nachbarstadt Kreuzlingen dagegen ist das gesamte Uferareal mit dem Seepark eine verträumte, romantische Idylle. Auf dem Spazierweg über die neu gestaltete Kunstgrenze werden die starken Kontraste zum Erlebnis.

Planung: Start ist am Hafen Konstanz; Strecke (ohne Rückweg) ca. 4 km, ca. 1,5 Std. Gehzeit (Radfahren ist im Seeuferpark nicht erlaubt)

Bus: Die Bushaltestelle der Linie 902 (für die Rückfahrt nach Konstanz) liegt am Rand des Seeuferparks an der Wasenstraße in Kreuzlingen

Geht man vom Konstanzer Ufer in den Seepark nach Kreuzlingen, durchstreift man sehr unterschiedliche Hafen- und Promenadeanlagen. Dabei lässt sich eine Typologie der Ufergestaltung rund um den See entwerfen.

Betriebsam: Konstanzer Hafen

In Stadtnähe rund um die Konstanzer Bucht ist viel los: Auf der nördlichen Rheinseite schließt die Wohnbebauung bis zu dem begrünten Uferstreifen auf; ein schönes **Panorama** überwiegend aus dem 19. Jh., das dasjenige der Altstadt mit Inselhotel, Konzil und Münsterturm fortsetzt. Die **Hafeneinfahrt** liegt verkehrsgünstig; gleich dahinter befinden sich Bundesbahn- und Schweizer Bahnhof mit ihrem Gleisgewirr. So ist hier alles urban: Die Wege sind breit und gepflastert, der lang gezogene Eisenbahnerschuppen wurde zu einem trendigen Gastronomie- und Ladenkomplex umgebaut. Schlendert man am See auf Kreuzlingen zu, so trifft man auch hier auf Gleisanlagen, Schalterhäuschen, Reisegetümmel – und auf das vielbesuchte **Sea Life Center** (s. S. 219).

Verbindende Kunstgrenze

Dann eine überraschende Zone des Übergangs: Statt des Grenzzauns zur Schweiz zieht sich auf klein Venedig heute die weltweit erste **Kunstgrenze** 20 hin: 22 abstrakte, 8 m hohe, rote Edelstahlskulpturen des renommierten Bildhauers Johannes Dörflinger ragen in den Himmel. Thema ist das Geheimnis der Tarotkarten: Der Magier schreitet voran, mit dem Narren endet die Prozession. Die Skulpturen sind von filigraner Leichtigkeit; sie bilden eine schöne offene Linie, die bis in den See hinausreicht und keine Abgrenzungen, sondern Rahmungen und Verbindungen schafft.

Romantik pur: Kreuzlinger Ufer

Große Sportanlagen mit der Bodenseearena bilden den Übergang zur nächsten Bucht. Und plötzlich ist man mitten in einer Märchenszenerie: Landzungen mit Weiden und Pappeln, Schilf, Entenscharen, Seerosen um den naturbelassenen Ufergürtel, der sich zum kleinen **Hafenareal Kreuzlingen** mit Schiffslände ausweitet: Hier manövrieren sich die Ausflugsdampfer wie in einen romantischen Bilderrahmen hinein. Nach Osten hin zieht sich der **Seeburgpark**, der größte öffentliche Park am Bodensee. Mit weiten Wiesenflächen, riesigen alten Bäumen, Eichen, Buchen, stillen Platanen- und Pappelalleen. Irgendwo im Grünen versteckt: eine Pagode, ein kleiner Tierpark. Die Ufer sind naturbelassen; auf die Kieselsteine schwappen die Wellen. Ins Wasser gehen kann und darf man hier überall. Wunderschön liegt auch der einstige Sommersitz der Kreuzlinger Äbte, die Seeburg mit ihren Türmchen und Giebeln, umgeben von einem Rosenpark. Heute ist sie ein Restaurant mit Sommerterrasse. Daneben liegt das idyllische Seemuseum (s. S. 205).

Ufergestaltung am Bodensee

Konstanz und Kreuzlingen bilden die Extreme der Hafen- und Ufergestaltung, die rund um den See anzutreffen sind. Bahnhof und Gleisstraßen reißen z. B. in Radolfzell, Rorschach oder Bregenz Stadt und See auseinander. In kleineren Ferienorten und Hafenstädtchen finden sich dagegen friedliche, vor sich hindösende Uferregionen mit Wiesenstreifen, Baumalleen und freien Ufern, z. B. in Hagnau, auf der Höri oder in Arbon. Und dann gibt es wieder urbane, dicht bebaute Flanierpromenaden wie in Überlingen, Meersburg oder Friedrichshafen. Es macht Spaß, die Vielfalt zu entdecken!

Konstanz und die Insel Mainau

Reizvolle Lage, beste Küche – **Hotel Schiff am See** 3: William-Graf-Platz 2, Staad (3,5 km nordöstl. der Altstadt), Tel. 07531 310 41, www.ringhotel-schiff.de, DZ 115–150 €, auch Mehrbettzimmer, Restaurant Di ab 18 Uhr, Mi–So ab 11.30 Uhr, Hauptgerichte ab 12 €. Sehr reizvoll direkt am Jachthafen und der Fähre Konstanz-Meersburg in Staad gelegen, 34 Zimmer, teilweise mit Seeblick und Balkon. Stadtbuslinie vor dem Haus. Günstig zur Mainau, zur Altstadt und zur Bodensee-Therme. Sehr gute, haubengekrönte Küche.

Mittendrin – **Hotel Hirschen** 4: Bodanplatz 9, Tel. 07531 12 82 60, www.hirschen-konstanz.de, DZ 100–122 €. Das frisch renovierte, rot verputzte Stadthotel liegt zentral am Rand der Altstadt am geschäftigen Bodanplatz mit seinen Straßencafés. Separater Restaurantbetrieb im Erdgeschoss.

Gut – **Apartment Hotel Konstanz** 5: Steinstr. 21a, Tel. 07531 980 60, www.apartment-hotel-konstanz.de, DZ 89–115 € (ab 2 Nächte). Im Wohngebiet Petershausen (nördl. des Rheins) liegt das stattliche ehemalige Garnisonsgebäude, das in helle, luftige Zimmer und Apartments mit Parkettböden und voll eingerichteten Küchenzeilen umgebaut wurde. Auch schön für einen längeren Aufenthalt. Frühstücksräume, Terrasse, Garagen und Fahrradbereich.

An der Kunstgrenze – **Hotel Sonnenhof** 6: Otto-Raggenbass-Str. 3, Tel. 07531 222 57, www.hotel-sonnenhof-konstanz.de, DZ 84–88 €. Auch Dreibettzimmer. Ganz nah am einstigen Grenzverlauf, jetzt der offenen Kunstgrenze nach Kreuzlingen (Schweiz) hin, liegt das ruhige Garni-Hotel mit einfachen Zimmern, z. T. Richtung Obstgarten. 5 Fußminuten zum See und zum Sea Life Center.

Jugendherberge – **Otto-Moericke-Turm** 7: Allmannsdorf (ca. 3 km nördl. der Altstadt), Zur Allmannshöhe 16, Tel. 07531 322 60, www.jugendherberge-konstanz.de, ganzjährig geöffnet, 2–6-Bett-Zimmer, pro Person im Mehrbettzimmer ab 22,30 €. Sehr chic und hochmodern in altem Rundturm und in angrenzenden Neubauten.

Camping – **Campingplatz Klausenhorn** 8: Dingelsdorf, Bodanrück (12 km nördl. der Altstadt), Hornwiesenstr. 40/42, Tel. 07533 63 72, www.camping-klausenhorn.de. In herrlicher Lage direkt am See bietet der Platz beste Ausstattung, Mietwohnwagen, Spielplatz, Markttage. Vom ADAC ausgezeichnet, mit Ecolabel.

Essen & Trinken

Ausgezeichnet – **Staader Fährhaus** 1: Staad (3 km nördl. der Altstadt), Fischerstr. 30, Tel. 07531 361 67 63, www.staader-faehrhaus.de, 12–22 Uhr, Nov.–März Mi geschl., Hauptgerichte 14–29 €, Menü ab 28 €. Hier auf der herrlichen Seeterrasse zu sitzen und die regionalen, tagesfrischen Kreationen mit französischem Akzent und asiatischem Touch zu essen ist ein himmlisches Vergnügen, z. B. gebratene Lachsforelle mit Spargel-Mango-Ragout und süßen Kartoffeln. Seegenuss mit feinsten Produkten. Vom Feinschmecker ausgezeichnet.

Angesagt – **Wessenberg** 2: Wessenbergstr. 41, Tel. 07531 91 96 64, www.wessenberg.eu, Hauptgerichte ab 14 €. Café, Bar und Restaurant am Münsterplatz; minimalistisch gestylt, elegant und trendig. Mediterraner Innenhof. After-Work-Grillpartys oder Funky Club Grooves an festgelegten Abenden.

Tolle Terrasse – **Kaffeehaus Krone** 3: Brotlaube 2, Tel. 07531 128 51 00, www.tertianum.de, Di–So 9–19.30 Uhr, Tagesgericht 14 €. Ambiente, Küche und Konditorei im Obergeschoss des schönen Stadtpalais sind im Wiener Kaffeehausstil gehalten: vom Tafelspitz bis zur Sachertorte und Apfelstrudel. Einmalig: die offene Terrasse im 1. Stock mit Blick auf die Marktstätte.

Traditionsreich – **Konzil 4**: Hafenstr. 2, Tel. 07531 212 21, www.konzil-konstanz.de, 10–21.30 Uhr, im Sommer kein Ruhetag, Hauptgerichte 12–23 €. Drei Fischexperten haben das Sagen in der Küche; die Gemüse sind vielfältig und gut. Schon legendär: Fischmaultaschen mit Gemüse und Safransauce. Große Terrasse mit Hafen- und Seeblick.

Vielfältig – **Hafenhalle 5**: Hafenstr. 10, Tel. 07531 211 26, www.hafenhalle. com, Tagesgericht ab 10 €. Ein Großunternehmen in allerbester Lage; mit vielfältigem Angebot und guter Leistung. Mit Bistro-Restaurant, bayerischem Biergarten, überdachtem Bistrodeck und Café für den Morgen-Cappuccino bis zum Absacker.

Super – **Hafenmeisterei 6**: Hafenstr. 8, Tel. 07531 369 72 12, www.hafenmeisterei-konstanz.de. Tagesgerichte ab 8 €. Sehr chic, asiatisch gestyltes, denkmalgeschütztes Haus mit großem umlaufenden Terrassendeck, Lounge, Weinbar, Café und Restaurant. Pasta, Wokgemüse und Suppen, Fischgerichte, Saisonküche, tgl. wechselnde Karte, bis zum guter Service.

Kultig – **Aran 7**: Marktstätte 6, Tel. 07531 365 25 55. Mo–Sa 8–19, So 9–18 Uhr. Sehr gute belegte Brote, viele Kaffeesorten, Kuchen und Kleinigkeiten. Schönes Ambiente.

Einkaufen

Die verkehrsberuhigte **Altstadt** bietet vielseitige Shoppingmöglichkeiten. Von Kaufhäusern bis zu kleinsten und feinsten Boutiquen und Fachgeschäften findet jeder etwas. Für Wohnac-

cessoires, Einrichtungen und Antiquitäten empfiehlt sich die elegante Zollernstraße – hier sind auch einige Goldschmiede zu Hause.

Wochenmärkte – Mi und Sa auf dem **St.-Gebhard-Platz,** Di und Fr auf dem **St.-Stephans-Platz;** jeweils 7–13 Uhr.

Einkaufszentrum – **Shopping Center LAGO 1**, Bodanstr. 1, Tel. 07531 691 33 60, www.lago-konstanz.de. Zwischen Bahnhof und Sea Life Center, größtes Shoppingcenter am Bodensee mit 15 000 m² überdachter Einkaufsfläche, mit 65 Läden, Restaurants, Eisdielen und Cafés.

Weine zum Mitbringen – **Spitalkellerei Konstanz 2**: Brückengasse 16, gegenüber Steigenberger Inselhotel, Mo–Fr 9–12, 14–18, Sa 9–13 Uhr. Die traditionsreiche Spitalkellerei bietet Führungen, Weinproben und Verkauf von Qualitätsweinen, gekeltert aus Trauben von den Konstanzer Weingütern, sowie Sekt und Edelbrände.

Aktiv & Kreativ

Baden – **Bodensee-Therme Konstanz 1**: Wilhelm-von-Scholz-Weg 2 (Stadtbus Linie 5), Tel. 07531 36 30 70, www. therme-konstanz.de, tgl. 9–22 Uhr. Direkt am See mit Alpenblick liegt das hochmoderne, architektonisch anspruchsvolle, größte Therme am See. Eine Wellnessoase mit Saunalandschaft, Thermen- und Freibadbereich. Verglaste Badehalle, außen gelegenes Thermalbecken und 50-m-Becken. Kindererlebniswelt, Großrutsche. Restaurant. **Schwaketenbad 2**, Wollmatingen (3 km nordwestl. der Altstadt), Schwaketenstr. 35, Tel. 07531 36 30 10, www.konstanzer-baeder.de, Buslinie 12. Das größte Hallenbad am Bodensee mit mehreren Becken und 100-m-Reifenrutschbahn. Mit Restaurant, Kiosk und Liegewiese im Freien.

Rheinstrandbad **3** : Gegenüber der Altstadt liegt das charmante Strandbad aus den 1930er-Jahren: mit Liegewiese und Sonnenterrasse und einer flotten Strömung, die bei Hitze sehr schön abkühlt. Eingegrenzte Badezone und Naturschwimmbad für Kinder. **Horn** oder ›**Hörnle**‹ **4** : Stadtbus Linie 5, Tel. 07531 635 50. An der Südspitze des Bodanrück, nahe der Therme Konstanz, liegt das Hörnle-Bad mit Kiesstrand und seinen weitläufigen, baumbestandenen Wiesen. Abgetrenntes FKK-Gelände.

Strandbäder ringsum – Alle Strandbäder in Konstanz und den umliegenden Gemeinden **Litzelstetten, Wallhausen** und **Dingelsdorf** besitzen große Liegewiesen, Bewirtschaftung, Spielplätze und sanitäre Einrichtungen. Sie sind von Anfang Mai bis Mitte Sept. geöffnet.

Kanu – **Kanu-Zentrum La Canoa**: Industriegebiet Unterlohn (rechte Rheinseite), Robert-Bosch-Str. 4, Tel. 07531 95 95 95, www.lacanoa.com. Eines der größten Kanu-Fachgeschäfte Deutschlands, mit Mietstationen in fast allen Orten am See; geführte Kanutouren und Kurse, tgl. Kanuwanderungen, Kinderausfahrten.

Segeln – **Bodensee Segel- und Motorbootschule:** Wallhausen, Zum Wittmoos 10, Tel. 07531 47 80, www.segelschule-konstanz-wallhausen.de. Segelkurse, Wochenendkurse, alle Scheine, Klassen- und Gruppensegeln.

Surfen – **Der Surf Bauch:** Wollmatinger Str. 77, Tel. 07531 539 11, www.surf bauch.de. Kurse für Anfänger und Kinder in Kleingruppen, Prüfung mit Surfschein.

Tauchen – s. **Tauchschule Meersburg** (S. 108).

Stadtführungen, Ausflüge – tgl. Stadtführungen sowie themenspezifische Rundgänge, Kinderführungen sowie geführte Natur- und Kulturwanderungen; Infos und Buchung über die **Tourist-Information.**

Fahrradverleih – **Kulturrädle:** Bahnhof, Ladenzeile, Tel. 07531 273 10, www.kultur-raedle.de. Hier gibt es Fahrräder, Anhänger, Kinderräder – und auch geführte Touren.

Abends & Nachts

Theater – **Stadttheater Konstanz** **1** : Konzilstr. 11, Theaterkasse Mo–Fr 10–19, Sa 10–13 Uhr, Tel. 07531 90 01 50, www.theaterkonstanz.de. Das Stadttheater an der Konzilstraße ist der älteste bespielte Theaterbau Deutschlands. Reines Spieltheater, in der Werkstatt und der Spiegelhalle am Hafen auch Opernaufführungen, Experimentelles und Kleinkunst.

Kabarett, Lesungen, Jazz – **Kulturzentrum K9** **2** : Hieronymusgasse/Ecke Laube, Tel. 07531 167 83, www.k9-kulturzentrum.de. Im kommunalen Kunst- und Kulturzentrum in einer ehemaligen Kirche ist viel los: Kabarett, Lesungen, Jazz etc., Wochenendpartys.

Glücksspiel – **Casino Konstanz** **3** : Seestr. 21, Tel. 07531 815 70, www.spielbank-konstanz.de tgl. 14–2 Uhr, Fr, Sa bis 3 Uhr. Hier, in bester Lage, kann man in noblem Rahmen die Nacht durchzocken und mit Stil sein Geld verlieren. Krawattenzwang. Empfehlenswert ist das **O'Lac**, Restaurant, Bar und Lounge. Mo, Mi, Do 18–24, Fr, Sa 18–3, So 12–24 Uhr, Di geschl.

Szenetreff – **Rheinterrasse** **4** : Spanierstr. 5, Tel. 07531 560 93, www.rheinterrasse.kn.de, Di–So 11–1 Uhr. Szenetreff am rechten Rheinufer mit herrlichem Blick über das Wasser auf die Dächerlandschaft der Altstadt. Ab Sonnenuntergang geht's los. Clubsounds, House.

Drinks – **Die Cocktailbar** **5** : St. Johanngasse 4, Tel. 07531 258 88, www.

die-cocktailbar.de, Di–So ab 18 Uhr. Cocktails satt für alle Altersgruppen.

Tanzen – **Das Boot 6**: im Hafen, www.dasboot.de. Fr und Sa ab 22 Uhr geht auf dem Schiff, das tagsüber auf dem See die Ausflügler herumschippert, die Szene ab. Mit Dancefloors und Bar. Chic und in.

Infos & Termine

Infos

Tourist-Information Konstanz: Bahnhofsplatz 13, 78462 Konstanz, Tel. 07531 13 30 30, www.konstanz.de.

Verkehr

Bahn: Vom **DB-Bahnhof** Hafen Konstanz (Tel. 0800 150 70 90) nach Singen, Anschluss nach Stuttgart und Basel; nach Karlsruhe; mit dem »Seehas« alle 30 Min. nach Engen. Vom **Schweizer Bahnhof** (direkt daneben, Tel. 07531 250 01) halbstdl. Verbindungen nach Kreuzlingen mit Anschluss nach Zürich, Schaffhausen, Romanshorn, St. Gallen

Bus: Regionalbuslinie nach Friedrichshafen und Meersburg/Ravensburg.

Stadtbus: 14 Stadtbuslinien verkehren zwischen 5 und 1 Uhr. Streckenfahrpläne bei der Tourist-Info. Auch Nachtbuslinie in sämtliche Stadtteile. Mit Gästepass Ermäßigungen oder Freifahrten.

Schiff: BSB, Bodensee-Schiffsbetriebe, Hafenschalter, www.bsb-online.com, Tel. 07531 364 03 89. Mehrmals tgl. Verbindungen über Meersburg und Lindau nach Bregenz; nach Radolfzell über Insel Reichenau; nach Meersburg, Mainau, Überlingen sowie Vergnügungsfahrten. **Fähre Konstanz–Meersburg,** 24 Std. am Tag, ganzjährig; Autofähre, Fährhafen Staad, Tel. 07531 80 36 66, www.swkonstanz.de. **Katamaran Konstanz–Friedrichshafen,** Mo–So stdl. von 5 bis 20 Uhr in knapp 50 Min. Tel. 07531 363 93 20, www.der katamaran.de.

Wellness vom Feinsten – in der schicken Bodensee-Therme kann man herrlich relaxen!

Termine

Internationale Bodenseewoche: Anfang Juni. Segelregatta und viele Veranstaltungen; www.bodenseewoche.com.

Flohmarkt Konstanz/Kreuzlingen: Ende Juni. An einem Wochenende findet der größte Flohmarkt des Bodensees mit rund 1000 Ständen statt – und zwar rund um die Uhr! Ein 24-Stunden-Marathon entlang der ausgebreiteten Schätze; www.flohmarkt-konstanz.de.

Seenachtfest: Anfang Aug. Konstanzer Sommernächte, am Sa Seenachtfest. Seit über 50 Jahren das größte Sommerfest am See mit Zehntausenden von Besuchern, Programm an der Uferpromenade und kulinarischen Angeboten. Höhepunkt: das berauschende Seefeuerwerk – das größte Europas; www.seenachtfest.com.

Rock am See: Ende Aug. Seit zwei Jahrzehnten eines der größten Festivals in Süddeutschland mit hochkarätigen Bands im Bodenseestadion; www.rock-am-see.de.

Literaturtage Konstanz: Ab Mitte Sept. rund 3 Wochen: Hochkarätige Gäste (wie Martin Walser im Sommer 2009), Lesungen, Diskussionen an unterschiedlichen Orten; www.literaturtage-konstanz.de.

Insel Mainau ! ▶ F 3

Ganzjährig von Sonnenauf- bis Sonnenuntergang, Erw. 14,90 €, Kinder 8 €, Inselplan an jedem Eingang und bei der Insel-Info nahe dem Schloss
Die Insel Mainau ist ein exotischer Garten Eden, eine überbordende Pflanzen- und Blütenpracht mitten im Bodensee, und wie in den grandiosen englischen Gärten und Landschaftsparks kommt auch hier ein nobles Schloss mit adeligen Besitzern hinzu – eine hochattraktive Mischung, die Tau-

senden von Tagesbesuchern Freude macht. Die Mainau ist eine der größten Touristenattraktionen im Land: Auf die 45 ha große Blumeninsel mit barockem Schloss und Kirche, mit riesigem Palmenhaus und Schmetterlingshaus kommen über 1 Mio. Besucher pro Jahr, und in den Sommermonaten ist es gnadenlos voll. Am besten, man kommt also so früh wie möglich im Jahr und am Tag.

Geschichte

Schon vor 5000 Jahren war das Ufer der Mainau besiedelt, und die Römer unterhielten hier einen Flottenstützpunkt. Später wurde die Insel alemannisches Herzogs-, dann fränkisches Königsgut. 724 ging sie in den Besitz des Klosters Reichenau über. 1272 bis 1806 schließlich gehörte sie dem Deutschen Ritterorden.

Die schwedische Belagerung am Ende des Dreißigjährigen Kriegs und der Bau von Schloss und Kirche (1731–1746) waren die herausragenden Ereignisse ihrer Zeit. Den Grundstein zum heutigen ›Unternehmen Mainau‹ legte 1853 der mit den Bernadottes verwandte Großherzog Friedrich I. von Baden, der die Insel zu seinem Sommersitz erkor und seiner Leidenschaft des Gärtnerns frönte, von seinen Reisen exotische Bäume und Pflanzen mitbrachte und einen Park anlegte. So wuchsen Atlas- und Libanonzedern, unterschiedliche Magnolienarten und zahlreiche Mammutbäume auf der Insel heran. Sie bilden das Herzstück des Arboretums, der großen Baumwiesen im Zentrum der Mainau. Über die Schwester des Großherzogs, Königin Victoria von Schweden, fiel die Mainau an das schwedische Königshaus. Und der Urenkel Friedrichs I., Graf Lennart Bernadotte, erbte die Insel 1932.

›Unternehmen Mainau‹

Lennart Bernadotte beschloss, künftig auf der Mainau zu leben; 1946 zog er mit seiner Familie im ramponierten Schloss ein; sämtliche Mauern waren überwachsen, und nur aus einem der Fenster konnte man auf den Bodensee schauen. Aus dem völlig verwilderten Dschungelareal begann er ein Blumen- und Pflanzenparadies zu kreieren: Die Finanzmittel waren knapp: Die Händler, die die Blumenzwiebeln brachten, mussten sich mit dem Zahlungsziel »nächstes Frühjahr« zufriedengeben. Die gesamte Insel wurde nach dem ersten großen Aufräumen und Pflanzen der Öffentlichkeit zugänglich gemacht. Mit diesem damals in Deutschland völlig ungewöhnlichen und unkonventionellen Unternehmen konnte Lennart Bernadotte den Besitz wahren und, wie er sagte, »eine Oase der Naturschönheit schaffen«.

Nach seinem Tod 2004 führte Gräfin Sonja Bernadotte die Mainau GmbH, deren Hauptanteilseigner die gemeinnützige Lennart-Bernadotte-Stiftung ist, im Sinne ihres Mannes weiter. Sonja Bernadotte starb 2008, und seither hat deren älteste Tochter Bettina die Geschäfte übernommen. Ihr Bruder ist Geschäftsführer der Stiftung. Die Geschwister bilden nach Graf Lennart die fünfte Bernadotte-Generation.

Der Betrieb läuft nun seit über 50 Jahren; heute sind 300 Angestellte, darunter über 50 Gärtner, für das sich selbst tragende privatwirtschaftliche Inselunternehmen mit Öko-Management tätig. Neben Tagungen und Kongressen finden die Trauungen in der Schlosskirche großen Zuspruch; es wird Wein gekeltert, Obst- und Gemüseanbau betrieben; der Pflanzenverkauf ist sehr erfolgreich wie auch die zahlreichen gemeinnützigen Gartenbauprojekte, die mit Schulen und Heimen in der Region verknüpft sind.

Jedes Besucherjahr steht unter einem bestimmten Motto: 2009 war es mit »100 Jahre Lennart Bernadotte« das Leben und Werk des ehemaligen Inselherrn; übergreifendes Thema 2010: die fünf Sinne.

Inselspaziergang

Vom Eingang zum Arboretum

An der **Fußgängerbrücke** mit dem Eingangsbereich zur Insel fällt als Erstes das Schwedenkreuz ins Auge: Die 1577 geschaffene **Kreuzigungsgruppe** aus Bronze ragt aus dem Wasser empor. Als die Schweden nach dreijähriger Besetzung 1649 die Insel verließen, führten sie auch das Kreuz als Kriegsbeute mit sich – es war aber so schwer und unhandlich, dass es im flachen Wasser zwischen Festland und Insel ›abgelegt‹ wurde. Von hier aus kann man den **Inselbus** bis zur Schwedenschenke nehmen; viel schöner allerdings ist der **Spazierweg**. Er führt durch die einzigartige **Metasequoia-Allee,** das sind die überaus seltenen chinesischen Rotholzbäume, die hier seit 1950 aus einem einzigen Steckling gezogen und gepflanzt wurden. Nach Süden hin erstreckt sich das **Kinderland** mit Spielplätzen, Streichelzoo, einer Märklin-Garteneisenbahn, Ponyreitbahn und großen, kunterbunten Blumentieren – aus Blüten gesteckten Riesenfiguren.

Kombitickets

Die Deutsche Bahn und die Bodenseeschiffsbetriebe bieten aus allen Orten am Nordbogen des Bodensees von Überlingen bis einschließlich Bregenz Kombitickets mit Bahn, Schiffsfahrt und Eintritt auf die Mainau an. Infos und Tickets an den Bahn- und Hafenschaltern.

Tulpenmeer – die Insel Mainau bietet zu jeder Jahreszeit die passende Blütenpracht

Eine der Hauptsehenswürdigkeiten ist das **Schmetterlingshaus** von 1996. In der tropischen Landschaft mit 26 °C Raumtemperatur und 90 % Luftfeuchtigkeit sind mehr als 25 Arten farbenprächtiger Schmetterlinge zu Hause.

Auf der südlich davon gelegenen **Großherzog-Friedrich-Terrasse** hat man einen traumhaften See- und Alpenblick. Östlich davon, im Zentrum der Mainau, breitet sich das **Arboretum** aus, die grüne Ruheoase mit riesigen Mammutbäumen, Zedern, Tulpenbäumen, Magnolien oder Linden, Buchen und Platanen.

Schloss, Kirche und Umgebung

Am südöstlichen Ende der Insel mit herrlichen Ausblicken liegen Schloss und Kirche heiter und beschwingt nebeneinander. Die dreiflügelige **Schlossanlage** mit großem Ehrenhof (1732–39) in barockem Stil stammt wie auch die Kirche von Giovanni Caspare Bagnato. Im Mittelrisalit prangt noch das Deutschordenswappen. Im Erdgeschoss liegt der **Wappensaal,** in dem Wechselausstellungen stattfinden; der festliche **Weiße Saal** im Obergeschoss steht für Veranstaltungen zur Verfügung.

Zusammen mit dem Schloss bildet die **Kirche St. Marien** ein bedeutendes Barockensemble. Die prächtige Innenraumgestaltung – Hochaltar, Seitenaltäre, Kanzel und Skulpturen – schuf Joseph Anton Feuchtmayer, dem man rund um den See so oft begegnet. Deckengemälde und Hochaltarbild stammen von Franz Joseph Spiegel: Er widmete sie dem Leben Marias. Die Stuckarbeiten von Francesco Pozzi lenken den Blick zum Chorraum und Hochaltar. Mit dieser Kirche begann der Siegeszug des oberschwäbischen Hochbarock (s. auch S. 64).

Von der **Schlossterrasse** mit ihren Palmen, Zitronen- und Orangenbäumen, die im riesigen Palmenhaus Schutz finden, das zum Winterhalbjahr an den Kirchen- und Schlosswänden aufgebaut wird, führt die barocke Treppenanlage hinunter in den herrlichen italienischen **Rosengarten.** Er ist streng geometrisch; allein hier blühen 9000 Rosenpflanzen und betören mit ihrer duftenden Schönheit.

Vom Hafen zurück zum Eingang

Spaziert man hinter der Schlossanlage die Pfade hinunter, stößt man auf weitere Rundwege, immer mit dem glitzernden Bodensee und den Schiffen im Blick. Hier liegen auch der **Hafen Mainau** und die **Compturey** mit Terrassencafé. Weiter im Uhrzeigersinn schließen sich mediterrane Blumengärten an, der Tessiner Platz, Brunnen und Skulpturen, bis man auf den Eyecatcher der **Italienischen Blumen-Wassertreppe** stößt: Auf Goldmosaiken fällt das Wasser als Kaskade schnurgerade die Treppen hinunter, eingefasst von Säulenzypressen und saisonal gepflanzten Blumenteppichen – ein beeindruckendes Kunstwerk, das Natur und Kultur spielerisch miteinander verbindet. Auf gewundenen Promenaden durch weitere vielfältige Themenanlagen wie Magnolien- und Rhododendronhaine und Ufergärten erreicht man schließlich das Kinderland und die Brückenanlage mit Ein- und Ausgangsbereich.

Essen & Trinken

Das gastronomische Angebot ist vielfältig und über der ganzen Insel verteilt: vom **Eiswagen** über den **Schnellimbiss** und die **Grillstation** bis zum feinen **Restaurant**. Alle sind ganzjährig geöffnet, die Öffnungszeiten variieren aber je nach Saison.

Infos & Termine

Infos

Mainau GmbH: 78465 Mainau, Tel. 07531 30 30, www.mainau.de.

Servicezentrum: Vorverkauf für Konzerte und Veranstaltungen: Tel. 07531 30 31 09.

Verkehr

Von zahlreichen Orten am Bodensee gibt es **Tagestouren** mit Bus und Schiff zur Mainau.
Auto: Mit Reisebus oder Privat-Pkw auf dem Bodanrück bis Egg, dann auf die Parkplätze und von dort über die Fußgängerbrücke mit Eingangsbereich am Nordwestrand der Insel.
Regionalbus: Vom Bahnhof Konstanz fährt die Buslinie 4 alle 30 Min. zur Mainau und zurück.
Schiff: Mit dem Schiff bis Mainau Hafen im Südosten der Insel.

Termine

Beginn der Blumensaison: Ab Ende März beginnt die Blumensaison auf der Mainau mit einer großen, wertvollen Orchideenschau im Palmenhaus.
Große Garten- und Blumenverkaufsausstellung: Ostern, im Schloss.
Frühling: Die Frühlingsbepflanzung mit rund 1 Mio. (!) Tulpen und Narzissen ist eine Augenweide; ab Mai stehen die Rhododendrenhaine und Azaleen in Blüte; danach beginnt die Rosenzeit, für die die Mainau berühmt ist. Mehr als 1300 Sorten, darunter sehr alte, bezaubern mit ihrer Pracht.
Sommer: Ab Juni explodieren die bunten Sommerblumen in den Beeten und Rabatten, und im Juli sind die exotischen Bäume, Stauden und Früchte wie Orangen- und Zitronenbäume, Palmen und Bananen zu bewundern.
Herbst: Ab September blühen über 12 000 Dahlienpflanzen, und im Oktober wird die Dahlienkönigin gewählt.
Veranstaltungen: Übers ganze Jahr verteilt finden zahlreiche Veranstaltungen in Schloss und Park statt. Infos gibt es im Servicezentrum (s. o.) und unter www.mainau.de.

Schweizer Untersee und Hochrhein

Highlight !

Rheinfall: Hauptattraktion der hübschen alten Grenzstadt Schaffhausen ist der Rheinfall: Er ist der größte Wasserfall Europas und bietet ein eindrucksvolles Naturschauspiel: Einmal im Leben muss man ihn gesehen haben. S. 247

Auf Entdeckungstour

Mit dem Schiff nach Schaffhausen: Eine wunderschöne Stromfahrt zur Erkundung von Untersee und Hochrhein im deutsch-schweizerischen Grenzland führt von Kreuzlingen über Stein am Rhein nach Schaffhausen mit seinem spektakulären Wasserfall. S. 234

Kultur & Sehenswertes

Zu Gast bei Napoleon III: Hoch über dem Untersee liegt das wundervoll erhaltene Schloss Arenenberg, in dem Kaiser Napoleon III. mit seiner Mutter gelebt hat. Ein Traum ist der seit 2008 vollständig rekonstruierte Park. S. 237

Ausflug nach Winterthur: 17 Museen besitzt die Stadt, darunter das weltweit renommierte Fotomuseum, die zauberhafte Villa Flora mit ihrer kostbaren Sammlung an Nachimpressionisten sowie das Technorama mit seinen interaktiven Natur- und Wissenschaftsbereichen. S. 250

Aktiv & Kreativ

Bootsfahrt am Rheinfall: Eine Bootsfahrt auf dem Rheinfallbecken ist reich an Kontrasten: Zuerst erlebt man den immensen Wasserschwall hautnah, dann geht es in die romantischen Rheinauen. S. 249

Genießen & Atmosphäre

Fachwerk und Fisch: Im winzigen Ort Gottlieben liegen direkt am Rheinufer schöne alte Fachwerkbauten, in denen eine ausgezeichnete Gastronomie gepflegt wird. Herrlich: auf der Terrasse einen Fisch essen, einen Wein trinken und die Aussicht und Stille genießen. S. 233

Klosterinsel: Mitten im Rhein liegt, über eine Holzbrücke von Eschenz aus zu erreichen, das Inselchen Werd mit einer uralten Klosterkapelle. Die Klostergemeinschaft gehörte einst zu St. Gallen. S. 241, 242

Abends & Nachts

Urgemütlich: Der Adler in Ermatingen ist das älteste Wirtshaus im Thurgau. In den gemütlichen holzvertäfelten Stuben haben schon Hermann Hesse und Thomas Mann gesessen. S. 236

231

Flussabwärts zum Rheinfall

Das schweizerische Südufer des Untersees hat einen ganz eigenen Charakter; der Seerhein mit seinen schilfbewachsenen und baumbestandenen Ufern fließt träge dahin; die winzigen Dörfer und kleinen Fischerorte zwischen Kreuzlingen und Stein am Rhein sind anmutig und voller Charme. Eine altmodische Behaglichkeit prägt die Stimmung; touristische Großeinrichtungen gibt es keine, die Zeit scheint stillzustehen. Hier lässt es sich herrlich wandern, am Ufer entlanglaufen, Fahrrad fahren – der Thurweg führt über 50 km immer am Wasser entlang. Zwischendurch dann am Seeufer in eines der Gasthäuser einkehren und auf der Seeterrasse tafeln – wunderbar!

Im hügeligen grünen Hinterland des Thurgaus werden ausgedehnte Gemüse- und Obstkulturen gepflegt, und ein wichtiger Wirtschaftsfaktor der Re-

Infobox

Internet

www.tourismus-untersee.eu: Deutschschweizerisches Webportal für die schweizerische Untersee-Region und die Halbinsel Höri.
www.thurgau-tourismus.ch: Website des Thurgau Tourismus.
www.schaffhauserland.ch: Website des Schaffhauserland Tourismus.
www.thurbo.ch: Die Website bietet komplette Ausflugsvorschläge. Aufs GPS laden oder mit interaktiver Erlebniskarte eigene Tour zusammenstellen mit Wanderwegen, Velostrecken.

Auskunft
Tourismus Untersee
Im Kohlgarten, 78343 Gaienhofen
Tel. 07735 91 90 55

Weiterkommen
Bahn: Die Seelinie »Thurbo« verbindet die Orte Romanshorn, Kreuzlingen und Schaffhausen sowie Stein am Rhein und Schaffhausen mit Winterthur; www.thurbo.ch. Bahnauskünfte: Rail Service Tel. 0900 300 300 (innerhalb der Schweiz), www.sbb.ch.

Bus: Mit dem sehr gut ausgebauten Netz der Schweizer Postbusse kann man von jedem Ort in die nahe Umgebung mit weiterführenden Anschlüssen fahren; www.post.ch.
Stadtbus: Stadtlinienbusse in Stein am Rhein und Schaffhausen.
Schiff: Verbindungen von Kreuzlingen nach Schaffhausen und zurück: über Konstanz, Gottlieben, Ermatingen, Reichenau, Berlingen, Gaienhofen, Steckborn, Hemmenhofen, Wangen, Mammern, Öhningen, Stein am Rhein und Diessenhofen; Bodensee-Schiffsbetriebe BSB, Tel. 07531 364 03 89, www.bsb-online.com; Schweizerische Bodensee Schifffahrt, Tel. 071 466 78 88, www.bodensee-schifffahrt.ch; Schweizerische Schifffahrtsgesellschaft Untersee und Rhein, Tel. 052 634 08 88, www.urh.ch.
Ostwind: Tageskarte; freie Fahrt in den Kantonen St. Gallen, Appenzell und Thurgau mit Bahn, Bus, Schiff. Unkompliziert und flexibel; www.ostwind.ch.
Euregio Bodensee: Tageskarte mit verschiedenen Zonen für die Bodenseeregion; www.euregiokarte.com.

gion sind biologische Frucht- und Gemüsesäfte. Wein wächst auch, allen Rebsorten voran der Müller-Thurgau, dessen Anbau auf Herrn Müller aus dem Thurgau zurückgeht.

Ein schöner Ausflug führt nach Salenstein ins Schloss Arenenberg, heute Napoleon Museum. Die hoch gelegenen Gartenanlagen zählen zu den schönsten im Bodenseebereich. Wunderschön ist auch das Städtchen Stein am Rhein mit seinen bunt bemalten Fachwerkfassaden – und ein Schiffsausflug auf dem Rhein von oder nach Schaffhausen zählt zu den schönsten Flussfahrten Europas.

Gottlieben ▸ F 4

Gottlieben mit seinen 300 Einwohnern ist die kleinste Gemeinde der Schweiz. Sie liegt an der engen Mündung des Seerheins, der hier in den Untersee eintaucht. Am gegenüberliegenden Ufer erstreckt sich die Schilflandschaft des naturgeschützten Wollmatinger Rieds (s. S. 49). Gottlieben ist ein bezauberndes Fleckchen mit einer Handvoll prächtiger Riegelbauten; blumengeschmückte Fassaden und urtümliche Bauerngärten sind um den Dorfplatz gruppiert. Die **Drachenburg** ist ein besonders stattliches Fachwerkhaus, eines der schönsten am Bodensee, mit zwei haubengekrönten Erkern und den Drachenwasserspeichern, die dem Bau seinen Namen gaben. Der Drachenburg zur Seite stehen das **Grüne Haus** und das **Waaghaus** von 1687.

Bodman-Haus

Tel. 071 667 02 80, www.bodman haus.ch, April–Okt bei Ausstellungen Sa, So 14–17 Uhr, 8 CHF
Das Bodman-Haus am Dorfplatz ist zum exklusiven literarischen Treffpunkt der Euregio Bodensee gewor-

den. Der Schweizer Schriftsteller und Dichter Emanuel von Bodman (1874–1946) hat hier gelebt; er war mit zeitgenössischen Künstlern, besonders eng mit Hermann Hesse, befreundet, der ihn über den See hinweg oft besucht hat. Neben den Ausstellungsräumen gibt es eine Gästewohnung für Schriftsteller, ein Lädchen und eine Buchbinderei.

Wasserburg

Die trutzige Wasserburg am Ufer fällt ebenfalls ins Auge: Sie wurde 1251 von Bischof Eberhard II. erbaut, der ehrgeizige Pläne hatte, Konstanz den Rang abzulaufen und Gottlieben zu einem großen Markt- und Handelsplatz zu machen – das ist gründlich gescheitert; Gottlieben blieb ein Fischerdorf. In der Burg allerdings wurden zur Zeit des Konstanzer Konzils der abgesetzte Papst und der Reformator Jan Hus gefangen gehalten. Ein gründlicher Umbau erfolgte 1838/39 durch Louis Napoleon, der auf Arenenberg lebte. Über Jahrzehnte hat die Wasserburg der berühmten Opernsängerin Lisa della Casa gehört; auch heute ist sie in Privatbesitz und nicht zugänglich.

Übernachten, Essen

Opulent – **Hotel Drachenburg & Waaghaus:** Am Schlosspark, Tel. 071 666 74 74, www.drachenburg.ch, DZ ab 220 CHF, Drachenburg Mi, Do geschl., Waaghaus März–Dez. Mo, Di geschl. Hauptgerichte ab 20 CHF. Opulente und elegant-rustikale Zimmer in historischen Bauten. Die beliebten Restaurants mit verschiedenen schönen Stübli bieten unterschiedliche Küchen, von fein bis deftig-regional. Herrlich sind die Seeterrassen.
Mit schöner Terrasse – **Romantikhotel Krone:** Seestr., Tel. 071 666 80 60,

Auf Entdeckungstour

Auf Untersee und Hochrhein – mit dem Schiff nach Schaffhausen

Auf dem Oberdeck sitzen und zwischen den Ufern im Zickzackkurs fahren: Auf dieser Schiffsfahrt geht es entspannt zu. Die Orte an den Ufern von Untersee und Rhein lohnen einen Zwischenaufenthalt, am Ende winkt der Besuch des Rheinfalls.

Reisekarte: ▶ F 4–A 4

Planung: Mai–Okt. 9 Uhr ab Kreuzlingen, Verbindungen 2-stdl. (Infos s. S. 232); Schiff Erw. 23 €, Kinder 11,70 €; Bahn (Rückfahrt) Erw. 10,30 €; Zeit: 1 Tag, reine Fahrzeit Schiff ca. 4 Std.

Nicht vergessen: Personalausweis (!), Fernglas, Sonnenschutz

Um 9 Uhr startet das sommerliche Schiff mit großem, sonnengeschützten Oberdeck im stillen, naturbelassenen Hafen vom Kreuzlingen zu einer der schönsten Stromfahrten Europas – einer Fahrt, die zwischen schweizerischem und deutschem Ufer ständig hin- und herpendelt und in Schaffhausen mit dem Besuch des Rheinfalls ihren Höhepunkt findet.

Zwischen Weiden, Schilf und winzigen Buchten fährt das Boot los, dann taucht schon die Silhouette von Konstanz auf: große Kaianlagen, die mächtige Imperia-Skulptur vor dem Dächerwirrwarr der Altstadt. Ein starker Kontrast!

Auf dem Untersee

Dann wird es geruhsam: Der Bodensee verengt sich zum Seerhein. Hier liegt das reizende Gottlieben; Ermatingen folgt: zwei idyllische kleine Orte mit stattlichen Fachwerkbauten direkt am Ufer. Gleich hinter Gottlieben weitet sich der Rhein zum Untersee; das Panorama der Insel **Reichenau** kommt ins Blickfeld. Von der Schiffslände ist man nach 1 km zu Fuß am romanischen Münster in Mittelzell – UNESCO-Welterbe und ein lohnener Besuch (s. S. 274)! Doch Vorsicht: Das nächste Schiff – und das gilt es zu kriegen – fährt schon in zwei Stunden!

Von der Reichenau geht's wieder ans Schweizer Ufer mit hügeliger Landschaft und den Alpen im Hintergrund. Nächster Halt ist Mannenbach-Salenstein. Dort versteckt sich auf einer Anhöhe das wunderschöne Schloss Arenenberg mit seinen restaurierten Parkanlagen. Von der nächsten Station, Berlingen, aus steuert man dann die deutsche Halbinsel **Höri** und den Hafen Gaienhofen an. Hier liegen das Hermann-Hesse-Höri-Museum und das Hesse-Wohnhaus (s. S. 258).

Im Hin und Her zwischen den Ufern gleitet man vorbei an den kleinen Häfen und Uferanlagen von Steckborn, Hemmenhofen, Wangen, Mammern und Öhningen. Hier ist es friedlich; wenig Schiffsverkehr, ein paar Paddelboote, Enten und Schwäne an den Ufern; in den Badeanstalten und an freien Badestellen ziehen die Schwimmer ihre Bahnen.

Hochrhein und Schaffhausen

Jetzt rücken die gegenüberliegenden Ufer nah aneinander; aus dem See wird der Strom mit bewaldeten Ufern, Naturschutzzonen und grünen Wiesenhängen. Man passiert die winzige **Insel Werd** mit ihrem Franziskanerkloster (s. S. 241, 242), die über eine Holzbrücke mit Eschenz am Südufer verbunden ist, dann geht's nach **Stein am Rhein,** das eine bezaubernde Ufersilhouette vor der hoch oben gelegenen Burg Hohenklingen bietet. In der Schweizer Enklave am Nordufer lohnt sich ein Bummel durch die attraktive, charaktervolle Altstadt – sofern man auf die Reichenau verzichtet und die zwei Stunden bis zum nächsten Schiff noch zur Verfügung hat. Anschließend geht es flussaufwärts Richtung Diessenhofen mit seinem anmutigen mittelalterlichen Stadtbild. Eine knapp 200 Jahre alte überdachte Holzbrücke führt hier über den Rhein ins deutsche Gailingen. Auf dem **Hochrhein** gelangt man schließlich nach Schaffhausen, dem Ziel der Schiffsfahrt, wo das Finale wartet: ein Besuch des **Rheinfalls.** Von der Schiffslände fährt ein Anschlussbus direkt zu dem gewaltigen Naturschauspiel (s. S. 247).

Nach der Besichtigung fährt man mit der Stadtbuslinie 1 zum Bahnhof, von dort geht es mit der Bahn über Singen in anderthalb Stunden zurück nach Konstanz/Kreuzlingen.

www.romantikhotel-krone.ch, DZ ab 200 CHF, Küche tgl. 12–14, 18–22 Uhr, Hauptgerichte ab 20 CHF. Auch hier historisches Fachwerk und stilvolles Ambiente direkt an der Uferpromenade. Gepflegte Gastronomie. Unbedingt probieren sollte man die Fischgerichte auf der Terrasse am Wasser.
Spezialität Hüppen – **Gottlieber Seecafé:** Espenstr. 9, Tel. 071 667 01 77, www.gottlieber.ch, tgl. geöffnet. Traditionsreiches Café direkt am See mit Terrasse. Die Gottlieber Hüppen, knusprige, hauchdünne Gebäckröllchen, sind eine Spezialität und ein schönes Mitbringsel.

Abends & Nachts

Seeleben live – **Seebar:** im Hotel Drachenburg, s. o., Mo–Sa 18–2 Uhr. Die Bar ist Treffpunkt für einen Apero oder einen späten Absacker. Eine Live-Camera zeigt das Seeleben in 5 m Tiefe!

Infos

Gottlieben Tourismus: Kirchstr. 11, 8274 Gottlieben, Tel. 071 669 12 82, www.gottlieben.ch.
Bahn: stdl. mit der Seelinie in westl. und östl. Richtung.
Bus: mit dem Postautobus in alle Orte der Umgebung.

Ermatingen ▶ E 4

Auch das größere Ermatingen (2500 Einwohner) ist ein bezaubernder Weiler mit hübschen Fachwerkhäusern und charakteristischen Fischerhäuschen am Seeufer. Die Insel Reichenau liegt direkt gegenüber; der Einfluss der Klosterinsel reichte über Ermatingen bis in den Thurgau. Heute wird hier

viel Wert auf die Fischerei gelegt. Der Gropp, ein bedrohter Fisch des Untersees, wird hier geräuchert, und er ist Mittelpunkt der außergewöhnlichen Groppenfasnacht (s. u.).

Vinorama

Hauptstr. 62, Tel. 071 660 01 01, www.vinorama-ermatingen.ch, Mai–Okt. Fr–So 14–17, Nov.–April Sa, So 14–17 Uhr, Eintritt frei
Der Tradition des Thurgauer Weinbaus widmet sich das Vinorama; bei den Verkostungen lernt man die feinen Unterschiede der Lagen kennen.

Übernachten, Essen

Alt und stilvoll – **Hotel und Restaurant Adler:** Fruthwiler Str. 2, Tel. 071 664 11 33, www.adler-ermatingen.ch, DZ 190 CHF, Restaurant Mi–So 9–24 Uhr, Hauptgericht um 20 CHF. Das urgemütliche älteste Wirtshaus des Thurgaus mit holzvertäfelten Stuben hat viele prominente Gäste gesehen, z. B. Napoleon III., Königin Hortense, Hermann Hesse und Thomas Mann, der aus Zürich herüberkam.

Mein Tipp

Ermatinger Fischsalat

Einen Ermatinger Fischsalat sollten Sie sich nicht entgehen lassen: Er besteht aus Filets von Felchen, Seeforelle, Zander und Egli. Egli ist der Schweizer Name für Kretzer oder Barsch. Felchen, auch Renken genannt, gehören zur Familie der Lachsfische. Sehr schön dazu ist ein frischer, heimischer Müller-Thurgau.

Frische Fische – **Hotel Hecht:** Schifflän-destr. 25, Tel. 071 664 16 15, www.ho telhecht-ermatingen.ch, DZ 110–140 CHF, Hauptgericht um 20 CHF. Nur we-nige Schritte von der Schiffsanlege-stelle entfernt; ein kleines, gediegenes Haus mit Terrassengarten.

Originelle Ferienwohnung – **Fischer-huesli Ermatingen:** An der Berggasse 18 (5 Min. zum See und zum Bahnhof), vom 1. Mai bis 30. Sept. zu mieten, im Juli, Aug. nur Sa, So (nicht isoliert, nur im Sommer nutzbar), Vermieterin: Hanni Widmer, Schlossstrasse 1, 8586 Erlen, Tel. 071 648 31 37. 2 Schlaf-räume, 1 x 2 Betten, 1 x 6 Matratzen, Aufenthaltsraum, Terrasse. Preis varia-bel, Wochenende 15 CHF pro Per-son/Nacht. Altes Fischerhäuschen in buntem Bauerngarten.

Aktiv & Kreativ

Baden – **Naturstrandbad Ermatingen:** am Seerhein Richtung Westen, Ende Mai–Ende Sept. 10–20 Uhr. Ein gemüt-liches Bad mit Liegewiesen, Kinder-spielplatz und Kiosk.

Infos & Termine

Verkehrsbüro: Bahnhof, 8272 Ermatin-gen, Tel. 071 664 19 09, www.ermatin gen.ch.
Bahn: stdl. mit der Seelinie in westl. und östl. Richtung.
Bus: mit dem Postautobus in alle Orte der Umgebung.
Schiff: Mai–Okt. 4 x tgl. zur Insel Rei-chenau, nach Stein am Rhein, Schaff-hausen sowie Konstanz.
Groppenfasnacht: 3 Wochen vor Ostern, wenn anderswo keine Fas-nacht mehr ist, wird hier alle drei Jahre die Groppenfasnacht gefeiert. Der Fisch Gropp führt den Umzug an, bei

dem rund 1000 Mitwirkende in tradi-tionellen Kostümen durch die Gassen ziehen. Mit Musik und Fischimbiss.

Schloss und Park Arenenberg ► E 4

Napoleonmuseum Thurgau, Salen-stein, Tel. 071 663 32 60, www.napo leonmuseum.tg.ch, www.napoleon park.ch, Di–So 10–17, April–Okt. bei Ausstellungen auch Mo 13–17 Uhr, Erw. 12 CHF, Kinder 5 CHF (mit Park)
Etwa 2 km westlich von Ermatingen liegt hoch über dem Bodensee das wunderschöne Schloss Arenenberg im restaurierten, erst 2008 wiedereröff-neten Landschaftspark mit grandiosen Ausblicken. Unter 8 m Erdaushub lag die ursprüngliche Struktur verborgen, mit Wasserkaskaden, Brunnen und Wegenetz. Hier verbrachte Napoleon III., letzter Kaiser der Franzosen, zu-sammen mit seiner Mutter Hortense de Beauharnais, der Schwägerin Napole-ons I., die prägenden Kindheits- und Jugendjahre seines Lebens (1815–1838). Seine Frau, Kaiserin Eugénie, schenkte das imperiale Schlösschen 1906 dem Kanton Thurgau.

Die Dauerausstellung führt durch die wunderbar erhaltenen, sehr char-manten Räume mit kostbarem Mobi-liar und wertvollen Gemälden, in de-nen berühmte Vertreter aus Politik, Kunst, Literatur und Musik zu Gast wa-ren. Die Parkanlagen in Renaissance-anmutung fanden so zahlreiche Nach-ahmer, dass für das südliche Ufer des Untersees der Begriff ›Côte Napoléon‹ geprägt wurde.

Berlingen ► E 4

An der breitesten Stelle des Untersees mit freiem Blick auf Zeller- und Gna-

Lieblingsort

Picknick in Ermatingen ▶ E 4
Paradiesische Freuden: ein Picknick
auf einer blühenden Wiese, unter
blauem Himmel und mit dem Bodensee vor Augen. Brot, Käse, Obst
und vielleicht eine Flasche Wein
kauft man in Ermatingen, breitet
sich im Grünen aus und schaut auf
die nahe gelegene Klosterinsel Reichenau mit ihren wunderbaren romanischen Kirchen.

densee liegt das hübsche alte Dörfchen Berlingen zwischen den grünen Hügeln des steil ansteigenden Seerückens. Es besitzt eine attraktive Promenade am See. Unübersehbar ist das Seehotel Kronenhof, ein überregional bekanntes Tagungs- und Bildungszentrum, und das Kurhaus Seeblick.

Adolf-Dietrich-Haus

Seestr. 31, Tel. 052 748 41 20, www. adolf-dietrich.ch, Anfang Mai–Ende Sept. Sa, So 14–18 Uhr, freiwillige Spende

Das Museum widmet sich dem bekannten Schweizer Maler Adolf Dietrich (1877–1957), der in Berlingen aufwuchs, lebte und arbeitete. Sein Haus ist komplett erhalten. Seine Malerei, eine Mischung aus Naiver Kunst und Neuer Sachlichkeit mit Sujets seiner Heimat, fand internationale Beachtung.

Steckborn ▶ D 4

Steckborn, auf einer kleinen Halbinsel im See liegend, ist mit seinen rund 4000 Einwohnern ein altes Landstädtchen mit schönem Ortskern und einer reizenden Seepromenade.

Neben dem **Fachwerk-Rathaus** mit Treppenturm (1669) lohnt auch die reformierte **Stadtkirche** am Obertor einen Blick: Sie wurde 1768 von Franz Anton Bagnato errichtet und bestickt durch ihren hell-luftigen Innenraum mit feinen Stuckarbeiten.

Turmhof (Heimatmuseum)

Seestr. 84, Tel. 052 29 03, Mitte Mai–Okt. Mi, Do, Sa, So 15–17 Uhr, Erw. 3 CHF, Kinder 1 CHF

Der fünf Stockwerke hohe Turmhof mit Türmchen und Zwiebelhaube ist zum Wahrzeichen des Untersees geworden. Der burgartige Wohnturm

wurde 1320 als Außenstelle des Klosters von den Reichenauer Äbten errichtet. Seine heutige Gestalt stammt aus der Mitte des 17. Jh. Hier ist das **Museum im Turmhof** zu Hause, das sich der Heimatkunde widmet, Funde aus der Pfahlbauzeit sowie der Römer und Alemannen zeigt und einen besonderen Schwerpunkt auf die Hafnerei legt: Im 18. Jh. waren die Steckborner Fayence-öfen, prachtvoll bemalt, weithin bekannt.

Übernachten, Essen

Trendsetter – **See- und Parkhotel Feldbach:** Feldbachareal, Tel. 052 762 21 21, www.hotel-feldbach.ch, DZ ab 230 CHF, Hauptgerichte ab 30 CHF. Farbenfroh, sehr schick und luxuriös ist das Haus in den alten Fachwerkmauern eines Klosters mit modernen Anbauten. Toll die Lage, der Park, die Wiesen zum See hin, die große Gartenterrasse mit Loungemobiliar, Sonnensegeln und Restaurant. Feine mediterrane Küche und regionale Spezialitäten.

Sympathisch – **Hotel Frohsinn:** Seestr. 62, Tel. 052 761 11 61, www.frohsinn-steckborn.ch, DZ ab 140 CHF. Kleines, persönlich geführtes Hotel direkt am Untersee. Hübsche Zimmer, Seeterrasse, Badesteg.

Ferien auf dem Bauernhof – **Eichhof:** Familie Hegglin, Tel. 052 770 27 66, www.eich-hof.ch. Zwei schöne Ferienwohnungen unter einem Dach, die auch zusammen genutzt werden können. 3,5-Zimmer-Wohnung für 2–5 Pers. im Erd-, 2-Zimmer-Galeriewohnung für 2 Pers. im Dachgeschoss. Beide komplett renoviert, mit traumhaftem Seeblick, modernster Ausstattung, Gartenterrasse. Je rund 100 CHF pro Nacht (ab 3 Übernachtungen).

Beste Küche – **Gasthof Adler:** Mammern (ca. 6 km westl. von Steckborn),

Hauptstr. 4, Tel. 052 741 29 29, www. adler-mammern.ch, DZ 130 CHF, Restaurant Juni, Aug. Mi–Mo, Sept.–Mai Mi–So 10–24 Uhr. Hauptgericht ab 20 CHF. Die sechs Zimmer blicken auf die Rebgärten. Die Küche des Hauses ist der Clou: Frischester Fisch und knusprige ›Güggeli‹ (Hähnchen) aus eigener Aufzucht, Wild aus eigener Jagd und hausgebackenes Brot überzeugen ebenso wie das heimelige Stübli, der Wintergarten und die Gartenterrasse mit Pavillon.

Aktiv & Kreativ

Baden – **Strandbad:** Seestr., 1 km Richtung Stein am Rhein, Tel. 052 761 12 50, Mai–Sept. 8–19 Uhr. Liegewiese, Sandstrand, Kinderbecken, Blick auf die Halbinsel Höri.
Wassersport – **Schiffsladen Tschiemer:** Seestr. 164, Tel. 052 761 28 55, www. schiffsladen-steckborn.ch. Segel- und Surfkurse.
Fahrradverleih – im **Bahnhof Steckborn:** Tel. 052 761 14 47.
Nähen und Sticheln – **Bernina Creative Center:** Seestr., Tel. 052 762 13 37, www.bernina.ch, Di–Fr 10–12, 14–16 Uhr. Für Hobbyschneiderinnen ist der Name Bernina ein Begriff. Der Nähmaschinenhersteller ist in Steckborn ansässig. Im Bernina Creative Center gibt es Neuigkeiten zu sehen, man kann die Maschinen ausprobieren und Rat einholen.

Infos

Steckborntourismus: Seestrasse 110, 8266 Steckborn, Offices am Hafen und im Bahnhof, Tel. 052 770 20 76 www. steckborntourismus.ch.
Bahn: Seelinie »Thurbo« Schaffhausen–Romanshorn (s. S. 232).

Schiff: Richtung Konstanz sowie Reichenau und Schaffhausen, Mai, Juni So Fei, Juli–Mitte Sept. Di, Do, So Personenfähre nach Gaienhofen, Höri.

Insel Werd ►C 4

Mitten im Seerhein liegt das Inselchen Werd (s. auch S. 242). Der Rheinuferweg führt über eine Holzbrücke von **Eschenz** aus auf die Insel (1,8 km); hier siedelten schon Pfahlbauer, größere Bedeutung erlangte sie durch den Mönch St. Otmar, der 759 in Gefangenschaft auf der Insel starb. Er hatte sich für die Ablösung des St. Gallener Klosters von der Konstanzer Herrschaft eingesetzt. Die romanische Kapelle (10. Jh.) wurde über seinem Grab errichtet. Heute sind in dem reizenden Klostergebäude fünf Franziskanermönche zu Hause, die auch die Gärten bewirtschaften (www.franziskaner-werd. ch).

Stein am Rhein ►C 4

Stein am Rhein liegt am Übergang des Untersees in den Rhein und am Schnittpunkt zwischen der Schweiz und Deutschland. Der Ort mit einigen Nachbargemeinden liegt rechtsrheinisch in einem Schweizer Zipfel, umgeben vom deutschen Hegau. Die wirtschaftliche und kulturelle Ausrichtung jedoch ist zur Schweiz hin orientiert. Stein am Rhein mit seinen knapp 3000 Einwohnern zählt zu den schönsten und besterhaltenen Kleinstädten der Schweiz. Der Charme des mittelalterlichen Stadtbilds zieht die Besucher in Scharen an! Der Bahnhof und der Stadtteil Burg liegen am linken Rheinufer.

Stein am Rhein war schon zu Römerzeiten besiedelt. Im 11. Jh. wurde

Lieblingsort

Insel Werd ▶ C 4
Wunderschön ist es, sich auf der
kleinen Klosterinsel an der westlichen Spitze des Untersees auf einer
Wiese niederzulassen und in sonni-
ger Stille über den Rhein hinweg
die Uferpanoramen zu betrachten
(s. auch S. 241).

das Benediktinerkloster St. Georgen unmittelbar am Rheinufer gegründet, auf der anderen Flussseite das Benediktinerstift Wagenhausen. Die Burg Hohenklingen, 130 m hoch gelegen, sollte die Klostereinrichtungen und den Fischerort schützen; sie gehörte erst den Zähringern, später den Hohenklingern; 1457 wurde Stein zur Freien Reichsstadt, erwarb den Klosterbesitz, musste sich deswegen in Zürich hoch verschulden und handelte sich damit im Gegenzug die Reformation ein. Das Kloster selbst ist erhalten, die Klosterkirche St. Georgen ist reformierte Stadtkirche. Handel und Handwerk blühten; besonders als Umladeplatz von den Lastseglern des Bodensees auf die Rheinkähne hatte Stein eine wichtige Position inne, die im 19. Jh. durch den Bahnverkehr gefestigt wurde. Seit 1803 gehört Stein zum Kanton Schaffhausen.

Altstadt

Rathausplatz

Im Ort mit der Hauptstraße zwischen den beiden Stadttoren, mit Kloster, Kirche, Rathaus, Markt und moderner Rheinbrücke führen alle Wege auf den zentralen Rathausplatz mit seiner einmalig schönen Atmosphäre zu. Er bildet ein lang gestrecktes Dreieck, großzügig und intim zugleich. Eingefasst wird der Platz von komplett erhaltenen Häuserzeilen aus Gotik und Renaissance mit kunstvoll bemalten Fassaden, kleinen und großen Erkern und blumengeschmückten Fenstern.

Der beherrschende Bau ist das **Rathaus,** 1539–42 erbaut. Es war einst auch Kaufhaus und Kornhalle. Heute sind im Erdgeschoss Polizeiwache und städtische Verwaltung untergebracht. Der getäfelte Ratssaal mit seinem kostbaren Fensterglas liegt im 2. Stock (Be-

sichtigung nur nach Voranmeldung, Tel. 052 741 54 25).

Rund um den brunnengeschmückten Platz stehen Bürgerhäuser mit bemalten Fassaden, etwa das Haus **Vordere Krone** mit seiner gotischen Fassade, dem Erker und Fresken aus dem frühen 18. Jh. oder das Haus **Weißer Adler** beim Rathaus mit Malereien aus dem 16. Jh. Das Fachwerkhaus des Restaurants **Sonne** mit seinem Erker aus dem späten 17. Jh. ist ebenso ein kunsthandwerkliches Juwel wie das Haus **Roter Ochse** mit seinen aufwendigen Malereien. Die meisten Fassaden wurden jedoch erst im frühen 20. Jh. mit Fresken geschmückt, das Rathaus beispielsweise im Jahr 1900 von Carl Häberlin, dem dann weitere folgten.

Auch die **Innenausstattungen** der historischen Bauten, die Interieurs der Restaurants und Gastwirtschaften zeigen auf engstem Raum eine reiche künstlerische und handwerkliche Vielfalt mit bemalten Balkendecken, Holzvertäfelungen oder zarten Stuckarbeiten, Dekoren und feinster Möbelkunst.

Benediktinerkloster St. Georgen

Kirchhofplatz, Tel. 051 741 21 42,
1. April–Ende Okt. Di–So 10–17 Uhr,
Erw. 5 CHF, Kinder 3 CHF
Das Benediktinerkloster St. Georgen, eine ursprünglich romanische Anlage, wurde vom 14. bis 16. Jh. durch Bauteile der Spätgotik und der Renaissance ersetzt. Heute ist sie eine der besterhaltenen Klosteranlagen der Schweiz und Museum.

St. Georgen war eine kleine Klostergemeinschaft; es lebten nie mehr als 12 Mönche – die Aposteljahl – in dem weitläufigen Areal. Von der Pracht und Opulenz ihres Refugiums zeugen die Konventgebäude mit Kreuzgang, Sommer- und Winterrefektorium, die Abtskapelle und die Wohnräume. Besonders beeindruckend ist der **Festsaal** mit seiner reich geschnitzten Tonnendecke aus Tannenholz und den Malereien aus den Jahren 1515 und 1516, die Szenen aus der Antike und weltliche Ereignisse darstellen, wie die Zurzacher Messe mit ihrem Menschengewimmel. Diese Arbeiten von Thomas Schmid und Ambrosius Holbein gelten als der Durchbruch der Renaissance im Bodenseeraum.

Die schlichte **Stadtpfarrkirche St. Georg** (tgl. geöffnet) ist der älteste Bauteil des ehemaligen Benediktinerklosters. Das dreischiffige Langhaus wurde um 1100 auf älteren Fundamenten errichtet; es ähnelt dem Konstanzer Münster. Der Nordturm stammt aus den letzten Jahren des 16. Jh. Chor und Liebfrauenkapelle sind mit Wandbildern geschmückt, u. a. werden Kaiser Heinrich II. und Kunigunde gezeigt, die ein Modell der Klosterkirche in Händen halten.

Museum Lindwurm
Unterstadt 18, Tel 052 741 25 12,
www.museum-lindwurm.ch,
März–Okt. Mi–Mo tgl. 10–17 Uhr,
Erw. 5 CHF, Kinder 3 CHF
Das Museum für bürgerliche Wohnkultur und Landwirtschaft im frühen 19. Jh. zieht den Besucher in den Alltag jener Zeit hinein. Im historischen Bau, der schon im Entstehungsjahr 1495 den Namen »Lindwurm« erhielt und Anfang des 19. Jh. mit der Palastfassade geschmückt wurde, werden alle Aspekte des Hauswirtschaftens vom Vorrathalten bis zum Leben in der Bel Etage anschaulich dargestellt.

Burg Hohenklingen

Tel. 052 741 21 37, www.burghohen
klingen.ch, Ende März–Mitte Dez.
Di–Sa 10–23, So 10–18 Uhr
Seit dem Jahr 1200 sitzt die Burg Hohenklingen auf dem bewaldeten, 600 m hohen Bergkegel bei Stein am Rhein. Von der einstigen Schutzburg der Benediktinerabtei St. Georgen schweift der Blick über den Untersee, den Rhein, das Alpenvorland und das

Die Altstadt von Stein am Rhein besticht mit ihrem mittelalterlichen Charme

Dächermeer von Stein. Der romanische Turm wurde als Wohnturm genutzt, der Ausbau mit Palas, Burgkapelle und Ringmauer erfolgte um 1250. Das Restaurant bietet bürgerliche und Gourmetküche (Hauptgerichte ab 20 CHF).

Übernachten

Wunderschöne Lage – **Hotel Restaurant Rheingerbe:** Schiffländi 5, Tel. 052 741 29 91, www.rheingerbe.ch, DZ 160 CHF, Hauptgerichte ab 20 CHF. Reizendes Fachwerkhaus direkt am Rhein, ruhig gelegen. Das gepflegte Restaurant im 1. Obergeschoss wird ergänzt durch eine große Gartenterrasse.

Mit Rheinblick – **Hotel Restaurant Schiff:** Schiffländi 10, Tel. 052 741 22 73, DZ 130 CHF. Stadthaus mit großer Gartenwirtschaft direkt am Rhein, sechs komfortable Zimmer.

Modern und jung – **Hotel Backpackers Schwanen:** Charregasse 5, Tel. 052 741 50 00, www.schwanen-hotel.ch, DZ 120 CHF, 4-Bett-Zimmer 150 CHF, Hauptgerichte ab 15 CHF. Nur wenige Meter vom Rhein entfernt bietet das historische Haus sehr ordentliche, modern eingerichtete Zimmer. Das Restaurant (Mo geschl.) bietet frische, regionale Marktküche mit *open kitchen.*

Günstig – **Jugendherberge Stein am Rhein:** Hemishoferstr. 87, Tel. 052 741 12 55, www.youthhostel.ch, ab 29,50 CHF pro Pers. im Mehrbettzimmer. Nahe dem Rheinschwimmbad gelegenes, komplett renoviertes Haus mit insgesamt 92 Betten. Garten mit Rheinblick. Auch Tagesmitgliedschaft möglich.

Camping – **Campingplatz Grenzstein:** Oehningerstr. 75, Tel. 052 741 51 44, www.campinggrenzstein.ch. Winziger, hübscher Campingplatz (8 Plätze) mit Swimmingpool und alten Baumwiesen oberhalb von Stein, Richtung Radolfzell, 10 Min. Fußweg zur Altstadt.

Essen & Trinken

Feine Küche – **Hotel Restaurant Adler:** Rathausplatz 2, Tel. 052 742 61 61, www.adlersteinamrhein.ch, tgl. geöffnet, Hauptgerichte ab 25 CHF. Mittendrin im bemalten Fachwerkgewirr liegt das schöne Haus mit den historischen Räumen. Ausgezeichnete Küche, z. B. Kalbfleischcarpaccio mit Sauerrahmdressing und grünem Spargel, Rindsfilet gefüllt mit Gänseleber, Portweinsauce und Gemüsekranz.

Zum Wohlfühlen – **Gasthaus Sonne:** Rathausplatz 13, Tel. 052 741 21 28, www.sonne-steinamrhein.ch, Hauptgerichte ab 20 CHF. Im historischen Haus aus dem 14. Jh. gibt es Restaurant, Bistro und Terrasse mit vielfältiger, guter Küche.

Trendig – **RhyLounge:** Oehringer Str. 10, Tel. 052 741 66 70, www.rhylounge.com, Di–Do 8.30–24, Fr bis 1, Sa 11–1 Uhr, Hauptgerichte ab 20 CHF. Gastliches, schick gestyltes Haus, das mit großem Bistro, neu gestaltetem Garten und Lounge vom Frühstück über den Apero bis zum Absacker alles bietet.

Infos

Tourismus Stein am Rhein: Oberstadt 3, 8260 Stein am Rhein, Tel. 052 742 20 90, www.steinamrhein.ch.

Ausflüge in die Umgebung

Wanderung nach Diessenhofen ▶ B/C 4

Eine schöne Wanderung führt am Rheinweg entlang zum bezaubernden Ort Diessenhofen (11 km, 2,5 Std.). Malerisch am Rhein gelegen, lohnt das kleine Städtchen einen Besuch: eine mittelalterliche Ministadtanlage mit

Siegelturm, Rathaus, Stadtmauer, Schloss und Holzbrücke. Wer nicht zurücklaufen möchte, nimmt den Postautobus oder die Bahn oder – wenn's zeitlich passt – das Schiff.

Ausflug zur Kartause Ittingen, Warth ▶ C 5

Tel. 052 748 44 11, www.kartause.ch., tgl. geöffnet; Klosterladen Mo 13.30–18, Di–Fr 9.30–18, Sa, So April–Okt. 10–18, Nov.–März 10–12, 13.30–18 Uhr
Ein schöner Ausflug führt in den Thurgauer Seerücken zur Kartause Ittingen bei Warth nahe Frauenfeld. Die komplett restaurierte Klosteranlage der Kartäuser mit zahlreichen Einzelbauten und reizendem dörflichen Charakter ist eines der wichtigsten Kulturdenkmäler der Ostschweiz; sie besteht seit 850 Jahren. Heute ist das Kloster eine Stätte vielfältiger Begegnung; es gibt zwei Hotels, eines davon als Zentrum der Stille. Auch das Kunstmuseum Thurgau ist hier beheimatet; es zeigt das regionale Kunstschaffen, Naive Malerei und Wechselausstellungen (1. Okt.–30. April Mo–Fr 14–17, Sa, So 11–17, Mai–Sept. tgl. 11–18 Uhr). Es wird Wein angebaut, Hopfen und Obst. Die gesamte Bewirtschaftung der Klosterländereien erfolgt nach ökologischen Gesichtspunkten. Im Klosterladen werden auch eigene Käse und Milchprodukte angeboten. Mit Restaurant zur Mühle und herrlichem Biergarten (tgl. 8.30–23.30 Uhr. Hauptgerichte ab 20 CHF).

Schaffhausen ▶ A 3/4

Groß geworden ist Schaffhausen (33 000 Einwohner) als Handelsniederlassung und Umschlagplatz für Schiffsgüter. Der nahe gelegene Rheinfall war nicht passierbar, sodass sich Schaffhausen schon im Mittelalter als wichtiger Stapelplatz etablierte. Ab Ende des 12. Jh. war der Ort Freie Reichsstadt; seit 1500 gehörte er zur Eidgenossenschaft. Der gleichnamige Kanton ist der kleinste der Schweiz.

Die Altstadt ist wie Stein am Rhein wunderschön; mit bemalten Fachwerkhäusern, Barock- und Rokokofassaden; Zentrum sind das **Münster,** der **Fronwagplatz** und die **Vordergasse.** Über der Stadt thront inmitten von Rebhängen das **Kastell Munot,** eine prächtige Rundfestung aus dem 16. Jh., von der man schöne Ausblicke auf die Stadt und das Rheintal hat.

Im ehemaligen Benediktinerkloster Allerheiligen befindet sich heute das **Museum zu Allerheiligen** mit einer heimat- und kulturgeschichtlichen Sammlung sowie einer Gemäldegalerie; auch Wechselausstellungen zeitgenössicher Kunst finden hier statt (Di–Do 11–17 Uhr, Erw. 9 CHF, Kinder 5 CHF).

Hallen für neue Kunst

Baumgartenstr. 23, Tel. 052 625 25 15, www.modern-art.ch, Sa 15–17, So 11–17 Uhr, Sondertermine für Gruppen nach Vereinbarung, Erw. 14 CHF, Kinder 8 CHF
Das privat geführte Museum für Gegenwartskunst zeigt hochrangige Werke europäischer und amerikanischer Kunst der 1960er- bis 1990er-Jahre in einer ehemaligen, anspruchsvoll umgebauten Textilfabrik.

Rheinfall! ▶ A 4

www.rheinfall.ch, frei zugänglich
Einmal im Leben sollte man sich von den gewaltigen Wassermassen des Rheinfalls von Schaffhausen beeindrucken lassen: Der größte Wasserfall Mitteleuropas bietet ein dramatisches Bühnenspektakel mit seinen dröhnenden weißgischtigen Wassermassen, die

aus einer bewaldeten Höhe auf einer Breite von 150 m zwischen begrünten Felsen 23 m tief hinabtosen. Ein einzelner Felsen, der die Grenze zwischen der Schweiz und Deutschland bildet, teilt den Wasservorhang. Im Juli, nach der Schneeschmelze in den Alpen, ist der Wasserstand am höchsten; dann ist das Naturschauspiel besonders eindrucksvoll. Die aufgewühlten Wasser sammeln sich im unteren Becken und fließen dann weiter. Besonders prachtvoll ist die Szenerie am 1. August, dem Schweizer Nationalfeiertag, wenn über dem Rheinfall ein Riesenfeuerwerk den Himmel erleuchtet.

Zwei **Fußwege** am Fluss entlang führen von der Altstadt Schaffhausens zum Rheinfall im Ortsteil Neuhausen (5 km pro Strecke). Auch mit der **Buslinie 1** kommt man ab Bahnhof Schaffhausen oder der Schiffslände dorthin.

Der Zugang zum Rheinfall und dem Rheinfallbecken mit Uferpromenade, Parkplätzen und Gastronomiebetrieben ist frei. Am linken Ufer thront auf einer Felsnase das **Schloss Laufen** (Tel. 052 632 40), eine uralte Wehranlage, die heute eine sehr schöne, frisch sanierte Jugendherberge ist (s. u.) und spektakuläre Ausblicke bietet (Zutritt frei, Mai–Sept. 8–20, Okt.–April 9–17 Uhr). Vom Hof aus führen Treppen und ein Lift zum Rheinfall hinunter; über Laufstege und Plattformen bieten sich fantastische Ausblicke, und man kommt dem Getöse des Wasserschwalls sehr nah. Auf der rechten Rheinseite liegen der Parkplatz Neuhausen sowie die alte Wasserburg und Zoll-/Ladestation **Schlössli Wörth** mit Restaurant und Terrassenbewirtschaftung (s. u.).

Übernachten

Opulent – **Hotel Zunfthaus zum Rüden:** Oberstadt 20, Tel. 052 632 36 36, www.rueden.ch, DZ ab 220 CHF, Wochenendangebote. Das Haus liegt in einer verkehrsberuhigten Altstadtstraße. Eine gelungene Mischung aus altem Stadtpalais und moderner, kom-

Tosendes Spektakel – Rheinfall bei Schaffhausen

fortabler Innenausstattung mit Kaminlounge und asiatischem Touch.

Angenehm – **Gasthaus Löwen:** Herblingen (5 km nordöstl. der Altstadt), Im Höfli 2, Tel. 052 643 22 08, www.loewen-sh.ch, DZ 130 CHF. Im familiengeführten Gasthof warten 7 ordentliche Zimmer. Gegenüber liegt die Busendstation der Linie 5 – sehr praktisch.

Traumhafte Lage – **Jugendherberge Schloss Laufen:** Dachsen (beim Rheinfall), Tel. 052 659 61 52, www.youthhostel.ch/dachsen, 28,50 CHF pro Pers. im Mehrbettzimmer. Gewiss eine der schönsten Jugendherbergen der Schweiz, hoch über dem Rheinfall gelegen. Die über 1000 Jahre alte Burganlage ist komplett saniert.

Essen & Trinken

Malerisch am Wasser – **Güterhof am Rhein:** Freier Platz 10, Tel. 052 630 40 40, www.gueterhof.ch, tgl. 9–24 Uhr, Tagesgericht ab 20 CHF. In einem ehemaligen Warendepot an der Schiffslände hat sich ein neues gastronomisches Highlight etabliert. Vom Sandwich im Café über feine Speisen im Restaurant bis zum Absacker auf der Terrasse oder in der Barlounge bekommt man hier alles.

Mit Rheinfallpanorama – **Schlössli Wörth:** Neuhausen (ca. 5 km vom Bhf.), Rheinfallquai, Tel. 052 672 24 21, www.schloessliwoerth.ch, April–Sept. tgl. 11.30–23.30 Uhr, Okt.–März Mi geschl., Hauptgerichte ab 30 CHF. Direkt im Rheinfallbecken, über eine Brücke mit dem Ufer verbunden, liegt das edle Restaurant, von dem aus man abends den beleuchteten Rheinfall direkt vor Augen hat. Mit Spielzimmer für Kinder und Kinderbetreuung (So 12–15 Uhr). Angeschlossen ist ein Snack-Bistro und eine große Terrasse (Kalbsbratwurst mit Pommes 10,50 CHF).

Aktiv & Kreativ

Motorbootfahrten – **Schiffmändli:** Anlege Rheinfallquai am Schlössli Wörth, Tel. 052 659 69 00, www.schiffmaendli.ch, Mai, Juni, Sept. Sa, So 3 x tgl., Juli, Aug. 6 x tgl., April, Okt. nur So, Abfahrtszeiten je nach Wetterlage und Wasserverhältnissen, 1,5 Std., Erw. 14 CHF, Kinder 7 CHF. Ein spannendes und eindrucksvolles Erlebnis sind die Motorbootfahrten. Unterhalb des Rheinfalls entlangfahren, das Rheinfallbecken durchqueren und dann in die liebliche Rheinauenlandschaft eintauchen, bis zum Kloster Rheinau schippern und zurück – ein toller Kontrast!

Infos

Schaffhauserland Tourismus: Herrenacker 15, 8201 Schaffhausen, Tel. 052 632 40 20, www.schaffhausen-tourismus.ch und www.schaffhauserland.ch. **Bahn:** Der Bahnhof und der Busbahnhof für regionale und städtische Busse liegen in der Bahnhofstrasse am Nordwestrand der Altstadt. Gute Verbindungen in alle Richtungen, nach Basel, Winterthur, Zürich, St. Gallen, Konstanz, Singen und Stuttgart; Infos unter www.sbb.ch, www.turbo.ch sowie www.bahn.de.
Schiff: Verbindungen von Schaffhausen über Stein am Rhein nach Konstanz, Kreuzlingen. April Sa, So, Fei 1 x tgl., Mai, Juni 1 x tgl.; Juli, Aug., Sept. 4 x tgl.; Linienverkehr der Schweizerischen Schifffahrtsgesellschaft Untersee und Rhein, Tel. 052 634 08 88, www.urh.ch.
Bus: Die Stadtbuslinie 1 fährt Bahnhof, Schiffslände und Rheinfall (in Neuhausen) an. Die Schweizer Postbusse bedienen den Verkehr ins Umland von Schaffhausen.

Ausflug nach Winterthur ► B 6

Der Bodensee liegt im Nebel? Es regnet? Oder der Wunsch auf einen satten Kultur- und Kunsttag überwiegt die Badelust? Dann ist Winterthur, etwa 30 km südlich von Schaffhausen und 45 km südwestlich von Konstanz gelegen, das richtige Ziel. Die geschäftige Stadt hat sich als Museumszentrum international einen Namen gemacht. Mit ihren rund 95 000 Einwohnern ist sie heute ein bedeutender Wirtschafts- und moderner Dienstleistungsstandort und besitzt eine pulsierende Altstadtzone.

Wie so oft in der Schweiz waren es Industriemagnaten mit ihren opulenten Villen des 19. Jh., die sich als Mäzene, Sammler und Sponsoren hervorgetan haben. Ihr Erbe hat einen Reichtum an heute öffentlichen kulturellen Schätzen hinterlassen, der Winterthur als Museumsstadt einmalig macht. Insgesamt gibt es 17 Museen! Der Besuch von drei ausgewählten Häusern liefert ein zeitliches und kulturhistorisches Kontinuum, das sehr unterschiedliche und reiche Erfahrungen bietet.

Zentrum für Fotografie in Winterthur – das größte Fotozentrum Europas

Villa Flora

Tösstalstr. 44, Tel. 052 212 99 66, www.villaflora.ch, Di–Sa 14–17, So 11–15 Uhr, Erw. 12,50 CHF, Kinder 10 CHF

Die Villa Flora ist das erste Ziel (vom Hauptbahnhof mit der Buslinie 2 Richtung Seen, Haltestelle Fotozentrum). In dem Gesamtkunstwerk aus der Belle Époque des Ehepaares Hahnloser ist deren außergewöhnlich qualitätvolle Sammlung Schweizer und französischer Malerei des Nachimpressionimus zu sehen. Bis 1995 war die legendäre Kollektion nur Familienfreunden, Künstlern und Kunsthistorikern zugänglich. In den originären Räumen mit intimem Charakter entfalten sich die kleinen und mittelformatigen Werke u. a. von Bonnard, Valloton, Vuillard, Redon, auch Matisse und Cézanne, ganz wunderbar.

Zentrum für Fotografie

Grüzenstr. 44, Tel. 052 233 60 86, www.fotomuseum.ch, Di–So 11–18, Mi bis 20 Uhr, Erw. 15 CHF, Kinder 11 CHF

Nur wenige Schritte von der Villa Flora entfernt tut sich eine andere Welt auf, die zeitlich an den Nachimpressionismus anschließt: das Zentrum für Fotografie – das größte Fotozentrum in Europa. Es umfasst das 1993 gegründete **Fotomuseum Winterthur** sowie die 1971 gegründete **Fotostiftung Schweiz.** Beide Institutionen haben 2002/03 den Teil eines ehemaligen Industrieareals umgebaut, um vielfältige Auseinandersetzungen mit dem Medium Fotografie zu ermöglichen. So dient das Fotozentrum als Kunsthalle für zeitgenössische Fotografie (mit Ausstellungen u. a. von Nan Goldin, Thomas Ruff, Andreas Gursky oder Roni Horn) ebenso wie als klassisches Museum für die Fotokunst des 19. und 20. Jh. Werke von Blossfeldt, Bill Brandt, August Sander, Edward Weston, Cartier-Bresson und Weegee hat man hier zusammengetragen – eine unglaubliche Sammlung, die alle großen Namen der Fotografie beinhaltet. Einen dritten Schwerpunkt bildet die angewandte Fotografie u. a. aus den Bereichen Industrie, Architektur, Mode und Medizin. Freunde der Fotokunst können hier auf über 1000 m^2 Ausstellungsfläche in Geschichte und Gegenwart gleichermaßen schwelgen.

Technorama Science Center

Technoramastr. 1, Tel. 052 244 08 44, www.technorama.ch, Di–So 10–17 Uhr., Erw. 24 CHF, Kinder 13 CHF

Das Technorama Science Center schließlich (erreichbar mit der Buslinie 5) ist das größte Erlebniszentrum für Naturwissenschaft, Kunst und Technik der Schweiz und katapultiert den Besucher in die oftmals unbekannte Gegenwart und in die Zukunft. In unterschiedlichen Abteilungen mit über 500 interaktiven Probierstationen und Workshops lassen sich Naturphänomene spielerisch begreifen. So gibt es Labore zu Magnetismus und Elektrizität, aus dem Weltall erschließt sich ein Blick auf unseren Planeten, oder man erlebt hautnah die Entstehung und Wirkung von Hochspannung und Blitzen.

Infos

Winterthur Tourismus: Hauptbahnhof, 8401 Winterthur, Tel. 052 267 67 00, www.winterthur-tourismus.ch.
Bahn: S-Bahnen u. a. nach Schaffhausen, Stein am Rhein, Zürich; www.zvv.ch. Gute Zugverbindung über Weinfelden nach Konstanz; www.sbb.ch.
Stadtbus: Linien in die Stadtteile und zu den Museen; www.stadtbus.winterthur.ch.

Höri, Bodanrück und Insel Reichenau

Highlight !

Insel Reichenau: Zeugnis der bedeutenden, großen Klosterkultur der Reichenau sind drei romanische Kirchen und die Schätze des einstigen Klosterlebens. Neben den historischen Bauwerken ist die Reichenau berühmt als ›Salat- und Gemüseinsel‹. S. 272

Auf Entdeckungstour

Hermann Hesse auf der Höri: Die liebliche Landschaft und die Abgeschiedenheit am See haben immer schon Schriftsteller und Künstler auf die Höri gelockt, so auch Hermann Hesse. Aus seinen Häusern in Gaienhofen sind lebendige Museen geworden S. 258

Der Bildhauer Peter Lenk: Die hyperrealistischen und satirischen Skulpturen des Künstlers Peter Lenk – etwa die Imperia am Hafen in Konstanz – sind rund um den See zu Attraktionen geworden. Seine Atelier-Gärten liegen in Bodman. 280

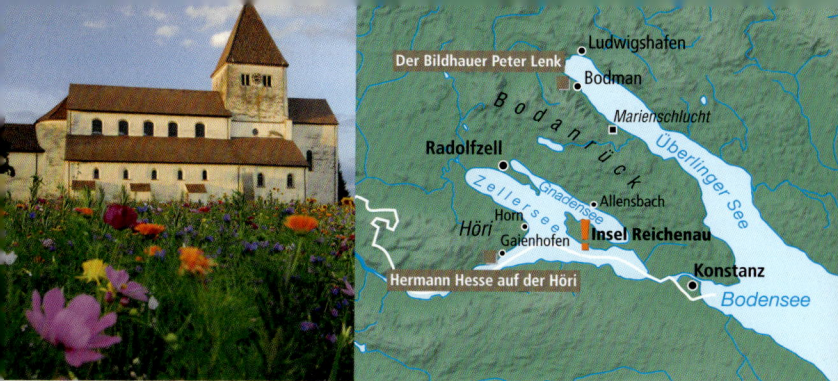

Kultur & Sehenswertes

Stadtgeschichte: In Radolfzell hat das Stadtmuseum ein wunderschönes, neu gestaltetes Zuhause im alten Apothekerhaus mit historischem Verkaufsraum. Sehenswert sind die Inszenierungen zur Stadtgeschichte. S. 263

Aktiv & Kreativ

Wilde Tiere: Nahe Allensbach lockt das weitläufige Gelände des Wild- und Freizeitparks Bodanrück mit Freigehegen für über 300 verschiedene Wildtiere, einem Streichelzoo und Greifvogelvorführungen. S. 270

Romantische Schlucht: Die Marienschlucht auf dem Bodanrück ist eine schmale Klamm, an der engsten Stelle nur 1 m breit. Über Brücken und Stege geht es vorbei an steilen Felsflächen und bemoosten Felswänden. S. 272

Genießen & Atmosphäre

Idyllischer Kirchhof: Hoch über dem See liegt im Gaienhofener Stadtteil Horn die Kirche mit dem idyllischen Kirchhof. Von hier aus hat man einen der schönsten Ausblicke auf den Zeller See und die Insel Reichenau. S. 261

Wellness luxuriös: Unterschiedlichste Saunen, Dampfbäder und Ruhe-Oasen bieten in der Bora Saunalandschaft in Radolfzell luxuriöse Entspannung. Mit Saunagarten und Seezugang. S. 267

Abends & Nachts

Höri, Bodanrück und Reichenau sind ruhige Landstriche. Wer abends ausgehen möchte, Nachtleben, Kino oder Theater sucht, muss sich nach Konstanz oder Überlingen aufmachen.

Bei Künstlern, Schriftstellern und Mönchen

Westlich von Konstanz weitet sich der Seerhein zum Untersee. Zwischen Stein am Rhein und Radolfzell ragt die Halbinsel Höri in ihn hinein. Mit ihren bewaldeten Hügeln rund um den Schiener Bergrücken, mit oftmals naturbelassenen Ufern, ist sie gemütlich, idyllisch und immer noch recht still.

Mitten im Untersee liegt die Insel Reichenau, deren romanische Kirchen zum UNESCO-Welterbe zählen. Die klösterliche Kultur wird heute ergänzt durch intensiven Gemüseanbau, der das Bild der Insel bestimmt. Zwischen der Reichenau und dem wirtschaftlichen Mittelpunkt der Region, Radolf-zell, teilt sich der Untersee in den Zeller- und den Gnadensee, unterbrochen von der Mettnau – heute eine bevorzugte Wohngegend mit Kurzentrum und Naturschutzgebiet.

Nördlich davon liegt der sehr bergige, bewaldete Bodanrück mit der Stadt Allensbach; er schiebt sich zwischen den Untersee und den Überlinger See. An seiner Kappe befindet sich Bodman-Ludwigshafen mit seinen beiden sehr unterschiedlichen Ortsteilen. Der gesamte westliche Bodenseebereich ist ideal zum Wandern und Radeln und bietet viel Ruhe und Erholung.

Infobox

Internet
www.tourismus-untersee.de: Das klar gegliederte deutsch-schweizerische Webportal hält viele Adressen von Unterkünften, Gastronomie, Sehenswürdigkeiten und Radtouren bereit.

Auskunft
Die Tourist-Infos in Gaienhofen, Radolfzell und Allensbach sind die lokal größten und bieten viel Infomaterial, auch überregional (s. jeweilige Orte).

Weiterkommen
Bus: Auf der Höri gibt es von allen Orten am Seeufer Busverbindungen nach Radolfzell und Stein am Rhein. Von Radolfzell fahren Busse nach Allensbach und weiter nach Konstanz, von Konstanz nach Bodman-Ludwigshafen, von Allensbach zur Reichenau.

Bahn: Von Radolfzell nach Singen/Hohentwie, über Allensbach nach Konstanz sowie Richtung Ludwigshafen, Überlingen und Friedrichshafen.

Schiff: Mai–Okt. Die Höri bis Gaienhofen wird mit den Schiffen der Schweizerischen Schifffahrtsgesellschaft Untersee und Rhein bedient, Tel. 052 634 08 88, www.urh.ch. Die Höri-Fähre verbindet Horn, Berlingen und Gaienhofen mit Steckborn, Tel. 07735 88 91, www.schifffahrtlang.de. Die Bodensee-Schiffsbetriebe fahren von Radolfzell Richtung Konstanz, Tel. 07531 364 03 89, www.bsb-online.com. Von Allensbach Fährbetrieb zur Reichenau, Tel. 07533 988 48, www.schifffahrtbaumann.de. Fährbetrieb zwischen Bodman, Ludwigshafen und Überlingen, Tel. 07773 93 96 95, www.schifffahrtbodensee.de.

Halbinsel Höri

Die Höri bietet eine anmutige Landschaft. Bekannt wurden die Orte Hemmenhofen und Gaienhofen in Seenähe, als sich einige Schriftsteller und Maler hier niederließen; eine kleine Künstlerkolonie entstand. Die berühmtesten waren Hermann Hesse und Otto Dix, deren Wohnhäuser erhalten sind und heute als Museen von ihrem Leben und Werk erzählen.

Schön ist die volkstümliche Erklärung für den Namen Höri: So soll der liebe Gott, nachdem er als letztes Werk der Schöpfung die paradiesische Halbinsel geschaffen hatte, ausgerufen haben – auf Schwäbisch natürlich: »Jetzt hör i auf!«

Öhningen, Wangen und Schienen ▶ D 4

Öhningen und seine Ortsteile Wangen und Schienen liegen inmitten der Obstgärten der Hinteren Höri, direkt an der Schweizer Grenze am Fuß des Schienerbergs. Im Mittelpunkt des Ortes steht auf einer kleinen Anhöhe das einstige **Augustiner-Chorherrenstift,** 965 gegründet, das als prächtiges Ensemble mit Schlosscharakter Anfang des 17. Jh. vom Konstanzer Fürstbischof Jakob Fugger erbaut wurde. Noch heute ist in den Gemäuern die Pfarrei zu Hause.

Im kleinen **Wangen** sind drei historische Fakten bedeutsam. Erstens gilt es als der älteste Ferienort auf der Höri. Zweitens gab es eine reiche jüdische Tradition. So haben hier u. a. die Familien von Jacob Picard und Albert Einstein gelebt. Die Einsteins zogen dann später nach Ulm. Heute erinnert nur noch ein Gedenkstein am Seeufer an die zerstörte Synagoge. Und drittens

wurden 1856 am Seeufer Reste jungsteinzeitlicher Pfahlbauten entdeckt – damit begann die Forschung der Pfahlbaukultur rund um den Bodensee. Diese Funde, u. a. Gefäße, Stein- und Knochenwerkzeuge sowie Versteinerungen aus Öhningen, sind im idyllischen **Museum Fischerhaus,** einem Fachwerkhaus aus dem frühen 17. Jh., liebevoll präsentiert (Hauptstr., www.museum-fischerhaus.de, Mitte April–Mitte Okt. Di–Sa 11–17, So und Fei 14–17 Uhr). Wandert man hinunter zur Riedlandschaft am See, lohnt in **Kattenhorn** die evangelische Petruskirche einen Besuch: Der Entwurf der Fenster stammt von Otto Dix, der sich 1936 im nahen Hemmenhofen niederließ.

Das Dorf **Schienen** besitzt eine bedeutende Pfarr- und Wallfahrtskirche: Die romanische dreischiffige Basilika St. Genesius ist mehr als 1000 Jahre alt; die Reliquien sollen um 800 aus Italien hierher gebracht worden sein.

Übernachten, Essen

Herrliche Lage – **Gasthof Auer:** Wangen, Hofergärtle 1, Tel. 07735 931 90, www.gasthof-auer.de, DZ 75 €, Tellergerichte ab 12,90 €, Hauptgang ab 17 €. Moderne, großzügige Familienpension in schöner Lage am See. Terrasse und Liegewiese. Gute regionale Küche mit frischen regionalen Produkten.

Komfortabel – **Landgasthof Adler:** Öhningen, Oberdorfstr. 14, Tel. 07735 450, www.adler-oehningen.de, DZ 65 €, Hauptgericht ab 9 €. Modernes Haus mit gemütlichen Zimmern, Liegewiese, regionale, frische Küche.

Camping – **Campingplatz Wangen:** Seeweg 32, Tel. 07735 91 96 75, www.camping-wangen.de. Schönes gemeindeeigenes, familienfreundliches Platzareal direkt am See. Verbund mit öffentlichem Strandbad.

Aktiv & Kreativ

Baden – **Strandbad Wangen:** Seeweg 30. Sehr schön am bewegten Wasser des Seerheins gelegen, mit baumbestandenen Wiesen. Kinderfreundliche Anlage neben dem Campingplatz.

Infos

Tourist-Information Öhningen: Klosterplatz 1, 78337 Öhningen, Tel. 07735 819 20, www.oehningen.de.

Hemmenhofen ▶ D 4

Das winzige, blumengeschmückte Hemmenhofen, Ortsteil von Gaienhofen, war ein Fischerdorf; gepflegte Fachwerkhäuser und die Zehntscheuer mit Torkel (Weinpresse) bilden den alten Dorfkern. Direkt am Seeufer liegt das größte Hotel auf der Höri – der Tourismus ist also angekommen.

Otto-Dix-Haus

Otto-Dix-Weg 6, Tel. 07735 31 51, www.otto-dix-haus.com, Ende März–Ende Okt. Di–Sa 14–18, So, Fei 11–18 Uhr, 3,50 €
Ein Brunnen des Bodmaner Bildhauers Peter Lenk (s. S. 280), der auf ein Werk von Otto Dix (1881–1969) Bezug nimmt, weist den Weg zum ehemaligen Wohnhaus und Atelier des Malers an einer Höhenflanke des Schierer Berges am Dorfrand. Hier lebte Dix von 1936 bis zu seinem Tod. Die Dauerausstellung zeigt Leben und Werk des großen Malers. Dix hatte das Grauen des Ersten Weltkriegs, das Elend und die Vergnügungssucht der 1920er-Jahre in aufrüttelnden, schrillen Bildern gegeißelt. Von den Nazis wurde er schon 1933 mit einem Mal- und Berufsverbot geächtet, zahllose seiner Gemälde

wurden aus den Museen entfernt. Die Höri bot ihm Abgeschiedenheit; in Hemmenhofen baute er sein Haus. Die Räume sind komplett erhalten. Im Atelier mit seinen großen Fensterpartien liegen die Malutensilien. Der Besitz mit dem schönen Garten wird von einer Stiftung unterhalten und seit Kurzem als Außenstelle des Kunstmuseums Stuttgart geführt (Stuttgart besitzt die weltweit größte Dix-Sammlung). Hier finden Wechselausstellungen statt, und der Blick von der Gartenterrasse ist herrlich – um mit Dix zu sprechen: »Gegend hier zum Kotzen schön«.

Übernachten, Essen

Gemütliches Familienhotel – **Haus Stern am See:** Uferstr. 34/32, Tel. 07735 20 15, www.haus-stern.de, 65–130 €. Angenehmes Hotel mit Bistro-Café-Betrieb direkt am See und schöner Gartenterrasse. Zimmer teilweise mit Balkon und Seeblick. Eigener Bootssteg, Badesteg, Bootsvermietung. Ausflüge auf der eigenen Hoteljacht möglich.
Behaglich mit guter Küche – **Hotel Landgasthof Kellhof,** Hauptstr. 318, Tel. 07735 20 35, www.kellhof.de, 90–120 €. Restauriertes großzügiges Fachwerkhaus mit schöner Gartenbewirtung in malerischer Lage; gut ausgestattete, geschmackvolle Zimmer und regional verfeinerte Küche mit Bio-Produkten; vom Michelinführer gelistet.

Aktiv & Kreativ

Bootsverleih und Wasserski – **Haus Stern am See:** Uferstr. 34, Tel. 07735 20 15.
Segeln – **Bodensee-Segelschule:** Hubert Menzel, Uferstr. 7, Tel. 07735 29 66. Auch Jugendsegelcamp, Kinderkurse.
Fahrradverleih – **Haus Stern am See:** Uferstr. 34, Tel. 07735 20 15.

Gaienhofen ▶ D 4

Der winzige alte Dorfkern von Gaienhofen mit der großen Linde und der Mauritiuskapelle ist durch die Erinnerung an Hermann Hesse bestimmt: Seine Statue steht neben der Kapelle.

Hermann-Hesse-Höri-Museum

Kapellenstr. 8, Tel. 07735 818 37, www.hermann-hesse-hoeri-museum.de, 15. März–31. Okt. Di–So 10–17 Uhr, Nov.–März Fr, Sa 14–17, So 10–17 Uhr, Erw. 7 €, Kinder 3 €, Führungen Sa 14.30 Uhr

Das Bauernhaus mit den blauen Fensterläden, in dem der junge Hesse mit seiner Frau ab 1904 bis 1907 zur Miete wohnte, sowie das alte Rat- und Schulhaus bilden heute das Hermann-Hesse-Höri-Museum (s. S. 259).

Im **Erdgeschoss** des ehemaligen Rathauses erzählt die Dauerausstellung von den zahlreichen Künstlern, die sich seit Ende des 19. Jh. auf der Höri niedergelassen haben, hier zu Hause oder zu Gast waren und die Landschaft ringsum immer wieder malten: u. a. Max Ackermann, Otto Dix, Erich Heckel. Wie Dix wurde auch der Mitbegründer der expressionistischen Künstlergruppe »Die Brücke«, Erich Heckel (1883–1970), von den Nazis verfolgt und geächtet. Als er 1944 nach Hemmenhofen in das Sommerhaus eines Freundes zog, dann zur Miete ins Pfarrhaus, kannte er das Bodenseeumland schon gut. Sein eigenes Haus, heute in Privatbesitz im Erich-Heckel-Weg und nicht zu besichtigen, bezog er 1955. In Radolfzell ist Heckel gestorben.

Übernachten, Essen

Ferien auf dem Bauernhof – **Hof Balisheim,** Fam. Burkart, Tel. 07735 930 30, www.balisheim.de. 4 Ferienwohnungen für je 4 Pers, je 60–80 € pro Nacht. 700 Jahre altes Hofgut, sehr romantisch, am Ortsrand mit Hoftieren aller Art, großer Spiel- und Liegewiese, Beachvolleyballplatz und Weiher.

Mein Tipp

Entlang der Kunstroute ▶ D/E 4

Die Kunstroute auf der Höri umfasst neben den Hesse- und Dix-Museen elf Stelen, die dort aufgestellt sind, wo einst die Staffeleien der Maler standen. Ein leerer Rahmen fasst die Landschaft ein, wie sie heute ist; die Reproduktion des Bildes daneben lässt Perspektive und Landschaftsausschnitt mit den Augen des Malers nacherleben. Kunst und Künstler wie Otto Dix und Erich Heckel, Walter Herzger oder Helmuth Macke, Walter Waentig u. a. werden so auf besondere Weise lebendig. Die Route beginnt an der Tourist-Information in Gaienhofen, wo sich in der Schlossstraße die erste Stele befindet (Walter Herzger: »Landesteg Gaienhofen«, 1960). Weiter geht es in der Seegartenstraße in Horn (Helmuth Macke: »Untersee«, 1935) und dann über Hemmenhofen nach Wangen und zurück. Länge: 14 km, Laufzeit ca. 4,5 Stunden. Zurück nach Gaienhofen kann man von Wangen aus auch den Bus 7368 nehmen (www.vhb-info.de/fahrplaene/vhb-fahrplaene.htm).

Die Höriroute ist einer von vier Abschnitten rund um den Untersee. Weitere Teilstrecken befinden sich auf der Reichenau, in Allensbach, am Schweizer Seeufer in Berlingen und Mammern sowie in Stein am Rhein. Eine detaillierte Broschüre mit Streckenverlauf ist bei der Tourist-Info erhältlich.

Auf Entdeckungstour

Schriftstelleridyll –
Hermann Hesse auf der Höri

Der weltberühmte Schriftsteller und Nobelpreisträger Hermann Hesse (1877–1962) hat als junger Ehemann in Gaienhofen gelebt. Die Zeit war für ihn prägend – für Gaienhofen ebenso, denn heute ist der malerische Ort Pilgerziel für Hesse-Fans.

Reisekarte: ▶ D 4

Planung: Hermann-Hesse-Höri-Museum s. S. 257; Hermann-Hesse-Haus, Hermann-Hesse-Weg 2, Tel. 07735 44 06 53, www.hermann-hesse-haus.de, Führungen in Haus und Garten 1 x monatl. nach telefonischer Voranmeldung (s. Website), Erw. 7 €, Kinder 3 €

Die Wirkungsgeschichte Hermann Hesses (1877–1962) ist ein weltumspannendes Phänomen; besonders seine Romane »Narziss und Goldmund« sowie der »Steppenwolf« haben über alle Jahrzehnte hinweg bis heute jungen Menschen spirituelle Nahrung, Lebensentwürfe und Inspiration geboten. Von 1904 bis 1912 lebte der berühmte Schriftsteller in Gaienhofen.

Das »lustige Bauernhäuschen«

Für 150 Reichsmark Jahresmiete bezogen Hesse und seine Frau Mia das alte Bauernhaus mit den blauen Fensterläden und Portalen. Wunderschön präsentiert sich das dörfliche Ensemble um das Haus mit alter Linde, kleiner Kapelle und benachbartem ehemaligem Rat- und Schulhaus.

Tritt man in die niedrigen Räume mit den schweren Balken und den knarrenden Dielenböden, liegen in den Vitrinen – liebevoll erläutert – Hesses Tagebücher, Brillenetuis, seine Schreibmaschine, Briefe, ein Haushaltsbuch, Postkarten. An den Wänden zahlreiche Fotos von der Familie, Verlegern und Freunden, Aufnahmen vom Badevergnügen am See, dem Ruderboot, das Hesse oft benutzte. Nach dem Einzug im Sommer 1904 nahm Hesse selbst Ausbesserungsarbeiten vor, und das junge Paar fragte sich auch beklommen, wie man den Winter in dem alten Gemäuer überstehen könne. Hesse war beim Einzug 27 Jahre alt; er war als noch wenig bekannter Dichter und Schriftsteller von Basel nach Gaienhofen gezogen; im selben Jahr war sein Roman »Peter Camenzind« erschienen – der verkaufte sich doch immerhin so gut, dass Hesse den Sprung in eine freie Schriftstellerexistenz hatte wagen können.

Mit der Natur, einfach und unstädtisch, wollte das Paar leben. Um einzukaufen – es gab keine Läden außer einem Bäcker – ruderte Hesse oftmals über den See ans Schweizer Ufer nach Steckborn. »Die Landschaft ist licht und hübsch ... Sie sollten einmal kommen«, schrieb er an seine Freunde. Und so kamen sie, u. a. sein Verleger, Ludwig Thoma und Stefan Zweig.

Hermann-Hesse-Höri-Museum

Das erste Wohnhaus Hesses in Gaienhofen ist heute mit dem benachbarten ehemaligen Schul- und Rathaus zum **Hermann-Hesse-Höri-Museum** zusammengefasst (s. auch S. 257). Im Obergeschoss widmet man sich seinem Gesamtwerk und seiner Wirkungsgeschichte. Alle Romane und Erzählbände, auch in zahlreichen anderen Sprachen, seine Essays und Reisebilder für literarische Zeitschriften sind hier versammelt. Auch Hesses weiteres Leben, seine weiten Reisen und die Künstlergemeinschaft im Tessin werden erläutert.

»Haus am Erlenloh«

Drei Jahre lebten die Hesses in dem Bauernhaus an der Kapelle zur Miete, dann wurde es, nachdem der erste Sohn zur Welt gekommen war, zu klein und unbequem. Vom Kapellenplatz sind es nur ein paar Schritte zur Hauptstraße und von dort in den Erlenlohweg; die erste Abzweigung ist der Hermann-Hesse-Weg. Und dort, Hausnummer 2, liegt das sehr schöne stattliche Landhaus im Reformstil, das Hesse von dem Architekten Hans Hindermann bauen ließ und ab 1907 bewohnte: mit gemauertem Sockelgeschoss, grün verputztem Fachwerk und schöner Fenstergestaltung.

Das »Haus am Erlenloh«, das einzige Haus, das Hesse je selbst baute, ist großzügig und anheimelnd, mit einem weiten Blick über den See. Hier wurden zwei weitere Söhne geboren, und die Familie lebte hier bis zum Umzug nach Bern im Jahr 1912, wo sich später die Wege des Ehepaares endgültig trennten. Seine drei Söhne Bruno, Heiner und Martin sind hier aufgewachsen, und hier hat Hesse die Romane »Unterm Rad«, »Gertrud« sowie mehrere Erzählbände geschrieben; der Kachelofen im Arbeitszimmer taucht mehrfach in seinen Texten auf.

Restaurierung von Haus und Garten

Seit 2003 hat das **Hermann-Hesse-Haus** nach wechselvoller Geschichte neue Eigentümer, die das Anwesen vor dem Verfall bewahrten. Es wurde aufwendig saniert, die Bibliothek Hesses restauriert, und Alltagsgegenstände wie Bilder, das Spielzeug der Kinder oder Möbel und Kleidung vermitteln noch etwas von der ursprünglichen Atmosphäre. Hesses Frau Mia war Fotografin; auch ihr widmet sich das Haus.

Der über die letzten Jahrzehnte hinweg verwahrloste Garten wird nach Hesses ursprünglichen Plänen von den Eigentümern und der Deutschen Stiftung Denkmalschutz liebevoll rekonstruiert. Beete und Wege, Hecken und Rabatten legte er selbst an; er schrieb: »… und wir hatten Erdbeeren und Himbeeren, den Blumenkohl und die Erbsen und den Salat im Überfluss«. Hesses Begeisterung und Liebe zur Gartengestaltung hat hier begonnen und begleitete ihn bis an sein Lebensende in Montagnola im Tessin.

Die engagierten Eigentümer bieten neben Führungen zu Haus und Garten auch solche zur Lebenreform, zu Mia Hesse sowie Kräuter- und Bauerngartenführungen auf der Höri an.

Das Bauernhaus, in dem Hermann Hesse ab 1904 lebte, beherbergt heute ein Museum

Infos & Termine

Kultur- und Gästebüro: Im Kohlgarten 1, 78343 Gaienhofen Tel. 07735 818 23, www.gaienhofen.de.

Bus: Stein am Rhein und Radolfzell sind mit dem Bus 7368 verbunden – auf der Strecke werden alle Orte von Öhningen bis Moos angefahren.

Schiff: Mit der kleinen **Solarfähre Untersee** (Mai–Okt.) besteht ein Personen- und Fahrradverkehr im Pendelrhythmus zwischen Gaienhofen und Steckborn am Schweizer Ufer; www.bodenseesolarschifffahrt.de. Die **Höri-Fähre** bedient die Route Horn, Berlingen, Gaienhofen und Steckborn; www.schifffahrtlang.de. Ab Hemmenhofen und Gaienhofen Mitte Mai–Mitte Okt. 4 x tgl. Linienverkehr nach Stein am Rhein und Konstanz.

Hermann-Hesse-Tage: Sept., 3–4 Tage. Interessante Vorträge, Veranstaltungen und literarische Wanderungen.

Horn ▶ E 4

Das Dorf Horn zieht sich eine Anhöhe an der Ostspitze der Höri hinauf. Hier treffen Untersee und Zellersee zusammen. Die spätgotische Kirche **St. Johannes und Veit** (1553) mit ihrem Treppengiebelturm ist weithin sichtbar und wurde zum Wahrzeichen der Höri; vom Kirchhof hat man den wohl schönsten Rundblick auf den Untersee mit der Insel Reichenau (s. auch S. 272).

Übernachten, Essen

Mediterraner Garten – **Gasthaus Hirschen:** Kirchgasse 1, Tel. 07735 933 80, www.hotelhirschen-bodensee.de, DZ ab 70 €, Restaurant, tgl. 7.30–1 Uhr, im Winter Mi, Do geschl., Hautgerichte ab 14 €. Die Küche mit eigener Schlach-

tung ist regional-deftig mit Spezialitäten wie ›Ochsenfetzen‹, Geschnetzeltes vom Ochsen. Ein Sommertraum ist der wunderschön gestaltete mediterrane Restaurantgarten: mit weißem Leinen auf langen Holztischen, Olivenbäumchen, Zitrusgewächsen, Buchsbaumhecken und Rosenspalier.

Günstig – **Jugend- und Gästehaus am See:** Hornstaader Str. 50 und 54 b, 07735 985 20 oder 930 30, www.jugendhotelamsee.de, DZ um 50 €, im Mehrbettzimmer ab 15 € pro Person. Preiswerte Unterkunft in zwei modernen Häusern direkt am See mit großem Gartengrundstück.

Camping – **Campingdorf Horn:** Strandweg 3–18, Tel. 07735 685, www.campingdorf.de. Große Platzanlage in ökologischer Bewirtschaftung; die Stellplätze sind in ›Runddörfern‹ angeordnet; mit Gastwirtschaft, Kiosk, Backhaus, Kinder- und Jugendzirkus. Mehrfach vom ADAC ausgezeichnet.

Aktiv & Kreativ

Baden – **Strandbad Horn:** unterhalb des Campingplatzes gelegen, große Liegewiese mit alten Bäumen und Restaurant-Kiosk.

Fahrradverleih – **Velo Martin:** Hauptstr. 120, Tel. 07735 38 42 oder 30 12.

Ferienmalkurse – **Atelier Heidi Reubelt:** Tel. 07735 18 23, www.atelier-heidi-reubelt.de. Ende April, Mitte Juni und im Sept. Verschiedene Schwerpunkte wie Menschenbild, Natur, Landschaft.

Segeln – **Harald Lang:** Steganlage Horn, Tel. 07735 88 91.

Moos ▶ D 3

Der kleine, staatlich anerkannte Erholungsort Moos liegt nur 3 km von Radolfzell entfernt und blickt auf den

Zellersee. Der alte Hafen ist idyllisch von weiten Schilfflächen umgeben. Weithin bekannt sind neben zwei ausgezeichneten Restaurants zwei bedeutende Festivitäten: Am Montag nach dem dritten Sonntag im Juli beginnt hier im Rahmen des **Radolfzeller Hausherrenfestes** die Mooser Wasserprozession (s. Abb. S. 43). Die Einwohner von Moos, allen voran der Pfarrer mit Prozessionskreuz, fahren auf blumengeschmückten Booten nach Radolfzell, besuchen das Hochamt im Münster und feiern mit den ›Städtern‹ auf den Straßen und Plätzen.

Am ersten Sonntag im Oktober ist mit dem **Büllefest** der weltliche Genuss am Zug. ›Bülle‹ ist der heimische Begriff für rote Zwiebeln, die hier immer schon angebaut wurden. Es findet jährlich abwechselnd in einem der vier Ortsteile statt und zieht Tausende von Besuchern an, die von Stand zu Stand schlendern und probieren: Zwiebelkuchen, gegrillten Fisch, Kuchen, Suppen, Most und Wein …

Übernachten, Essen

Sie liegen sich fast gegenüber, die zwei tollen Restaurants am Ortseingang von Moos, und ihre *patrons* stammen aus einer weithin bekannten Gastronomenfamilie. Da fällt die Wahl schwer.
Regionale Sterneküche – **Silence Hotel Restaurant Gottfried:** Böhringer Str. 1, Tel. 07732 924 20, www.hotel-gottfried.de, DZ ab 108 €, Do, Fr-mittag geschl. Der moderne Hotelkasten schräg gegenüber vom Grünen Baum (s. u.) täuscht: ein gemütliches, sehr komfortables Hotel mit behaglichen Zimmern, einem großzügigen Wellnessbereich und einer hervorragenden, kreativen Regionalküche, von Michelin ausgezeichnet. 3-, 4-, 5-Gang-Menüs zum Selbstzusammenstellen zu

39, 49 oder 59 €. Wie wär's z. B. mit Zander, kross auf der Haut gebraten, mit Spinat-Brennnesselpüree oder Lammrücken mit Gewürzkräuterkruste und Gemüse-Couscous? Besonders schön ist der große Restaurantgarten mit Nussbäumen und Weinreben.
Fein und ökologisch – **Gasthof Grüner Baum:** Radolfzeller Str. 4, Tel. 07732 540 77, www.gruenerbaum-moos.de, Do–Mo 11.30–14, 17.30–23 Uhr, 2-, 3-, 4-Gang-Menüs zum Selbstzusammenstellen, 22 bis 32 €. Der Wirt Hubert Neidhart bietet in seinen beiden behaglichen Gaststuben regionale Küche aus ökologischer Landwirtschaft und frischesten Fisch. Seine mediterran inspirierte Bodenseefischsuppe oder die Hechtklößchen muss man probiert haben!

Radolfzell ▶ D/E 3

Radolfzell am nördlichen Uferbogen des Untersees ist mit seinen ca. 30 000 Einwohnern der wirtschaftliche Mittelpunkt der Region; das neue Seemaxx Factory Outlet ist ein großer Anziehungspunkt.

Rund um das Münster kann man bummeln und shoppen. Berühmt sind die Kuren auf der Halbinsel Mettnau – im Kur- und Therapiezentrum für Herz- und Kreislaufgeschädigte, Stress- und Burnout-Patienten wird Gesundheit getankt, umgeben von einem Landschaftsschutzgebiet und den Seeufern.

Der Untersee ist mit seinen Naturschutzgebieten eine der artenreichsten und bedeutendsten vogelkundlichen Regionen Mitteleuropas. So ist Radolfzell zur Heimat zahlreicher Naturschutzverbände geworden, etwa von NABU, BUND, der Deutschen Umwelthilfe, der Bodenseestiftung und der Stiftung Europäisches Naturerbe.

Geschichte

Die Ursprünge Radolfzells gehen bis ins Jahr 826 zurück, als Bischof Ratoldus von Verona (er lebte im Kloster Reichenau) als geistliche Niederlassung neben dem Fischerdorf ein erstes winziges Gotteshaus gründete, die Cella Ratoldi. Damit war der Grundstein für die Stadt gelegt, und so ist auch heute noch das Münster Unserer Lieben Frau Mittelpunkt der Altstadt. Im 12. und 13. Jh. erhielt der Ort Markt- und Stadtrechte; um 1300 ging Radolfzell in habsburgische Hoheit über. 1810 wurde der Ort dem Großherzogtum Baden zugesprochen. 1863 wurde Radolfzell an das Eisenbahnnetz angeschlossen. Der Ferien- und Kurbetrieb begann in den 1920er-Jahren zu florieren; nach dem Zweiten Weltkrieg entwickelte sich das Kurzentrum auf der Mettnau zu internationalem Rang; Radolfzell wurde Kurstadt.

Altstadt

Der alte Stadtkern von Radolfzell und seine umliegenden Eingemeindungen gruppieren sich um den nördlichen Unterseebogen; die Altstadt ist durch Eisenbahnlinie, Bahnhof und Busbahnhof vom Seeufer und der Landzunge Mettnau getrennt. Wandert man vom Bahnhof aus die Seetorstraße hinauf, kommt man direkt in die verkehrsberuhigte Altstadt und zu ihrem Mittelpunkt, dem Marktplatz. Beherrscht wird er durch das **Münster Unserer Lieben Frau**: Die dreischiffige gotische Pfeilerbasilika wurde zwischen 1436 und 1550 erbaut. Einige Schritte entfernt fällt das einstige **Reichsritterschaftsgebäude** mit Portal und Freitreppe ins Auge: Es ist heute Amtsgericht. Hier versammelte sich zwischen 1600 und 1805 die Hegauritterschaft.

Besonders schön restauriert ist die ehemalige Stadtapotheke von 1689 – hier ist das **Stadtmuseum** beheimatet. Schon allein der alte Apothekenraum ist sehenswert. Die Stadtgeschichte wird mit Tableaus und medialen Inszenierungen lebendig. Ein Raum ist dem Dichter Viktor von Scheffel gewidmet (Marktplatz 2, Tel. 07732 815 30, www.stadtmuseum-radolfzell.de; Di–So 10–12.30, 14–17, Do bis 20 Uhr, Erw. 4 €, Kinder 1 €).

Auf der Ostseite des Kirchplatzes liegt das **Österreichische Schlösschen** (Stadtbibliothek), das als Renaissancebau 1619 für einen österreichischen Erzherzog begonnen, aber erst Anfang des 18. Jh. fertiggestellt wurde.

Mein Tipp

Von der Altstadt Radolfzells bis zur Spitze der Mettnau ▶ D/E 3
Auf einem 7,5 km langen Spazierweg lassen sich die Besonderheiten Radolfzells und der Mettnau bis hinein in das Naturschutzgebiet erleben. Vom **Marktplatz** führt ein ausgeschilderter Weg durch die Bahnhofsunterführung zur **Uferpromenade.** Man hält sich links und passiert die Schiffsanlege und den Jachthafen. Dann biegt man in die Scheffelstraße und die Mainaustraße ein. Nach dem Seebad geht es auf dem Fußweg (gelbe Wegweiser) durch den **Mettnau-Park.** Beim Strandbad geht linker Hand das Kurzentrum ab und das Naturschutzzentrum Mettnau. Von hier führt der **Life-Pfad Untersee** durch den Auwald zum **Mettnauturm** mit herrlicher Aussicht. Wem der Rückweg zu lang wird, der kann mit dem Stadtbus ab Kurzentrum zurückfahren.

Lieblingsort

Wochenmarkt in Radolfzell ▶ D 3

Jeden Mittwoch und Samstag findet morgens der große Wochenmarkt rund um den Marktplatz statt – er ist eine wahre Freude: üppig und vielfältig wie in Italien, mit Gemüse, Obst, Fisch, Fleisch, Geflügel und vielen kleinen Leckereien von den Erzeugern ringsum – Produkte, an denen man beim besten Willen nicht vorbeikommt …

Schlendert man ein Stück weiter ostwärts durch die schmalen Gassen, führt der schön angelegte **Stadtgarten** im einstigen aufgeschütteten Stadtgraben zur Seestraße und zum **Grienen Winkel** mit alten Fischer- und Bauernhäusern aus dem 18. Jh. Auf der Seeseite hinter dem Gleis- und Bahnhofsriegel lockt das **Ufer** mit seinen Wiesenflächen, der Schiffsanlege und dem Jachthafen.

Halbinsel Mettnau ▶ D/E 3

Die Mettnau teilt den nordwestlichen Untersee in den Gnadensee mit Markelfinger Winkel und den Zellersee. Die ›Au in der Mitte‹ des Sees hat sich von einer Viehweide über einen Anbauort für Reben und Obst zur bevorzugten Wohngegend, Erholungslandschaft mit Bädern und Sportanlagen sowie zum hochrenommierten Kurzentrum mit modernen, variantenreichen Sport- und Gesundheitsangeboten entwickelt. Seit 1938 ist die südwestliche Inselspitze Natur- und Vogelschutzgebiet. Am Inseleingang erschließen die Scheffel- und Hausherrenstraße das Wohngebiet.

In der **Villa Bosch** (Scheffelstr. 8) ist die **Städtische Galerie** zu Hause; sie bietet wechselnde Ausstellungen und Veranstaltungen. Die Villa gehörte der Familie Bosch, die eine bedeutende Rolle in der Stadtgeschichte spielte (Tel. 07732 813 70, Di–So 14–18 Uhr, 4 €).

Die Strandbadstraße führt entlang dem schönen **Mettnau-Park** bis zum Scheffelschlössle und den letzten Bebauungen vor dem Naturschutzareal, das in etwa die Hälfte der Insel, den gesamten Ostteil, einnimmt. Das **Scheffelschlössle** (nicht zugänglich) erinnert an den Dichter und Schriftsteller Viktor von Scheffel (1826–1886), der mit seinem »Trompeter von Säckingen« zu einem viel gelesenen Autor seiner Zeit wurde. Nach einem ersten Badeaufenthalt kam von Scheffel wieder – er baute um 1870 seine italienisierende Villa.

Übernachten

Schönes Ambiente – **ArtVilla am See:** Mettnau, Rebsteig 2, Tel. 07732 944 40, www.artvilla.de, DZ 120–180 €. Am Park beim See gelegen, bietet das feine Garni-Hotel behaglich elegante Zimmer in einem Mix aus Alt und Neu in privater Atmosphäre. Mit Balkonen zum See, Terrasse, Garten, Wellnessbereich, Weinbar und Kaminraum.

Stattlich im Zentrum – **Hotel Restaurant Krone am Obertor:** Radolfzell, Obertorstr. 2, Tel. 07732 48 04, www.bodenseehotel-krone.de, DZ um 80 €, Hauptgericht ab 12 €. Alte Tradition und moderner Komfort im Haus mit 400-jähriger Geschichte in der Radolfzeller Altstadt. Großzügige Zimmer, gute regionale Küche, badische Spezialitäten und Fisch in schöner Gaststube.

Für Familien und Gruppen – **Naturfreundehaus Bodensee:** Markelfingen (ca. 3,5 km östl.), Radolfzeller Str. 1, Tel. 07732 82 37 70, www.naturfreundehaus-bodensee.de. 3-, 4-, 5-Bettzimmer und Familienstudios bietet das gut ausgestattete Haus am See. Familienstudio z. B. für 3 Pers. 52 € ab 1 Woche; Einzelpersonen 56 € pro Nacht mit Halbpension. Unterschiedlichste Angebote. Alle Zimmer mit Seeblick und Balkonen. Ideal für Familien. Mit Restaurant, Terrasse, Liegewiese, Badestrand, Spielplatz, Kanuverleih.

Ferienwohnung – **Seebalkon Renate Nebel:** Mettnau, Mettnaustr. 23, Tel. 07732 146 77, www.seebalkon.de. 4 Zimmer für max 6 Pers., 110 m², 70–100 € pro Nacht (ab 3 Übernachtungen). Die Ferienwohnung mit Südbalkon und Gartenterrasse in dem schönen, mit Holzschindeln verkleideten Haus bietet alles, was man zum Urlaub braucht. Durch den Garten mit Liegewiese geht's direkt zum See.

Camping – **Campingplatz Radolfzell-Markelfingen:** ca. 3,5 km östl., Unterdorfstr. 25, Tel. 07732 106 11, www.campingplatz-markelfingen.de. Romantisch gelegene, gepflegte Anlage direkt am See mit flachem Badestrand, Restaurant/Kiosk, Spielplatz; direkte Bushaltestelle.

Essen & Trinken

Gepflegtes Ambiente – **Restaurant Basilikum:** Löwengasse 30, Tel. 07732 97 05 70, Mo–Fr 12–14, 18–23, Sa, So 18–23 Uhr, Hauptgericht ab 12 €. Stilvolles Restaurant mit schönem Gastgarten. Wöchentlich wechselnde Menüs, auch vegetarische Küche.

Tolle Lage – **Restaurant Strandcafé:** Mettnau, Strandbadstr. 102, Tel. 07732 16 50, www.strandcafe-mettnau.de, tgl. 11–24 Uhr, Hauptgerichte ab 12 €. Ein gläserner großer Pavillon mit Terrasse direkt an und über den Bodenseewellen.

Regionale Bioküche – **Mettnaustube:** Strandbadstr. 23, Tel. 07732 136 44, www.mettnaustube.de, Mo geschl., Di ab 17, Mi–So 11.30–24 Uhr, Hauptgerichte 10–20 €. Fisch, Fisch, Fisch – von Austern über Labskaus bis zu heimischen Spezialitäten, eigene Fischräucherei.

Deftig dörflich – **Wirtschaft zum Kranz:** Liggeringen (ca. 6,5 km nordöstl.), Bergstr. 3, Tel. 07732 103 66, Do–Di 17–24, So auch 11–14 Uhr. Gemütliche Dorfatmosphäre im Gastraum und im Garten. Most aus dem Fass, ›Dinnele‹ (um 7 €), alemannische Flammkuchen mit verschiedenen Belägen oder Ochsenfetzen. Super!

Einkaufen

Auf Schnäppchenjagd – **Seemaxx:** Schützenstr. 50, Tel. 07732 94 09 99 30, www.seemaxx.de, Mo–Sa 10–19 Uhr. Das neue Factory Outlet Centre Radolfzell liegt am Altstadtrand und ist zu Fuß gut zu erreichen! Mit Café und Kinderbetreuung.

Aktiv & Kreativ

Baden – **Strandbad Mettnau:** Strandbadstr., Mai–Ende Sept. Kurz vor dem Ende der Straße, nahe der Schiffsanlege Mettnau, liegt das größte Strandbad am Bodensee mit weiten Ausblicken hinüber zur Höri. Großzügige Anlage mit allen Annehmlichkeiten.

Bootsverleih – **Bootsverleih an der Seepromenade:** Karl-Wolf-Str. 9, Tel. 07732 567 20. Ruderboote, Tretboote, Elektroboote, Kanus, Kajaks, Segelboote.

Segeln – **Segelschule Radolfzell:** Zeppelinstr. 23, Tel. 07732 97 19 31, www.segelschule-radolfzell.de. Ausbildung für alle infrage kommenden Scheine. Segeln für Kinder.

Surfen – **Surfschule Witte:** Karl-Wolf-Str. 31, Tel. 07732 62 92, www.promarine.de.

Saunieren im Luxus – **Bora Saunalandschaft:** Karl-Wolf-Str. 33, Tel. 07732 940 63 30, www.bora-sauna.de, Mo–Fr 10–23, Sa 13–23, So 12–22 Uhr, 17,50 €, Abendkarte 3 € billiger. Sehr schöne Saunaanlage mit Finnischer Sauna, Kelo-Steg-Sauna, Erdsauna, Dampfbad, Ruhe-Oasen, Steinduschen, Pool, Kosmetik und Massagen. Dazu Saunagarten mit Seezugang und Bar-Restaurant.

Fahrradverleih – **Rad + Tat:** auch Elektroradvermietung, Scheffelstr. 10 (5 Gehminuten vom Bahnhof am See entlang Richtung Mettnau), Tel. 07732 555 22, www.radundtatsport.de. **Fahr-**

radverleih Joos: Schützenstr. 11 und 14 (200 m vom Bahnhof entfernt), Tel. 07732 82 36 80, www.zweirad-joos.de; auch Tandems und Motorroller.
Radwanderungen – In den Sommermonaten werden über die **Tourist-Information** (s. u.) geführte Radwanderungen aller Art angeboten.
Schiffs- und Radtour in Begleitung – Für alle, die gern in Gesellschaft reisen, bietet die **Tourist-Information** kombinierte Schiffs- und Fahrradtouren von Radolfzell als Tagestour an; z. B. mit dem Schiff nach Konstanz, dann nach Meersburg und mit dem Rad über Überlingen zurück. Auch Touren nach Kreuzlingen und Wollmatingen oder ans schweizerische Rheinufer.
Stadtführungen – Mai–Sept. Sa 10 Uhr, Stadtführungen über die **Tourist-Information.**
Klettern – **Kletterzentrum Kletterwerk:** Güttinger Str. 17/1, Tel. 07732 95 98 48, www.kletterwerk.de, Mo–Fr 9–22.30, Sa, So, Fei 10–21 Uhr, Erw. 12,50 €, Kinder 7,50 €. Halle mit zahlreichen Trails; Kinderferienkurse, Kletterscheine.
Mit der Solarfähre auf Beobachtungstour – **NABU Mettnau:** Floerickeweg, Tel. 07732 123 39, www.nabu-mettnau.de. Am Untersee werden die kleinen Solarboote oder die futuristisch anmutende Solarfähre Helio zur lautlosen Beobachtungsplattform: Die Ausfahrt »Vogelzug am Bodensee« z. B. führt in die Welt der Wasservögel, zu Enten, Tauchern und Möwen, die in den Flachwasserzonen zu Hause sind. Ein ungewöhnliches Erlebnis!
Naturkundliche Ausflüge – **NABU Naturschutzzentrum Mettnau:** s. o. Geöffnet bei Veranstaltungen oder nach Vereinbarung. Bietet Einblick in die Lebensräume der Mettnau wie Schilf, Streuwiesen und Auenwald. Buchung von geführten Wanderungen und Bootsfahrten.

Infos zu Wasservögeln – **BUND Naturschutzzentrum Mindelsee:** Radolfzell-Möggingen (ca. 4,5 km nordöstl.), direkt im Ortskern an der Kirche, Tel. 07732 150 70, www.bund.net, tgl. 9–12, 14–17 Uhr. Mit Ausstellung. Am Mindelsee (s. S. 270) wurden knapp 100 brütende ornithologische Arten festgestellt: Das Naturschutzzentrum setzt sich für den Erhalt und den Schutz des international bedeutenden Feuchtgebiets für Wasservögel ein.

Infos & Termine

Infos

Tourist-Information: Bahnhofsplatz 2, 78315 Radolfzell, Tel. 07732 815 00, www.radolfzell.de. Zur Mettnau und dem Kurangebot: www.mettnau.com.

Verkehr

Bahn: Vom Bahnhof halbstdl. mit dem »Seehas« in Richtung Singen, Konstanz oder Lindau.
Bus: Vom Busbahnhof Bus 7368 Richtung Moos, Gaienhofen und Öhningen; mit Bus 7372 zur Insel Reichenau.
Schiff: Von der Anlage Seepromenade Mitte Mai–Mitte Sept. Linienverkehr nach Stein am Rhein, Schaffhausen, zu den Inseln Reichenau und Mainau. Mitte Juli–Mitte Sept. Solarfähre zur Mettnau und nach Moos.

Termine

Mittelalterfest: 1. Maiwoche. Die Altstadt verwandelt sich in einen Markt mit Kostümfest, Verkaufsständen und Musik.
Bodensee Quiltfestival: Wochenende im Mai, jedes 2. Jahr (ungerade). Mit Vorführungen, Kursen, Ausstellungen und Verkaufsständen.
Segel-Gartenparty: Wochenende im Juni. Am Konzertsegel mit Bar wird getanzt, Lampions erhellen die Ufer.

Das Naturschutzgebiet auf der Mettnau ist Lebensraum vieler Vogelarten

Hausherrenfest: 3. So und Mo im Juli. Die Stadt ehrt den Stadtgründer und die Reliquien. In festlicher Prozession werden die Reliquien durch die Stadt getragen. Am Mo kommen die Bewohner von Moos mit geschmückten Booten über den See, um ihre Ehrerbietung zu erweisen. Schlusspunkt ist ein großes Seefeuerwerk am Montagabend.
Altstadtfest: 1. Sa im Sept. Mit zahllosen Ständen, Musik, Kinderevents und Kleinkunst.

Bodanrück

Der schluchtenreiche Bodanrück ist bergig und bewaldet: für Radfahrer eine echte Herausforderung. Das städtische Zentrum ist Allensbach. Etwas östlich davon führt ein Alleedamm hinüber zur Insel Reichenau, deren Klosterkultur zum UNESCO-Welterbe erklärt wurde.

Allensbach ▶ E/F 3

Das Institut für Demoskopie hat den Namen Allensbach bekannt gemacht: 1947 von Elisabeth Noelle-Neumann gegründet, erforscht das Institut immer wieder die Meinung der Deutschen zu Fragen der Politik, Wirtschaft und Soziologie. Für Urlauber bietet der Ort (ca. 7000 Einwohner) – mit seinen Ortsteilen **Hegne, Kaltbrunn, Freudental** und **Langenrain** lang gezogen am See gelegen – eine entspannte Atmosphäre in ländlicher Umgebung.

Die Geschichte Allensbachs ist eng mit dem Klosterleben der Insel Reichenau verknüpft; 724 wurde der Weiler erstmals in den Klosteraufzeichnungen erwähnt. Im 10. Jh. wurde er Fährstützpunkt und Stapelplatz für die Güter von und zur Klosterinsel. Gab es einen Missetäter auf der Reichenau, wurde er nach Allensbach übergesetzt und von dort nach Konstanz gebracht. Wollte der Abt Gnade walten lassen, läutete er die Gnadenglocke des Münsters: So erhielt der Teil des Sees zwischen Allensbach und der Insel Reichenau den Namen Gnadensee. Mitte des 16. Jh. war die große Zeit der Klosterinsel vorbei und Allensbach fiel an das Fürstbistum Konstanz. Nach langen Zeiten der Not wurde Allensbach 1803 badisch. Bei der Revolution von 1848 konnte der Anführer Friedrich Hecker die Allensbacher für die gemeinsame Sache gewinnen, doch der Aufstand wurde niedergeschlagen. Mit dem Bau der Eisenbahn 1863 kam dann der Fremdenverkehr auf.

Sehenswert ist die evangelische **Gnadenkirche** auf dem Hohrenberg: Sie wurde komplett umgebaut und bietet mit der seeseitigen Verglasung einen wunderbaren Blick. Hier finden Ausstellungen und Konzerte statt. Sehr schön angelegt ist die lange **Seepromenade**, die ›Lände‹, wie die Einheimischen sagen, mit Seegarten und Seebühne. Von hier blickt man direkt auf die Reichenau.

Wild- und Freizeitpark
Bodanrück ▶ E 3
Gemeinmärk 7, nahe Kaltbrunn (Mai–Ende Aug. Buslinie 8 ab Bhf. Radolfzell), Tel. 07533 93 16 19, www.wildundfreizeitpark.de, Mai–Sept. tgl. 10–18 Uhr, Erw. 7 €, Kinder 5 €, Okt.–April 10–17 Uhr, Erw. 5,50 €, Kinder 3,50 € Über 300 Wildtiere, z. B. Bären, Luchse, in riesigen Freigehegen laden zum Kennenlernen ein. In der weitläufigen Anlage können Kinder den Aktivspielplatz, Streichelzoo und die Parkeisenbahn entdecken. Greifvogelvorführungen, Wasserspringboote, Restaurant.

Mindelsee-Rundweg ▶ E 3
Vom Wildpark-Parkplatz (s. o.) gelangt man zum Mindelsee-Rundweg. Der See, in der Eiszeit entstanden, liegt in einer Senke und ist ein naturbelassenes Vogelparadies. See und Umland mit Auwald, Riedwiesen und Schilfflächen stehen unter Naturschutz. Am See brüten seltene Vogelarten wie Schwarzkehlchen, Kolbenenten oder Bekassinen; hier rasten Zugvögel, und über 20 000 Reiherenten ruhen hier tagsüber aus, bevor sie nachts den Bodensee zur Nahrungssuche ansteuern. Für die Besucher gibt es einen Rundweg, einen Rastplatz und eine Badestelle, die nur zu Fuß zu erreichen ist. Der Rundweg ist ausgeschildert.

Übernachten

Klein und komfortabel – **Hotel am See:** Gallus-Zembroth-Str. 19a, Tel. 07533 50 91, www.hotel-amsee.de, DZ um 100 €. Hell, sonnig, stilvoll: Das Garni-Hotel liegt am Ostrand des Ortes, mit weitem Blick auf den See, ca. 300 m vom Strandbad entfernt. Auch Ferienwohnungen.

Freundliche Einkehr – **Haus St. Elisabeth:** Kloster Hegne (ca. 2,5 km östl.), Tel. 07533 93 66 20 00, www.st-elisabeth-hegne.de, DZ um 100 €. Das moderne, höchst komfortable Gästehaus des Klosters Hegne der Schwestern vom Heiligen Kreuz liegt auf einer Anhöhe mit weitem Seeblick und Garten. Es bietet Ruhe, Entspannung und Angebote für Geist, Seele und Körper.

Ferienwohnungen und Schlafen im Heu – **Müllerhof:** Kaltbrunn (ca. 2 km nördl.), Markelfinger Str. 12, Tel. 07533 57 29, www.biohof-mueller.de, Heuapartment ab 30 € pro Nacht, Ferienwohnungen ab 42 €. Zwischen Bodanrück und Gnadensee liegt von Wäldchen und Obstplantagen umgeben der Biohof mit 4 modern und großzügig ausgestatteten Ferienwohnungen. Auch ein Heuapartment, voll ausgestattet und mit Balkon, ist dabei. Mit Spiel- und Grillplatz; Naturkostladen.

Camping – **Campingplatz Himmelreich:** Strandweg 30, Tel. 07533 64 20, www.campingplatz-himmelreich.de. Hochmoderner, großer grüner Campingplatz am See mit architektonisch anspruchsvollen neuen Servicebauten, darunter kleine, funktionale Radlerunterkünfte (14 € pro Person), Café-Restaurant und angrenzendes offenes Strandbad mit großer Liegewiese.

Essen & Trinken

Für Feinschmecker – **Seerestaurant Café Leissner:** Hinnengasse 2, Tel. 07533 36 98, www.seerestaurant-leissner.de, Do–Di 9–23.30 Uhr, Hauptgericht ab 10 €. Am See gelegen, bietet frische regionale Küche, Fisch und Gemüse von der Reichenau. Vom Feinschmecker empfohlen.

Vegetarisch überzeugend – **Weinstube Bunte Kuh:** Kaltbrunn (ca. 2 km nördl.), Markelfinger Str. 11, Tel. 07533 66 14, www.bunte-kuh.de, Di–So ab 18 Uhr, Hauptgerichte ab 9 €. Im alten Bauernhaus werden in der mit viel Trödel ausgestatteten Wirtsstube frische Regionalküche und eine gute Auswahl vegetarischer Gerichte angeboten.

Am Wild- und Freizeitpark – **Landgasthof Mindelsee:** beim Wildpark (s. o.), Gemeinmärk 7, Tel. 07533 93 16 13, www.landgasthaus-mindelsee.de, Mi–Mo, Hauptgerichte ab 9 €. Mit gemütlichem Restaurant; Terrassengarten.

Deftig – **Alet-Stüble:** Konstanzer Str. 7, Tel. 07533 21 99, Mi–Mo 10–14 und ab 17 Uhr, Hauptgerichte 8–14 €. Rustikales Wirtshaus mit Gartenterrasse und gutbürgerlicher Küche.

Aktiv & Kreativ

Baden – **Strandbad am Campingplatz:** Mai–Ende Sept. 8.30–20 Uhr.

Bootsverleih – **Bootsverleih Baumann:** Schiffslände, Tel. 07533 988 48, www.schifffahrtbaumann.de.

Fahrradverleih – **Radhaus:** Von-Stein-beiß-Str. 2, Tel. 07533 12 18.

Reiten – **Pferdehof Buchholzhof:** Langenrain (ca. 6 km nördl.), Tel. 07533 51 20, www.buchholzhof.de. Auch Ferienwohnungen.

Infos & Termine

Infos

Kultur- und Verkehrsbüro: Im Bahnhof, Konstanzer Str. 12, 78476 Allensbach, Tel. 07533 801 34, www.allensbach.de.

Verkehr

Bahn: Mit dem »Seehas« alle 30 Min. Richtung Radolfzell, Singen sowie Konstanz.

Schiff: Mitte Mai–Ende Sept. tgl. mehrmals Personen- und Radlerfähre zur Insel Reichenau.

Bus: Mehrmals tgl. in die Ortsteile.

Termine

Der kulturelle Terminkalender von Allensbach ist reichhaltig und vielfältig – mit zahlreichen Einzelveranstaltungen in den Sommermonaten.

Jazz am See: Mai–Sept. Zahlreiche Veranstaltungen im Seegarten, von Jugendorchestern über Latino-Jazz bis zu Chansonabenden oder Roma-Brass-bands.

Seetorfescht: 1. Juliwochenende. Mit Wasserprozession zur Insel Reichenau (am So).

Traditionelles Gnadensee-Schwimmen: So Ende Juli/Anfang Aug. Von der Insel Reichenau bis zum Strandbad Allensbach, mit über 400 Teilnehmern. Die 1,6 km lange Schwimmstrecke wird von der DLRG begleitet. Rahmenprogramm im Strandbad (www.allensbach.dlrg.de).

Suser- und Streuobstfest: 2. Sept.-wochenende: junger Wein, Most, Kulinarisches, Musik auf dem Rathausplatz.

Schloss Langenrain und Marienschlucht ► E/F 3

Auf der nordöstlichen Seite des bergigen Bodanrück grenzen die Ufer mit den kleinen Ortschaften Litzelstetten, Dingelsdorf und Wallhausen an den Überlinger See. Bei Langenrain, ein weiterer Ortsteil von Allensbach, liegt hoch auf dem Bodanrück das Gräflich von Bodmansche **Schloss Langenrain** von 1648. Heute sind in dem anmutigen roséfarbenen Barockbau eine Akademie der Konstanzer Universität und ein vornehmes Tagungshotel beheimatet.

Auf dem Weg hinunter zum Überlinger Seeufer liegen ein Golfplatz und das **Hofgut Kargegg**. Der Wanderparkplatz ist Ausgangspunkt für einen aufregenden Abstieg in die **Marienschlucht**. Vorbei an der grün überwucherten Ruine Kargegg geht der Weg hinunter in die schmale, etwa 100 m lange Klamm. An der engsten Stelle ist sie nur 1 m breit. Es geht über Brücken und Stege, an bemoosten Felswänden entlang – grüne, dschungelartige Wandflächen, die bis zu 65 m hoch aufragen. Diese wilde Felsspalte entstand vor Tausenden von Jahren durch Erosion im Fels. Die Marienschlucht steht unter Naturschutz und ist nur zu Fuß zu erreichen. Auch von Bodman führt ein Wanderweg am Bodenseeufer entlang bis zur Marienschlucht.

Die im Sommer viel besuchte Klamm wird von Bodman, Ludwigshafen und Sipplingen mit dem Ausflugsboot angefahren (www.marienschlucht.de).

Insel Reichenau❗ ► E 3/4

Im Untersee, 4 km südlich von Allensbach, liegt die Insel Reichenau. Die Klosterinsel hatte im frühen Mittelalter politisch, wissenschaftlich und künstlerisch eine europaweite Aus-

Enge Klamm – die Marienschlucht bei Langenrain auf dem Bodanrück

strahlungskraft. Von den über 20 Kirchen auf der Insel sind drei geblieben: Die Stiftskirche St. Georg, das Münster St. Maria und Markus sowie die Stiftskirche St. Peter und Paul gehören zu den wichtigsten Zeugnissen romanischer Baukunst in Deutschland. Seit dem Jahr 2000 ist die Reichenau UNESCO-Welterbe.

Die Reichenau ist die größte Bodenseeinsel, aber mit ihren 4,3 km² dennoch sehr übersichtlich. Hauptzufahrtsweg ist der Damm, der südlich von Allensbach auf die Südostspitze der Insel führt; es gibt ihn seit 1838. Die prachtvolle Pappelallee ist Teil der Deutschen Alleenstraße. Am Ende der Allee weist die Statue des Klostergründers Pirmin den Weg in die 1300-jährige Inselgeschichte. Deutlich wird auch sofort, dass heute – neben den Besuchern – der Gemüseanbau die wichtigste Rolle spielt; das Klima ist mild, alles sprießt und gedeiht. Die Hälfte der Inselfläche wird dafür genutzt; der früher bedeutsame Wein spielt nur noch eine untergeordnete Rolle. Salat- und Gemüsefelder, Plastikplanen, Gewächshäuser und Bewässerungsanlagen bestimmen das Bild zwischen den drei Ortsteilen Ober-, Mittel- und Niederzell. Jeder Ortsteil besitzt eine der kunsthistorisch bedeutenden Kirchen. Dazwischen gibt es immer wieder herrliche Blicke auf den Untersee und den Schweizer Seerhein.

Da die ganze Insel in Klosterbesitz war und die Klöster mit zahllosen Laienbrüdern autark wirtschafteten, siedelten sich die Klosterbauern bei ihren Äckern an, und noch heute folgen viele Wirtschaftswege und Straßen dem alten Raster, wie auch die Äcker und Felder zwischen den Kirchen noch sichtbar sind. Für Radfahrer und Skater sind die vielen landwirtschaftlichen Nutzwege ideal, um sich auf der Insel zu bewegen.

Geschichte

Im Jahr 724 entdeckte der Wanderbischof Pirmin mit seinen Männern die menschenleere Insel. Pirmin gründete dort mit Zustimmung des fränkischen Königshauses ein Benediktinerkloster. Die Abtei entwickelte sich bald zu einem im ganzen Abendland anerkannten Zentrum für Wissenschaft und Kunst; auch der politische und wirtschaftliche Einfluss war groß. Aus der Klosterschule gingen namhafte Theologen und Gelehrte hervor, und in den Skriptorien entstanden wundervolle, kostbarste Handschriften wie das Evangeliar Ottos III. Zehn Codices sind in die UNESCO-Liste »Memory of the world« aufgenommen worden, jedoch befindet sich keiner heute noch vor Ort: Sie sind auf die großen Bibliotheken in aller Welt verteilt. Berühmt waren auch die Klosterbibliothek, die Goldschmiedewerke und die ›Reichenauer Malerschule‹ für Buch- und Wandmalerei, die im 10. und 11. Jh. ihre große Blütezeit erlebte. Die Wandmalereien in St. Georg in Oberzell legen Zeugnis davon ab.

An großen Namen seien Abt Waldo und Abtbischof Heito genannt; sie übernahmen für Karl den Großen politische Missionen. Als Gelehrter ragt die Person Hermanns des Lahmen (gest. 1054) hervor. Er war Mathematiker, Astronom und Musiker – ihm ist eines der frühesten Notensysteme der Musikgeschichte zu verdanken und die Einteilung der Stunde in 60 Minuten.

Am meisten geliebt und im Gedächtnis der Kulturgeschichte fest verankert ist wohl Walahfrid Strabo (gest. 849), der neben anderen Meisterwerken des frühen Mittelalters eine Dichtung über den Gartenbau schrieb und illustrierte, den »Hortulus«. Nach seinen Beschreibungen und ihm zu Ehren ist ein Kräutergarten beim Münster angelegt worden. Er war es auch, der Papst Gregor IV. von der ›Reichen Au‹ berichtete. Abt Hatto III. (888–913) brachte von einer Romreise das Haupt des hl. Georg mit. Für diese Reliquie wurde St. Georg in Oberzell errichtet.

Mit dem Ende des Mittelalters war auch die große Zeit der Klosterinsel vorbei. Im 16. Jh. wurde das Kloster dem Bistum Konstanz unterstellt, Mitte des 18. Jh. verließen die letzten Mönche die Insel. 1803 wurde das Kloster aufgelöst. Heute gibt es wieder drei Mönche, die für die Gottesdienste der drei Kirchen zuständig sind.

Oberzell ▶ E 4

St. Georg

Kommt man über den Damm mit der schönen Pappelallee auf die Reichenau, liegt auf der Gnadenseeseite in Oberzell gleich die erste der drei romanischen Kirchen: St. Georg wurde unter Abt Hatto III. von 890 bis 896 in einfacher Form und mit stämmigem viereckigem Turm erbaut, um die Reliquien des hl. Georg aufzunehmen, die der Abt aus Italien mitgebracht hatte. Später wurde die Kirche mehrfach umgebaut. Heute besticht die Klarheit des Raums der dreischiffigen Säulenbasilika ohne Querschiff, mit Westapsis und rechteckigem Chor.

Spektakulär, ja einmalig sind die komplett erhaltenen, hervorragend restaurierten **ottonischen Wandmalereien** aus dem 10. Jh.: nördlich der Alpen eine seltene Pracht. Sie wurden

Öffnungszeiten für alle Kirchen

tgl. ab 8.30 bis zur Dämmerung; für die Museen: April–Juni, Sept., Okt. Di–So 10.30–16.30, Juli, Aug. Di–So 10.30–17.30, Nov.–März Sa, So, Fei 14–17 Uhr.

um 1880 unter dem Putz entdeckt. An den Säulenbögen zeigen Medaillons die Äbte mit Büchern; darüber breiten sich Szenen des Neuen Testaments aus, die mit einem Mäanderband eingefasst sind – sie erzählen von der Kraft und Macht der Heilsgeschichte; wundervoll in Schrägperspektive, mit ausgearbeiteten Licht- und Schattenpartien. Am nördlichen Choraufgang dann weltlich Süffisantes: Das »Geschwätz der Frauen«, das auf »keine Kuhhaut« geht, wird hier dargestellt.

Im **Museum St. Georg** am Parkplatz wird die Geschichte der Kirche erläutert.

Aussichtspunkt Hochwart

Eine herrliche Aussicht inmitten der Weinberge zwischen Ober- und Mittelzell bietet der höchste Punkt der Insel, der Hochwart (439 m). Der milde Anstieg führt zum hübschen Teehäuschen: Hier ist heute die renommierte Galerie Hochwart zu Hause, eine Werkstatt für qualitätvolle Keramik und Kunsthandwerk (Juliane Epp, Tel. 07534 75 10, Di, Mi, Fr, Sa 15–18 Uhr).

Mittelzell ▶ E 4

Weiter geht es nach Mittelzell, dem Inselzentrum. Hier thront inmitten von Blumengärten das Münster St. Maria und Markus mit angrenzendem Klosterhof und Klosterbauten.

Münster St. Maria und Markus

Der Kirchenbau, ursprünglich aus dem 8. Jh., wurde mehrfach umgebaut; die heutige Gestalt der romanischen Basilika mit Ost- und Westquerhaus stammt aus dem 9.–11. Jh. Die große Loge am Westquerhaus war für den Kaiser bestimmt, hier wurde die Reliquie des hl. Markus dargeboten. Der gotische Chor datiert aus dem 15. Jh.

Wunderbar sind die Sandsteinarkaden, die leuchtenden Kirchenfenster und der meisterliche offene Dachstuhl aus Eiche, der wie ein Schiffsrumpf angelegt ist. Das Holz aus dem 13. Jh. ist nahezu unbeschadet und musste bei der Restaurierung in den 1960er-Jahren nur wenig ergänzt werden.

In der **Schatzkammer** (April–Sept. Mo–Sa 11–12, 15–16 Uhr) sind neben erlesenen Goldschmiedearbeiten wie dem »Oberzeller Kreuz« und einem Evangeliar die kostbaren Reliquienschreine (um 1000) aufbewahrt, die in den Prozessionen hervorgeholt und über die Insel getragen werden.

Am Münster liegt auch das **Kräutergärtchen,** das nach dem »Hortulus« von Abt Strabo, dem ersten Gartenbautraktat Europas, mit allen von ihm aufgeführten Heilpflanzen und Kräutern rekonstruiert wurde.

Museum Reichenau

Ergat 1 und 3, Tel. 07534 99 93 21, April–Okt. Di–So 10.30–16.30, Juli, Aug. bis 17.30, Nov., März Sa, So, Fei 14–17 Uhr, Erw. 3 €, Kinder 1,50 €

In der einstigen **Klosterleutesiedlung** um die Ergat, den Dorfplatz, steht auf zwei Sockelgeschossen aus Stein, die aus dem 12. Jh. stammen, noch eines der ältesten Fachwerkhäuser Süddeutschlands. Im ehemaligen Rathaus, zu Klosterzeiten Sitz des Ammans (Amtsmann), wird heute im Museum Reichenau die Geschichte des Weinbaus, der Fischerei und der Landwirtschaft lebendig. Eine weitere Abteilung widmet sich der bedeutenden klösterlichen Buchmalerei.

Im neuen Bau direkt daneben taucht der Besucher ab ins Mittelalter: Mit interaktiven Exponaten wird die Geschichte des Klosters, seine Macht und Wirkungsgeschichte und das Leben als Mönch oder Laienbruder nachgezeichnet.

Niederzell ► E 3

An der beschaulichen, schönen Nordspitze der Insel hält die dritte der Kirchen, die Stiftskirche St. Peter und Paul Wacht über die Ufer und den See.

Stiftskirche St. Peter und Paul

Im 8. Jh. wurde hier der erste Kirchenbau unter Bischof Egino errichtet. Die heutige dreischiffige Säulenbasilika stammt aus dem 11. Jh., an ihr wurde in den folgenden Jahrhunderten weitergebaut, und so ist das Innere barockisiert. Im Jahr 1900 wurden **Wandmalereien** freigelegt, die in den frühen Jahren des 12. Jh. von der Reichenauer Malerschule gefertigt worden waren. Im Zentrum thront eine überlebensgroße segnende Christusfigur in weißem Gewand mit rotem Mantel vor einem blauen Sternenhimmel. In den un-

Mein Tipp

Rundwanderweg oder Radtour um die Reichenau ► E 3/4

Ideal für die Entdeckung der Insel ist Wandern oder Fahrradfahren. Der Rundweg über 10 km kann am Damm begonnen werden, wo der Rad- und Fußweg neben der Straße verläuft. In Oberzell bei St. Georg geht es an der Gnadenseeseite entlang bis Mittelzell, am Bootshafen und Strandbad weiter bis zur Nordspitze der Insel und zur Kirche St. Peter und Paul; dann geht es – am Strandbad und Campingplatz vorbei – entlang der Uferseite am Untersee. Schließlich passiert man die Schiffslände, und man erreicht wieder den Damm.

Mein Tipp

Mit dem Kanu unterwegs ▶ E 3/4
Ungewöhnliche Perspektiven beim beschaulichen Paddeln bietet eine Umrundung der Reichenau mit dem Kanu
– entweder allein oder als geführte
Tour. Vom Gnadensee aus, vor dem Panorama der Höri und den Vulkanke-
geln des Hegaus und nach einem Mit-
tagspäuschen im Biergarten am Campingplatz, geht es zum Südufer mit
Schweizer Panorama. Auf dem Rückweg wird der Inseldamm unterfahren.
(12 km, 3–4 Std.). Sehr schön ist auch
das geführte Inselhüpfen mit Rast auf
der Höri und Eisessen auf der Mettnau.
Und ganz romantisch: die Sunset-Tou-
ren bei Sonnenuntergang. **Kanusta-
tion Schiffslände:** Tel. 07534 99 97 67,
www.lacanoa.com.

teren Bildreihen erscheinen Propheten
und Apostel.

Pfarrhaus und Schloss Windegg
Neben der Kirche steht das barocke
Pfarrhaus und direkt am Seeufer, unweit entfernt, ›s'Bürgle‹ oder Schloss
Windegg. Im 17. Jh. für Gäste des Klosters umgebaut, ist es heute ein Ferien-
heim und nicht zu besichtigen.

Übernachten

Gediegen am See – **Strandhotel Löch-
nerhaus:** Mittelzell, An der Schiffslände 12, Tel. 07534 80 30, www.loech
nerhaus.de, DZ 170–230 €. Strahlend
weißes kleineres Haus im Reformstil
mit blumengeschmückten Balkonen,
Terrasse, Bootssteg, eigener Liege-

wiese und Badestrand. Gute Küche,
natürlich mit Fischspezialitäten.
Hübsch und komfortabel – **Insel-Hof:**
Mittelzell, Seestr. 89, Tel. 07534 246,
www.inselhof-reichenau.de, DZ 65–
110 €. Das 3-Sterne-Haus im Ortskern
von Mittelzell mit schöner Gartenanlage, Liegewiese und Terrasse mit Seeblick war einst das Pfarrhaus der Kirche
St. Johann. Ruhige, angenehme Zimmer, z. T. mit Balkon und Gnadensee-
panorama. Jahreszeitlich abgestimmte
Küche mit regionalen Produkten.
Gemütlich – **Gästehaus Seeblick:** Mittelzell, Pirminstr. 124, Tel. 07534 471,
www.seeblick-allweier.de, DZ 70–80 €.
Modernes Haus mit Wintergarten, Terrasse und gemütlichen Zimmern mit
Balkonen und Seeblick.
Idyllisch – **Haus Rosengarten:** Niederzell, Im Hörnle 2, Tel. 07534 74 01.
Ferienwohnung mit 2 Zimmern (60 m²),
für 4 Personen, 60–85 € pro Nacht (ab
2 Übernachtungen). Hübsche Ferienwohnung im Dachgeschoss, in roman-
tischem Haus mit Garten, Liegewiese
und Badeplatz am Gnadensee.
Camping – **Campingplatz Sandseele:**
am Westufer, Bradlengasse 24, Tel.
07534 73 84 oder 77 61, www.sand
seele.de. Direkt am See gelegen, mit
Badestrand und komfortablen Anlagen. Für Kinder bestens ausgestattet.
Minimarkt. Beim Freizeitcenter Ausleihe verschiedener Boote, Surfbretter
und Kanus. Leihfahrräder. Restaurant
mit Blick auf die Höri.

Essen & Trinken

Gepflegt – **Hotel Restaurant Seeschau:**
Mittelzell, An der Schiffslände 8, Tel.
07534 257, www.seeschau.com, tgl.
11–22 Uhr, kleines Wahlmenü 18 €.
Schönes, gepflegtes Hotel, 2 Restaurants, Seeterrasse. Moderne, leichte
Küche mit frischesten Produkten.

Beliebt – **Weinstube Küferstüble:** Mittelzell, Spiegelberg 17, unterhalb der Hochwart, Tel. 07534 555, www.kuefer stueble.de, So–Do ab 18 Uhr. Behagliche Weinstube mit Reichenauer Wein, eigener Brennerei und bodenständiger Vesperküche (ab 6 €), auch Tische auf der Streuobstwiese.

Einkaufen

Wein – **Kellerei Winzerverein Reichenau:** Mittelzell, Münsterplatz 4, Tel. 07534 293, Mo, Di, Do, Fr 9–12, 14–17.30, Mi, Sa 9–12 Uhr. Hier findet man alle Weine, die auf der Reichenau gekeltert werden. Mit Verkostungen.
Gemüse und Pflanzen – **Böhler Gemüse und Pflanzen:** Niederzell, Riedstr. 10, neben den üblichen Öffnungszeiten von April bis Sept auch So 10.30–17 Uhr geöffnet. Direktvermarktung von

Gemüse, Salat, Pflanzen und Produkten der Erzeuger aus der Region.
Regionale Spezialitäten – **Gemüse Pavillon Blum:** Mittelzell, Marktstr. 1, neben den üblichen Öffnungszeiten von April–Sept. auch So 10.30–17 Uhr geöffnet. Alles Charakteristische der Insel: Fisch und Wein, Gemüse und Obst.

Aktiv & Kreativ

Baden – **Strandbad Bauernhorn:** Mittelzell, Strandbadstr., Tel. 07534 74 48. Schöne Anlage in einer Gnadenseebucht mit Blick auf Allensbach.
Segeln – **Segelschule am Yachthafen:** Tel. 07534 77 76.
Surfen – **Toms Aqua Club:** Freizeitcenter Reichenau beim Campingplatz, Sandseele, Tel. 0173 671 42 31.
Fahrradverleih – **Gumpmann:** An der Schiffslände, Tel. 07534 99 97 67 (April–

Kleinod der Frühromanik und UNESCO-Welterbe – St. Georg in Oberzell

Mein Tipp

Frischester Fisch ▶ E 4

Frischer geht es nicht: Beim Fischer mit Fischhandel, eigener Räucherei und offener Fischküche mit einigen überdachten Tischen kann man wunderbar rasten – auf der Fahrradtour, bei der Wanderung oder als Imbiss- und Einkaufsziel. **Fisch bei Riebels**, Oberzell, Seestr. 13, kurz hinter St. Georg, Tel. 07534 76 63, www.reichenauer-fisch handlung.de. Mo, Sa 8–12, Di–Fr 8–12, 14–18 Uhr.

Sept.). **Freizeitcenter Reichenau:** beim Campingplatz, Mobil 0177 873 17 84.

Infos & Termine

Infos

Tourist-Information: Pirminstr. 145, Mittelzell, 78479 Insel Reichenau, Tel. 07534 920 70, www.reichenau.de.

Verkehr

Bahn: Der Bahnhof Reichenau liegt auf dem Festland vor dem Damm. Von hier halbstdl. Verbindungen mit dem »Seehas« Richtung Konstanz und Radolfzell. Anschlussbuslinie 7372 auf die Insel.
Bus: Buslinie 7372 von Konstanz über Wollmatingen, stdl. auf die Insel. Der **Inselbus** verbindet die Stadtteile miteinander; die Fahrt kann unterbrochen werden, Fahrkarten sind den ganzen Tag gültig. Haltestellen: Schiffslände, Campingplatz, romanische Kirchen, Mai–Okt. tgl. alle 45 Min. zwischen 10 und 17 Uhr, Ende März–Ende April nur Sa, So, Fei, Tel. 07534 12 89 90.

Schiff: Mitte Mai–Mitte Sept. mehrmals tgl. nach Konstanz, Schaffhausen, Radolfzell und nach Allensbach. Eine **Solarfähre** bietet 6 x tgl. Verbindung nach Mannenbach.

Termine

Eine Besonderheit der ›Au‹, wie die Einheimischen sagen, sind drei Feiertage, an denen nicht gearbeitet wird: das Markusfest im April, das Heilig-Blut-Fest im Juni und Mariä Himmelfahrt im August.
Markustag: 25. April. Parade der historischen Bürgerwehr, Festgottesdienst und Reliquienprozession in Mittelzell.
Heilig-Blut-Fest: Mo eine Woche nach Pfingstmontag, höchster Feiertag auf der Reichenau. Prozession mit den Reliquien und Festkonzert in Mittelzell.
Mariä Himmelfahrt: 15. Aug. Festgottesdienst für die Schutzheilige des Münsters, Prozession mit Reliquien, Parade der Bürgerwehr in Mittelzell
Wein- und Fischerfest: letztes Juliwochenende oder 1. Aug.-wochenende. Breites kulinarisches Angebot, Wein- und Marktstände, Musik und Feuerwerk in allen Ortsteilen.

Bodman-Ludwigshafen

An der Kappe des Überlinger Sees liegen sich die kleinen Orte gegenüber; sie bilden eine Doppelgemeinde: Bodman ruht am Fuß des schluchtenreichen Waldgebiets Bodanrück; am Nordufer des Überlinger Sees setzt mit Ludwigshafen, der B 31 und der Bahnlinie die Abfolge der Urlaubsorte ein, die die erlebnisreiche Ferienlandschaft der Nordseite des Bodensees charakterisieren. Das Naturschutzgebiet der Aachried schiebt sich als Keil im Landbogen dazwischen.

Bodman ► E 2

Bodman, abseits des Durchgangsverkehrs gelegen, ist mit seinen 1200 Einwohnern still und beschaulich. Der alte Ortskern rund um die Kaiserpfalzstraße mit der romanisch-gotischen Pfarrkirche **St. Peter und Paul** und dem historischen **Seetor** liegt parallel zur wiesengrünen, baumbestandenen **Uferpromenade** mit der kleinen Schiffsanlege, einigen Kiosken, zwei, drei Cafés und Restaurants. Auf der Landseite ziehen sich Bauernhöfe, Wohnviertel, Gärten und Obstplantagen hin. Blickfang des Ortes ist das elegante klassizistische **Schloss Bodman** (19. Jh.), umgeben von einer prächtigen Parkanlage, die für Besucher geöffnet ist (April–Okt. Mo–Fr 9–18 Uhr). Das Schloss ist im Besitz von Wilderich Johannes Graf von und zu Bodman und nicht zugänglich.

Übernachten, Essen

Nett am See – **Café-Bistro Hotel Fischerhaus garni:** Am Torkel 9, Tel. 07773 55 01, www.hotel-fischerhaus.de, DZ 70–85 €. Das moderne, kleinere Haus liegt direkt im Wiesengürtel der Uferpromenade von Bodman. Die Zimmer haben überwiegend Seeblick; auf der schönen Terrasse treffen sich Besucher und Einheimische.
Mit Seezugang – **Sommerhaus garni:** Kaiserpfalzstr. 67, Tel. 07773 76 82, www.hotel-sommerhaus.de, DZ ab 80 €. Das kleine Haus mit Balkonzimmern hat einen wunderschönen Garten mit Liegewiese, Pavillon und eigenem Badesteg.
Tolle Torten – **Café und Pension Hasler,** Kaiserpfalzstr. 65, Tel. 07773 930 70, www.cafe-hasler.de, DZ Seeseite 80 €. Café Mo geschl. Das zur Straßenseite hin unscheinbare Haus besitzt einen

Zur Burgruine Alt-Bodman ► E 2
Vom Seeufer aus erreicht man auf ausgeschildertem Weg in knapp einer Stunde zu Fuß die Burgruine Alt-Bodman, die auf einem der drei Bergkuppen im Rücken Bodmans thront. Die Aussicht von hier ist herrlich. Die Herren von Bodman, denen der Habsburger König Rudolf im 13. Jh. das Reichsgut übertrug, ließen sich auf dem Frauenberg und der Burg Alt-Bodman nieder; das Schloss im Park ist heute der vierte Bau.

Wintergarten und eine große, viel besuchte Seeterrasse. Kuchen und Torten sind sehr lecker, besonders die Apfelwalnusstorte.
Hell und luftig – **Gasthof Seehaus:** Kaiserpfalzstr. 21, Bodman, Tel. 07773 56 62, www.seehaus-bodman.de, DZ (mit Balkon/Seeblick) 80 €. Restaurant Do geschl., Hauptgerichte um 16 €. Modernes, gepflegtes Haus mit großem Garten, Terrasse am See, die zum eigenen Bootsliegeplatz führt.
Direkt am See – **Landgasthof Adler:** Kaiserpfalzstr. 119, Tel. 07773 92 03 60, www.landgasthof-adler-bodman.de, DZ 56–84 €. Schön gelegen, mit idyllischer Seeterrasse, Liegewiese, Spielplatz und Badestrand: rustikale Zimmer, z. T. mit Balkon.

Aktiv & Kreativ

Baden – **Strandbad Bodman:** Tel. 07773 54 08, www.strandbad-bodman.de. Kleines Naturstrandbad beim Segelhafen, mit Surfbrett- und Kanuverleih.

Auf Entdeckungstour

Der Bildhauer Peter Lenk – auf den Spuren eines Phänomens

Die satirisch-manieristischen Arbeiten des Bildhauers Peter Lenk sind umstritten. Der Künstler bleibt gern im Hintergrund, seine Werke verteilen sich aber rund um den See – die Imperia in Konstanz ist sogar zum inoffiziellen Wahrzeichen des Bodensees geworden. Eine Rundfahrt führt zu den wichtigsten Lenk-Stationen.

Reisekarte: ▶ E 2

Planung: Start: Bodman, Dauer: 1 Tag; geführte Touren mit Bus und Schiff ab Konstanz, April–Sept. So, mit Voranmeldung, Agentur Kunstwärts, Tel. 07533 94 93 39, www.kunstwaerts.de; Buchtipp: Peter Lenk, Verlag Stadler, Konstanz o. J.

Die hyperrealistischen und satirischen Werke von Peter Lenk, geb. 1947, haben heftige Kontroversen ausgelöst und sind für viele Zeitgenossen außerordentlich gewöhnungsbedürftig. Sie karikieren Verschwendung, Geiz, Gier, Trägheit, Macht und Eitelkeiten – Eigenschaften, mit denen gerade Politiker und das Establishment gesegnet sind. Bei einer Tour entlang des Sees von Bodman bis Konstanz kommt man den schillernden Facetten der Lenk'schen Kunstwelten auf die Spur.

Schrille Gesellschaftskritik und freche Karikatur

Einen überwältigenden ersten Eindruck bieten die »Wilden Gärten« mit Lenks Atelierhäusern in **Bodman:** An der Kaiserpfalzstraße 20, den Hang hinauf, stehen, liegen und hängen zahllose Skulpturen, überlebensgroß und grotesk, dünn und dick, hässlich und schön, hyperrealistisch oder ätherischfiligran. Die Grundstücke sind nicht zugänglich, aber der spähende Blick von außen auf die manieristische Vielfalt gibt einen tollen Eindruck von der Schaffenskraft des Künstlers.

Die nächste Station ist **Ludwigshafen,** dessen Stadtväter Mut und Humor bewiesen: An einer Außenwand des Zollhauses am See ist seit 2008 der Fries »Ludwigs Erbe« zu sehen, auf dem sich u. a. Gerhard Schröder, Angela Merkel und Edmund Stoiber nackt und wild grinsend bei ihren Genitalien packen. Große Aufregung! Auch der Spiegel berichtete. Das Bildwerk zeige, wie Lenk formuliert, die »Global Players entfesselt. Topmanager im Dagobert-Fieber. Bunte-Leserinnen im Feudaltaumel. Ablasshandel im Sexparadies. Der Papst erzürnt. Die Dorfpolizei überfordert. Das Dixi-Klo auch. Vivat Ludwig.«

Viel Wirbel löste auch der Brunnen auf der Hofstatt mit dem »Bodensee-reiter« in **Überlingen** aus: Lenk nimmt Bezug auf das berühmte Gedicht von Gustav Schwab mit seinem »Reiter und dem Bodensee«. Hier ist es nun eine Karikatur Martin Walsers, nackt und hoch zu Ross. Der große Romancier deutscher Befindlichkeiten, 1927 in Wasserburg geboren, ist Überlingens berühmtester Bürger. Walser soll eine Klage gegen Lenk verloren haben; in seinem Kommentar spricht er von »sanftböswilliger Übertreibung«.

Satirische Geschichtsbetrachtung

In **Meersburg** geht Lenk andere Wege, indem er mit seiner »Magischen Säule« an der Hafeneinfahrt satirischen Bezug auf die lokale Geschichte nimmt – u. a. auf Annette von Droste-Hülshoff als Friedenstäubchen und auf Franz Messmer, der mit seiner spirituell verdrehten Theorie über den Magnetismus in seiner Zeit Aufsehen erregte.

Ähnlich geschichtsbezogen arbeitete Lenk auch in **Konstanz.** Die 9 m hohe, kraftstrotzende »Imperia«, die sich auf der Hafenmole um sich selbst dreht, ist Bildnis der schönsten und begehrteste Edelhure zur Zeit des Konstanzer Konzils (s. S. 214). Sie hat sowohl den Papst als auch den Kaiser im Griff – beide alt und schrumpelig. Stadtväter und Kirche als deren Erben waren *not amused,* opponierten heftig, aber das Gelände gehörte der Bundesbahn, und die hatte auch den Auftrag erteilt. Heute ist Konstanz glücklich mit dem neuen Wahrzeichen – und die Besucher auch.

Gesellschaftskritik, Übertreibung und krasseste Zuspitzung bei gleichzeitig deutlicher Personenzuschreibung aus Geschichte und Gegenwart: das sind die Charakteristika von Lenks Arbeiten, und er ist insofern ein Phänomen, als er Stadtverwaltungen und Besucher gleichermaßen in seinen Bann zieht.

Der Name Bodensee

Der Bodensee hat Bodman seinen Namen zu verdanken. Aus einer St. Gallener Urkunde aus dem Jahre 890 geht hervor, dass der Ort in Anlehnung an die karolingische Pfalz Bodema oder Podama benannt wurde. Die Pfalz als Erholungsort von Kaisern und Königen lag dort, wo heute die Pfarrkirche steht. 1277 verpfändete König Rudolf von Habsburg die Pfalz an den Ritter Johann von Bodman. Der See wurde Lacus Podamicus genannt; die Römer hatten ihn als Lacus Brigantinus bezeichnet. Und in den Schriften des mittelalterlichen Dichters Wolfram von Eschenbach wird vom ›Bodemse‹ gesprochen; Anfang des 15. Jh. ist in Dokumenten erstmalig vom ›Bodensee‹ die Rede.

Segeln – **Segelschule Förster,** Bodanrückstr. 3, Bodman, Tel. 07773 77 17.
Fahrradverleih – über **Tourist-Information** (s. u.).

Infos

Tourist Information Bodman: Seestr. 5, 78351 Bodman-Ludwigshafen, 07773 93 96 95, www.bodman-ludwigshafen.de.
Bahn: Verbindungen s. unter Ludwigshafen (S. 283).
Bus: Verbindungen zwischen den Ortsteilen und nach Überlingen (stdl.).
Schiff: Die Gemeinde Bodman-Ludwigshafen betreibt einen eigenen Motorschiffsbetrieb zwischen den beiden Ortsteilen, zur Marienschlucht, nach Sipplingen und Überlingen. Auch Ausflugs- und Sonderfahrten. 1. Mai–Mitte Okt. mehrmals tgl., Mobil 0151 15 13 08 80, www.motorbootgesellschaft-bodman.de.

Ludwigshafen ▶ E 2

Ludwigshafen (nicht zu verwechseln mit Ludwigshafen am Rhein) hieß bis zum Jahr 1803 Sernatingen. Das kleine Fischer- und Winzerdorf gehörte seit dem späten Mittelalter zur Freien Reichsstadt Überlingen. Nach den Napoleonischen Kriegen fiel Sernatingen an Baden, und Großherzog Ludwig ließ einen Hafen anlegen, als Konkurrenz zum württembergischen Friedrichshafen. Hafen und Ortschaft erhielten seinen Namen. Das ehrgeizige Projekt lief gut an: Kaianlagen, Speicher und das Großherzogliche Hauptzollamt wurden in Betrieb genommen. Mit der Eröffnung der Bahnlinie Radolfzell-Überlingen jedoch, der sukzessiven Verlagerung des Gütertransports vom Schiff auf die Schiene, konnte sich der Hafen nicht behaupten; der Ort ist aber an den Bodenseebahnverkehr angeschlossen.

Heute ist Ludwigshafen ein kleiner Ferienort. Hauptanziehungspunkt ist immer noch das **Hafenareal** mit der Uferpromenade, umgeben von Parkanlagen mit alten Bäumen. Das stattliche Gebäude des **Zollhauses** ist heute liebevoll restauriertes Bürger- und Gästezentrum mit Ausstellungs- und Veranstaltungsräumen (www.zollhausludwigshafen.de). Zur Hauptattraktion gemausert hat sich an einer Außenwand des Zollhauses das Triptychon **»Ludwigs Erbe« von Peter Lenk,** dem einheimischen Bildhauer (s. S. 280).

Übernachten, Essen

Schick – **Hotel Immengarten:** Überlinger Str. 26, Tel. 07773 93 74 20, www.bodenseehotel-immengarten.de; DZ 110–130 €, Menü mit 7 Minigängen 45 €, Hauptgerichte ab 14 €. Am Ortsausgang Richtung Überlingen liegt das moderne, kleinere 4-Sterne-Haus. Die 23 Zimmer mit einem Hauch Romantik haben überwiegend Balkon mit Seeblick. Das Restaurant **Rosmarin** (Mo–Sa 12–14, 18–23 Uhr) bietet ausgezeichnete asiatisch inspirierte Küche, auch auf der schönen Sonnenterrasse.

Am See – **Wellnesshotel Adler:** Hafenstr. 4, Tel. 07773 933 90, www.see hoteladler.de, DZ 95–140 €, Restaurant tgl. 8–24 Uhr, Hauptgerichte ab 14 €. Direkt am See liegt das moderne Gebäude mit Wellnessareal, Liegewiese am See und Biergarten sowie Terrasse. Die Küche in der Gaststube und im Restaurant ist ein ambitionierter Mix aus regionalen Produkten und fernöstlichen Anklängen. Auch Deftiges wie Ochs am Spieß an Sommerwochenenden.

Angenehm – **Hotel zum Hafen:** Parkstr. 1, Tel. 07773 52 07, www.zum-hafen. de, DZ 85 €. Mitten in den Parkanlagen am See gelegen. Freundliches, kleines Familienhotel mit gut ausgestatteten Zimmern, z. T. mit Seeblick.

Traditionell – **Hotel Krone:** Hauptstr. 25, Tel. 07773 931 30, www.bodensee hotelkrone.de, DZ 69–89 €, Restaurant 8–14, 17–24 Uhr, Mi und Do mittags geschl., Hauptgerichte ab 14 €. Mitten im Ort liegt das traditionelle Gasthaus mit modernen Zimmern, auch Mehrbettfamilienzimmer. Gehobene badische Küche, auch Bodenseefischmenü.

Camping – **Campingplatz See-Ende:** Zwischen Bahn und Naturschutzgebiet Aachried, Tel. 07773 93 75 18, www. see-ende.de. Großer Platz, umgeben von Wald, direkt am Seeufer. Mit Kiosk, Restaurant und Laden.

Einkaufen

Obst etc. – **Hofladen Obsthof Specht:** Hauptstr. 32, Tel. 07773 92 08 80, www. obsthof-specht.de. Mo–Fr 8.30–13, 14–18.30, Sa 8.30–16, So (nur im Sommer) 13–17 Uhr. Hofladen mit typisch regionalen Produkten wie Obst, Obstbrände, Säfte, Kartoffeln, Honig etc.

Aktiv & Kreativ

Baden – **Strandbad Ludwigshafen:** Überlinger Str., Tel. 07773 51 16, www. strandbad-ludwigshafen.de. Naturstrandbad mit baumbestandenen Liegewiesen, aber dicht an der Bahn.

Tauchen – **Shark Friends:** auf dem Campingplatz See-Ende (s. o.), Mobil 0173 661 65 62 und 661 65 73, www.shark friends.de. Tauchschule, die von Ludwigshafen, Überlingen und Meersburg aus arbeitet. Kurse auch für Kinder, geführte Tauchgänge.

Fahrradverleih – **OMV-Tankstelle:** Überlinger Str. 13, Tel. 07773 57 25. **Seehotel Adler:** Tel. 07773 933 90.

Segeln – **Segelschule Ludwigshafen:** Sernatinger Str. 16, Tel. 07773 93 83 44, www.segelschule-ludwigshafen. de. Segeln auch mit alten, umgerüsteten Holzbooten; Schnupperkurse, alle Scheine, Kindersegelkurse, Jachtcharter, Surfen.

Malkurse – **Siegi Treuter:** Rathausstr. 2, Tel. 07773 16 41, www.atelier-haussiso.de. Die Künstlerin bietet in ihrem Atelier Malkurse an: Öl, Acryl, Aquarell, Porträts.

Infos

Tourist Information Ludwigshafen: Bürger- und Gästezentrum Zollhaus, Hafenstr. 5, 78351 Bodman-Ludwigshafen, Tel. 07773 93 00 40, www.bod man-ludwigshafen.de.

Bahn: stdl. Verbindungen in Richtung Radolfzell, Überlingen und Friedrichshafen.

Bus/Schiff: s. unter Bodman (S. 282).

Register

Register

Abbildungsnachweis/Impressum

Abbildungsnachweis

Bildagentur Huber, Garmisch-Parten-
kirchen: S. 10 o. re. 164/165 (Grä-
fenhain), 132 li., 137 (Schmid)
dpa, Berlin: S. 260 (Rolf Haid)
DuMont Bildarchiv, Ostfildern:
S. 133 li., 147 (Heimbach), 42, 53,
67, 72 re., 73 li., 80, 84, 97 li., 117,
129, 132 re., 140, 155 li., 161, 203,
208 re., 209 li., 216, 228 (Kie-
drowski), 20 (Kreder), 58/59
Laif, Köln: S. 24 (Hub), 231 re., 250
(Keystone Schweiz/Lorenz), 60,
176 re., 198 (Raach)
LOOK, München: S. 29, 211 (Engel &
Gielen), 55 (Kreuzer), 50 (Pompe),
40/41 (Terra vista), 70/71 (Wohner),
96 li., 102 (Zielske)
mauritius images, Mittenwald:
S. 180/181 (age fotostock/Prisma/
Haltmeier), 36 (Frank), 9, 64, 272
(imagebroker/Keller), 154 li.,
172/173 (imagebroker/Lenz), 12/13,
252 re., 269 (Westend61)

Ingrid Nowel, Stuttgart: S. 8, 230 li.,
234, 280
Schapowalow, Hamburg: Titelbild
(Bohnacher)
Thomas Peter Widmann, Regensburg:
S. 10. o. li., 10 u. li. und re., 11 o. li.
und re., 11 u. li. und re., 48/49, 63,
72 li., 88/89, 93, 96 re., 106/107,
110, 150/151, 154 re., 168, 177 li.,
188, 192/193, 207, 214, 220, 230 re.,
238/239, 242/243, 245, 248, 252 li.,
253 li., 258, 264/265, 277
www.bodensee-therme-konstanz.de:
S. 208 li., 225
www.bregenzerfestspiele.com: S. 68
(Karl Forster)
www.st.gallen-bodensee.ch: S. 176 li.,
185

Kartografie

DuMont Reisekartografie,
Fürstenfeldbruck
© DuMont Reiseverlag, Ostfildern

Umschlagfoto
Titelbild: Hafeneinfahrt von Lindau mit Leuchtturm und Bayerischem Löwen

Hinweis: Autorin und Verlag haben alle Informationen mit größtmöglicher Sorgfalt geprüft. Gleichwohl sind Fehler nicht vollständig auszuschließen. Alle An-
gaben erfolgen ohne Gewähr. Bitte, schreiben Sie uns! Über Ihre Rückmeldung
zum Buch und über Verbesserungsvorschläge freuen sich Autor und Verlag:
DuMont Reiseverlag, Postfach 3151, 73751 Ostfildern,
info@dumontreise.de, www.dumontreise.de

1. Auflage 2010
© DuMont Reiseverlag, Ostfildern
Alle Rechte vorbehalten
Redaktion/Lektorat: Winfried Stürzl, Sabine Zitzmann-Starz
Bildredaktion: Sylvia Pollex
Grafisches Konzept: Groschwitz, Hamburg
Printed in Germany